제3판

법학산책

김재광 저

박영사

법학산책

2019년 7월에 제2판을 내고 3년 반 만에 제3판을 출간하게 되었다. 법학서가 잘 판매되지 않는 현실에도 불구하고 제3판까지 출간하게 된 것은 오로지 독자들의 성원과 격려 덕분이다. 진심으로 감사드린다.

2016년 어느 봄날 종각역 부근 찻집에서 박영사 편집부의 김선민 부장님현재는 이사님과 함께 이 책의 내용을 구상할 때 의견이 일치된 것은 독자들에게 '법서를 읽는 즐거움'을 드려야 한다는 것이었다. 아마도 그러한 생각들이 이심전심以心傳心으로 전해진 것은 아닐까 하고 생각해본다.

제2판에서 전체에 걸쳐 많이 개정을 하였기 때문에 이번 제3판에서는 내용을 조금 추가하고 기존의 원고를 조금 보완하는 정도로 그쳤다.

추가한 주요 내용은 ① 동파육東坡肉으로 유명한 소동파에 관한 이야기, ② 제자인 알렉산더대왕이 스승인 아리스토텔레스에게 금체인을 선물한 이야기, ③ 수필 '인연'으로 유명하신 금아琴兒 피천득 선생님의 신의 선물로서의 음악 이야기, ④ 이스라엘 건국 때 아인슈타인에게 초대 대통령을 맡아달라고 제안하니 "방정식equation은 정치politics보다 생명이 더 길다"라는 말로 거절했다는 유명한 이야기, ⑤ 아내와 딸을 잃고 신을 원망한 바이든현재 미국 대통령을 일으킨 두 컷 만화 이야기, ⑥ 권력의 절제를 보여준 조지 워싱턴 대통령과 어려운 성장환경 속에서도 훌륭한 품성으로 성숙된 정치를 보여준 버락 오바마 대통령 같은 그러한 '대통령다운 대통령' 이야기, ⑦ 100년 전 독일행정법의 아버지 오토 마이어가 현재의 우리에게 주는 메시지, ⑧ 행정절차법에 신설된 확약과 행정계획 이야기, ⑨ 우리나라에서 사실상 유일무이한 '천재연구가'로 평가받고 있는 조성관 작가의 조지

오웰 이야기, ⑩ 「주홍글씨로 유명한 너대니얼 호손의 조상인 잔인한 존 호손 대령의 마녀재판 이야기, ⑪ 세 번째 헌법재판소 심판대에 오른 사형제도 이야기, ⑫ '무궁화꽃이 피었습니다'의 작가 김진명 선생님의 독서의 힘 이야기, ⑬ 2018년 11월 마흔에 「그들 뒤에 남겨진 아이들」로 세계 3대 문학상 중 하나인 콩쿠르 상을 받은 니콜라 마티외의 소시민의 삶에도 존엄과 위엄이 있다는 이야기, ⑭ 대문호 괴테도 「파우스트」를 57년1774~1831에 걸쳐 완성했다는 이야기 등이다. 어찌 보면 법 이야기라기보다는 인생 이야기에 가깝다고 할 수 있겠다. 아마도 그것은 법이 인생을 담는 그릇이기 때문일 것이다.

어려운 출판환경에도 불구하고 제3판의 출간을 허락해 주신 박영사의 안종만 회장님과 안상준 대표님께 감사드린다. 그리고 각종 지원을 아끼지 않으신 기획부의 조성호 이사님과 노현 이사님께 감사드린다. 본서가 좋은 책이 될 수 있도록 조언을 아끼지 않으신 편집부의 김선민 이사님과 제작에 애써주신 우인도 이사님께 감사드린다. 마지막으로 정연환 대리님을 비롯한 박영사 관계자 여러분에게 깊이 감사드린다.

2023년 2월

저자 씀

머리말

　오랜 시간 남모르게 간직했던 법에 관한 생각들, 고민들을 이제 내어놓는다. 법학이 많은 독자들과 함께 하기를 소망하는 것은 모든 법학자들의 한결같은 마음이리라. 독자들의 손에 법학서가 들려져 있는 모습을 상상해 보는 것만으로도 즐거운 일이 아닐 수 없다. 독자들이 법학서를 가까이 하기 위해서는 무엇보다도 책이 즐거움을 줄 수 있어야 할 것이나, 법학서의 성격상 독자들이 기대하는 즐거움을 주기란 녹록치 않은 일이다. 그럼에도 불구하고 이 책은 독자들에게 법학서를 읽는 즐거움을 전해주고자 한다. 그렇게 하기 위해서 내용과 형식에 있어서 많은 고민을 하였는데, 철학·문학·역사 이야기들을 발굴하여 담았으며 최신 정보들을 담기 위하여 일간신문의 법적으로 흥미 있고 생생한 기사들을 찾아 헤매곤 했다.

　이 책의 제목은 「법학산책」이다. 산책은 휴식을 취하거나 건강을 위해서 천천히 걷는 일을 일컫는다. 최근 우리들 주변에 올레길, 둘레길 등 수많은 산책길이 만들어지고 있다. 이러한 산책길은 우리들의 삶을 건강하게 만들며 여유 있게 만들고 삶을 깊이 생각하도록 해준다. 다비드 르 브르통은 「걷기예찬」에서 "숲이나 길, 혹은 오솔길에 몸을 맡긴다고 해서 무질서한 세상이 지워주는 늘어만 가는 의무들을 면제받는 것은 아니지만 그 덕분에 숨을 가다듬고 전신의 감각들을 예리하게 갈고 호기심을 새로이 할 수 있는 기회를 얻게 된다. 걷는다는 것은 대개 자신을 한 곳에 집중하게 하기 위하여 에돌아가는 것을 뜻한다"고 말한다. 이 책도 이러한 의미를 담고 있다. 책제목이 말해 주듯이 이 책은 독자들을 안개 자욱한 아침 산길로 안내하기도 하고, 태양 가득한 한낮의 숲길로 손짓하기도 하고, 저녁노을 가득한 호젓한 산길로 초대하기도 한다. 아래의 여섯 개의 법학의

숲길이 바로 그것이다.

먼저 "법철학의 숲길"이다. 이 숲길에서는 빵을 위해 법을 선택했지만 끝내 법을 사랑하게 된 포이어바흐를 만날 수 있고, 법과 법학을 멀리한 것을 자랑스럽게 말했다가 필화사건에 휘말린 유명한 「적벽부」의 시인 소동파도 만날 수 있다. 무엇보다도 아름다운 사제동행의 소크라테스, 플라톤, 아리스토텔레스를 만날 수 있다. 이 중 젊은이를 타락시키고 그리스 사람들이 믿는 신을 믿지 않았다는 불경죄의 혐의로 사형선고를 받고 사형집행을 당했지만 변함없이 자신의 조국을 사랑하고 법을 존중한 소크라테스의 죽음은 법과 삶에 대해 많은 것을 생각하게 해 줄 것이다.

두 번째는 "헌법의 숲길"이다. 이 숲길에서는 헌법의 아버지들의 입헌주의의 꿈도 회상할 수 있고, 인간의 존엄이 보장된 영원한 자유의 길을 걸을 수도 있다. 그리고 걷다보면 견제와 균형으로 저절로 돌아가는 미국의 통치구조와 늘 삐거덕대는 우리나라의 통치구조도 맞닥뜨릴 수 있을 것이다.

세 번째는 "행정법의 숲길"이다. 이 숲길에서는 독일행정법의 아버지 오토 마이어 교수의 법치행정의 원칙을 통해 우리나라의 법치행정의 어제와 오늘 그리고 내일을 만나 볼 수 있다. 또한 1998년 하천범람으로 인한 국가배상청구와 관련하여 아직 마르지 아니한 중랑천 주변 주민들의 눈물도 볼 수 있고, 행정상 손실보상과 관련한 재산권 제약을 받고 있는 그린벨트에서 내리는 비에 젖을 지도 모를 일이다.

네 번째는 "민법의 숲길"이다. 이 숲길에서는 법의 천재 로마인과 나폴레옹 황제를 만날 수 있다. 로마법과 나폴레옹법전이 우리 민법에 지대하게 끼친 영향을 생각해 보면 장구한 법의 역사성과 일반성을 실감할 수 있을

것이다. 그리고 우리 민법의 아득한 여명기에 남폿불 아래서 강의를 위해
「독일사법사」를 쓴 눈물겨운 이야기를 통해 초기 법학자들의 고단한 학문
살이를 들여다 볼 수 있을 것이다. 그리고 오늘날 혼인과 이혼이 초래하는
그야말로 실제 전투보다 치열한 '사랑과 전쟁'을 경험할 수 있고 불효소송
을 통해 부모들의 눈물겨운 '권리를 위한 투쟁'도 볼 수 있을 것이다. 걸으
면서 비극적인 가족해체를 막기 위한 지혜를 생각해 내길 바란다.

다섯 번째는 "형법의 숲길"이다. 이 숲길에서는 안락사, 낙태, 사형제도,
성매매 등에 대한 우리나라와 외국의 사례를 통해 국가적으로 뜨거운 법적
쟁점이 되어 있는 이들 문제를 만날 수 있을 것이다. 물론 이들 문제는 단
순히 형법만의 문제가 아니라 법철학, 헌법 등과 밀접하게 관련되어 있으
므로 복합적으로 생각해야 하며 깊이 고민하여야 할 것이다.

여섯 번째는 "법학의 뒤안길"이다. 이 숲길에서는 먼저 저자가 쓴 수필
들 ─ 황진이에게 법전 읽히기, 나의 차살이와 차독서기, 학도암 가는 길 ─
과 저자의 시 ─ 법에게 길을 묻다, 산사와 나그네, 학도암 가는 길 ─ 로
이루어진 '법에 새긴 마음'을 만날 수 있을 것이다.

독자들에게 가까이 다가가기 위한 저자의 노력이 독자들에게 어떠한 평
가를 받을지 매우 궁금하면서도 몹시 두려운 마음이다. 독자 여러분들의
아낌없는 질정吨正을 바란다.

이 책을 내면서 특별히 감사드려야 할 분들이 있다. 먼저 이 책의 감수를
해주신 임채진 변호사님前 검찰총장께 깊이 감사드린다. 부족한 원고가 총장
님의 엄격한 가르침 덕분에 내용적으로 풍부해질 수 있었다. 그리고 저자
의 지도교수이신 경희대 법학전문대학원의 박균성 교수님前 한국공법학회 회장,

現 입법이론실무학회 회장의 학은에 깊이 감사를 드린다. 또한 특별히 저자의 학문생활에서나 인생살이에서 늘 따뜻한 격려와 성원을 아끼지 않으시는 단국대의 유태균 교수님前 문화예술대학원장, 부산대 법학전문대학원의 김기표 교수님前 한국법제연구원장, 단국대 법대 정준현 교수님現 한국사이버안보법정책학회 회장, 서울대 법학전문대학원의 이원우 교수님現 정보통신정책학회 회장께 진심으로 감사드린다.

돌아가셨지만 늘 저자의 힘이 되어 주시는 아버님과 홀로 고향집을 지키고 계신 어머님, 학문에 정진할 수 있도록 든든히 내조를 해주는 사랑하는 아내, 학교와 학원 수업에 바쁜 중에도 늘 웃음과 여유를 견지하는 믿음직한 아들, 그리고 든든한 버팀목이 되어주시는 자형님 내외를 비롯한 가족들에게도 특별한 사랑과 고마움을 전하고 싶다.

마지막으로 출간을 허락해 주신 박영사의 안종만 회장님과 안상준 상무님, 각종 지원을 해주신 기획부의 조성호 이사님과 노현 부장님 그리고 박선진 대리께 감사를 드리며 여러모로 부족한 이 책이 좋은 책이 될 수 있도록 기획과정부터 많은 조언을 해주고 꼼꼼한 내용 검토와 함께 편집, 교정에 힘써 주신 편집부의 김선민 부장님께 특별한 감사를 드린다. 또한 좋은 표지디자인을 해주신 조아라 대리님께도 감사를 드리며 자료 수집과 타이핑을 도와준 제자 임서연 양경찰행정법학과 재학에게도 고마움을 전한다.

2016년 8월

서울 중계동 청람재(淸嵐齋)에서

저자 씀

차 례

제 3 부 행정법의 숲길을 걷다

제6부   법학의 뒤안길을 걷다

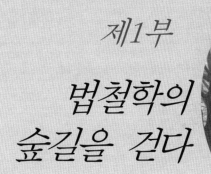

제1부

법철학의
숲길을 걷다

01
포이어바흐,
소동파 그리고 법

포이어바흐Paul Johann Anselm von Feuerbach, 1775~1833는 독일 형법학자이다. 그의 형법이론은 칸트철학에 입각한 합리주의이다. 칸트I. Kant의 엄격한 응보이론應報理論을 그의 형법사상에 끌어들이지 않고 도리어 칸트의 오성적 인간상悟性的 人間像에서 일반예방적 형벌이론인 심리강제설心理强制說을 이끌어내어 주창한다. 심리강제설은 인간은 범죄에 의해서 얻어지는 쾌락과 형벌에 의해서 얻어지는 고통을 비교하면서 행동한다는 이론이다. 그리고 1801년 범죄와 형벌은 미리 법률로 규정되어 있어야 한다는 형법상의 원칙인 죄형법정주의罪刑法定主義를 강조하

▲ 포이어바흐

여 독일 근대형법학의 창립자로 불린다. 그는 1806년에는 고문을 폐지하는데 이바지하고, 1813년에는 독일 바이에른형법을 제정하는데 크게

기여한다.

포이어바흐의 증조부와 부친 모두 법률가이다. 아버지보다 네 살이나 연상이었던 어머니는 예나^{Jena} 영주의 소유령 참사관의 딸로 법률가 집안의 자손인데, 당시 유명한 법사학자 브롱켈의 손녀라고 한다. 포이어바흐는 부모가 정식으로 결혼하기 전에 태어났다. 그가 태어났을 때 불과 20세밖에 안 되었던 그의 아버지는 여전히 예나대학의 법학도였으며, 이어서 가센대학에서 유학을 마치고 변호사로서 프랑크푸르트에 정주한다. 포이어바흐는 엄격한 아버지와 사이가 그다지 좋지 않았는데, 더군다나 그가 어머니 편을 들어서 홧김에 아버지의 정부^{情婦}의 얼굴을 후려갈겨 버린 뒤에는 부자 사이가 더욱 틀어지게 되었다고 한다민건식 편저,「형사학의 선구자」, 91쪽 참조. 참고로 1558년에 설립된 예나대학은 철학자 피히테, 헤겔, 괴테 등이 강단에 섰던 곳으로 18세기 말과 19세기 초에 철학과 독일 낭만주의의 중심지가 되었다.

노기탱천^{怒氣撑天}한 아버지를 피해 예나로 도망쳐 와서 괴테, 쉴러, 피히테, 쉘링 등 거장들이 모여 있는 후기낭만파의 거점인 예나대학 법학부에 입학절차를 마친다. 당연히 아버지로부터 경제적 지원을 받지 못하고 예나에 있는 친척들에게서도 별다른 도움을 받지 못한 채 고군분투한다. 그러다가 예나에서 중병에 걸리게 되는데 그때부터 형이상학적 문제에 관심을 가지게 된다. 병이 나은 뒤 전공을 바꾸어 법학 대신 철학을 공부하게 된다.

1794년에는 나중에 아내가 된 빌헬름 트레스터 양을 알게 된다. 그녀는 예나 교외의 도른베르크城 관리인의 딸로서 작센의 에른스트 아우구스트大公의 정실이 아닌 소실의 손녀였다. 화려하지 않는 환경 속에서 성장하였던 그녀는 명랑·온순하였고 끊임없이 청춘을 발산하고 있었다고 한다. 이러한 아가씨를 그가 아내로 맞이하려고 간절하게 바랜 탓으로 "학생시절에 연애하여 아이를 낳고 나서 나중에 결혼한다"라드부르흐에 의한 표현라고 하는 운명이 그의 아버지와 마찬가지로 부전자전^{父傳子傳}으로 그에게도 되풀이된다.

1795년에 20살의 나이로 철학박사학위를 받는다논문을 써내지 않은 채 심사료를 면제받았다고 함. 철학분야에서 그에게 가장 강한 인상을 주었던 교수는 시인 비이란트Christoph Martin Wieland, 1733~1813의 사위인 라인홀트이다. 그는 온건하고도 명쾌한 강의로 포이어바흐를 열성적인 칸트 철학도로 만들어 버린다민건식 편저, 앞의 책, 91~95쪽 참조. 그러나 그는 철학강사로서 대학 강단에 서서 칸트철학을 계속 연구하려는 자신의 꿈을 포기하게 된다. 그것은 경제적 곤궁에 시달리고 있던 터에 나중에 자신의 부인이 될 여인이 임신하였기 때문이다. 처자妻子에 대한 의무를 의식하고는 다시 법학연구를 시작하게 된다. 그는 법학으로 좀 더 빨리 생계를 위한 방도를 얻을 수 있을 것이라고 생각했던 것이다. 1798년 9월에 아들 요제프 안젤름이 태어난다. 이 아이는 나중에 고고학자가 되는데, 유명한 화가 안젤름 포이어바흐Anselm Feuerbach, 1829~1880의 아버지이다.

포이어바흐는 마침내 1799년에 박사학위를 취득하고, 다시 2년 후인 1801년에는 법학교수가 된다. 1795년 5월 19일자 아버지에게 보낸 편지에는 "나에게는 학문을 실제 응용하는 일보다는 연구를 계속하는 편에 더 많은 재능이 있습니다"라고 쓸 정도로 학문에 매진한다.

포이어바흐는 법학과 철학의 관계에 대하여 "경험적 지식은 법학에게 몸체를 부여하고, 철학적 지식은 법

▲ 손자인 안젤름 포이어바흐의 「자화상」
〈상트 페테르부르크 에르미타주 미술관〉 소장

학에게 영혼을 부여한다. 경험적 지식이 없는 법학은 유령으로서 우리 손에 잡히지 않기 때문에 이를 잡으려고 노력할 가치가 없으며, 철학적 지식이 없는 법학은 골수骨髓와 살이 없는 해골, 또는 차라리 영혼과 생

명이 없는 시체에 불과하다"고 비유적으로 말한다.

1802년 3월 23일 그는 당시 안스바하 공소원장控訴院長으로 일하였는데, 아들 안젤름 앞으로 옛 시절을 회상하면서 편지를 쓴다. 그 무렵 아들은 신학을 공부하고 있던 중에 자학적인 우울증에 걸려 있었으므로 포이어바흐는 그 편지에서 아들에게 고고학考古學을 공부하라고 다음과 같이 조언한다.

아들에게 보내는 아버지의 편지

"법학은 내게 소년시절부터 마음에 맞지 않았단다. 그리고 지금도 학문으로서의 법학에 나는 그다지 매력을 느끼지 않는단다. 나는 오로지 역사, 특히 철학에 대하여 흥미를 느끼고 있었단다. 철학교사로서 살아나가기 위하여 이미 철학박사학위도 따고 있기는 하지만 말이다. 그런데 말이야, 나는 그 무렵에 거기서 너의 어머니를 알게 되었단다. 그래서 그녀에 대한 나의 의무를 생각하지 않으면 안될 처지에 놓였단다. 그렇게 되고 보니 어머니와 너를 먹여 살려 나가기 위해서는 철학보다는 빨리 직장을 가져서 수입을 얻을 수 있는 학과를 택하지 않을 수 없었던 것이야. 그러므로 나는 재빠르고 확고한 결심으로 좋아하던 철학을 버리고 싫어하던 법학으로 바꾸었단다. 그런데 마침내 법학이 이전처럼은 싫어지지 않게 되었는데, 그것은 자진하여 적극적으로 통달하지 않으면 안되겠다고 굳게 의식하였기 때문이었단다. 끈기 있고 단순히 의무에 입각한 용기를 발휘하여 2년 후에는 이미 강사가 되어서 마지못한 사정 때문에, 빵을 위하여 선택한 법학이지만Brotwissenschaft 저술로서 기여하고 드디어 독자적인 입장을 확립하기에 이르게 되었단다. 그리고 이러한 상황에서 급속한 명성과 영예를 차지하고 나의 일생이 인류에게 유익하였다는 것을 세상 사람들로부터 소리 높이 인정받을 수 있었단다"민건식 편저, 앞의 책, 96쪽; 라드부르흐(정희철 역), 「법학원론」 참조.

옛날이나 지금이나 법학은 문학과 철학처럼 매력적인 학문으로 여겨지지 않는 것 같다. 아마 그것은 법학이 실정 법률을 토대로 연구하기 때문이 아닌가 싶다. 독일의 키르히만J. H. von Kirchmann, 1802~1884. 검사 출신의 문필가은 "입법자가 세 마디만 수정하면 도서관의 모든 법학서가 휴지가 된다"고 자조할 정도로 학문성에 대한 오랜 의문이 제기되어 온 것이 사실이다.

오늘날 법학의 학문성에 대한 의심은 거의 사라진 듯하다. 이천년에 걸친 법학의 뿌리를 누가 부인할 수 있겠는가. 법치주의, 법의 지배, 법치행정, 죄형법정주의, 조세법률주의 등은 국가운영의 대원칙으로 자리 잡았다. 법을 떠나 국가사회가 존립될 수 없고 운영될 수 없다.

포이어바흐는 자신에게 주어진 법학자로서의 시대적 소명을 훌륭히 수행했다고 본다. 그러한 자부심이 포이어바흐가 아들에게 보낸 솔직한 심정이 아니었을까. 아버지의 편지는 아들들에게 효과가 있었던 것 같다以心傳心. 왜냐하면 큰 아들은 고고학자가 되었으며 넷째 아들 루드비히도 후에 아버지를 능가하는 훌륭한 철학자가 되었기 때문이다.

「청소년을 위한 서양철학사」에 따르면, 넷째 아들 루드비히는 어느 포도주 집에서 유명한 철학자 헤겔과 마주쳤지만 말 한마디 건네지 못할 정도로 수줍음이 많았다고 한다. 처음에는 대학교수가 되려 했지만, 형편이 여의치 않자 "나는 철학자이기 때문에 철학교수로는 적당치 않다"라는 말로 스스로 위로하며 대학을 떠났다는 일화가 있다.

루드비히는 익명으로 쓴 「죽음과 불멸에 관한 사상」1830으로 인해 아카데미에로의 길은 막혔지만, 후에 저술한 「기독교의 본질」1841로 일약 시대의 인물이 된다. 라드브루흐에 따르면 철학은 사람을 결단에서 해방시키는 것이 아니라 그를 결단에 직면하게 하고 인생을 용이하게 만드는 것이 아니라 문제

▲ 넷째 아들 루드비히 포이어바흐

있는 것으로 만드는 것이다라드브루흐(최종고 역), 「법철학」, 115쪽. 루드비히의 삶이

그러하다.

■ 「죽음과 불멸에 관한 사상」의 파장

이 책에서 루드비히는 영혼불멸에 대한 믿음을 공격했으며 경건한 신앙
의 소유자를 조롱하기도 한다. 이 '불경스런' 책은 기독교의 권위가 서슬
퍼렇게 엄존하던 당시의 상황에서 곧바로 금서가 돼 압류조치를 당한다.
루드비히가 이 책을 썼다는 것이 밝혀지면서 발군의 학문적 역량에도 불
구하고 교수직을 단념한 채 재야학자로 평생을 보낸다. 그는 초월적 존재
의 속성이라 여겨진 것들을 인류와 자연에로 되돌려 주고자 했으며 그 속
에 투영된 인간의 소망을 이 땅에 실현하는 것이 인류사적 과제라고 확신
한다주정립, "'인간이 초월적 존재 창조' 경건한 무신론자 포이어바흐," 한겨레신문 2008년 3월
1일자 칼럼 참조.

⋮ 소동파가 법률을 읽지 않은 이유

우리에게 「적벽부」의 시인으로 유명한 소동파蘇東坡, 1037~1101 도 법학자를
슬프게 한다. 물론 시인이 법을 좋아하기는 쉬운 것이 아니지만 말이다.

소동파는 "독서가 만 권에 달하여도 율法律은 읽지 않는다讀書萬卷不讀律"
고 자랑하였다고 한다. 이로 인해 사상 초유의 필화筆禍사건을 일으켜 감
옥에 갇히기도 한다. 소동파처럼 말한 이는 서양에도 있는 듯하다. 1831
년 데이비 크로케트는 그의 자서전에서 자기는 "일생 동안 어떤 법률 책
의 어떤 페이지도 읽은 적이 없다"고 뽐내었다고 한다마이클 카멘(조한중 역),
「미국 문화에 있어서의 헌법」, 18쪽.

그렇다면 소동파는 왜 법률을 읽지 않은 것을 자랑하였을까? 위의 소
동파의 말은 행간行間을 읽을 필요가 있다. 왜냐하면 당시 정치적 실세였
던 왕안석王安石, 1021~1086이 신법新法을 통해 강력한 개혁정책친서민정책을 추

진하자 정치적 입장소동파는 구법당(舊法黨) 소속이었음을 달리한 소동파가 왕안석의 법치신법에 반대하며 예禮로써 나라를 다스릴 것을 주장했기 때문이다. 그리고 왕안석의 법치신법가 오히려 백성들의 삶을 피폐하게 만든다고 생각한 것도 이유가 되었을 것으로 본다.

다음 그림은 12세기 무원직武元直. 생몰 미상이 그린 「적벽도」이다. 적벽강을 유람한 뒤 소동파의 「적벽부」 고사를 그림으로 표현한 것이다. 소동파는 당쟁으로 신법당에게 몰려 사형당할 뻔했다가 황주黃州로 유배되었는데, 그가 유배 중에 적벽赤壁에서 두 차례 뱃놀이를 하고 그 감회를 써 낸 것이 「적벽부赤壁賦」이다. 수많은 역경 속에서 자연으로부터 따뜻한 위안을 받고 새로운 삶의 의미를 찾아가는 마음을 표현한 것으로 높이 평가받고 있다. 한 구절을 읽어보기로 하자. "천지 사이의 / 사물에는 제각기 주인이 있어 / 나의 소유가 아니면 / 한 터럭이라도 가지지 말 것이나 / 강 위의 맑은 바람과 / 산간山間의 밝은 달은 / 귀로 들으면 소리가 되고 / 눈에 뜨이면 빛을 이루어서 / 가져도 금할 이 없고 / 써도 다함이 없으니 / 조물주의 / 다함이 없는 선물이 아니겠는가."

▲ 무원직의 「적벽도」　　　　　　　　　　　　　　〈대만 국립고궁박물원〉 소장

01 소동파와 동파육(東坡肉)

송나라 최고의 시인. 당송팔대가의 한 사람. 이름은 식軾이며 동생 소철蘇轍이 있다. 부친 소순蘇洵도 이름난 문장가이다. 동파는 그의 호이다. 그는 급진적인 개혁을 추진하던 왕안석과 정치적 입장의 차이로 대립적 관계가

된다. 그의 시는 철학적 요소가 짙었고 새로운 시경詩境을 개척했다. 「적벽부赤壁賦」는 불후의 명작으로 널리 애창된다출처: 두산백과. 소동파는 22세 때 송나라 도읍인 개봉에서 실시한 과거시험에서 진사에 급제하였으며, 당시 문단의 거목이자 과거시험위원장이었던 구양수歐陽修. 1007~1072에게 인정받아 그의 후원으로 문단에 등장하였다. 구양수는 후에 당송 8대가의 한 사람이 되었지만, 가난한 집안에서 태어나 4세 때 아버지를 여의었으며, 문구를 살 돈이 없어서 어머니가 모래 위에 갈대로 글씨를 써서 가르쳤다고 한다. 1067년 신종 때 동향 후배인 왕안석의 신법에 반대하여 관직에서 물러났다두산백과. 소동파는 구양수의 제자이자 뜻을 같이한 동지였다. 여기서 동파육東坡肉의 유래를 알아보자. "항저우에서 벼슬하는 동안 서호西湖를 간척해 식수난을 해결하고 멋진 제방까지 남겼다. 공립학원인 안락방安樂坊을 세우고 지역 학교인 주학州學을 키웠다. 그가 임기를 마치고 떠나게 되자 백성들이 선물을 들고 왔는데, 대부분 서민 음식재료인 돼지고기였다. 소동파는 자신의 조리법으로 동파육을 만들어 그들의 혀까지 즐겁게 해주고 떠났다. 중국 음식사에 동파육이 더해지는 순간이다." 채인택 기자, "눈과 혀가 함께 즐거운 그윽한 중국별미", 2019년 11월 9일자 기사 참조.

02 왕안석

문필가이자 시인. 당송팔대가의 한 사람. 북송의 6대 황제인 신종에게 발탁되어 1069~1076년에 신법을 통해 개혁을 추진한 정치사상가이다. 왕안석은 유학의 실용적 해석과 응용을 강조한다. 「시경」, 「서경」, 「주례」 등을 독창적으로 해석하였다출처: 두산백과.

어느 시대를 막론하고 개혁을 위해서는 강력한 법이 필요하다. 본질적으로 개혁은 기득권을 위협한다. 따라서 개혁정책에는 반대가 뒤따르기 마련이다. 더욱이 급진개혁정책에는 저항이 더 강할 수밖에 없다. 소동파는 기득권을 옹호하고 왕안석의 급진개혁정책을 반대하는 정치적 입장을 가지고 있다. 그렇다고 하여 소동파가 법의 필요성을 부인한다고 생각하지는 말자.

법없이 나라를 다스릴 수는 없기 때문이다. 다만 왕안석의 급진개혁정

▲ 개혁정치가 왕안석

책이 신법을 통해 이루어졌고 그로 인해 백성들의 생활이 개선되지 않고 더욱 힘들어졌기 때문이다. 물론 당시 백성들의 생활이 힘들게 된 데에는 자연재해 탓이 크지만 말이다. 이와 관련한 재미있는 얘기를 하나 소개하고자 한다. "「웰컴투 동막골」은 성공한 영화였다. 2005년 당시로는 적잖은 관객 수 650만 명을 동원했다. 무엇보다 이 영화가 인상적이었던 것은 리더십의 본질을 생각해보게 했다는 점이다. 그 압권은 인민군이 던진 질문에 동막골 촌장이 응답하는 장면에 나온다. "큰 소리 한번 치지 않고 부락민을 똘똘 뭉치게 하는 그 영도력의 비결이 뭡니까?" "마이(많이) 멕여(먹여)야지!" 이 문답은 조직의 리더십은 부락민이든 국민이든 배불리 먹이는 데서 지지를 받는다는 평범한 진리를 보여주고 있다."김동호, 중앙일보 2018년 12월 29일자 칼럼 참조.

따라서 왕안석의 사례는 급진개혁정책의 수단으로서 법의 활용은 부작용이 뒤따르므로 신중히 추진해야 한다는 교훈을 준다. 그리고 중국에서는 엄격한 형벌에 의한 통치와 급진적 개혁을 주장하는 법가法家보다는 덕에 의한 통치德治主義와 점진적 개혁을 주장하는 유가儒家의 주장이 전통적으로 국민들의 지지를 받은 점도 기억하자.

법이란 무엇인가? 이는 법학에서는 본질적인 물음이지만 일반인들에게는 그다지 친숙한 질문이 아니다. 그렇다면 이 물음은 과연 아무 생각 없이 또는 별 생각 없이 답변해도 좋을 만큼 그렇게 시시한 물음에 지나지 않는가? 그것은 아니다. 실제로 이 물음은 근본적으로 중요한 문제로서, 따질 필요가 없을 정도로 당연한 것으로 삼아서도 안 되며 참으로 그렇게 삼을 수도 없는 문제이다. 왜냐하면 그것은 법에 대해 못마땅해하는 회의적懷疑的인 시각이 우리 주변에 존재하기 때문이다. 그들은 법이 정의로운 사회just society의 건설에 불필요한 존재로서 '없어도 좋은 것'

일까 아닐까라는 것만이 아니라, 법은 어쩌면 무언가 그 자체가 적극적으로 나쁜 것이고 따라서 인간의 사회적 본성을 실현함에 있어서 위험한 장애물dangerous impediment이 되지 않을까라는 생각들을 가지고 있다. 플라톤Platon, 427?~347? B.C으로부터 칼 마르크스Karl Marx, 1818~1883에 이르는 서양 사상가들 그리고 동양의 유가儒家를 비롯한 오랜 동안의 지배적인 생각들이 어떤 형태로든 법을 거부rejection of law하거나 경시하거나 부차적인 것으로 여긴데서 잘 알 수 있다.

> ### ■ 유가
> 춘추 전국 시대의 제자백가 중 하나로, 공자, 맹자, 순자가 주장하였으며, 효제孝悌의 가족도덕에 기초를 두고 예로써 정치를 해야 한다고 주장하였다. 한대漢代 이후 음양가·법가·묵가·도가 등을 절충하여 보다 현실적인 사상이 되었으며, 황제의 권위, 사대부·관료의 권익을 동시에 옹호하여 환영받았다.

과연 법은 필요한가? 이제 이 물음에 답변하기로 하자. 그 답은 법은 필요하다는 것이다. 복잡한 현대사회를 살아가는 우리들은 법이라는 매우 광범위하고 촘촘한 그물망을 벗어나 생활하기란 거의 불가능하다. 출생에서 사망까지 법은 우리들의 일상에 끊임없이 관여한다. 또한 우리들은 법을 부정할래야 부정할 수 없다. 격언에서 말하듯이, 법률의 부지不知는 용서받지 못하기 때문이다. 법을 긍정해야만, 제대로 알아야만 제대로 살아갈 수 있다. 법은 우리들의 의사결정규범이자 행위규범이다. 우리는 '법 속의 인간'으로 존재하고 생활하는 것이다.

헤르만 헤세Hermann Hesse, 1877~1962

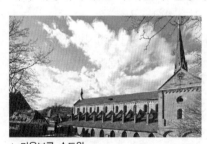

▲ 마울브론 수도원
14세 때 입학하여 7개월 만에 자퇴한 헤르만 헤세가 자신의 소설 「수레바퀴 밑에서」에서 이곳의 풍광을 아름답게 묘사하여, 많은 이들이 헤세의 자취를 찾아 이곳을 방문한다. 출처: 두산백과

에 따르면, 법은 나무에 새싹이 붙어 있듯이 우리들에게 붙어 있는 것은 아니다. 또한 법이란 인생에 있어서 우리가 그 존재를 알지만 그 원천을 완전히 알 수 없으며 그렇기 때문에 묘사하기는 더욱 어려운 몇 안 되는 것들 가운데 하나이다. 그러므로 우리가 법을 평상시에는 잘 인식하지도 않고 인식하기도 쉽지 않는 것이 사실이다.

■ **헤르만 헤세**

독일 소설가·시인. 칼브 출생. 엄격한 그리스도교 집안에서 태어나 신학교를 중퇴하였다. 작품에서는 인간의 본질적 정신을 찾기 위해 문명의 기존 양식들을 벗어난 인간을 다루었으며, 철학적인 문제와 인간의 운명이 깊이 있게 연관을 맺고 있다. 제1차 세계대전의 영향과 결혼생활의 파탄, 유교와 인도 등의 고전적 동양사상의 영향을 받아 그의 낭만적 작품경향이 일변하게 되었다. 또한 정신분석학자 C. G. 융의 영향을 많이 받았는데, 그 체험에 기초한 것이 1919년 발표한 「데미안」으로, 현실의 고뇌에 대결하는 영혼의 모습을 그리고 있다. 「싯다르타」[1922]는 동·서양의 세계관·종교관을 자기 체험 속에 융화시킨 작품으로, 내면으로의 길을 지향하는 작가의 영혼이 투영되어 있다. 「유리알 유희」로 1946년 노벨문학상을 수상하였다.

미국 펜실베니아대학교 로스쿨 교수인 레오 카츠[Leo karz]는 경제학, 철학, 통계학, 정치학을 통해 법의 부조리를 집중적으로 연구하는 법학자이다. 사람들이 별 반성 없이 습관적으로 받아들이던 법과 규범에 대해 문제를 제기하고, 거기에 대한 해결책을 독창적이고 의욕적인 방식으로 제시하고 있다. 그가 들고 있는 법의 부조리한 특징으로는 ① 법은 상생거래를 거부한다는 점과 ② 법에는 허점이 많다는 점과 ③ 법은 모든 물음에 늘 이분법적으로 답한다는 점과 ④ 사람들이 극히 혐오하는데도 딱히 법으로 처벌하지 않는 행위가 있다는 점 등이다[레오 카츠, 「법은 왜 부조리한가」, 5쪽, 15쪽 참조]. 충분히 공감 가는 얘기이다.

법은 필요하다. 그러나 그것이 좋은 것인지는 분명하지 않다. 그것은 세상에는 '선한 법'뿐만 아니라 '악한 법'도 존재하기 때문이다. 인간은 지구상에 존재하는 한, 법을 필요로 한다. 그렇다면 굳이 법이 존재하지 않는 세계를 상상할 필요가 없다.

법의 필요성

법의 필요성은 인간의 본성과 깊은 관련을 가진다. 인간의 본성이 법을 필요로 한다. 맹자孟子, BC 372년 추정~BC 289년 추정의 성선설性善說: 인간의 본성은 선천적으로 착하다는 주장을 따라도 법은 필요하고, 순자荀子, BC 298~BC 238의 성악설性惡說: 인간의 본성은 선천적으로 악하다는 주장을 따라도 법은 필요하다. 각 개인의 생각과 말과 행동思言行은 매우 다양하다. 그런 까닭으로 대립이 생기고 갈등이 발생한다. 이러한 대립과 갈등을 방치할 수는 없다. 이를 해결하기 위해 법이 필요하다. 그러나 법만으로 근원적 해결이 가능한지는 여전히 의문이다. 왜냐하면 법은 타율적 규범이기 때문이다. 여기에 도덕규범, 윤리규범, 종교규범 등 자율적인 규범이 필요하다.

■ 01 맹자

맹자는 인의仁義의 덕을 바탕으로 하는 왕도정치王道政治가 당시의 정치적 분열상태를 극복할 유일한 길이라고 믿고, 왕도정치를 시행하라고 제후들에게 충고한다. 맹자는 "천하 패권을 쥐려면 천시天時와 지리地利, 인화人和가 필요하다"고 했다. 그는 "천시는 지리만 못하고 지리는 인화만 못하다"고 갈파한다출처: 네이버지식백과-서울대학교 철학사상연구소. 「순자」를 제치고 「맹자」가 유교 경전의 반열에 든 까닭으로 배병삼 교수는 「맹자」는 인간에 대한 희망을 노래하고 있기 때문이라고 말한다. 즉 "인간이 짐승보다 못할 수 있음에도 불구하고 그 속에 신성神聖의 씨앗이 존재한다는 점을 발견하고, 제시한 데 있다"고 한다배병삼, "맹자"「나의 고전읽기」, 95쪽.

02 순자

유가의 입장을 지키면서, 진秦의 입장에 서서 제가諸家의 사상을 비판적으로 흡수하여 선진사상先秦思想의 집대성자라는 역할을 수행한다. 부국강병의 문제도, 인재를 양성하는 문제도, 모두 '예의'로써 해결된다고 본다출처: 네이버지식백과·철학사전.

법은 사회질서를 유지해 나가기 위한 규범이다. 즉 이해대립을 해결하기 위한 장치이다. 분쟁을 해결하는 데에는 기존의 관습·도덕·윤리·종교규범·약속 등도 그 나름대로의 역할을 수행한다. 그러나 이들은 명확한 한계를 지닌다. 이들은 인간의 선의지善意志에 지나치게 의존한다는 점에 그 한계가 있다. 이들은 수범자의 자율적인 이행을 속성으로 한다. 자율은 견고한 이성과 강력한 실천을 요구하지만 쉽지 아니하다.

법이 이들과 구별되는 분명한 점은 타율적인 강행성이다. 타율적인 강행성이 결여된 법은 법으로서의 실질을 구비하지 못한 것이다. 그래서 법에 따라 납세자가 세금을 내지 않은 경우에는 행정상 강제징수를 하고, 철거명령을 받고도 불법건축물을 철거하지 않은 경우에는 행정대집행을 한다.

법은 인간사회의 필요선 또는 필요악으로 존재한다. 가령 대표적인 공리주의자인 제러미 벤담Jeremy Bentham, 1748~1832은 법이 보다 큰 악을 방지하기 위한 경우 하나의 필요악으로서 긍정한다. 또한 법은 사회질서를 바탕으로 정의로운 상태를 실현하기 위해 필요하다. 민주주의 사회에서 사회정의의 실현을 위한 정책은 결국 법제도를 통하여 실현될 수밖에 없기 때문이다.

우리 헌법은 사회정의의 실현을 위한 '헌법의 아버지들'의 실천의지를 천명하고 있다. 각종 자유권적 기본권, 생존권적 기본권 및 참정권의 보장, 헌법재판을 통한 사회정의의 형성가능성을 열어놓고 있는 것은 그 예이다.

왜 '좋은 법'이 필요한가?: 세종의 두 가지 사례

우리나라 정부가 수립된 이래 국회를 통과해 공포된 법률만 1만5,000 건이 넘는다고 한다. 이 중에는 좋은 법善法도 있고 나쁜 법惡法도 있을 것이다. 여기에서는 좋은 법에 대해서만 논의하기로 하자.

그렇다면 좋은 법이란 무엇인가? 조선 성리학을 구축한 성심誠心의 사대부인 율곡 이이1536~1584는 39세 때인 1574년선조 7년에 선조에게 올린 「만언봉사萬言封事」에서 "정치는 시세時勢를 아는 것이 중요하고, 일은 실제로 그 일에 힘쓰는 것이 중요합니다. 정치를 하면서 시의時宜를 알지 못하면 정치의 효과를 거둘 수 없습니다. 시의란 때에 맞춰서 법을 만들고 백성을 구하는 것입니다"라고 주장했다. 시대상황에 적합한 제도와 법을 만들어 백성의 삶을 돌보라고 역설한 시의론時宜論과 변통론變通論이 「만언봉사」의 핵심이다정옥자, 「우리 선비」, 139~140쪽. 그런 측면을 감안하여 옛날로 돌아가서 세종대왕1397~1450, 재위기간 1418~1450이 만든 토지제도에 관한 세금제도인 공법貢法 [사례1]과 세종이 형조에 내린 '매 때리는 규정' [사례2]의 개정논의를 예로 들어 좋은 법이 어떠한지를 살펴보자.

01 세종이 만든 토지에 대한 세금제도이야기

재위 9년 세종은 과거시험 응시자들에게 물었다. "공법貢法: 조선 전기 토지에 대한 세금제을 사용하면서 이른바 좋지 못한 점을 고치려고 한다면 그 방법은 어떻게 해야 하겠는가?" 이듬해 세종은 황희와 함께 공법을 처음 논의했다. 이후 17년간 조정 대신들과 뜨거운 논쟁을 벌이며 제도를 수정, 보완하며 완성해 갔다. 놀라운 점은 공법 시행을 위해 오늘날 국민투표에 가까운 여론조사를 실시했다는 것이다. 재위 12년 세종은 양반은 물론 전국의 모든 백성들에게 공법에 대한 찬반 여부를 묻도록 했다. 17만 2806명이 참여했고 찬성은 9만8657명, 반대는 7만4149명이었다. 당시 세금과 부역의 의무를 지닌 성인 인구가 69만2477명이었던 것을 감안하면 인구의 25% 정도 참여한 셈이다. 그렇게 탄생한 것이 '전분6등법'이다. 토지를 질에 따라 6등급으로 구분하고, 각 등급에 맞추어 세금을 부과한 제도다. 작황에 따라 차이를 두는 '연분9등법'도 도출됐다. 부정부패가 없고 간편하며 무엇보다 공평한 세법을 만들기 위한 세종의 노력이었다강구열, "오기수 교수의 저서 「세종 공법」에 대한 서평," 세계일보 2016년 3월 25일자 기사 참조.

02 세종이 형조에 내린 '매 때리는 규정'

"채찍으로써 관부官府의 형벌로 하는 것은 고금의 공통적인 제도이다. 본조本朝의 관부의 형벌은 형刑律에 의거하여 논결論決하는 외에, 각 관사의 부사府使, 복례僕隷: 종의 무리들이 모두 그 채찍을 사용하되 오십 대를 넘지 못하게 하고, 이를 어긴 사람은 죄를 다스리도록 하는 것이 령갑令甲: 법령에 기재되어 있다. 그런데 서울과 지방의 관리들은 무자비한 데에 힘을 쓰게 되어, 혹은 죄가 열 대에 해당되어도 대개 오십 대를 사용하기도 하고, 혹은 가죽 두 쪽을 합해 기워서 채찍을 만들기도 하여, 그 고통의 심도가 태형笞刑: 작은 형장(刑杖: 예전에 죄인을 신문할 때에 쓰던 몽둥이)으로 볼기를 치는 형벌. 오형(五刑) 가운데 가장 가벼운 형벌. 장형杖刑: 큰 형장으로 볼기를 치는 형벌보다도 배가 더한다. 이 때문에 비록 가벼운 죄를 짓고도 상처를 입어 운명하는 사람이 혹 있게 되므로, 죄가 의심나는 것은 경한 대로 따라 한다는 뜻에 어긋남이 있다. 우리 조정에서는 관할 내의 백성이 고소하는 것은 이미 금령禁令이 있다부민고소금지법(=수령고소금지법). 따라서 형벌을 받은 사람이 비록 원망을 품고 고소하지 못하더라도, 형벌을 집행하는 사람이 마음대로 꺼림이 없게 할 수는 없다. 지금부터는 그 범한 죄의 경중에 따라, 혹은 열 대 이상 내지 이십 대에서 오십 대까지 죄를 헤아려 시행하되, 참혹하게 형벌을 쓰지 말아서 나의 형벌을 신중히 하는 뜻에 부합하도록 하라"<세종실록>17/09/30(박현모, 「세종처럼-소통과 헌신의 리더십」(미다스북스, 2008), 303-319쪽 참조).

위의 사례에서 보면 세종이 구체적인 형률에 대해서도 정확한 인식을 가지고 있고 매우 균형 잡힌 판단을 내린 것을 알 수 있다. 세종은 "다스림을 이루는 요체는 백성을 사랑하는 것보다 앞서는 것이 없다고 하니, 백성을 사랑하는 시초란 오직 백성에게 징수하는 제도가 있을 뿐이다"라

며 조세를 어떻게 거두느냐
에 따라 백성의 행복이 결
정된다고 여겼다. 따라서
세종대왕은 민주적인 세법
인 공법貢法을 제정, 백성을
위한 조세제도를 펼쳤다.
이는 형벌제도의 개선에 있
어서도 마찬가지이다.

▲ 세종과 소헌왕후의 능인 영릉(英陵) 전경

법지식은 왜 필요한가?

우리들의 일상생활, 즉 사회생활의 대부분은 법적 관계로 이루어지고, 우리들은 눈에 보이지 않는 또는 눈에 보이는 법그물legal net 속에서 생활한다. 소유관계·임대차관계·신분관계·고용관계·매매계약관계·운송계약관계와 같은 민사관계를 비롯하여, 인허가업무·토지거래허가·등록제도·신고의무 등과 같은 행정상의 법률관계·노동문제·공해문제·범죄문제·환경문제·소비자보호문제와 같은 새로운 문제들의 가운데에 우리는 살고 있는 것이다.

첫째, 법적 분쟁이 있을 때에 구체적으로 법문제를 인식하게 되는데, 분쟁의 예방을 위해, 또 자신의 권리 보호를 위해 법지식은 필요하다. 소송이 많다는 것은 분쟁이 많다는 것이다. 분쟁이 많은 것은 법적인 현상 이전에 문화적 현상이다. 그것은 공동체 붕괴의 결과로 일어나는 현상으로 이해하기도 한다. 공동체의 붕괴는 법의 양적 성장을 초래하고 법의 양적 성장은 법의 대결을 가져다 주고, 법의 대결은 사람들간의 대결로서 악순환이 되어버린다. 개인주의적이고 이기적인 사회에서는 분쟁이 많고 분쟁의 해결방식은 사실상 법적인 것 외에는 없다. 법정法庭 밖에서의 자율적인 해결은 점점 더 낯설게 되었다. 따라서 법을 모르고 산다는 것은 올바른 태도가 아니다. 법을 알아야 인간답게 주어진 자유와 권리를 누리며 살 수 있는 것이다. 법을 알아야 손해를 보지 않고 인간의 존엄성을 유지할 수 있다.

둘째, 민주시민의 자질을 구비하기 위한 교양교육으로 법지식은 필요하다. 법을 통하여 국민의식이 향상된다. 참정권선거권과 피선거권의 행사를 통해 민주주의의 확립과 사회정의 실현에 이바지할 수 있다. 여론을 통한 국정감시도 법지식을 통해 정치의식이 높아진 데 따른 것이다. 정보공개법이 제정되어 정보공개를 청구하면 비공개대상 정보가 아니면 정보를 공개한다. 공공기관은 적극적으로 정보를 제공할 법적 의무를 지고 있다. 정보화 사회에서 정보공개와 정보제공은 매우 중요한 역할을 수행한다. 정확한 정보를 가지고 국정에 참여하고, 공청회에 참여하여 의견을 제출하고, 헌법상 청원권을 행사함으로써 민주시민의 역할을 충실히 수행하여야 한다. 지방자치의 성공을 위해 주민들의 성숙한 정치의식이 필요하다. 성숙한 정치의식을 위해 지방자치에 관한 정확한 정보가 필요하다. 주민들의 높아진 법의식을 통해 활발하게 토론하고 합리적인 결정을 도출해야 한다. 법에 대한 정확한 이해는 편견과 오해를 불식하고 공정, 객관과 이해를 수반한다.

셋째, 직장생활에서도 법지식은 필요하다. 고용계약에 따른 모든 사항들을 명확하게 인식하여 적정한 권리행사를 할 수 있게 해주는 것도 법지식이다. 또한 직장 내에서의 성희롱, 성차별 문제에 직면했을 때 준비된 법지식은 유용하게 활용될 수 있다. 오늘날 법적으로 직장 내에서의 성희롱, 성차별은 허용될 수 없지만 법현실은 그러하지 아니하다. 업무상 지위를 악용하는 경우인 '갑의 횡포'와 함께 우리 사회에 뿌리 깊이 박혀 있는 남성중심적 사고도 성추행이 빈번해진 주요 원인으로 꼽힌다.

여성가족부의 '2015년 성희롱 실태조사'를 보자. 이 조사는 2015년 전

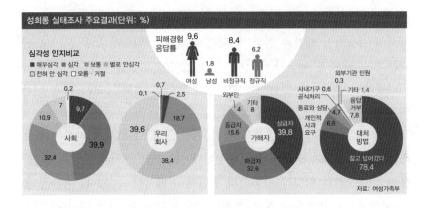

성희롱 실태조사 주요결과(단위: %)

심각성 인지비교
■ 매우심각 ■ 심각 ■ 보통 ■ 별로 안심각
□ 전혀 안 심각 □ 모름·거절

피해경험 응답률
여성 9.6 남성 1.8 비정규직 8.4 정규직 6.2

사회: 0.2 / 7 / 9.7 / 10.9 / 39.9 / 32.4

우리회사: 0.1 / 0.7 / 2.5 / 18.7 / 39.6 / 38.4

가해자: 외부인 4 / 기타 8 / 동급자 15.6 / 상급자 39.8 / 하급자 32.6

대처방법: 외부기관 민원 0.3 / 기타 1.4 / 사내기구 공식처리 0.6 / 응답거부 7.8 / 동료와 상담 4.7 / 개인적 사과 요구 6.8 / 참고 넘어갔다 78.4

자료: 여성가족부

국 공공기관·민간사업체 직원 7,844명과 성희롱 대처업무 담당자 1,615명을 대상으로 실시한 것이다. 이 조사에서는 상당수 직장인들은 우리 사회의 성희롱 문제가 심각하다고 말하지만 자신이 몸담고 있는 회사는 성희롱 문제가 심각하지 않다고 인식하는 것으로 나타났다. 성희롱 피해자 5명 중 1명은 회사를 그만둬 피해자를 보호하기 위한 인식 전환이 시급한 것으로 보인다.

성희롱 피해 유형은 ① 외모에 대한 성적 비유나 평가[7.6%] ② 음담패설 및 성적농담[6.4%] ③ 회식에서 술을 따르거나 옆자리에 앉도록 강요[4.7%] ④ 특정 신체부위를 쳐다보는 행위[3.1%] ⑤ 신체접촉[2.4%] ⑥ 개인 성생활 질문[1.8%] ⑦ 사적 만남 강요[1.8%] ⑧ 성인잡지나 야한 동영상 보여주기[1.5%] ⑨ 신체부위를 만지거나 만지도록 강요[0.8%] ⑩ 자신의 신체부위 노출[0.7%] 등의 순이다.

전문가들은 성희롱 사례가 지속되는 원인을 다음과 같이 진단하고 있다. ① 성희롱 예방을 위한 교육제도나 처벌규정은 계속 보완돼 왔지만 성희롱에 대한 인식은 여전히 '요령껏 잘 피하면 된다'는 수준에 머물고 있다. ② 최근의 잇따른 성추문은 우리 사회 전반에 걸쳐 성에 대한 윤리기강이 약하기 때문이다. ③ 현재의 50~60대는 성희롱이 뭔지, 왜 성희롱을 해서는 안 되는지 제대로 교육받지 못한 세대이기 때문에 이 정도면 문제가 없겠지란 생각이 지금도 이어지고 있다.

넷째, 정책수립시 효율성과 이해관계의 고려가 필요한데, 정책담당자가 법적 사고를 가지고 있다면 상대적으로 이해 조절은 쉬워진다. 예를 들어 경제정책의 경우 한쪽에서는 양적인 경제성장을 추구하고 다른 한쪽에서는 부의 균등한 분배를 요구한다고 하자. 이럴 때 양자의 이해를 적절히 조절하는 것이 급선무다. 따라서 정책담당자의 균형적인 감각, 그것은 바로 법적 사고의 부산물로 기능한다. 이는 국토개발, 도시개발이나 교통정책의 경우에도 예외가 아니다. 현재도 그렇고 앞으로도 국정에 있어서 가장 중요한 것이 갈등관리이다. 공무원은 정책에 대한 이해 못지않게 그 정책을 실현하기 위한 실체적 및 절차적 측면의 법적 지식으로 무장하여야 한다. 특히 행정절차법에 대한 깊은 이해를 바탕으로 이해관계인의 다양한 이해관계를 합리적이고 객관적으로 조율하는 세련된 정책집행이 요청된다. 일방적이고 독단적인 법집행은 오늘날 더 이상 용납될 수 없다. 국가사회의 투명성은 정책수립의 투명성, 정책결정의 투명성, 정책집행의 투명성에 기초한다. 그런 측면에서 공무원시험에 법률과목을 확대하여 법적 소양legal mind을 함양함으로써 법치주의, 법치행정을 꽃피워야 할 것이다. 2019년 들어 국가공무원시험과목 개편을 통해 헌법, 행정법 등 법률과목을 필수로 하는 등 개선이 이뤄진 것은 바람직하다.

다섯째, 정보화 사회에는 새로운 법적 문제들이 발생한다. 이들 문제들은 종래와는 다른 양상과 내용을 내포한다. 그 질과 양 측면에서 전혀 색다른 법적 현상을 초래한다. 이러한 측면들을 고려할 때 새로운 법현상에 대한 대응으로서의 새로운 법지식의 필요성은 두말할 나위가 없다. 그리하여 4차산업혁명 관련 법령들사물인터넷, 자율주행자동차, 드론, 빅데이터 등이 많이 제정되고 개정되고 있다. 4차산업혁명은 규제개혁의 중요성을 강조하며 규제에 대한 정확한 이해는 공무원, 사업자, 소비자 등 모두에게 요청되고 있다. 또한 「전자정부법」의 시행에 따라 전자정부서비스가 본

격화되면서 시민들의 생활양식이 급속도로 변화되고 있다. 반면 정보통신기술 진전과 전자정부의 심화로 개인정보 침해사례가 상대적으로 급증하고 있다. 개인정보는 한번 유출되면 회복불능의 상태로 전환되는 속성을 가진다. 개인정보의 보호는 헌법상 개인정보자기결정권에 터 잡고 있기 때문에 이를 보호하기 위한 노력들이 끊임없이 이루어져야만 한다.

02
法에는
해태가 없다?

언어를 통해 본 법의 의미

우리말에 나타난 법의 말뜻을 정확히 아는 것이 생각보다 쉽지 않다. 법이라는 말에 해당하는 한글로는 '본'이라는 말이 있다. 이 '본'은 본보기, 본때가 있다 없다 할 때의 '본'을 가리킨다. 그 뜻은 지상에 있으되 꼭 있어야 할 모습대로 있는 상태, 그래서 남의 모범이 되는 상태를 말한다. 이를테면 '말본'은 어법語法을, '셈본'은 산법算法에 해당된다.

우리나라에서 오래된 법의 형태는 고조선에서 발견된다. 고조선은 씨족공동사회의 질서와 생활을 유지하기 위한 기본법基本法인 8개 조문의 법금法禁을 만든다. 8조법금

▲ 8조법금 출처: 한국민족문화대백과

은 중국 반고班固의 한서漢書(지리지(地理志))에 남아 있다.

그 내용은 ① 사람을 죽인 자는 사형에 처한다相殺 以當時償殺. ② 남에게 상해를 입힌 자는 곡물로 배상한다相傷 以穀償. ③ 남의 물건을 훔친 자는 노비로 삼고, 자속自贖: 배상하려는 자는 50만 전을 내야 한다相盜者 男沒入爲其家奴 女子爲婢 欲自贖者人 五十萬 등이다. 3개 조문 만이 남아 있다. 그 외 비록 속전贖錢하여 자유인이 되었어도 이를 부끄럽게 여겼으며 결혼상대로 하지 않았고, 도둑이 없어 문을 닫는 일이 없었으며無門戶之閉, 부인은 정신貞信해서 음란하지 않았다婦人貞信 不淫亂는 것 등이다. 8조 법금은 고조선 고유의 법이다.

그리고 삼국시대에 율律과 영令이라는 말이 등장하는데, 율은 형법을 가리키고, 영은 형법 이외의 법주로 행정법을 가리킨다.

▲ 국회의사당에 있는 「암수 해태상」

법法의 고어인 灋이라는 한자어는 물水 + 해태廌(치) + 간다去로 구성되어 있다. 첫째, 물水은 수면과 같이 평평하므로 '공평·평등'을 상징한다. 둘째, 해태廌는 시비선악을 가리는 전설적 동물로서 정의와 질서를 상징한다. 중국 문헌인 「이물지異物志」에는 해태를 "동북 변방에 있는 짐승이며 성품이 충직하여 사람이 싸우는 것을 보면 바르지 못한 사람을 뿔로 받는다"라고 설명되어 있다. 해태가 동양적 정의의 상징으로 된 것은 중국의 묘족苗族이 이른바 신의재판神意裁判을 할 때 해태가 재판석 앞에 있다가 죄지은 자에게 가서 뿔로 떠받음으로써 죄인을 가렸다는 고사에서 유래한다. 셋째, 간다氵는 물과 연결지어 '흐른다'를 뜻한다고 볼 수도 있고, 악을 제거하는 응징적인 요소, 즉 '강제성'을 뜻하는 것으로 보기도 하고, '틀'을 뜻하는 것으로 보기도 한다.

따라서 한자어를 통해서 본 법은 '흐르는 물처럼 정의롭고 질서로운 공평의 道'를 가리키는 셈이다.

한 가지 재미있는 것은 현재 우리들이 사용하고 있는 法은 약어인데, 본래의 법灋과 비교해볼 때, 해태 치廌가 없다. 이것은 법 속에 정의와 질서의 상징인 해태가 없음으로 인해 오늘날의 사회가 그만큼 정의롭지 못하고 무질서하다는 것을 말해 주는게 아닌가 하는 생각도 든다.

서양어에 나타난 법의 말뜻을 보면, 먼저 그리스어로는 법을 노모스 υομος, Nomos라고 부른다. 노모스는 규정·관습·실정법을 뜻한다. 노모스는 처음에는 '어두운 사람'인 헤라클레이토스Heraclitus, B.C. 544~484에 의해 자연피지스, Physis의 합법칙적인 질서를 의미하였다. 소피스트 Sophist들인 힙피아스 Hippias와 아테나이 출신의 안티폰Antiphon aus Athen에 이르러 노모스와 피지스가 날카롭게 대립되면서, 노모스는 '변화무쌍한 관습과 각기 다르게 제정된 법률'로서 영원하지도 않고, 보편타당하지도 않으며, 합의에 의해서

■
헤라클레이토스

고대인들은 헤라클레이토스를 '어두운 사람'이라고 불렀다. 또는 '울고 있는 철학자'라고도 하지만 구체적 근거가 있는 것은 아니다. 그런데도 그에게 이런 별명이 붙은 것은, 테오프라스토스가 그에게 붙인 고대 희랍어 'melancholia'라는 단어에 대한 오역에서 비롯되었다고 한다. 헤라클레이토스의 근본사상은 만물은 흐르며, 아무것도 한결같은 존재로 머물러 있지 않는다는 것으로 요약된다. 그는 세계의 본질을 영원히 흐르고 있는 것에서 찾았다. 그는 모든 생성과 모든 것들이 흘러가는 속에서 질서와 조화, 통일을 본다. 이에 대해 아리스토텔레스는 만약 모든 것들이 다 흐르고 있다면 학문도 진리도 있을 수 없다고 비판한다.

존속하는 것으로 이해되었다. 플라톤Platon에 와서 노모스는 질서Kosmos를 의미하는 것으로 이해되었다.

노모스는 '나누어 준다'는 뜻의 네모νεμω에서 유래한다. 그리스의 법은 의식주의 근거가 되는 토지를 나누어 갖는 데서 시작되는데, 여기서 '나누어 갖는다고 하는 것'은 '한정하는 것'이는 질서의 창출을 의미한다을 뜻한다. 이는 자연의 원시상태가 인간사회의 소유물이 되고, 그에 따른 관습이나 규율이 발생했음을 말하는 것으로 이해된다.

다음으로 Dike법를 보자. Dike는 Dikaion정의에서 유래한 말이다. 정의의 여신을 가리키는 디케가 바로 그것이다. 그리스어로 '정의' 또는 '정도正道'를 뜻한다. 신들의 계보를 체계적으로 서술한 헤시오도스의 「신통기」에 따르면, 디케는 제우스와 율법의 여신 테미스 사이에서 태어난 딸이며 '질서'를 뜻하는 에우노미아와 '평화'를 뜻하는 에이레네의 자매이다. 이 세 자매를 계절의 여신 호라이라고 하며, 이들은 계절과 자연의 질서를 상징한다. 일설에는 디케가 새벽의 여신 에오스와 아스트라이오스의 딸이라고도 한다.

■ 정의의 여신 - 디케와 유스티티아

디케는 정의의 여신으로서 고대 그리스에서 모든 사람들에게 숭배되었으며, 아스트라이아와 동일시되기도 한다. 아스트라이아의 이야기와 마찬가지로 황금시대에서 은銀의 시대를 거쳐 청동시대에 이르기까지 인간 세상에서 함께 살았으나, 인간들의 타락이 극에 달하자 하늘로 올라가 처녀자리가 되었다고 한다. 로마시대에는 유스티티아Justitia로 대체된다. 오늘날 영어에서 정의를 뜻하는 '저스티스justice'는 여기서 유래한 것이다. 디케는 미술 작품에서 칼을 들고 있는 모습으로 그려졌고, 유스티티아는 여기에 형평을 지킨다는 의미에서 저울이 더해진다출처: 두산백과.

로마어로 법을 가리키는 'ius'는 관례나 규칙들성문법에 포함되어 있는 원칙들로서의 법을 의미한다. 그것은 또 '올바른 것', '법', '권리' 등을 가리킨다. 독일어의 Recht, 불어의 droit, 러시아어의 provo가 이에 해당한다. 한편 lex는 추상적인 규칙abstract rule, 법규Statute의 뜻으로, 보통 성문법으로서의 법조문에 명시되어 있는 추상적인 규칙을 의미한다. 독일어의 Gesetz, 불어의 loi, 러시아어의 ẑakon이 이에 해당한다. 영어의 law는 lex에서 유래되어 처음에는 명령, 계율을 뜻하다가 오늘날에는 법률로 번역된다.

입법立法은 'ius'라 불리는 원칙들을 병합한 'leges lex의 복수형'를 만들어내는 것이기 때문에, 'ius'는 'lex'보다 더 기초적인 것이고 'lex'는 'ius'의 '형식화된 그리고 명시적인' 한 형태에 불과하다.

법이란 무엇인가?

위에서 동서양의 언어학적 측면에서 법의 의미를 살펴보았지만, 법이라고 하는 말이 본래는 추상적인 규범의식에서 출발한 것이다. 그런데 오늘날에 와서 매우 세분된 형태로 분화되고 다양화된다법이 고대나 근대보다는 현대에 이르러 중요시된 것과 궤를 같이한다. 따라서 법이라고 하는 말이 가지고 있는 의미에 대해서 일의적一義的 의미를 부여하는 것은 적절한 태도가 아니라고 본다. 오히려 현대사회에서 법이 가지는 복합적인 성격을 고려하여 보다 구체적인 법의 의미를 파악하는 것이 올바른 접근방법이다.

법의 본질을 규명하기 위해서는 인간존재에 관한 통찰이 수반되어야 한다. 왜냐하면 "사회 있는 곳에 법이 있다ui societas ibi ius"는 말이 있듯이, 본래 인간은 사회적 존재social being이고 법은 사회 속에서만 문제가 되기 때문이다.

그러면 인간존재의 본질은 무엇인가? 고대의 학자들은 '우주의 질서'를, 그리고 중세의 사상가들은 '신의 질서'를 전제해 놓고 인간을 이해하였다. 그리고 근대의 사상가들은 이성적 존재로서 인간을 이해하였고, 현대의 사상가들은 종래와 같이 획일적으로 인간을 바라보는 것을 거부한다. 따라서 법도 인간관에 조응照應하여 고대의 자연법, 중세의 신법, 근대의 이성법, 현대의 신자연법이라는 모습으로 나타난다.

중국 송나라의 선승 도천 야보 스님은 "사악한 사람이 정법을 말하면 정법이 사악해져 버리고邪人說正法, 正法悉歸邪, 올바른 사람이 사악한 법을 말하더라도 그 법이 정법이 된다正人說邪法, 邪法悉歸正"고 갈파하였다. 성철 스님의 법문으로 널리 알려져 있는 '산은 산이요 물은 물이로다'라는 게송도 야보 스님의 선시에서 유래하는 것으로 보기도 한다. "山是山水是水 佛在甚下處 / 有相有求俱是妄 無形無見陸偏枯 / 堂堂密密何曾間 / 一道悉光燈太虛산은 산이요 물은 물이로다. 부처가 어느 곳에 있는가 / 모양 있는데서 구하면 모두 허망한 것 되고 모양 없는 데서 보지 못하면 변고에 떨어지네 / 당당밀밀, 어느 곳에 틈이 있는가 / 일도(一道)의 차가운 빛이 태허에 빛나네"라는 유명한 게송이 그것이다.

■ **도천 야보 스님**

도천道川 야보治父 스님은 속성은 적狄씨요 이름은 삼三이다. 도겸道謙 선사에게서 도천道川이라는 법호를 받았다"이제까지 너는 적삼(狄三)이었지만, 지금부터는 도천(道川)이다. 지금부터 등뼈를 곧추세워 정진한다면 그 도(道)가 시냇물(川)처럼 불어날 것이다". 그 후 임제선의 일맥인 정인계성淨因繼成에게 인가를 받아 임제臨濟의 6세손이 된다. 그는 특히 금강경金剛經: 인도에서 2세기에 성립된 공(空)사상의 기초가 되는 반야경전. 해설을 시로 표현함이 독특하며 간결하면서도 한번에 내리치는 듯한 그의 활구活句가 백미이다. 야보 스님의 선시禪詩를 하나 더 소개하자.

"山堂靜夜坐無言 寂寂寥寥本自然 何事西風動林野 一聲寒雁唳長天깊은 밤 산골 오두막에 말없이 앉았으니 / 고요하여 본래 자연 그대로인데 / 무슨 일로 서풍은 숲을 흔드나 / 기러기는 찬 하늘을 울며 날으네." "야보선사의 노래처럼 고요하고 적적한 것은 자연의 본래 모습이다. 달빛이 산방에 들어와 잠든 나를 깨운 것도, 소리 없는 소리에 귀 기울이며 달의 숨소리를 듣고자 하는 것도 이 모두

가 무심無心이다. 바람이 불고 피었다가 지고, 구름이 일고, 안개가 피어오르고, 강물이 얼었다가 풀리는 것도 또한 자연의 무심이다. 이런 일을 그 누가 참견할 수 있겠는가. 우리는 다만 자연 앞에 무심히 귀 기울일 뿐이다. 자연의 신비와 아름다움을 받아들이려면 입 다물고 그저 무심히 귀 기울이면 된다. 무심히 귀를 기울이라"법정, 「홀로 사는 즐거움」(샘터, 2004), 13~14쪽.

치펠리우스R. Zippelius는 "법개념 없이는 법 속에 들어갈 수 없지만, 그러나 법개념은 법을 알고 난 다음에라야 비로소 형성될 수 있다"고 말한다. 법개념이 있어야 법의 문제를 다룰 수 있는데, 법이 무엇인지를 알아야만 법개념은 생겨난다는 것이다. 법철학에서는 전통적으로 "X란 무엇인가?" - 즉 "법이란 무엇인가?" - 와 같은 형식의 질문을 한다. 이러한 형식의 철학적 질문은 플라톤으로부터 유래하는데, 문제의 대상인 실체의 성질이나 본질의 실제적 정의를 묻기 위한 것이다. 그런데 "X란 무엇인가?"라는 질문은 애매모호하다. 대부분의 철학 분야에서는 이러한 형식의 질문제기는 오래전에 포기되었음에도 불구하고 법철학 분야에서는 여전히 이러한 형식의 질문이 법의 정의를 찾기 위하여 계속 사용된다. 그러므로 우리는 법이 무엇인지를 알기 위한 길을 떠날 수밖에 없는 것이다.

생각건대, 법은 문화를 반영한다. 법을 객관적으로만 이해하는 것은 불가능하며, 국민들의 주관적 견해에서 벗어나는 것 또한 불가능하다. 법도 거대한 '정신'의 체계를 벗어날 수 없고, '시간·공간'의 구체적인 조건 안에서 어떤 정신, 아이디어가 형성되는 것이다. '정신'도 시간과 공간의 산물이며 법도 절대적 '정신'을 반영하기 때문이다. 법은 역사적이기보다 정신적인 것이다. 법은 정치·사회·경제적 발전의 영향 아래 있는 것이 아니고 법의 자체적 논리로 진행한다.

03
소크라테스는
왜 독배를 마셨는가?

⋮

법학 이천년의 발자취: 법사상을 만나다

고대와 중세의 법사상은 초월의 세계에서 객관적으로 늘 존재하는 완전무결한 법이념－우주의 질서 및 신의 질서－를 내세운다. 그러나 그들은 참된 법에 대해 주장하나, 증명하지 못한다. 즉 법의 실체로서의 자연법이 존재한다는 것을 증명하지 못한 것이다. 그러나 자연법이라고 불리는 법은 존재하지 않으나, 자연법이라는 이름 밑에서 유럽 사회가 받아온 영향은 참으로 컸다.

근대의 법사상은 반드시 신을 전제로 해서만 자연법을 언급하던 중세의 법관념에 종지부를 찍고 인간이성에 근거한 근대의 세속적인 자연법의 기초를 닦고 그 꽃을 활짝 피운다. 자연법은 자연적 권리의 뜻으로, 다시 말하면 국민 모두가 본래부터 가지고 있는 기본적 권리 또는 인권의 뜻으로 해석된다. 자연법은 실정법에 대한 가치기준으로서 논리적으로 전제된다. 그들은 인권의 내용으로 생명·신체 등에 대한 자유를 들면서 지극히 자명한 것으로 본다. 그러나 실제에 있어서 기본권의 내용과 한계가 자명한가? 그렇다면 무엇으로 실정법을 평가할 수 있는가? 여기서 실정법만이 법이라는 법실증주의가 일거에 유럽의 법세계를 지배한다. 그러나 법실증주의는 오직 실정법만이 법이라고 주장하면서도 그 법이 무엇인가에 대해서는 설득력 있는 답을 내어놓지 않는다. "법은 주권자의 명령이다,""법은 힘이다" 등 이렇게 간단히 단정함으로써 법이 종래에 누려왔던 고상한 매력, 즉 철학적 법학의 신비는 사라지고 앙상한 법조문만 남게 된다. 그래서 점점 사람들의 관심에서 멀어지게 된다.

현대의 법사상은 세계대전이라는 한계적 시대상황과 맞물려 전개된다. 법실증주의가 단죄되고 자연법이 부활한다. 자연법의 부활은 완전히 뜻밖이고, 사상사적으로 어떤 일관된 맥락이 있는게 아니다. 이는 분명히 국가사회주의가 지배했던 시대에 법과 사법이 정치에 의해 기형화되었다는 우연한 역사적 경험과 밀접한 연관성을 가진다.

호머, 헤시오드 그리고 칼리클레스

왜 모든 초기의 문명에 있어서 '변경할 수 없는 메디아와 페르시아의 법laws of the Medes and the Persians'과 같은 법이 발견되는가? 왜 모든 고대의 입법은 변경할 수 없도록 주어진 것으로 인식된 법을 기록하고 그것을 알리는 노력으로 이루어져 있는가?

고대 입법자는 예상되는 부정을 법으로부터 불식하려고 하거나 그것을 원래의 순수함으로 되돌리려고 노력은 하지만 자기가 새로운 법을 만들 수 있다고 생각하지 않는다. 이러한 관점에서 우르나무UrNammu나 함무라비Hammurabi로부터 솔론Solon, 리쿠르고스Lykurugus, 로마의 「12표법 lex duodecim tabularum」의 입법자에 이르는 고대의 유명한 입법자들은 새로운 법을 만들려고 한 것이 아니고 단지 법이 무엇인지에 대해 설명만을 한다.

■ 12표법
고대 로마의 가장 오래된 법전. 10명의 입법자에 의해 B.C. 451~450년 기초되어 켄투리아 민회에서 제정된다. 「12표법」을 입법할 때 아테네에 사절을 파견하여 솔론의 법을 참고로 했다고 전해지며, 그리스법과 비슷하다는 지적이 있으나 일반적으로는 로마의 관습법을 성문화한 것이다. 성문법의 제정은 종래의 귀족에 의한 법지식의 독점을 깨뜨리는 의미를 갖는다. 일반적으로 인정되는 바에 따르면 제1표는 민사소송법, 제2표는 민사소송법, 제3표는 채무, 제4표는 부모와 자녀, 제5표는 상속법, 제6표는 재산권, 제7표는 부동산, 제8표는 불법행위, 제9표는 헌정원칙, 제10표는 장례규정, 제11표는 결혼, 제12표는 형법이다. 이들 규정은 후대에 와서 시대에 뒤떨어져 사용되지 않지만 폐지되지는 않는다. 키케로의 소년 시절에도 이것을 암기하도록 했다고 한다. 기본적인 규정은 유스티니아누스시대에도 효력을 잃지 않는다출처: 위키백과 등.

어느 누구도 법률을 변경할 권한이나 의도가 없으며 옛 법만이 좋은 법으로 간주된다. 그렇다고 하여 이것이 곧 정체되어 있다는 것을 의미하는 것은 아니다. 그것이 의미하는 것은 실제로 발생한 변화가 입법자의 목적 또는 설계의 결과가 아니라는 점이다. 그리하여 통치자의 권력과 별개로 부여되었다고 인식되는 법을 시행하는 것이 통치자의 역할이라는 생각으로 인해 통치자에게 법은 그의 의식적인 목적을 위한 수단이라기보다는 오히려 정부조직에서 통치자의 권한 행사에 대한 장애물로 여겨졌다. 통치자들이 시행하는 법은 명문화되어 있는 정도에 비례하여 엄격해지는 경향을 가진다.

고대 그리스의 법개념은 철학의 시조로 여겨지는 호머호메로스, Homer의

서사시와 헤시오드헤시오도스, Hesiod의 시를 통해 우리에게 알려진다. 그 당시의 법은 신들로부터 나와 신의神意의 계시를 통해 인간에게 알려지는 것으로 간주된다. 헤시오드는 야생동물, 물고기, 새들은 법을 모르기 때문에 서로 잡아먹는다고 지적하면서, 올림푸스 신들의 우두머리인 제우스신은 인간에게 그의 가장 훌륭한 선물로서 법을 준 것이라고 한다. 헤시오드에 있어서 법은 사람들에게 폭력을 삼가하게 하고 분쟁을 중재하게 하는 공정성에 기초한 평화적 질서이다.

기원전 5세기에 이르러서 법은 '신의 불변하는 명령'이 아니라 편의에 따라 만들어지고 임의로 바꿀 수 있는 인간의 고안물로 간주된다. 소피스트Sophist인 칼리클레스Callicles는 플라톤의 대화편 「고르기아스 Gorgias」에서 강한 자가 항상 약한 자보다 많이 갖는 것은 자연의 이치라고 주장하면서, 이런 것이 자연법이라고 한다. 약한 자, 평범한 사람들이 스스로를 지키기 위해 윤리와 법률을 발명해 냈을 뿐이라고 말한다. 그는 강자의 권리를 관습법과 대조되는 자연법의 기본원리로 내세운다.

■
소피스트

B.C 5세기부터 B.C 4세기까지 그리스를 중심으로 활동했던 철학사상가이자 교사들. 설득을 목적으로 하는 논변술을 강조하였으며, 진리와 정의를 상대적인 기준으로 바라본다.

소크라테스, 플라톤 그리고 아리스토텔레스 : 아름다운 사제동행

소크라테스: 재판에 의한 자살

소크라테스Socrates, B.C. 470?~399는 석수石手: 돌을 다루어 물건을 만드는 사람인 아버지와 산파産婆: 아이를 낳을 때에 아이를 받고 산모를 도와주는 일을 직업으로 하던 여자인 어머니와의 평범한 가정에서 태어났지만 아테네 시민이다. 그가 화강암처럼 강인한 의지를 가진 점과 대화에 의한 깨달음의 방법인 산파술産婆術을 활용한 것은 부모의 영향이라고 본다.

여기서 오늘날에도 유용하게 활용되고 있는 소크라테스의 대화법Socratic method에 대해 알아보기로 하자.

■ 소크라테스식 대화법

소크라테스의 대화법은 흔히들 산파술産婆術이라고도 한다. 대화법의 주된 요소는 ① 비판적 질문과 ② 적극적 경청이다. 대화를 통해서 그 사람이 원래 알고 있던 지식을 상기해 내도록 하는 것이다. 소크라테스는 자신이 새로운 지혜를 낳을 수 있는 능력은 없으나 다른 사람들이 그것을 낳는 것을 도와 그 지혜의 진위眞僞를 식별할 수 있다고 하면서, 자기의 활동을 어머니의 직업인 산파에 비유, 산파술이라고 불렀다두산백과 참조.

소크라테스는 경제적으로도 검소했지만 모든 아테네 시민에게 지급되는 국가보조금과 물려받은 약간의 유산 덕분에 비교적 독립적으로 살았다.

고대 조각의 단편으로서 전해 내려오는 흉상으로 판단할 때 소크라테스는 아무리 철학자라고는 하지만 너무나 못생겼다. 대머리에다가 크고 둥근 얼굴, 깊숙하고 쏘아보는 듯한 눈, 많은 잔치에 참석했다는 역력한 증거인 빨간 납작코를 가진 소크라테스는 「크리톤 Kriton」이라는 대화편에서 법률이 그를 심문하는 광경을 상상하면서 법에 대한 그의 태도를 이렇게 표현한다. "나는 합법적인 적자嫡子로 태어나서 아테네 시민이 되고 아버지의 양육을 받을 수 있게 만든 법률에 감사한다." 그는 국외추방보다는 차라리 죽음을 택할 정도로 아테네를 사랑하고 아테네의 법률을 사랑한다. 그는 자신을 법률과 동격으로 두지는 않으면서도 법률에 대한 절대적인 복종심을 인정한다. 다른 시민들이 징집영장을 받고 전쟁터로 나가듯이 그는 시민으로서 재판의 판결문에 복종한다. 그는 도시

국가polis의 법의 의미를 철저하게 물으면서도 그 법을 어기지 않는다. 진정한 남성은 애국자이고, 필요에 따라 국가를 위해 싸우는, 특히 자유에 대한 근본적 법적 권리를 지키기 위해 싸우는 국가의 보호자이다. 그들은 법규범을 준수해야 하는 의무와 국가 리더십의 주체인 시민으로서의 책임감을 가지고 있다.

일설에는 아테네가 전쟁에서 패배한 후 도시의 인구가 너무나 감소하게 되자, 모든 아테네 시민은 각기 두 명의 부인에게서 자식을 가질 수 있게 되었고, 소크라테스도 그 법률에 복종하는 뜻으로 미르토라는 아름다운 이름을 가진 처녀와 두 번째 결혼을 했다는 이야기도 전해진다.

위대한 예언자들과 마찬가지로 그는 그에게 주어진 신의 명령을 확신한다. 그러나 그는 다른 예언자들과는 달리 아무것도 선포할 것이 없다. 하느님이 그의 진리를 인류에게 전파하도록 그를 선택한 것이 아니기 때문이다. 그의 사명은 인간 속에서 그 자신을 찾는 일이다. 끝없이 질문하면서 모든 곳을 찾아다니는 일이다. 그에게 필요한 것은 어떤 사물이나 그 자신에 대한 신뢰가 아니라, 끝없이 생각하고 질문하고 검사함으로써 인간을 인간으로 돌아가게 하는 일이다. 인간의 진정한 자아는 진리와 선에 관한 지식에 달려 있으므로 진리와 선에 관하여 심각하게 생각하고 그러한 진리에 의해서만 삶을 영위하려는 사람만이 그 자신으로 돌아갈 수 있음을 깨닫는다. 소크라테스에게 있어서 대화는 인간이 인간으로 돌아갈 수 있는 삶의 근본적인 현장이다. 그리하여 그는 예술가, 정치가, 장인匠人들, 궤변론자는 물론이며 심지어는 매춘부賣春婦들과도 대화를 나눈다. 소크라테스에게 있어서 교육이란 많이 아는 사람이 모르는 사람을 일방적으로 가르치는 것이 아니다. 교육이란 서로 대화를 함으로써 그 대화 속에 나타나는 진리를 찾는 과정이다. 이런 의미에서 그는 청년들을 돕고 청년들은 그를 도왔다. 소크라테스가 죽은 다음에 플라톤이 산문시 형식의 수많은 대화편을 쓸 수 있었던 이유도 대화를 통한 교육을 받았기 때문이라고 한다.

소크라테스에 대한 고소자는 아테네의 유력한 지도층 인사였던 멜레토스, 리콘 및 아니토스였다. 멜레토스는 문학계를, 리콘은 논술계를, 아니토스는 정치계를 대표한다. 이들이 소크라테스를 고소한 죄목은 두 가지이다. 하나는 신을 믿지 않은 불경죄impiety요, 다른 하나는 청소년의 정신을 타락시킨 죄다. 만일 이날의 재판에서 피고인이 무죄를 선고받으면 고소자들은 1,000드라크마요즘 돈으로 억대에 달함의 벌금을 물고 공민권 제한을 받게 된다. 물질적 피해만이 아니라 사회적 명예에 치명적 타격을 입게 되는 것이다. 유무죄를 가르는 1차 판결에서 배심원 500명 중 유죄 280표, 무죄 220표였는데, 사형 제의에 동의한 표가 무려 360표였다. 유죄를 선고했던 배심원280명보다 무려 80명이나 많은 배심원360명이 사형에 동의한 것은 소크라테스가 무죄를 주장하면서 배심원들이 자신의 공을 인정해 광장에서 향연을 베풀어줘야 한다고 주장했기 때문이라고 한다.

법정에 모인 아테네시민들에 대한 그의 작별인사는 다음과 같다황광우, 「철학콘서트」, 21~47쪽 참조.

"내 아이들이 성년이 되어 훌륭한 인격을 추구하지 않고 재물이나 그 밖의 속물적인 것에 빠져 산다면, 내가 그동안 여러분을 괴롭혔던 것과 같은 방식으로 내 아이들을 괴롭혀 주십시오. 이제는 헤어질 시간입니다. 나는 죽기 위해, 여러분은 살기 위해 헤어져야 할 시간입니다. 우리 중에 누가 행복한 나라로 가게 될지는 신만이 알 것입니다."

사형판결이 내려졌을 때 사람들은 그에게 탈옥하라고 권하였고, 친구들은 탈옥을 위해 필요한 모든 준비를 해놓는다. 탈옥은 당시의 아테네시민에게 불명예스러운 행위가 아니다. 한바탕 정변政變이 일어날 때마다 정치인들은 외국으로 망명했고, 다시 정변이 일어나면 망명객들이 귀국하곤 했기 때문이다. 그러나 그는 일생 동안 국가의 은혜를 입었으면서 사태가 그 자신에게 불리하기 때문에 법률에 복종하지 않는다고 선언하는 것은 옳지 못한 일이라고 역설하면서 친구들의 권유를 거절한다. 그 까닭은 그가 법률을 어기는 일은 비열하고 수치스러운 일이라고 확신하였기 때문이다. 그는 일생 동안 이것을 신조로 삼고 생활했다.

소크라테스가 법정에서 투쟁한 것은 멜레토스, 리콘 및 아니토스 때문이 아니다. 그것은 '철학의 자유'를 위해서이다. 철학자란 모름지기 자신의 이성적 사유가 명령하는 바에 따라 사는 것이며 그렇게 이성적으로, 정의롭게 인생을 산 철학자는 죽음을 의연하게 맞이하는 것이다. 그는 고의로 죽음을 택한다. 그러므로 이것은 재판에 의한 살인judicial murder이기보다는 재판에 의한 자살judicial suicide이다. 소크라테스는 진정한 순교자이다. 소크라테스의 죽음을 진실로 이해할 수 있는 길은 소크라테스를 통하는 길뿐이다. 그는 남에게 반항하거나 남을 비난하지 않고 눈을 감는다. 그는 선한 자에게는 악한 일이 일어날 수 없으며 그의 행위는 신이 이해하리라고 확신한다.

기원전 399년 소크라테스가 독배를 마시고 어릴 적 친구이자 헌신적인 후원자였던 크리톤에게 마지막으로 남긴 말은 다음과 같다. "어이 크리톤, 아스클레피오스 신에게 내가 닭 한 마리를 빚졌네. 기억해 두었다가 갚아주게."

"소크라테스의 죽음은 악법과 정의에 관한 문제에 소크라테스 나름의 해결을 한 것으로 인정되고 있다. 그는 무고한 죄목으로 사형선고를 받

▲ 자크 루이 다비드의 「소크라테스의 죽음」
소크라테스가 독약을 마시고 죽기 직전에 그의 제자 및 친구들에게 그의 생각을 마지막으로 전하고 있는 장면이다. 〈메트로폴리탄 미술관〉 소장

았을 때 친구나 제자들이 탈주할 것을 권했으나 선량한 시민이 악법에 복종하는 것은 나쁜 시민이 좋은 법에 위반하는 것을 막기 위하여 필요하다는 교육적 견지에서 독배를 들었던 것이다. 소크라테스의 이 죽음은 실정법을 초월하는 정의의 객관성의 확신

과 실정법에 내재하는 질서의 안정성의 존중간의 모순을 드러낸 것이다. 소크라테스는 실정법의 우위를 인정한 것이 아니고 소극적·피동적인 저항권을 인정했던 것이다"라고 분석하는 견해도 있다_{김철수, 「법과 사회정의」} ^{(서울대학교 출판국, 1983), 87~88쪽}.

소크라테스에 관해 2015년 8월에 춘천지방법원 최한돈 부장판사가 쓴 흥미로운 글이 있어 아래에 소개하고자 한다. 만약 소크라테스가 우리 법원에 기소가 되었다면 어찌 되었을까? 하는 근원적 질문을 던지는 글이다.

■ 대한민국 법정에 선 소크라테스

" ··· 소크라테스가 우리 법원에 기소가 되었다면 어찌 되었을까? 먼저 실체적인 면부터 보자. 어떤 사람에게 형벌을 부과하기 위하여서는 법률로 금지되는 행위와 그에 관한 형벌의 내용을 구체적으로 정하여 두어야 한다. 그런데 멜레토스 등이 고소한 소크라테스의 행위는 오늘날에는 형벌을 부과할 정도로 사회적 위험성이 있는 행위라고 보기 어렵다. 따라서 우리나라에서는 애초에 처벌을 할 수 없다. 다음으로 절차적인 면에서 보자. 피고인을 기소하기 위하여서는 범행 일시, 장소, 방법 등을 구체적으로 특정하여야 한다. 그런데 이 책「소크라테스의 변명」을 보면 멜레토스 등은 그와 같이 공소사실_{당시에는 고소 내용이 이에 해당할 것이다}을 특정하지 못한 듯하다. 그리하여 소크라테스는 고소 내용을 2가지로 구분하여 변론하고 있다. 이러한 경우에는 공소기각 판결을 할 수밖에 없다. 그리고 형사사건에서 유죄에 관한 입증책임은 검사에게 있다. 따라서 피고인에게 범죄의 의심이 드는 구석이 있더라도 법관으로 하여금 유죄의 확신이 들도록 검사가 입증하지 못하면 무죄를 선고할 수밖에 없다. 결국 소크라테스가 우리 법원에 기소되었다면 공소기각 또는 무죄 판결을 받았을 것이라고 생각한다"

_{최한돈, "대한민국 법정에 선 소크라테스," 강원일보 2015년 8월 5일자 칼럼.}

플라톤

플라톤 철학의 시작은 스승 소크라테스의 죽음에서 출발한다. 소크라테스의 제자요 아리스토텔레스의 스승인 플라톤은 처음으로 출현한 아테네 출신의 학자이다. 서양철학사상 차지하는 그의 지위는 아리스토텔레스와 함께 전무후무한 존재이다. '서양철학은 플라톤의 각주'. 이 말은 20세기 전반에 영국 케임브리지대와 미국 하버드대에서 철학을 가르친 화이트헤드Alfred North Whitehead, 1861~1947가 만년에 한 강연에서 행한 유명한 이야기다.

■ **화이트헤드의 '신의 경험으로서의 세계'**

수학자, 논리학자, 철학자. 그는 세계의 '과정'은 '신의 경험'이라 하면서 이것이 세계의 본원적 자연이고 이로부터 결과로서 나타난 자연, 물질적인 것이 나온다고 한다. 말하자면 플라톤의 이데아계로부터 감성적인 현실 세계가 나온다는 것과 비슷한 구성이다. 사회에 관해서는 뛰어난 인물 '과학적 인간'이 세계를 지배해야 하고, 그에게 절대적인 역할이 할당되어야 한다고 생각한다. 왜냐하면 역사의 추진력이라는 것은 '신의 경험'으로서의 관념을 인식하는 것에 있고 그것은 우수한 인물에게만 기대할 수 있기 때문이라는 것이다출처: 네이버지식백과-철학사전(중원문화).

플라톤은 20세에 소크라테스를 찾아가 8년 동안 교육을 받는다. 스승의 사형집행 후 약 20년 동안 남부 이탈리아를 비롯한 여러 곳을 여행한다. 돌아와서는 아테네 교외에 있는 장원莊園을 학교로 만들어 제자들을 가르친다.

"솔론Solon, B.C. 638~559처럼 공부하고, 소크라테스처럼 가르친" 어깨가 넓은 플라톤Platon, B.C. 427?~347?: 플라톤으로 불린 것은 그의 어깨가 넓었기 때문이라고 함의 철학에서는 법에 대한 사상과 정의에 대한 그의 생각이 명확히 구분된다.

■ **기회주의자들을 처벌하는 '솔론의 법'**

아테네의 개혁자인 솔론의 법 중에서 가장 특이한 것은 국가적 정변政變이 있을 때 어느 편에도 가담하지 않고 관망하는 사람의 권리를 박탈해야 한다는 것이다. 그 법의 목적은 국내정치에 무관심하고 사리사욕에 급급하여 나라의 불운에는 아랑곳하지 않고 자신의 안일만을 꾀하는 것을 막고 옳은 정책에는 과감히 가담하여 기회주의자가 되지 않게 하기 위한 의도에서였을 것이라고 보는 흥미로운 견해도 있다. 에드먼드 버크는 "악의 승리에 필요한 충분조건은 선한 사람들이 아무 행동도 안하는 것"이라는 유명한 말을 남겼는데, 같은 맥락이라고 할 수 있다.

그의 정의이론은 정교하며, 그의 철학체계의 초석을 이룬다. 또한 그 것은 평생 동안 거의 변하지 않는다. 이와는 반대로 그의 법사상은 그의 사고체계에서 주변적이며, 생애의 후기에 이르러 상당한 변화를 겪는다. 플라톤은 자신의 이상국가에서도 공공당국에 의해 해결되어야 할 분쟁 이 발생하리라고 생각한다. 플라톤은 재판관이 법조문으로 구체화된 고 정적이고 엄격한 규칙에 얽매이는 것을 원하지 않는다. 그의 이상국가는 법규에 의해서라기보다는 훌륭한 이들의 자유지성에 의해 통치되는 행 정국가이다. 정의는 법 없이 집행된다.

플라톤이 법에 대해 비우호적인 입장을 취하는 원인은 그의 대화체 저서인 「정치가」에 잘 나타나 있다. 즉 "법이 각 개인을 위해 최선의 것 을 구현하는, 모든 것을 구속하는 강제명령을 발령할 수는 없다. 그것은 공동체의 각 구성원에게 언제나 이롭고 올바른 것을 완벽하게 규정할 수는 없다. 인간성의 차이, 인간 활동의 다양성, 인간사의 불안정한 불규 칙성으로 말미암아, 어떠한 기교로도 모든 문제에 대해서 항상 유효하고 절대적인 법규를 만든다는 것은 불가능하다"고 주장한다. 그는 법의 원 칙들은 추상적 개념과 지나친 단순 어구로 이루어져 있다고 믿어 "가장 바람직한 것은 법에 대한 전적인 권위보다는 통치의 기술을 이해하고, 지혜를 가진 자에 대한 전적인 권위"라고 주장한다. 그는 '법이 없는 non-law' 국가를 가장 고차원적이고 완벽한 정부형태로 지지하지만, 철인왕 philosopher king: 「국가론 Republic」에 나오는 개념으로 철학자인 최고통치자, 또는 최고통치자인 철학자 를 말함을 찾기 힘든 상황에서 통치를 위한 차선책으로 '법치국가law state'를 제안한다. 다시 말하면 플라톤은 철인의 통치방식은 법치로서, 이상국가 가 개인적 자질에만 의존하기보다 법률로써 보완돼야 한다고 생각하는 데, 그런 구상은 「국가」의 자매편 격인 「법률」에 잘 드러난다. 그러나 절대적인 법규를 만든다는 것은 불가능하다고 주장한다.

플라톤은 정치가 윤리적으로 보아 건전할 때는 언제나 법에 따라 시행되고 있다고 주장한다. 그는 개인의 권리라는 근대적 이념에 의해 괴로움을 당하지는 않는다. 그의 마음을 사로잡은 것은 정의가 널리 행해지고 건전한 생활이 영위되는 질서 있는 공동사회에 대한 문제이다.

라 로슈코프는 "늙을 줄 아는 사람은 적다"고 말했다지만 플라톤은 철학자답게 늙는 법을 알고 있었다고 한다. 일설에는 제자의 결혼피로연에 참석해서 밤이 깊어지자 잠시 눈을 붙이려고 조용한 구석으로 물러나 의자에 앉은 채로 늙은 철학자는 조용히 고통도 없이 잠시 동안의 잠에서 영원한 잠으로 빠져들었다고 한다월 듀란트, 「철학이야기」, 55쪽. 다른 얘기로는 플라톤이 81세에 이르러 붓을 손에 쥔 채 잠자듯이 조용히 숨을 거두었다고 한다. 여하튼 붓을 손에 쥔 채 운명한 플라톤의 마지막 장면은 많은 것을 생각하게 한다. 플라톤의 죽음은 고승들의 입적入寂과 비슷한 점이 있는 듯하다. 그런 뜻에서 성철 스님1912~1993의 열반이야기를 소개한다. 성철 스님의 열반은 상좌인 원택 스님이 쓴 「성철스님 시봉이야기 1」에 구체적으로 묘사되어 있으며20~21쪽, 사리탑 건립과 관련한 일화도 자세히 소개하고 있다218~239쪽. 성철 스님은 평소 제자들을 직접 지도하면서 잠을 적게 잘 것, 말하지 말 것, 책을 보지 말 것, 간식을 먹지 말 것, 돌아다니지 말 것을 권하였다. 성철 스님 자신도 청빈하게 생활하며 소금기 없는 음식無鹽食을 먹고 작은 암자 백련암白蓮庵에서 살았다.

■ 성철 스님의 열반이야기

"아니다. 인제는 가야지. 내 할 일은 다 했다 ⋯."
큰스님은 말을 마치자 스르르 눈을 감았다. 팔십 평생 걸치고 다니던 육신을 털기로 마음먹은 스님, 말릴 수도, 돌이킬 수도 없는 순간을 기다리는 무기력함을 실감해 보기는 난생처음이었다. 기나긴 침묵의 밤을 바스락거리는 낙엽 소리로 지샜다. 4일. 여명이 밝아 올 즈음 스님이 입을 여셨다.
"내 좀 일어나게 해봐라."
거구의 몸이 깃털처럼 가볍다. 일으켜 세워 내 가슴에 스님을 기대게 했다.

얼마나 시간이 흘렀을까. 창 밖에 빛이 환해질 무렵이었다.

"참선 잘 하그래이!"

그러고는 말이 없었다. 스르르 고개를 가누시면서 숨소리도 가늘어져 갔다. 법랍 58세. 세수 82세. 갑자기 세상이 '큰 침묵' 속으로 빠져들었다.

▲ 성철 스님 사리탑

스님은 떠나시면서 다음과 같은 열반송을 남기셨다.

"일생 동안 남녀의 무리를 속여서 生平欺狂男女群

하늘 넘치는 죄업은 수미산을 지나친다 彌天罪業過須彌

산 채로 무간지옥에 떨어져서 그 한이 만 갈래나 되는데 活陷阿鼻恨萬端

둥근 한 수레바퀴 붉음을 내뿜으며 푸른 산에 걸렸도다. 一輪吐紅掛碧山"

아리스토텔레스

아리스토텔레스Aristoteles, B.C. 384~322는 18세에 아테네로 가서 플라톤의 제자가 되고, 스승이 죽을 때까지 20년 동안 그 곳에 머물렀다. 스승 밑에서 보낸 이 시기가 가장 행복했던 때였으리라. 총명한 제자가 비길 데 없는 스승의 지도를 받으며 그리스의 연인들처럼 철학이라는 정원을 함께 산보한 것이다. 플라톤은 야만으로 여겨지던 북국으로부터 온 이 기묘한 새로운 제자아리스토텔레스의 위대함을 인정하고 그를 아카데메이아의 '정신'이라고 부른 적도 있었다고 한다. 아테네 태생이 아니라 트라키아의 스타기라 출신인 그는 비쩍 마른 몸에 가자미눈을 가진 대머리이고, 게다가 혀 짧은 소리로 말을 하는 등 전혀 호감이 가지 않는 외모를 가졌다고 한다. 아버지는 알렉산더 대왕의 할아버지인 아뮨투스의 친구이자 시의侍醫였고, 아리스토텔레스 자신도 의신醫神 아스클레피오스의 신전에서 치료를 한 의사의 단체인 아스클레피오스 대의료단의 일원이었던 것 같다. 그는 후세에 많은 철학자들이 신성한 분위기 속에서 자란 것과는 달리 약냄새에 쌓여 자라났다. 처음부터 과학의 창시자가 될 준비가 갖추어져 있었던 셈이다윌 듀란트, 「철학이야기」, 56쪽.

마케도니아의 필립포스왕이 아리스토텔레스를 펠라의 궁전으로 불러 알렉산더의 교육을 맡긴다. 13세의 알렉산더는 난폭한 소년으로 성급하고 신경질적이었는데, 남들이 길들이지 못하는 말을 길들이는 것으로 소일하고 있었으므로 이 폭발하는 화산火山의 불을 끄려는 우리의 철학자의 노력은 그다지 성과를 거두지 못한다. 2년 후 알렉산더는 철학을 버리고 왕위에 올라 세계정복의 길에 나선다. 아리스토텔레스의 제자인 알렉산더대왕이 죽자B.C. 323, 대사제 에우류메돈에 의해 기도와 제사를 무용지물이라고 가르쳤다는 혐의로 고발된다. 그는 소크라테스를 죽인 무리들과는 비교도 안될 만큼 강한 적의敵意를 가진 배심원과 군중에게 재판을 받을 운명임을 깨닫는다. 그는 철학자답게 "아테네가 다시 철학에 대해 죄를 범할 기회를 줄 수는 없다"고 말하면서 아테네를 떠난다. 아테네가 철학에 저지른 첫 번째 죄는 소크라테스를 죽인 것이다.

플루타크에 따르면, 알렉산더대왕은 생명은 아버지로부터 받았으나, 생활의 지혜는 스승인 아리스토텔레스에게서 배웠노라고 말했다고 한다. 아리스토텔레스는 괴테가 나폴레옹에게 기대한 것 – 견딜 수 없을 만큼 혼돈하고 복잡한 세계의 철학적 통일 – 을 알렉산더에게 기대한 듯하다.

알렉산더대왕은 스승인 아리스토텔레스에게 막대한 재산을 남겼지만 스승은 결국 제자를 영적으로 순화시키지 못했다. 제자는 스승에게 금체인을 선물했는데, 스승의 얼굴이 새겨진 장식 메달이 금체인에 달려있는 것이 네델란드의 위대한 화가인 렘브란트 반 레인Rembrant Van Rijin(1606~1669)의 그림 「호메르스의 흉상을 응시하는 아리스토텔레스」에 선명하게 그려져 있다. 렘브란트에게는 외국인 후원자가 한 명 있었는데, 시칠리아 귀족인 그는 렘브란트에게 어느 철학자를 그려달라고 부탁했고, 마침 경제적으로 궁핍했던 렘브란트는 개인적인 불안과 철학적 개념이 한데 어우러진 자신의 가장 위대한 걸작을 완성했는데, 렘브란트는 명성과 부를 모두 얻은 아리스토텔레스가 위대한 장님 시인 호메로스의 흉상을 바라보는 모습을 상상하며 그렸다고 한다웬디 베케트, 「웬디 수녀의 미국 미술관 기행Ⅰ」(예담, 2003), 26~28쪽. 생각건대, 렘브란트도 자신의 후원자가 자신에게 금체인을 선물하길 기대했는지도 모를 일이다.

■ **나폴레옹, 괴테, 헤겔 그리고 베토벤**
나폴레옹은 코르시카섬 출신 포병장교에서 프랑스 황제로 등극한 인물이다. 1807년 제정된 「나폴레옹법전」은 법 앞에서의 평등, 신앙의 자유, 개인의 소유권 등을 옹호하고 인류 역사발전에 크게 기여한다. 한편 그는 유년시대부터 생애 마지막까지 탐욕스러운 독서가였다. 특히 괴테의 작품인 「젊은 베르테르의 슬픔」은 전쟁터에까지 가지고 다니면서 여러 번 읽었다고 한다. 그래서 1808년 10월 2일 오전 10시에 독일 중부지역 에어푸르트Erfuhrt의 총독관저에서 괴테와 나폴레옹이 만났을 때, 나폴레옹은 "Vous tes un homme당신이 바로 그 분이시로군요"라는 유명한 말로 인사를 했고, 괴테는 그 인사말이 곧 나폴레옹이 자신을 동일한 반열에 놓고 대하는 것이라고 받아들였다고 한다. 더욱이 나폴레옹이 그 작품을 7번이나 읽었다고 하여 괴테로 하여금 감탄케 했다고 한다. 괴테에게 나폴레옹은 누대에 걸친 인습적인 도덕률을 일거에 타파한 인물이었으며 천부적인 비범함을 두루 갖춘 사람이었다. 또한 독일 철학자 헤겔은 먼발치에서 나폴레옹을 보고 '세계정신'이 말 타고 가는 것을 보았노라며 흥분을 감추지 못했다고 한다. 그는 나폴레옹이 프로이센의 구체제를 청산하고 혁명정신을 전파한다고 보아 강력히 지지했다. 그러나 '백마를 탄 세계정신'은 헤겔에게 관대하지 않았다. 헤겔의 집은 약탈당했고, 전쟁의 혼란으로 봉급 지급이 중단되었다. 실직당한 우리의 철학자는 새로운 직장을 찾아야만 했다. 그러나 헤겔은 프랑스 혁명기념일에는 매년 조용히 앉아 포도주를 마시면서 그 혁명의 의미를 되새겼다고 한다. 한편 베토벤은 나폴레옹을 귀족사회의 차별과 속박을 걷어내고 자유와 평등을 가져올 영웅으로 생각하여 '고대 로마의 가장 위대한 집정관'에 비교하였다고 한다. 그리하여 1804년 초에

'영웅교향곡-보나파르트를 상기하기 위하여'3번 교향곡를 작곡했다. 제자 페르디난드 리스가 전한 바에 따르면, 1804년 5월 나폴레옹이 황제에 등 극했다는 소식을 전해들은 베토벤은 격분해서 '보나파르트'라고 써놓은 표 지를 찢어버리며 "그 역시 평범한 속물에 불과했단 말인가? 인간의 권리를 짓밟고 오로지 자기 야망에만 탐닉하겠다는 것인가?라고 비난했다고 한다. 이런 연유로 '보나파르트'라는 원래 제목 대신 '한 위대한 인물의 기억을 기 념하기 위하여 작곡함'으로 바뀌었다고 한다. 금아琴兒 피천득1910. 4. 21~2007. 5. 25선생은 "명곡을 들을 때면 '신의 경지가 바로 이런 것이 아닐까' 하는 생각이 절로 듭니다. 또 인간이 만물의 영장임을 음악을 통해 비로소 알게 됩니다. 음악이야말로 신이 인간에게 준 최고의 선물이라고 생각합니다" 라고 말했다피천득·김재순·법정·최인호, 「대화」(샘터, 2010), 24쪽. 나폴레옹, 괴테, 헤 겔, 베토벤 모두 음악과 더불어 신이 인간에게 준 선물이 아닐까.

아리스토텔레스는 올바르게 제정된 법은 최종적으로 최고의 권위를 가져야 한다고 주장한다. 일반적으로 '법에 의한 지배'는 '한 사람의 시민에 의한 지배'보다 낮기 때문이다. 또한 그는 「니코마코스윤리학 Ethica Nicomachea」10권으로 된 체계적인 윤리학으로서, 아리스토텔레스의 아들에 의해서 발 행되었으며, 아들의 이름에 따라 제목이 정해졌음에서 "정치적 사회에서 통용되는 법은 일부는 자연적이고, 일부는 실정적이다. 어디서든지 동일한 효력을 가지 고, 그리고 사람에 의해서 그것이 어떻게 인정받는가에 의존되어 있지 않는 법은 자연적이다. 이에 대해 본래 그 내용은 이렇게도 될 수 있고,

▲ 아름다운 동행: 스승과 제자

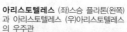
아리스토텔레스 (좌)스승 플라톤(왼쪽) 과 아리스토텔레스 (우)아리스토텔레스 의 우주관

출처: 과학백과사전

저렇게도 될 수 있 지만, 그것이 어떻 게든지 정립됨으로 써 비로소 그 내용 이 확정되는 것은 실정적이다"라고 한다. 그는 헌법을 철학적으로 고찰하

여 도시국가polis에 성립되는 모든 질서로서의 politea를 의미한다고 본다.

죽음을 피해 아테네를 떠나 칼키스에 도착한 후 아리스토텔레스는 병석에 누웠다. 디오게네스 라에르티우스에 따르면, 늙은 철학자는 급변한 사정에 절망한 끝에 독약을 마시고 자살했다고 한다기원전 322년. 로마의 태양이 떠오르면서 그리스의 영광은 사라졌다. 위대한 철학과 철학자들도 함께.

■ **아리스토텔레스의 '분노할 때 지켜야 하는 다섯 가지 기준'**

"분노의 순기능을 인정한 대표적인 철학자 중엔 아리스토텔레스가 있다. 자신이나 친지가 모욕을 당했을 때 화내는 것은 당연하다. 그렇지 않으면 어리석은 사람, 자기방어도 하지 못하는 노예적인 사람으로 간주된다. 하지만 이 철학자는 화를 낼 때 다섯 가지 기준은 지켜야 한다고 보았다. ① 분노하기에 마땅한 일 ② 분노하기에 마땅한 상대 ③ 분노의 강도 ④ 분노의 타이밍 ⑤ 마땅한 지속시간이 바로 그것들이다. 이 다섯 가지 기준은 이성理性에서 온다. 분노라는 감정과 이성의 균형을 잘 유지하면 '중용中庸의 성격'을 지닌 자로 칭송받는다고 그는 덧붙였다."허우성(경희대 철학과 교수), "분노 중독에 빠지지 말자" 2017년 2월 23일자 중앙일보 시론 참조.

스토아학파가 인식한 자연법

플라톤과 아리스토텔레스에 의해 고대 자연법사상의 이념적 기초가 확립된다. 이러한 바탕 위에서 그 사상을 더욱 체계적으로 발전시킨 것이 스토아학파Stoa다. 사람들이 모이는 장소 때문에 학파 전체를 나타내는 스토아라는 명칭이 붙는다. 이 장소는 폴리그노트가 그린 그림 때문에 "얼룩덜룩한 강당"이라고 불린다. 이 학파의 창시자는 기원전 300년 경에 활약한 키프로스 섬의 키티온 출신의 제논Zeno of Citium이다. 그는 피타고라스의 제자로 알려지고 있다.

그들은 오직 우주적인 코스모폴리스cosmopolis의 법만을 염두에 둔다. 전 우주에 널리 퍼져 있는 보편적 힘으로서의 이성은 정의와 법의 원천으로 간주된다.

본래 그리스인은 자연적으로 성립되어 있는 법을 퓌시스physis라고 부르지만, 스토아학파의 사람들은 이것을 노모스nomos라고 부르고, 인간에 의해 정립된 법을 테시스thesis라고 불러, 노모스와 테시스를 대립시킨다. 노모스와 테시스를 대립시키는 입장에서 그들은 영원법lex aeterna, 자연법lex naturalis 및 인정법人定法 lex humana 등 세 가지를 구별한다. 영원법은 영원하고도 불변한 법 또는 세계이성이라고도 불린다. 자연법은 인간사회의 최고의 가치기준으로 나타난 영원법의 국면을 말한다. 인정법은 곧 실정법이다.

로마의 스토아학파 철학자인 키케로Marcus Tullius Cicero, B.C.106~43는 진정한 법은 자연과 일치하는 올바른 이성이라고 주장한다. 자연적 힘natural force을 법의 속성으로 보는 키케로는 지적인 사람의 지성과 이성이 정의와 부

■ 철인정치의 실천자 키케로

▲ 키케로
출처: 철학사전

라틴어에서 키케로cicer는 병아리콩이집트콩을 말하며, 키케로Cicero라는 성은 코에 콩알 크기의 뽀루지가 달린 가문의 시조에서 비롯되었다고 전한다. 정계에 첫발을 내딛었을 때 친구들이 이름을 좀 더 근사하게 고치라고 조언하자, 키케로는 장차 자기 이름이 '스카우루스'나 '카툴루스'보다 더 유명해질 거라며 호언장담했다고 한다. 스카우루스는 '안짱다리'라는 뜻이고, 카툴루스는 '강아지'라는 뜻이라고 한다「인물세계사」참조. 키케로는 뜨거운 인간애와 훌륭한 성품을 가진 도덕적 인간이다. 자기의 안위보다 시민의 자유를 더욱 귀하게 여긴 정치가이다. 플라톤이 꿈꾼 철인정치가 어떠한 것인지를 몸소 보여준 철학자이다. 또한 키케로는 개인의 야망과 공공선의 실현이 어떻게 조화될 수 있는지, 그리고 '공화'란 어떤 조건에서 가능한지를 후대에게 가르쳐준, 제도 사상사에 큰 획을 그은 위대한 공화주의 사상가이다출처: 네이버지식백과.

정의를 다루어야 할 기준이라는 것을 명백히 한다. 또한 키케로는 여러 국가의 관습이나 법에서 발견되는 모든 것이 정당하다는 믿음을 '가장 어리석은 생각'으로 간주한다. 키케로는 법과 자유의 관계를 "우리 모두는 자유롭기 위해 복종한다"고 갈파했다.

스토아학파의 자연법 개념의 중요한 요소는 평등의 원칙이다. 인간은 본질적으로 평등하며, 성별, 신분, 종족, 국적 등을 이유로 인간을 차별하는 것은 부당하고 자연법에 위배된다.

스토아학파의 법삼원론영원법·자연법·인정법은 중세에 이르러 아우구스티누스를 거쳐 토마스 아퀴나스에 이르기까지 법의 중층구조에 대한 지배적인 견해를 이루었다.

로마법학자의 법인식

화려한 힘으로 장식한 로마의 태양이 떠올랐다. 고대 로마제국은 서양인들에게 고갈되지 않는 영감과 상상력의 원천으로 알려지고 있다. 근대 역사철학의 아버지 랑케Leopold von Ranke. 1795~1886는 "모든 고대사는 많은 개울이 호수로 흘러 들어가듯이 로마의 역사로 흘러들어갔고, 모든 근대사는 다시 로마로부터 흘러나왔다"고 찬양하였다. 「로마인이야기」로 유명한 일본 작가 시오노 나나미1937~에 따르면, 로마인들은 인간성에 대해 일절 환상을 품지 않았고 그래서 스스로에 대해서도 아무런 환상이 없었는데, 바로 이것이 로마 번영의 비결이었다는 것이다. 인간은 아주 위대한 일을 할 수도 있고 아주 추악한 일을 할 수도 있는 존재다. 로마인들은 이 점을 잘 알고 있었고, 그렇기에 인간성에 대해 일체의 환상을 품지 않고서 냉정한 태도로 나라의 법과 제도, 시스템을 구축했다는 것이다. 무엇보다 로마법이 그런 시스템의 중심에 있었다. 그리스인들에게 철학이 있고 히브리인들에게 종교가 있다면 로마인들에겐 법이 있다고 할 정도로 법은 로마의 대표적 유산이다. 로마법은 법이 공정하고 형평성 있게 적용되어야 한다는 원칙을 우리에게 물려주었다. 부와 권력이 많다고 법의 적용에서 면제와 특혜를 얻을 수 없다는 원칙이 그것이다 장문석(영남대 사학과교수), "[21세기 人文學 리포트] '영원의 제국' 만든 로마인들 인간성에 대한 환상

없었다" 매일경제 2015년 1월 30일자 칼럼 참조.

고대 로마에는 「12표법」B.C. 450을 비롯한 그 밖의 법률lex을 중심으로 하는 「시민법 jus civile」의 제도가 형성된다. 법률이란 집정관 등이 민회에 제출하여 그 의결을 거친 법을 말한다. 「12표법」을 중심으로 하는 이 법률은 학자들의 해석으로 부단히 발전되면서 시민법전통을 형성한다. 이것은 로마시민만의 법으로서 그 내용도 로마 고래古來의 관습에서 생성된 가족 및 토지중심의 농민성이다. 그러다가 로마가 팽창하여 이민족과의 상거래가 활발해지자 무방식의 계약제도가 관습법적으로 성립하게 되고, 그것이 점차적으로 로마법규로서 발전하는데, 이렇게 형성된 거래법의 체계가 「만민법 jus gentium」이다. 후에는 로마시민도 재산법 특히 거래법의 영역에 있어서는 만민법의 적용을 받게 된다. 로마의 법체계 가운데서 특히 세계사적 의미를 가지는 것은 실제 로마의 실정법인 만민법이다.

당시의 법학자들은 노예제, 전쟁 등의 제도는 인류공통의 법으로서의 만민법상의 제도이고, 그것은 본래의 자연법칙에 반하는 것이라고 하는 견해가 일반적이다. 그들은 자연법이 본래 인간의 자유, 평등을 원리로 하는 법인데 대하여, 만민법은 인류생활상의 경험과 필요에 따라서 마련된 반자연법적인 제도로 생각한다.

울피아누스Ulpianus, ?~223는 「학설휘찬 Digesta」에서 "자연법은 자연이 모든 동물에게 가르친 것이다. 즉 이 법은 사람에게만 고유한 것은 아니고, 지상과 수중에서 서식하는 모든 동물에게 공통된 것이다. 우리가 혼인이라고 부르는 것, 子의 생산과 양육이 있게 되는 것은 이 법으로부터

이다. … 그리고 만민법은 모든 민족 사이에서 행하여지는 법이다"라고 한다. 그에 따르면 자연법은 합리적·윤리적인 것이라기보다는 오히려 동물의 본능적 생활법칙과 같은 것으로 파악된다.

> **울피아누스**
>
> 고대 로마 법학자. 페니키아 티레 출생. 카라칼라황제재위 211~217 시대에 많은 저서와 논문을 저술한다. 그의 학설은 「로마법대전」 가운데 「학설휘찬」에 인용된 학설 중 약 1/3을 차지하고 있는데, 다음으로 많은 학설을 발표한 파울루스 학설의 2배가 된다. 앞서간 로마 법학자의 학설을 포괄적이면서도 명쾌하게 소개·해명한 것이 특징이다.

가이우스Gaius는 「법학제요 Institutions Justinian」에서 "법에 따라 또는 관습에 따라서 지배되는 모든 국민이 준수하는 법은 일부는 그들에게 고유한 것이고, 일부는 전 인류에게 공통된 것이다. 즉 어떤 국민이 자신을 위해 자신이 제정한 법은 그 국가에 특유한 것이며, 이것은 그 국가에 특유하다고 해서 시민법이라고 불린다. 그런데 자연의 이성이 만인 사이에 제정한 법은 만인 사이에서 다 같이 준수되는 것이며, 이것은 만인이 그것을 사용한다고 해서 만민법이라고 불린다"고 한다. 그에 따르면 만민법은 곧 인류의 출생과 더불어 시작하는 자연적인 법이 되는 셈이다.

> **가이우스**
>
> 2세기 무렵의 로마 법학자. 로마의 법학자가 대개 정치적으로도 활약하였던 것과는 달리 그는 예외적으로 순수한 학자로 일생을 마친 듯하다. 「법학제요」의 발견경위는 다음과 같다. 1816년에 프로이센의 역사가인 니부르가 로마교황청 공사公使로 부임하던 도중 베로나에서 사본을 발견하였고, 이 사본을 바탕으로 거의 완전하게 복원하였다고 한다, 이는 당시 발흥하고 있던 역사법학파의 로마법사 연구열을 강하게 자극했다. 「法學提要」는 로마의 민사법에 관하여 역사적 설명을 덧붙여 개설된 것으로, 후세

의 사법私法 발달에 큰 영향을 미친다. 4~5세기 경부터 각지에서 교과서로 사용되었다. 이 저서는 고전시대 학자의 저서 중 대부분의 내용이 직접 현대에 전해지는 유일한 것이라는 점과 그 역사적인 설명이 고전시대 이전 로마법의 모습을 전해주고 있다는 점에서 로마법의 역사적 연구에 매우 중요한 사료다. 특히 고대 로마시대의 민사소송제도에 관한 사료 중 오늘날에 전하는 거의 유일한 것이다. 「법학제요」가 채용한 체계는 「프랑스민법전」1804의 편별編別에 영향을 준다두산백과 등 참조.

아우구스티누스와 아퀴나스

시대를 넘어 영원법-자연법-인정법의 관계를 논하다

고대의 폴리스중심의 윤리와 종교가 무너져버린 코스모폴리턴적인 정신기반 위에 인간의 자연적 평등, 동포애를 주장한 스토아학파의 자연법사상이 기독교와 접촉점이 되었다. 기독교의 교부敎父들은 권력도 법도 없는, 완전히 자유평등한 기독교적 사랑의 공동체의 이상절대적 자연법은 오직 인류의 원죄原罪: 창세기 성서에 등장하는 아담이 선악을 구분하는 열매를 먹으면서 발생하였다는 죄 이전에 있어서만 가능한 것으로 본다. 원죄 이후에 있어서는 죄에 대한 형벌과 죄성罪性의 오만에 대한 규율, 억제의 수단으로서 현재의 사회, 국가의 여러 제도나 여러 규범질서상대적 자연법가 신에 의해서 정해진다고 한다. 이러한 사상이 사회의 신분적 차별, 정부의 강제권력, 노예제를 부득이한 것으로 시인하게 한다.

로마법학에 있어서는 2세기 말부터 자연법과 만민법이 이론상 구별되고, 이것이 교부들에게 받아들여져 절대적 자연법을 자연법으로, 상대적 자연법을 만민법으로 표현한다. 즉 자연법은 신의 법과 동일시되든가 또는 자연에 의해 인류의 심중心中에 각인된 행위규칙이라고 설명되고, 만민법은 인성의 타락 이래 운명적으로 주어진 여러 사정을 고려하여 자연법으로부터 도출된 여러 제도를 의미한다.

아프리카 태생인 젊은 시절의 아우구스티누스St. Augustinus, 354~430를 알고 있었던 같은 시대의 사람들은 이 현세주의자가 교부가 되리라고는, 더구나 서양의 가장 위대한 교부가 되리라고는 상상조차 못했다고 한다. 그것은 그가 기원 후 4세기경의 전형적인 후기 로마 사람으로 방탕한 생활을 아무런 죄의식 없이 행하였기 때문이다.

그러한 아우구스티누스가 어느 날 갑자기 개종改宗을 통해 방종한 생활을 청산하고 33세에 세례를 받고 수도와 저술에 정진하여 위대한 교부가 된 것이다. 그는 젊은 날의 방종을 몹시 괴로워하였는데, 심지어 젖먹이 때 젖을 달라고 너무 보채며 큰소리로 울었던 일조차 죄를 지은 것이 아닌가 하고 반문할 정도였다.

아우구스티누스는 스토아학파의 영향을 받아 법을 영원법lex aeterna, 자연법lex naturalis, 속세법lex temporalis으로 구분한다. 여기서의 속세법은 실정법을 말하며 그것은 언제나 가변적이다. 그것은 불가변적인 영원법에서 끄집어낸 경우에 한해서 법이 될 수 있고, 또한 구속력을 가진다. 자연법은 영원법이 인간의 정신에 전달되기 위한 매개물이다. 그것은 신으로부터 인간의 양심에 고지된 것이며, 정의의 주관적 원리가 된다. 영원법은 불가변성을 그 특징으로 하며, "자연적 질서를 보호할 것을 명하고, 파괴하는 것을 금하는, 신의 이성 또는 의지"라고 정의된다.

그에 따르면 세계는

▲ 카르파초의 「성 아우구스티누스의 비전」
카르파초가 성 아우구스티누스가 자신이 순교하게 될 것을 전해 듣는 장면을 그린 작품이다.
〈이탈리아 베네치아 스쿠올라 디 산 조르조 델리 스키아보니〉 소장

영원법^{또는 신정법 lex divina}에 지배되는 신국^{civitas dei}이어야 하나, 인류는 원죄^{原罪} 때문에 그 적용을 받을 수 없고, 속세법^{또는 인정법 lex humana}이 행해지는 지상인국^{地上人國 civitas terrena}이 출현하게 된다. 국가는 지상인국이 멸망할 때까지 지상의 평화를 유지하는 수단으로서 그 존재의의가 있기 때문에 인간은 국가의 법률인 속세법에 복종할 의무가 있는 것이다. 그리고 아우구스티누스는 속세법은 영원법, 즉 신정법의 요구를 수행하기 위해 노력해야 한다고 한다. 만일 신정법에 위배되면 강제력은 없어지고 무시되어야 한다.

한편 위대한 신학자이자 철학자인 토마스 아퀴나스^{Thomas Aquinas, 1224~1274}의 스승 알베르투스 마그누스^{Albertus Magnus, 1193?~1280}는 아퀴나스의 사유 안에 하나의 길을 열어준, 그리고 그의 연구의 기반을 닦아준 파리대학의 신학부 교수이다. 그는 아퀴나스를 조롱하는 학생들에게 이렇게 말한 것으로 전해진다. "너희들은 토마스를 벙어리황소라고 부르고 있다. 그러나 너희들에게 말하건대, 이 벙어리황소가 한번 울부짖으면 그 소리의 진동은 전 세계에 가득 울려 퍼질 것이다." '벙어리황소'라는 별명은 어려서부터 신앙심이 깊은 데다 연구열이 강하고 과묵하고 우직한 데에서 비롯되었다고 한다.

■ 알베르투스 마그누스

독일의 스콜라 철학자. 마그누스는 '위대한'의 뜻으로 이름이 아니라 존칭이다. 1223년 이탈리아의 파도바^{Padova} 대학에서 법학을 전공하던 시기에 가족들의 온갖 반대를 무릅쓰고 도미니크 회원이 된다. 교수자격을 취득하여 1245년부터 파리대학의 교수로 강의하였는데, 이 때 그의 제자로 토마스 아퀴나스가 있다. 그는 파리와 쾰른에서 가르치고 레겐스부르크의 주교가 되었다. 신학자이면서 동시에 수학·자연학·형이상학 등에 관하여 폭넓은 교양을 지녔다. 아리스토텔레스 사상을 라틴 사람들에게 이해시키려 하였다. 즉 신학과 철학 사이에 명백한 경계선을 그음으로써 철학이 지니는 자율적인 가치를 분명히 하였다.

▲ 토마스 아퀴나스
출처: 철학사전

'벙어리황소' 토마스 아퀴나스는 법을 4가지로 구분한다. 첫째, 영원법eternal law은 조물주의 지배 계획으로서, 우주에서 일어나는 모든 움직임·행동을 지시하는 신의 이성이며 지혜다. 또한 신의 섭리에 따르는 모든 것은 영원법에 따라 다스려지고 측정된다. 영원법은 완전히 신에게만 알려져 있다. 인간은 원죄로 말미암아 이성이 마비되어 있으므로, 누구도 영원법을 직접 인식할 수는 없고, 신의 계시나 성서의 말씀을 통함으로서만 비로소 그것에 접근할 수 있다. 즉 신앙fides에 의해서만 그것을 받아들일 뿐이다.

둘째, 자연법natural law은 계시를 통해 영원법이 인간에게 고지되면 인간은 자신의 이성을 가지고 그것을 인식한다. 이와 같이 이성을 통해 인간에게 알려진 법이다. 우주의 법에 대한 이성적 생물의 부분적 참여로서, 자연법은 신의 이성의 명령을 불충분하게 반영한 것에 불과하며, 자연법은 인간으로 하여금 영구법의 몇 가지 원칙을 알게 해준다. 자연법은 어떤 일반적인 교훈precept에 의해서 인간의 행동을 지시한다. 교훈들 중 가장 기본적인 것은 "선은 행해야 하고 악은 피해야 한다"는 것이다. 인간이 천성적으로 좋아하는 것들은 선으로 이해되어야 하고 자연법의 부분을 형성하는 것으로 간주되어야 한다.

셋째, 신정법divine law은 자연법과 인정법 사이에 있는 것으로 인간의 행위를 인도해야 한다. 그 이유는 ① 인생의 궁극목적은 인간이성만으로는 이룩될 수가 없고 ② 개별적인 문제에 관해서 인간의 판단은 불확실하고 ③ 인정법은 단지 인간의 외부적 행위만을 다룰 뿐이고 ④ 인정법은 남김없이 모든 악행을 금지한다든가 처벌할 수가 없는 까닭으로, 인정법의 과잉은 오히려 유해무익한 결과를 가져올 염려가 있기 때문이다. 이와 같이 신정법은 구약과 신약을 통해 신하느님이 계시한 법이다.

넷째, 인정법人定法은 자연법의 일반규정을 특수한 상태에 적용한 것으로 공동체를 보살피는 사람에 의해 제정되고 공포된 공동선을 위한 이성의 질서이다. 인정법은 만민법과 시민법으로 나누어진다. 전자는 인간이 사회적 동물인 한 자연법상 그것 없이는 생활할 수 없는 사항에 관해서 정한 법이고 후자는 개별적인 국가가 그 특수조건을 고려해서 정한 법이다. 예를 들면 자연법은 악을 범한 자는 처벌해야 한다고 정하지만 그 처벌의 구체적인 방법은 국가의 법에 맡기고 있는 것과 같은 것이다. 인정법은 인간이 제정한 사회생활상의 규칙이기 때문에 신의神意에 합치하여야 효력을 가진다. "만일 인정법이 자연법과 조금이라도 상극相剋되면 그것은 이미 법이 아니라 법의 부패인 것이다."

토마스 아퀴나스는 영원법을 정점에 두고 그것의 두 방사放射로서의 신정법과 자연법을 설명하고 다시 자연법의 유출流出로서의 인정법만민법과 시민법을 설명한다.

■ 벙어리황소 토마스 아퀴나스, 아가씨를 혼을 내다
"탁발 수도승(집집마다 돌아다니며 걸식하는 중)이 되기로 결심한 토마스 아퀴나스를 그의 형들이 성에 가두고, 그 계획을 단념시키기 위해 예쁘게 차려입은 젊은 아가씨를 들여보냈다. 그러나 형들의 기대와는 달리, 토마스 아퀴나스는 불이 붙은 장작으로 그 아가씨를 내쫓고 말았다. 물론 그 아가씨는 혼비백산하여 도망을 쳤고, 이에 감동한 토마스 아퀴나스의 누이들은 그가 탈출할 수 있도록 도와주었다"「청소년을 위한 서양철학사」참조.

프란체스코교단 학자들의 법인식

오직 하나, 절대적인 입법자인 신을 사랑하라는 계율이 있을 뿐!

프란체스코 교단의 입장에 서서 토마스 아퀴나스를 맹렬히 공박한 대표자는 아일랜드 출신인 둔스 스코투스Duns Scotus, 1270~1308이다. Duns Scotus는 아일랜드인 둔스Duns the Scot라는 뜻이며, 학위수여 때에 부인 요한네스까지 합쳐서 Johannes Duns Scotus가 그의 정식 이름으로 되어 있다. 당시에 Scotus라는 말은 아일랜드인을 의미한다. 그는 아리스토텔레스·토마스 아퀴나스의 주지주의主知主義에 반대하면서 다시 아우구스티누스적인 사랑의 이념을 든다. 주지주의에 따르면 사람이 구원을 받은 것은 최고선에 대한 사랑 때문이 아니라, 지성의 행동 때문이라고 생각한다.

신은 다른 법을 만들 수도 있지만, 실제로는 이 법만을 정당한 것으로 설정하였으므로 이때부터는 이것 아닌 다른 법은 그 어떤 것이든지 정당한 것으로 인정될 수 없다. 참으로 영원한 것은 법이 아니라 입법자다.

다시 말하면 영원법은 존재하지 않는다. 자연법의 실질적 내용은 오로지 위에서부터즉 신으로부터 주어지는 것이며, 결코 밑으로부터즉 자연으로부터 생겨나는 것은 아니다. 이리하여 자연법상의 유일한 규범으로서는 오직 "신을 사랑하라는 계율" 하나만을 인정하게 된다.

그리고 이러한 자연법의 밑에 있는 실정법은 국가에 있어서의 법적 평화를 그 원리로 삼게 된다. 이때의 실정법은 그것이 자연법과 부합된다는 것만으로는 불충분하고, 더 나아가서 그것이 현명과 권위라는 두 표지를 갖출 경우에만 비로소 정당한 법으로 인정을 받는다. 그리고 권위는 일반적인 찬성이나 선택에 의해서 지지를 받는 것을 말한다.

오캄William of Occam, 1300~1349: Occam은 출신지명이지만, 그를 보통 오캄이라고 부름. 오캄은 교황과 황제와의 싸움에 말려들어 황제의 편을 들었다고 함에 따르면 본질적으로 정당한 법이란 존재하지 않는다. 다만 본질적으로 정당한 입법자만이 있을 뿐이다.

하나의 행위가 절도·간음 등이라고 평가되는 것은 그 행위의 실질적·윤리적 성질 때문이 아니라, 그러한 행위를 절도·간음 등이 된다고 해서 금지하는 명령이 있었을 경우에만 한한다. 따라서 금지명령이 존재하지 않는 경우에 그 행위는 결코 그 자체로서 절도나 간음이 되지 않는다.

본래부터 정당한 영원법이나 자연법은 존재하지 않는다. 존재하는 것은 오로지 절대적인 입법자, 즉 신 하나뿐이다. 신은 자신의 시원적인 의지로써 인간에게 무엇인가를 요구 또는 금지하는 명령을 내렸으며, 인간의 행위가 이러한 명령에 순응하는 것이 될 경우에는 비로소 그것에는 선하다는 판정이 따르게 된다.

절대적인 입법자인 신과 신의 명령에 복종하는 인간의 주관적 심정만이 문제가 되며 그 이외의 객관적 규범도 가정할 필요가 없다. 여기에 신 대신에 국가를 가져오고, 신 앞에 선 인간 대신에 국민을 가져오는 경우에 오캄의 이론은 근대의 법실증주의가 되는 셈이다.

■ **공증인이 될 뻔한 레오나르도 다빈치, 그가 고기를 먹지 않은 까닭은?**

레오나르도 다빈치[1452~1519]는 1452년 피렌체에서 유명한 공증인公證人인 세르 피에르의 사생아로 태어났다. 만약 그가 합법적인 아들이었다면 아버지가 그를 공증인으로 만들었을 것이다. 레오나르도 다빈치의 아버지는 그를 안드레아 델 베로키오라는 화가의 공방에 견습생으로 들여보내는데, 각고의 노력 끝에 그가 「최후의 만찬」, 「모나리자」 등의 걸작을 남긴 얘기는 다들 잘 알고 있을 것이다. 여기서는 레오나르도 다빈치가 고기를 먹지 않은 이유에 대한 흥미 있는 칼럼이 있어 소개하고자 한다. "…그는 어떻게 당시 평균수명을 훌쩍 넘어 살 수 있었을까. 후세 많은 사람들은 부유층들이 기름진 음식을 즐겨 먹던 시절에 그가 채식을 고집했던 것을 장수의 비결이라고 여기고 있다. 그는 고기보다 샐러드와 과일, 채소를 즐겼고 쌀과 채소를 걸쭉하게 만든 스프를 좋아했다고 한다.…특히 그의 해부 경험은 어떻게 건강을 유지할 수 있는지에 대한 고민으로 이어졌을 것이다. 그래서 그는 건강을 지키는 방법을 적어두고 생활 속에서 항상 참고했다고 한다. 여기에서 그는 채식뿐만 아니라 원할 때 조금씩 먹어야 한다며 '소식'도 강조했다. 또 화를 경계하고 슬픈 기분을 피하라고 했다. 스트레스를 주의하라는 얘기다. 의자에 앉거나 일어날 때 꼿꼿함을 유지해야 한다는 '자세'에 대한 충고도 있다. 한낮에는 잠자지 말라고 했고 술은 절제해야 한다고 했다. 그리고 화장실에 가는 것을 미루지 말라고 했다. 무엇보다 머리를 잘 쉬고 마음을 즐겁게 유지하라고 강조했다"김철현 기자, "[오늘 그사람] 다빈치는 왜 고기를 먹지 않았을까", 아시아경제 2017년 5월 2일자 칼럼 참조. 참고로 우리나라의 경우 공증인은 실질적 의미의 공무원으로서 법률행위法律行爲와 사권私權에 관한 사실에 대한 공정증서의 작성, 사서증서에 대한 인증과 그 밖에 법령이 정하는 사무를 처리한다공증인법 제2조. 공증인은 판사·검사 또는 변호사의 자격을 가진 자제12조 중에서 법무부장관이 임명하고 소속 지방검찰청을 지정한다제10조, 제11조.

그로티우스, 홉스, 로크 그리고 몽테스키외

근대자연법의 시조: 그로티우스

이미 7세에 라틴어로 시를 짓고, 15세에 법학박사학위를 받고, 24세에 검찰총장을 지낸 그로티우스Hugo Grotius, 1583~1645: 네덜란드의 법학자, 정치가는 종교적 분쟁에 휘말려 감금·탈출·망명이라는 파란만장한 삶을 산다. 1623년에는 6~7개월 간또는 2년의 짧은 시일에 그의 주저이자 불후의 명저인 「전쟁과 평화의 법 De Jure Belli ac Pacis」을 저술하였다.

그는 이성理性에게 신보다도 우월한 권위를 인정함으로써 반드시 신을 전제로 하고서만 자연법을 언급하던 스콜라학파에 종지부를 찍고 근대의 세속적인 자연법의 기초를 닦음으로써 근대자연법의 시조로 알려진 사람이다. 그로티우스는 자연법의 근거를 인간의 이성에 둔다. 즉 이성의 소유자인 인간이 정당하게 고찰하기만 하면, 누구나 자연법의 원리를 자명한 것으로 받아들일 수 있다고 강조한다. 그에게 자연법은 이성에 의하여 이성적·사회적 본능에 합치되는 것으로서 인식되는 것이다. 따라서 자연법의 원칙은 신에 의해서도 변경할 수 없는 것이다. 그는 "계약은 지켜야 한다Pacta sunt servanda"는 자연법의 원리를 근거로 하여 인민의 통치자에 대한 저항권을 부정하면서 국가가 주권의 주체라고 한다.

그는 자연법은 인간의 천성에서 나오는 것이므로 인간이 존재하는 곳에는 항상 자연법이 존재하며, 개인 간의 관계에서와 같이 국가 간의 관계에도 자연법이 존재한다고 주장한다.

그로티우스의 사상은 오늘날에도 살아있는 하나의 현실적인 힘이다. 그의 자연법적 국제법이론은 현대의 국제법학에 일정한 방향을 부여하고 새로운 활력을 주입해 주고 있다.

권력이 법을 만든다: 토마스 홉스

유명한 「리바이어탄 Leviathan」을 썼고, 성악설을 주장하였으며 극단적인 왕당파에 속하던 토마스 홉스Thomas Hobbes, 1588~1679에게는 고대 소피스트들의 '강자의 권리사상'과 '유의주의有意主義에 입각한 유명론唯名論'의 영향이 컸다. 그는 이념적인 질서가 아니라 실효적인 질서를 형성하는 것만이 법의 주요과제가 된다고 생각하여 법적 안정성을 강력히 주장한다. 그는 또 권력이 법을 만들며 국가권력의 담당자는 절대로 불법을 행하지 않는다고 주장한다. 오늘날 서양의 모든 독재주의 이론이 원천을 St. Paul의 유명론唯名論, Hobbes流의 유의주의有意主義에 두고 있음을 주의할 필요가 있다. 그는 자연법lex naturalis을 "이성에 의해 발견된 계율 또는 일반적 법칙"일 뿐 현실적으로 아무런 안전도 보장하는 것이 못 된다고 하여 자연법에 큰 의미를 부여하지 않는다.

홉스는 "모두가 비슷한 능력을 지닌 이른바 평등한 상태인 한, 사람들은 항상 상호 불신에 빠져 서로가 적이 된다"라고 말한다. 이른바 '성악설'에 입각해 인간을 파악한 것이다. 홉스는 사람들이 서로 싸우는 원인으로 경쟁, 상호 불신, 명예평가받는 것의 세 가지를 든다. 우리가 사는 세상에 공통의 권력, 공통의 규칙이 없다면 정의도 부정의도 존재하지 않는다. 올바르다든가 잘못되었다는 기준 자체가 없으므로 타인의 물건을 빼앗든 사람을 죽이든 자유다. 모두가 항상 전쟁상태에서는 정의도 소유

권도 존재하지 않는다. 홉스는 그런 상황에서 벗어나 평화를 향해 나아가
려면 국가라는 공통의 권력이 필요하다고 주장한다후쿠하라 마사히로(김정환 역),
「하버드의 생각수업」(엔트리, 2014), 71쪽.

자연상태의 인간은 자유롭고 평등하다: 존 로크

▲ 존 로크

미국독립선언과 프랑스 인권선언에 지대한
영향을 끼친 영국의 철학자로서 존 로크John Locke,
1632~1704는 개인주의적 자연법사상을 주장한다.
그가 생각한 자연법은 스콜라 철학자들이 주장
한 lex naturalis이고, 그 뿌리는 아우구스티누
스, 스토아학파, 아리스토텔레스, 플라톤 등을
거쳐 헤라클레이토스에게까지 거슬러 올라간다.
비록 로크가 스콜라학파처럼 성서를 곁눈질로
보고 자연법을 해석하기를 일삼았다고 하더라도 아우구스티누스 이전의
시기에 볼 수 있는 것처럼 이 자연법은 원래 신율神律 theonom적인 것도 아
니고 성서의 영향을 받은 것도 아니다. 그에게 있어 자연법은 각자에게
의무를 지워주는 것이며 각자에게 이웃사람을 자유롭고 독립적인 사람이
라고 보아야 하고 이웃의 생명·건강·자유·재산 등등을 침해해서는 안
된다고 말하는 올바른 이성이다.

그에 따르면 자연상태에 있어서의 인간은 자유롭고 평등하며 노동에
의해서 재산을 향유하고 타인의 침해를 막는 데 필요한 한도에 있어서
자기방위를 할 수 있는 자유를 가진다. 인간이 자연상태에 있어서 이와
같은 자유를 가진다는 것이 자연법의 원칙이다. 로크는 인간은 '올바르게
사는 정신'을 자연스럽게 지니고 있다고 믿는다. 우리가 자유롭게 산다
고 해도 인간으로서 지켜야 할 최소한의 법률이 존재하며, 그것을 준수
하면서 주위 사람들과 안전하고 쾌적하게 살아갈 수 있다. 로크의 발상
은 여기에서 출발한다. 인간은 자연에 존재하는 자연법을 따라야 하며,

이 자연법 밑에서는 모든 인류가 평등하고 독립되어 있다. 또한 그는 "성실과 신의는 인간 자체가 본질적으로 지닌 것이지 결코 사회의 일원으로서의 인간에게 속하는 것이 아니"라고 단언한다후쿠하라 마사히로(김정환 역), 「하버드의 생각수업」(엔트리, 2014), 74~75쪽.

인간의 자유, 본성과 조화를 이루는 법의 정신 : 몽테스키외

▲ 몽테스키외   출처: 철학사전

법학도들의 바이블로 통하는 「법의 정신 De l'Esprit des Lois」을 쓴 몽테스키외Charles de Secondat de Montesqieu, 1689~1755는 태어났을 때 가난한 사람에 대한 의무를 잊어버리지 않도록 하기 위하여 마을의 거지를 교부敎父로 삼았다는 재미있는 일화를 간직하고 있는 사람이기도 하다.

그는 1689년 1월 8일 보르도Borodeaux에서 툴루스Toulous 방향으로 17㎞ 가량 되는 곳에 있는 라 브레드 성에서 태어났다. 이 성은 봉건시대부터 있어온 오랜 고성古城으로 몽테스키외가 노년에 이르기까지 그 작품 활동을 계속한 오랜 보금자리이다. 11세에 파리 근방에 있는 쥐이리의 오라토리오 교회의 학교에서 고전문학古典文學을 배우고, 1708년에는 보르도에 돌아와 법률을 배웠는데, 여기서 그의 법률에 대한 소양이 탄탄하게 굳어진다. 그의 집안은 법조귀족이다. 1713년 11월 15일에는 아버지의 별세로 그는 장자로서 상속해 가장이 되고, 1714년 3월에 고등법원의 평정관評定官이 된다. 그리고 1715년에 위그노인 잔느Jeanne와 결혼한다. 잔느는 아름답지는 않으나 총명한 여인으로 몽테스키외가 학문생활을 하는데 적격의 여성이었다. 1716년에 아들이 없는 큰아버지伯父인 몽테스키외의 뒤를 이어 보르도의 고등법원장이 되면서 이름마저 백부를 따라 몽테스키외라고 호칭, 라 브레드 남작男爵 샤를르 루이 드 스공바 드 몽테스키외로 부르

게 되었다그의 원명은 샤를르 드 스공바이다. 그러나 그는 소송절차 등 법률사무
에는 흥미가 없어 열심히 하지 않고, 오직 고전문학에만 전념하는 한편
물리학·식물학 등 자연과학에도 몰두하여 보르도 아카데미에서 「신장
염의 반향」, 「바다의 밀물과 썰물에 관하여」 등의 연구논문을 발표하였
다. 사실 1727년에 그는 아카데미 회원이 되는데, 당시 사회를 풍자·비
평한 「페르시아인의 편지」 때문에 당시 재상추기경 플라리의 반대가 있
었으나 설득에 성공하였다고 한다. 1721년 암스테르담에서 익명으로 발
표한 「페르시아인의 편지」는 루이 14세 치하 당시의 프랑스의 정치 및
사회풍속을 경묘輕妙한 필치로 풍자하여 대성공을 거둬 일약 유명하게
되었다. 그래서 「페르시아인의 편지」는 출판되자 생활필수품인 "빵처럼
팔렸다"고 한다몽테스키외(소두영·이환(역), 「사회계약론/페르시아인의 편지」(삼성출판사, 1982),
12쪽; 최종고, 「위대한 법사상가들(Ⅰ)」, 94~96쪽 참조.

　몽테스키외는 「법의 정신」의 저술을 위해 1728년 4월부터 약 3년간
긴 여행에 오른다. 오스트리아와 이탈리아에서 15개월, 독일·네덜란드·
영국 등에서 1년 9개월 동안 머무른다. 그는 영국여행에서 당시 영국의
입헌군주제하에서 군주의 권력이 법률에 의해 견제·제한받고 있는 사실
에 깊은 감화를 받는다. 그리하여 권력 간의 '견제와 균형'을 통해 국민
의 자유를 도모할 수 있는 원리, 즉 권력분립원칙을 주요내용으로 하는
방대한 「법의 정신」을 20년에 걸쳐 비로소 1746년에 완성하기에 이른다
1748년 8월 출간.

　그는 "모든 법 이전에 자연의 법이 있다. 자연의 법이라고 불리는 것
은 그것들이 우리 존재의 구조에서만 유래되기 때문이다. 자연법을 잘
이해하려면 사회가 성립되기 이전의 인간을 고찰해야 한다. 자연법이란
이같은 상태에서 사람이 만드는 법이다"라고 한다. 그는 "법이란 사물의
본성에서 유래하는 필연적 관계를 말한다. 이러한 의미에서는 모든 존
재가 그 법을 가진다. 신도 신의 법을 가지고, 물질계는 물질계의 법을
가진다. 인간보다 뛰어난 지적 존재天使도 그 법을 가지고, 짐승은 짐승

의 법을 가지며, 인간은 인간의 법을 가진다"라고 말한다.

몽테스키외가 법을 이렇게 인식함으로써 제주이트Jesuit, 이냐시오 데 로욜라가 만든 예수회에 소속된 사제들의 비난의 표적이 되고 만다. 그 배경을 「법의 정신」의 반종교성에서 찾는 견해도 있으나, 결국 그리스도교의 우월성을 인정하지 않고 이교도와 동격으로 다룬 데에 그 비판의 원인을 찾는 것이 옳을 것 같다. 「법의 정신」과 「페르시아인의 편지」 모두 금서禁書로 지정되는데, 「법의 정신」은 1750년 말에 해제되었다가 1752년에 다시 금서가 되지만 몽테스키외는 자기의 주장을 굽히지 않고 계속 개정판을 출간한다.

몽테스키외는 자연적인 사회성을 인정하고 사회생활과 더불어 실정법이 형성되었다고 본다. 실정법은 그 대상과 목적에 따라 세 종류로 구별된다. 첫째는 나라들 간의 관계를 규제하는 만민법, 둘째는 통치자와 피치자의 관계를 확립하는 공법, 셋째는 시민들 간의 관계를 조정하는 사법이다. 법은 여러 종류의 관계를 각각 규정하면서 동시에 많은 특수한 경우를 포섭하여 하나의 이성적으로 설명 가능한 체계를 이룬다. 따라서 법은 한 나라의 자연, 풍토, 습속, 종교, 가치관, 경제, 특히 그 정체의 성질과 원리에 따라 결정되고, 또 이런 연관성 속에서만 이해된다. 이런 관계의 총체가 바로 '법의 정신'을 형성하고, 이런 법의 정신은 인간의 자유 및 본성과 조화를 이루어야 한다. 즉 "정신적 특질, 마음의 여러 정념이 각 풍토에 있어 극도로 다르다는 것이 진실이라면, 법이라는 것도 이 성격의 차이에 대해 상대적인 것이어야 한다"고 하여 인간이성의 발견인 법이 각종 조건에 의해 어떻게 수정되는가, 또 그 조건들이 인간의 이성인 법에 의해 어떻게 변경되는가의 관련을 연구하는 풍토이론을 주장하였다.

그는 만약 모든 사람이 자신의 의무·군주·조국·법률을 사랑하는 새로운 이유를 발견하고 자신이 놓여있는 지위를 감지하게 된다면 삶을 누리는 모든 사람들 중에서 가장 행복한 사람이라고 규정한다.

몽테스키외는 1755년 1월에 걸린 역병疫病: 전염력을 가진 유행성 질병으로 2월

10일 66세로 파리 체재 중에 사망하는데, "이 (임종) 순간은 생각하는 것 보다는 두렵지 않다"고 말한 것으로 전해진다.

역사법학파

독일 역사법학파historische Schule der Rechtswissenschaft는 독일에서 프랑스혁명에 대한 반동反動과 국민적 통일자각이 원인이 되어 낭만적 사조의 기초 위에서 구축된다.

역사법학은 구스타브 휴고Gustav Hugo, 1764~1844에 의해 뿌리를 내리고, 사비니에 의해서 꽃을 피우고, 푸흐타Georg Friedrich Puchta, 1798~1846에 의하여 열매를 맺는다. 역사법학파는 낭만적·비합리적·민족주의적 색채를 띤다. 이들은 법제도와 구체적인 진화에 관한 연구에 치중하였으며 법을 국민 사이에서 자연적으로 발생하는 역사적 산물이자 민족정신Volksgeist의 구현으로 보아 특히 관습법을 중시한다.

법은 민족생활의 한 부분이며 표현이다: 구스타브 휴고

휴고는 처음으로 법은 민족생활 그 자체를 통해서 이해되어야 하는 것으로 본다. 왜냐하면 법이란 민족생활의 한 부분이며 표현이기 때문이라고 보기 때문이다. 또한 휴고는 국가와 법은 선험적인 이성의 대상이 아니라 자연, 즉 경험적인 것이라고 본다. 따라서 법현상은 역사 속에서 다른 자연현상과 마찬가지로 다른 어떠한 것에도 구속되지 아니하고 객관적으로 관찰되어야 한다김상용, 「서양법사와 법정책」, 205쪽.

법은 조용히 작용하는 내면적인 힘이다: 사비니

사비니Fridrich Carl von Savigny, 1779~1861는 법을 조용히 작용하는 내면적인 힘

internal, silently-operating forces으로 파악하고 법의 근원을 사람들의 믿음 및 관습, 그리고 공통의식에 있다고 갈파하였다. 그에 따르면 전통과 관습들이 모든 국민 속에서 끊임없는 성장과 운동을 거쳐 법규로 진화된다. 법은 국민의 성장과 함께 성장하고 국민의 힘과 함께 강해지고 국가가 그 개체성을 상실할 때 사라진다고 본다. 결국 사비니는 관습법이 살아있는 법이고 입법실정법은 법의 선포에 불과하므로 별로 중요한 것이 아니다. 그에 따르면 법률은 개인의 자의恣意의 지배를 서로 제한하는 중간물로서 국가의 기능을 영위하는 데에서 생긴 완전히 독립한 것으로 존재할 필요가 있으며 법은 모든 자의를 배제하기 위하여 제정한 것이므로 법관은 순수히 논리적인 해석을 하여야 한다고 주장한다.

예링이 지적하는 사비니의 특징은 그의 문제나 강의 등 그러니까 표현의 아름다움 또는 품격이라고 양창수 교수님은 지적한다. 즉 사비니의 저작은 "법률가가 아닌 사람이 썼다고 해도 좋은 말로" 쓰였고, 사비니의 강의에서 "말의 흐름은 마치 들판의 개울물과 같이 차갑고 조용하고 절도 있게 흘러가며 밑바닥이 보일 만큼 투명하였고, 산골 물 같이 이상하고 격한 움직임이나 수강자를 열광시키고 흥분시키는 분류奔流나 포만飽滿은 보이지 않았다"양창수, 「민법산책」, 10-11쪽. 흥미로운 것은 예링이 "사비니가 길을 연 개혁의 진정한 획득물은 바로 학문과 실생활의 접근"으로 평가하고 있는 점이다. 학문과 실생활의 괴리는 사비니가 아닌 사비니의 신봉자들로 인해 발생한 것으로 보고 있다는 점을 유념할 필요가 있다양창수, 「민법산책」, 10쪽 참조.

관습법은 국민의 공통신념의 진실한 표현이다: 푸흐타

푸흐타Georg Friedrich Puchta, 1798~1846도 관습법을 제정법보다 우선시한다. 그것은 관습법은 국민의 공통신념을 가장 진실하게 표현한 것이며 제정법은 널리 퍼져 있는 국민의 관습·관행을 구체화하는 한에 있어서만 유익한 것이기 때문이다.

01. 푸흐타

개념법학의 아버지라 불리는 독일의 법학자. 독일 관습법으로서 이어져 오고 있던 로마법을 논리적으로 체계화하여 B. 빈트샤이트 등과 함께 더욱 발전된 판덱텐 법학으로 확립시킨다.

02. 사비니

독일의 법학자. 법전논쟁을 계기로 역사법학을 창설한 것으로 유명하다. 합리적인 근대자연법론에 입각한 법전편찬 움직임에 항거하고 민족정신의 소산인 법의 역사성을 강조하고 로마법의 역사적·체계적인 연구를 통하여 현대독일법학의 기초를 확립한다.

목적법학(이익법학)파

목적이 모든 법의 창조자

보기 드물게 냉소적인 유머와 재주가 풍부했던 예링Rudolf von Jhering, 1818~1892은 역사법학파의 아들이었으나 성장한 뒤에는 독일법학에 있어서 형이상학적인 추상성과 개념의 유희遊戲에 대하여 반기를 든다. 그리하여 역사법학파와 절연하고 개념법학槪念法學을 포기하는 대신 생산적인 이익법학목적법학을 제창한다. 유명한 「로마법의 정신 Geist des raemischen Rechts」의 집필이 그 계기가 된다. 즉 그는 독일의 로마법 계수를 정당화하고 한 민족이 다른 민족의 법률제도를 계수하는 것은 민족성의 문제로서 판단되어야 할 것이 아니라 합목적성, 즉 필연이 그렇게 만드는 것으로 본다.

예링은 1872년 3월 오스트리아의 빈 대학을 떠나면서 현지 법률가협회에서 고별강연을 한다. 「권리를 위한 투쟁」은 그 강연내용을 보완하여 그 해 여름에 단행본으로 펴낸 것이다. 출간된 지 2년 만에 12판을 거듭

했고 무려 26개 언어로 번역되었다. 이 책은 그의 학문적 종착역인 '목적법학'으로 향하는 징검다리이기도 하다. 이 책은 "법의 목적은 평화이며, 그 수단은 투쟁이다"라는 유명한 구절로 시작된다.

그는 로마법을 하나의 문화현상으로서 관찰하고 역사법학파와 같이 법원法源-법의 연원에 구애됨이 없이 전례의 법규라든가 도그마dogma: 교의 敎義 배후에 있는 현실의 법생활을 찾아내려 한다. 그는 법률이 실생활의 요청에 응하기 위해 발생하는 것이라고 하여 "목적은 모든 법의 창조자"라는 모토를 제시한다. 또한 그는 "권리는 법률상 보호된 이익이다"라고 정의하여 권리의 본질을 이익에서 구한다. 더 나아가 그는 모든 법과 권리는 역사적으로 그 기초를 권력에 두고 있으므로 권력의 시녀이고 "강제가 없는 법은 타지 않는 불과 같다"고 하여 법의 실력성을 강조한다.

예링에 따르면, 각 개인이 아주 사소한 일에서도 자신의 권리를 대담하게 주장하는 민족에게는 어느 누구도 그 민족이 보유한 최고의 가치를 감히 빼앗으려고 하지 못한다. 세계 최강을 구가했던 고대 로마민족이 가장 발달한 사법私法을 가졌던 것은 결코 우연히 아니다. 그는 '권리를 위한 투쟁'이야말로 공동체 유지의 요체라고 본다박종선, "[물음을 찾아 떠나는 고전여행] 「권리를 위한 투쟁」"「주간조선」 제2427호(2016.10.10) 참조.

분석법학파

법을 도덕철학으로부터 분리하라!

분석법학파의 주창자인 영국의 존 오스틴John Austin, 1790~1859은 철학적인 법학을 발전시킨다. 오스틴은 법을 도덕철학으로부터 분리하려고 하였으며, 영국법의 현존 조직의 원리 위에 세워진 실정법의 과학을 세우려고 노력한다.

■ 존 오스틴

영국의 법철학자이자 분석법학의 창시자. 독일 법학의 영향으로 법에 있어서 기본적인 여러 개념의 철저한 분석을 특색으로 한다. 벤담의 공리주의적 법사상을 계승하여 '법은 주권자의 명령이다'라는 유명한 명제를 남긴다.

▲ 존 오스틴
출처: 철학사전

그에 따르면 법학에 있어서 핵심어는 명령이다. 한 사회 내에 존재하는 여러 법들은 사회구성원의 행동을 통제하는 주권자의 일반적인 명령이다. 명령이란 무엇인가? 그것은 "일정하게 행위하거나 또는 행위하지 말아야 한다는 소망의 의사표시다. 그것은 일반적으로는 명령법이라는 문장 형식으로 표명된다." "명령이 다른 종류의 소원의 표시와 다른 점은 그 소원이 무시되었을 경우에 해악이나 고통을 가하는 명령자의 실력 또는 목적에 있다"고 한다. 예컨대 오스틴의 법이론의 지주를 이루는 것은 실정법론과 법을 주권자의 명령이라고 보는 주권자 명령설이다. 오스틴의 주권자 명령설은 영국의 코먼로common law, 보통법가 불문법이고 또한 법관에 의해서 발달되는 법이라는 데에 비추어 영국의 법사法史와는 일치하지 않는다고 볼 수 있다. 그래서 오스틴의 후계자들은 오스틴이 "법이란 주권자에 의해서 명령되고 강제되는 행위규범이다"라고 하는 표현을 "법이란 법원에 의해서 승인되고 적용된 규범의 총체이다"라고 수정한다.

오스틴은 도덕의 영향이 법의 형성에 관여함을 부인하지는 않지만 법의 본질을 규정지을 때 그의 철학에 도덕의 요소들을 언급하는 것을 허락하지 않는다.

오스틴의 법이론은 후세 영국 법학에 큰 영향을 끼치게 되는데, Thomas Erskine Holland, William Markby, Sheldan Amose 등의 법학에 관한 유명한 논문들은 오스틴이 옹호하던 법률과학의 분석적 방법에 기반을 둔 것이다.

허버트 하트H.L.A. Hart, 1907~1992. 영국 옥스퍼드대학 법철학 교수 역임는 분석법학을 기초로 언어분석을 도구로 사용하면서 한스 켈젠의 여러 요소를 받아들였으며, 주로 영국의 자유공리주의와 법실증주의에 바탕을 둔다. 주로 홉스Hobbes와 흄Hume에게서 전통을 받고, 보다 직접적으로 벤담Bentham, 오스틴 및 밀J.S. Mill의 영향을 받는다. 하트는 특히 오스틴의 영향을 받아 법과 도덕을 구분한다. 즉 법은 있는 그대로의 법이고 도덕은 있어야 할 상태의

▲ 옥스포드 대학교 퀸스 칼리지ⓒ 임석재 출처: 건축사연표

도덕이다. 그는 오스틴의 영향을 많이 받지만 법을 국가의 명령으로 생각하는 것은 잘못이라고 지적한다.

그리고 미국에서는 John Chipman Gray, N. Hofheld, Albert Kocourek 등이 분석적 법률학에 기여를 한다.

<h2>현대의 자유법학</h2>

자유로운 법의 발견과 법의 창조

자유법학은 19세기 말부터 20세기 초에 걸쳐 독일·프랑스·영국 등을 중심으로 하여, 그때까지 융성한 '개념법학' 및 '법전만능주의'를 비판하면서 나타난 법사회학적 경향의 법사상이다. 즉 개념법학의 논리적 대전제인 법의 무흠결성이란 독단을 부정하면서 모든 법학이론을 국가 제

정법의 형식논리적 조작에 의해서 도출하는 개념법학에 반대한다.

자유법학을 대표하는 칸토로비츠H. Kantorowicz, 1877~1940는 법의 해석과 적용은 언제나 해석자·적용자의 '바라는 결과에의 의사'의 소산이라고 주장한다. 그는 국가 제정법 이외의 법자유법의 존재를 인정하지 않으면 안되고, 국가 제정법이 이러한 법에 의해 보완되어야 하며, 법률가의 임무는 국가 제정법의 속박으로부터 벗어나 자유로운 '법의 발견'과 자유법의 흠결시 개인적인 '법의 창조' 행위까지로 확대되어야 한다고 주장한다. 그는 프라이부르크대학·킬대학 교수를 역임하고 1933년 나치스 정권이 성립되자 미국으로 망명하였다.

라드브루흐: 깊은 회의에 찬 마음의 길, 법의 길

라드부르흐G. Radbruch, 1878~1949의 법철학을 상대주의적 법철학이라 한다. 상대주의란 가치의 상대성을 주장하는 견해로서 진리, 궁극적 가치는 그 내용을 객관적으로 확정할 수 없다는 것을 말한다. 즉 상대주의는 궁극적 당위명제의 내용을 하나의 객관적 진리로서 확정할 수 없다는 데에서 출발하는 이론이다.

구스타프 라드부르흐

독일의 형법학자이자 법철학자. 북독일의 상업도시 뤼벡 출신이다. 뤼벡은 오랜 전통을 가진 항구도시이고 하인리히 만과 토마스 만 형제를 길러낸 곳으로 유명하다. 라드부르흐는 학생시절에 문학이나 미술에 마음이 쏠렸으며 '법학의 학문으로서의 가치'에 대해 깊이 고민한다. 라드부르흐의 법철학의 틀이 잡힌 것은 하이델베르크 대학에서의 강사생활에서부터다. 여기에서 빈델반트Windelband, 리케르트Rickert, 라스크Lask 등과 만나게 되면서 서남독일학파의 신칸트주의를 철학의 기초로 삼게 된다. 그는 서남

독일학파의 신칸트주의와 형법학자 리스트의 교육형론의 영향을 받고, 오랫동안 하이델베르크 대학교수로 일한다. 바이마르 초기의 1920 – 24년 사회민주당의 국회의원이 되며 두 번에 걸쳐 법무장관을 맡아 형법초안을 입안한다. 1933년 나치정권에 의해 추방되며, 1945년 복직한다. 존재와 당위, 인식Erkenntnis과 신앙Bekenntnis의 이원론, 비판적 지성, 자유주의적 경향 등에서 칸트 정신의 계승자이지만, 법철학에서의 가치상대주의, 법학론에서의 자유법론, 형법이론에서의 목적형론 등 칸트와 다른 측면도 많다. 전후 나치의 잔학을 체험한데서 당시의 법을 '합법률적 불법gesetzliches Unrecht'으로 성격짓고 가치상대주의의 수정을 시도한다.

라드부르흐에게 상대주의는 가치의 패러독스역설를 학문적 사고의 엄정성 앞에 불러내기 위해서 선택된 표현이다. 상대주의적 법철학의 출발은 방법이원론이다. 즉 존재의 세계와 당위의 세계를 엄격히 준별하는 신칸트학파의 인식론적 방법에 그 기초를 둔다. 그러나 1933년 히틀러가 집권한 이후 나치의 폭정을 몸소 체험하는 동안 상대주의적 법철학의 오용誤用을 체험한다. 그리하여 상대주의를 극복하고 자연법으로 전환하지만 객관적으로 절대적인 법질서 사고를 포기한 점에서 볼 때 명백히 자연법론자는 아니다. 엄밀히 말하면 라드부르흐의 자연법적 요소는 어떤 의미에서는 그의 상대주의 안에 포함되어 있다. 그는 법을 절대화시키는 대신 깊은 회의의 눈으로 본다. 오랜 생에 걸친 경험과 인식의 결과가 민주주의에 대한 친화력으로 나타나 "민주주의는 분명 가치로운 것이다. 그러나 법치국가는 일상의 마실 물, 숨쉴 공기 같은 것이다. 그러므로 민주주의에 있어서 가장 좋

▲ 베르사유조약의 보도경쟁(1919. 6. 28)
이상과 현실의 불안한 합작　　　　　　　출처: 두산백과

은 점은 바로 그것만이 법치국가를 확보할 수 있다는 것"이라고 말한다.

한스 켈젠의 순수법학: 규범은 규범일 뿐!

한스 켈젠H. Kelsen, 1881~1973은 온갖 재료를 단 하나로 순화시키려고 애쓴 사람이며 학문의 체계를 처음부터 끝까지 일원화시키려고 힘쓴 법학자이다. 한스 켈젠의 순수법학은 허버트 하트의 분석법학과 함께 20세기 법실증주의를 대표하는 법이론으로 평가받는다. 1920년에 오스트리아 헌법을 기초하였다.

신칸트주의의 방법이원론이나 훗썰의 논리주의 흐름을 흡수하고 순수법
학을 수립하여 법질서의 규범논리적인 구조를 명확히 하는 법단계설을
제창한다. 민주주의론·국제법이론·이데올로기 비판 등에서도 예리한 분
석능력을 발휘하고 세계의 학계에 상당한 영향을 끼친다. 그의 유언에 따
라 유골은 태평양에 뿌려졌다.

그는 인간의 사색의 세계 앞에 버티고 서서 이론적인 해명을 기다리
는 수효가 많고 복잡한 현상들을 단지 '순수純粹'라는 두 글자로 뚜렷하
게 요약하여 자기의 학설을 위한 싸움에서는 몇 백만의 대적일지라도
조금도 두려워하지 않는 굳센 정열을 가졌다. 그의 학설에 따라가는 사
람이 많은 이유도 학문에 대한 그의 철저한 태도와 열정 때문이며 더구
나 논적마저 그에게 존경하는 마음을 금할 수 없게 한 수수께끼도 이것
이다.

켈젠은 법을 오로지 당위의 순수한 규범으로서만 파악하고 일체의 존
재적인 사물과는 무관한 것으로 설명한다. 법의 본질은 법을 윤리에서
해방시킨 것에서 찾을 수 있으며, 법의 연구는 법을 정치에서 떼어 그
중립성을 찾는 것으로부터 출발한다고 주장한다. 그가 법학에서 존재의
영역을 배척한 것은 그가 경험했던 나치를 비롯한 당시 정치가들이 법
의 영역에 민족의 영광 내지 시대정신 등의 정치적·형이상학적 요소를
강하게 투입시켜 법체계가 갖는 핵심을 무너뜨리고 법을 그들의 입맛에
맞게 자의적으로 악용한 것에 대한 고민과도 관련이 있다고 한다.

켈젠의 법단계설은 법이 법으로서 효력을 갖는 것은 보다 상위의 법
으로부터의 당위적 효력을 위임받기 때문이라고 한다. 그는 다음과 같이
도식화한다. 근본규범가설 → 헌법 → 법률 → 명령 / 규칙. 그에 따르면 당
위는 당위에서만 도출되기 때문에, 존재와 당위를 엄격히 구분방법이원주의
하여야 한다.

우리나라의 법사상

삼봉 정도전[1342~1398]의 법사상, 율곡 이이[1536~1584]의 법사상, 다산 정약용[1762~1836]의 법사상, 유길준[1856~1914]의 법사상, 서재필[1864~1951]의 법사상, 박영효[1861~1939]의 법사상, 헌법을 기초한 유진오 박사[1906~1987]의 법사상, 사도법관이라 불리는 김홍섭 판사[1915~1965]의 법사상 등에 대한 연구가 이루어지고 있다.

최종고 교수는 우리나라의 법사상의 이해를 위한 유형으로 이항녕 박사의 풍토법론, 전봉덕 박사의 자연법론, 유기천 박사의 샤머니즘법론을 들고 있다[최종고, 「법사와 법사상」, 556~568쪽 참조].

최종고 교수에 따르면, 이항녕 박사[1915~ 2008]는 보편성과 특수성을 가지고 있는 문화개념을 통하여 한국법의 독자성의 문을 열고, 전봉덕 박사[1910~1998. 유명한 작가 전혜린 교수의 아버지]는 서양의 자연법관념과는 달리 한국적 자연법사상의 내용을 정립하였으며, 유기천 박사[1915~1998. 서울대학교 법과대학장과 사법대학원장을 거쳐 제9대 서울대학교 총장 역임]는 이박사의 풍토법, 전박사의 자연법론을 가능하게 하는 한국인의 심적 소지를 샤머니즘으로 파악하려 한 것으로 평가한다. 즉 이박사의 풍토법론을 통하여 법학에도 사회학적인 관찰과 지원이 요청된다는 사실을 알게 되고, 전박사의 역사적 자연법론을 통하여 법적 테마에 대한 정신사적 또는 지성사적인 고찰이 요청된다는 사실을 배우게 되며, 유박사의 샤머니즘법론을 통하여 법에 대한 인류학적 접근, 즉 법인류학의 연구가 필요하다는 사실을 깨닫게 된다는 것이다.

04
법과
도덕의 충돌

법·도덕·관습·종교규범

　고대에는 법과 도덕 그리고 종교규범이 불가분한 것으로 간주된다. 전형적인 예가 십계명Ten Commandments과 신라 화랑도의 세속오계世俗五戒인데, 이는 법이자 도덕이며 동시에 계율이다.

　사회가 복잡화, 다원화하면서 법은 국가영역에서의 역할을, 도덕·관습·종교규범은 사회영역에서 그 역할을 분담하게 된다.

　법과 이들 사회규범은 다음과 같은 차이를 가진다. 첫째, 제정자가 법은 국가기관이고, 도덕·관습·종교규범은 각각 인간에 내재하는 선에의 의지, 자연발생적인 민중의 삶, 신의 의지이다. 둘째, 강제주체가 법은 국가이고, 도덕·관습·종교규범은 자신의 양심이다. 셋째, 강제 정도가 법은 국가권력에 의한 절대적 강제이고, 도덕·관습·종교규범은 양심에 따른 임의적 강제이다.

법과 도덕의 구분

법률은 법적인 행위가 국민의 법의식이나 도덕의식, 공평하고 올바르게 생각하는 사람의 예의감정에 반하는 경우에 그것을 부정함으로써 도덕법칙을 그 안에 포함시켜야 한다.

▲ 칸트가 재직했던 쾨니히스베르크 대학의 옛 풍경
출처: 네이버지식백과

근대에 이르러 법과 도덕의 구분을 체계적으로 시도한 사람은 토마지우스Thomasius, 1655~1728와 칸트I. Kant, 1724~1804이다. 토마지우스는 도덕을 '의지의 내적 과정'으로서 인간의 양심에 내면적 평화를 주는 것으로 보고, 법은 '행위의 외적 과정'으로서 타인에 대한 관계를 통제하고 공동생활의 질서를 세우는 것으로 이해한다. 한편 칸트는 법을 동기의 여하와는 상관없이 법칙에 일치하는 합법성을 만족하는 것으로 보고, 도덕은 법칙에 따른 의무감이 행위의 동기가 되는 것, 즉 도덕성까지 요구하는 것으로 본다.

01 걸어다니는 시계, 칸트이야기

칸트는 위대한 철학자로 손꼽히는 독일 출신의 철학자이다. 서양 근세 철학의 전통을 집대성하고 비판철학을 탄생시키고, 독일 관념철학의 기초를 세웠다는 평가를 받는다. 칸트는 평생 독신으로 살았고 고향 쾨니히스베르크오늘날 러시아 칼리닌그라드에서 150킬로미터 이상 바깥으로 벗어난 적이 없다. 칸트는 어려서부터 허약체질이었지만 규칙적인 생활과 건강관리로 강의, 연구, 저술 활동을 별 어려움 없이 이어나갔다. 그가 하루도 어김없이 정해진 시각에 산책에 나섰기 때문에, 쾨니히스베르크 시민들은 지금도 '철학자의 길'로 불리는 보리수나무가 있는 작은 길을 따라 산책하는 칸트를 보고 시계의 시각^{정확히} 3시 30분을 맞췄다고 한다. 사계절을 통해 그는 매일 여덟 번씩 이 길을 왕복했고 날씨가 흐리거나 당장 비가 올 듯이 회색 구름이 끼었을 때에는 늙은 하인 람페가 우산을 옆에 끼고 마치 '조심'의 상징처럼 근심스럽게 뒤따랐다고 한다. 그런데 장 자크 루소의 「에밀」을 읽느라 단 한 번 산책시간을 어겼다는 일화는 유명하다. 1799년부터 크게 쇠약해진 칸트는 1804년 2월 12일 늙은 하인 람페에게 포도주 한 잔을 청해 마시고 "좋다!"는 말을 마지막으로 남긴 뒤 세상을 떠난다. 장례식 날 쾨니히스베르크 시 전체가 휴무에 들어갔고 운구 행렬에 수천 명이 뒤따랐으며 시내 모든 교회가 같은 시간에 조종弔鐘을 울렸다. 불세출의 철학자 칸트는 '이성의 탐조등'을 비추는 철학사의 등대로 길이 기억되고 있다.

02 칸트의 제자 요한 헤르더의 스승이야기

"사유思惟를 위한 이마는 침착한 유쾌함과 기쁨의 자리였다. 말에는 풍부한 사상이 넘쳐흘렀고 농담과 재치가 장기였다. 알만한 가치가 없는 것에 대해서는 무관심했다. 어떠한 음모나 편견 그리고 명성에 대한 욕망도, 진리를 빛나게 하는 것에서 그가 조금이라도 벗어나도록 유혹하지 못했다. 그는 다른 사람들로 하여금 스스로 생각하도록 부드럽게 강요했다. 내가 최고의 감사와 존경을 다해 부르는 그의 이름은, 임마누엘 칸트이다."

자연법론자들은 인간이 만드는 법은 그보다 더 궁극적인 도덕에 기초하고 그에 합치되어야만 법으로서의 효력을 갖는 것이며 '부정당한 법^{unjust law}'이란 있을 수 없다고 주장하면서 법과 도덕을 일원적으로 파악한다.

법실증주의자들은 법의 내용이 도덕에 반한 법도 법이라고 보아 법과 도덕을 이원적으로 구별하려고 한다. 이들은 아무리 부정당한 법이라도 적법한 절차에 따라 제정되기만 하면 법으로서의 효력을 가진다고 한다.

법과 도덕은 같은 점도 있지만 다른 점도 적지 않다. 첫째, 법은 인간 행위의 객관적인 측면을 규율하나, 도덕은 인간의 주관적인 측면을 규율한다는 점에서 서로 다르다. 예컨대 마음속의 간음은 법적으로는 무죄이나 도덕적으로는 유죄가 된다. 즉 법은 마음속의 간음이 강제추행이나 강간이라는 외부행위로 나아가기 전까지는 침묵할 수밖에 없으나 도덕은 마음속의 간음까지도 단죄한다.

둘째, 법은 국가에 의하여 타율적으로 강제되는 타율성의 규범인 데 반하여, 도덕은 자기의 양심에 근거한 자발적인 자율성의 규범이라는 점에서 서로 다르다. 따라서 도로교통법상 교통법규를 위반한 자는 법적 의무위반으로 처벌되나 교통도덕-사람은 우측통행-을 위반했다 하여 처벌되지는 않는다. 그러나 도의적 비난은 가능하다.

셋째, 법은 국가와 국가, 권리·의무와 같은 대립하는 양면을 가진 사회사실을 규율하는 데 반하여, 도덕의 세계에는 권리는 없고 의무만이 있다는 점에서 서로 차이난다. 그러나 이것은 본질적인 차이는 아니다. 법에도 친권親權과 같이 권리 없이 의무만 있는 권리도 있기 때문이다.

넷째, 법은 규정에 적합한 행태, 즉 합법성으로 충족되지만 도덕은 규범에 적합한 심정, 즉 도덕성이 요구된다는 점에서 서로 차이난다. 따라서 이른바 '악법'은 위헌판결을 받기 전까지는 법적으로 비난의 여지가 없으나 도덕적으로는 부정당하기 때문에 법으로 인정받을 수 없게 된다.

다섯째, 법은 국가기관이 제정하나 도덕은 인간에 내재하는 '선에의 의지'에 의해 형성된다는 점에서 서로 다르다.

법과 도덕의 상관성을 살펴보자. 첫째, 법은 도덕적 요소를 갖는 경우가 많다. 이를 법의 내면성이라 한다. 옐리네크Georg Jellinek, 1851~1911가 "법은 도덕의 최소한"이라 한 것은 이를 잘 말해준다. 도덕 특히 사회윤리 중에는 사회질서유지를 위하여 꼭 강제하여야 할 것이 있으며, 이러한 최소한도의 윤리는 법으로 규제하여 법적인 제재를 가할 필요가 있는 것이다. 이를 도덕의 법으로의 전화轉化라고 한다.

■ 옐리네크

19세기 독일의 대표적 공법학자이다. 실증주의적 국가론의 학파로서 법학적 국가론을 체계화하였다. 그의 국가 3요소설과 국가법인설은 근대 각국의 정치학 · 헌법학 이론에 큰 영향을 끼쳤다.

법과 도덕의 상관관계에 관한 예로는 먼저 형법상 형사범의 규정을 들 수 있다. 형법상 형사범은 도덕규범을 전제로 한다. 그렇다고 해서 합법성과 도덕성이 일치한다는 얘기는 아니다. 그러나 대체로 형법에서 범죄행위로 되어 있는 것은 도덕적으로 금지되어 있는 행위이다. 즉 살인죄의 경우에 살인하지 말라, 절도죄의 경우에 남의 것을 훔치지 말라는 도덕규범이 당연히 내재해 있는 것이다. 다음으로는 민법에서의 신의성실원칙이나 공서양속도 이러한 예의 하나이다. 민법상 신의성실이란 사회공동생활의 일원으로서 상대방의 신뢰를 헛되이 하지 않도록 성의를 가지고 행동하는 것이다. 이 원칙은 로마법에서 기원하였으며 특히 당사자의 신뢰관계를 기반으로 하는 채권법의 영역에서 채권행사와 채무이행에서 발생 · 발전한 법리이다. 신의성실이란 각자가 사회 구성원의 일원으로서 서로 상대방의 신뢰가 헛되지 않도록 행동해야 하는 것으로 사람의 행위에 대한 윤리적 · 도덕적 평가를 나타내는 말이나, 민법에서는 그러한 평가를 법적 가치판단의 한 내용으로 도입함으로써 법과 도덕의 조화를 꾀하고 있다. 그리고 공서양속^{공공의 질서와 선량한 풍속} 중 '선량한 풍속'이란 사회의 일반적 도덕관념, 즉 모든 국민이 지켜야 할 최소한의 도덕률을 뜻한다.

사회윤리 중 어디까지 법이 개입하고 어떠한 분야는 도덕에 맡겨두는 것이 좋은가 하는 판단이 어려운 경우가 있다.

따라서 중요한 것은 국민의 의식이라 할 수 있고 현실적으로는 입법자의 정책적 판단에 맡겨지게 되는 것이지만, 그 사회 · 국가 · 시대가 요구하는 것이 과연 무엇인가를 깊이 고려하여 결정하여야 할 문제이다.

법에도 윤리와 상관없는 기술적인 것이 적지 않다. 이는 주로 상법과 행정법에 흔하다고 할 수 있다. 기술적인 성격의 법은 도덕과 상관없는 경우가 있지만, 기술적인 법의 내용이 도덕으로 발전되기도 하는데, 이것을 법의 도덕으로의 전화轉化라 한다. 예컨대 교통법규라든가 위생법규 등이 이에 해당한다.

다음으로 법의 효력 면을 보자. 도덕규범 중 특히 중요하고 필요한 것은 법에 의해 강제적인 실효성이 주어진다는 것이다. 이것을 쉬몰러Gustav Schmoller, 1838~1917는 "법은 도덕의 최대한"이라 부른다. 즉 도덕에는 제재가 없으나–그렇다고 해서 사회적, 정신적 제재가 없는 것은 아니다–법에는 제재가 있으며 도덕이 법으로 정립되면 법적 제재를 갖추어 강제성을 띠게 되므로 도덕이 최대한도로 유효성을 발휘하게 된다는 것을 뜻한다.

또한 도덕은 법의 타당근거이기도 하고 동시에 목적과 이상으로 작용하기도 한다. 법규범이 도덕감정과 상치되는 경우 법규범의 실효성은 약화된다. 악법의 경우가 그 전형적인 경우이다. 악법에 대한 판단을 누가할 것인가 하는 본질적 문제가 도사리고 있다. 악법이란 형식상 정규의 요건을 갖추고는 있으나 그 내용이 나쁜 법률을 말한다. 일각에서는 범법자를 늘리는 법을 악법이라고 보는데, 입법자들이 경청하여야 할 것이다.

■ **악법이야기**

실정법만이 법이라고 주장하는 법실증주의의 입장에서 보면, 악법도 또한 법이다dura lex, sed lex. 반면 인간이 정하는 실정법보다 한 차원 높은 평가규범으로서의 자연법의 존재를 주장하는 자연법론의 입장에서는, 악법자연법에 반하는 실정법은 법이 아니라고 본다. 법실증주의에 따르면 악법은 법이기는 하나 다만 '나쁜 법'이다. 그러므로 악법을 무효로 하는 제도를 구체적으로 생각해내지 않으면 안 된다. 또 자연법론은 '악법은 법이 아니다'라고 주장하는데, 현실적으로 임의의 법을 악법으로 보고 그것에 복종을 거부하는 자유를 각 개인에게 부여하게 되면 구제하기 어려운 혼란이 생긴다.

그러므로 실제문제로서는 결국 어떠한 사람이 어떠한 조건하에 법을 악법으로서 '유권적'으로 인정해야만 하는가 하는 현실제도의 문제 쪽이 추상적인 논의보다도 중요하다.

법과 도덕의 충돌 1: 위헌판결받은 간통죄

간통이란 혼인하여 배우자가 있는 자, 즉 유부남 또는 유부녀가 자기 배우자 이외의 사람과 성행위를 하는 것을 말한다. 기혼자와 간통을 하는 상대방은 제한이 없다. 그러므로 기혼자 심지어 매춘부와의 성행위도 대가代價의 지급 유무와 관계없이 간통죄가 되었다. 이때 간통의 상대방이 기혼자라는 사실, 즉 배우자가 있는 자라는 사실에 대한 인식이 있어야 한다.

간통은 살인과 더불어 가장 오래된 범죄 중의 하나였다. 모세 10계명의 간음하지 말라와 불교율佛教律의 불간음不姦淫은 대표적 예이다.

대명률大明律 도입 이전에는 간통에 관대한 태도를 가졌다. 그러한 예로서는 처용가를 들 수 있다. 처용이 역신疫神: 민간풍속에서 전염병을 퍼뜨린다고 믿는 신 앞에서 부른 노래의 풀이는 "서울 밝은 달에 밤들이 노니다가 / 들어와 잠자리를 보니 / 가랑이가 넷이로다. / 둘은 내 것이었고 / 둘은 누구의 것인가 / 본디 내 것이지마는 / 빼앗긴 것을 어찌하리오"이다. 그러나 조선조에 대명률을 도입한 이후부터 엄격하게 처벌한다. 대명률은 서로 눈 맞아 간통한 경우인 화간和姦은 장杖 80에 처하고 여자를 유혹하여 간통한 경우인 조간刁姦은 장杖 100에 처한다.

「추관지 秋官誌」1781년(정조 5년) 형조좌랑 박일원이 형정·재판에 참고할 목적으로 형조의 사례를 편집한 책)에는 여자의 간통이 초범인 때에는 코를 베고割鼻 용서하였으며 심지어 벼랑에서 떠밀거나 강에 던져서 목숨을 빼앗는 극형에 처했다는 기록도 있다. 일제강점기에는 남자는 오직 상간자相姦者가 유부녀인 때에 한하여 처벌하고, 1948년의 형법 이후에는 쌍벌주의를 채택한다.

그동안 간통죄의 위헌성 여부에 대해 많은 논의가 있었다. 간통죄의 폐지를 주장하는 견해는 '성적 자기결정권'에 입각하여 합의에 의한 성행위는 국가가 형벌로 간섭할 수 있는 것이 아니고 개인의 양심이나 도덕에 맡기자고 한다. 또한 간통죄 처벌규정이 법현실상 실효성이 없으므로 존치할 이유가 없다고 한다. 반면 존치론자들은 간통죄가 폐지되면 일부일처제를 기반으로 하는 가정제도가 붕괴되며, 사회적으로 성도덕이 더욱 문란해지며, 여성^{아내}이 법의 보호 밖으로 방치되므로 허용될 수 없다고 한다.

그동안 대법원^{대판 1989. 3. 14, 88도1463}과 헌법재판소^{헌재 1990. 9. 10, 89헌마82}는 간통죄를 규정한 형법 제241조는 '선량한 성도덕'과 '일부일처주의 혼인제도의 유지' 및 '가족생활의 보장'을 위하여나 '부부간의 성적 성실의무의 수호'를 위하여, 그리고 간통으로 야기되는 '사회적 해악의 사전예방'을 위하여 배우자 있는 자의 간통행위를 규제하는 것으로서, '성적 자기결정권'에 대한 필요 및 최소한의 제한이므로 자유와 권리의 '본질적 내용'을 침해하는 것이 아니라고 보아 간통죄처벌조항을 합헌으로 보았다.

그러나 헌법재판소는 2015년 2월 26일 재판관 7^{위헌} 대 2^{합헌} 의견으로 형법 제241조 간통죄에 위헌결정을 내린다. 재판관 다수는 "성^性에 대한 국민 의식 변화를 따라가지 못하는 낡은 법^法"이라고 판단했다. 선고 직후 간통죄는 효력을 잃었다. 기혼자의 간통 행위를 처벌하는 '간통죄'가 62년 만에 법의 뒤안길로 사라진 것이다.

법과 도덕의 충돌 2: 존속살해죄 가중처벌

우리 형법 제250조 제2항은 존속살해죄의 경우에 "사형·무기 또는 7년 이상의 징역에 처"한다. 이는 보통살인의 경우가 "사형·무기 또는 5년 이상의 징역형"인 데 비하여 가중처벌을 하고 있는 것이다. 존속살해죄는 부모를 죽였다는 도덕적 비난이 가중처벌의 근거로 작용한 대표적인 예이다. 이에 대해 평등의 원칙에 위배되지 않는가 하는 비판이 제기된다.

일본의 경우에 친부親父로부터 10여 년간 강간을 당해오던 딸이 1968년 10월 5일 폭행하려 한 친부를 목졸라 살해한 사건에 대하여 일본 최고재판소는 존속살인죄의 가중처벌조항은 평등에 반하는 위헌이라는 판결과 함께 딸에 대하여 징역 2년 6월, 집행유예 3년을 선고하여 사실상 무죄를 선고한 것으로 평가된다일본 최고재판소 판결 1973. 4. 4, 형집 27-3, 265.

법과 도덕의 충돌 3: 「불효자방지법」 제정 논란

급속한 고령화에 따라 노인빈곤 문제가 야기되면서 2015년 노인학대 사례는 무려 5,772건에 달한다. 그 유형도 정서적·신체적 학대뿐만 아니라 방임, 유기 등 다양하게 집계된다. 노인학대의 많은 경우가 부양의무를 진 자녀들에 의해 행해진다. 이에 따라 부모가 자식을 상대로 낸 부양료 청구소송 역시 10년 전보다 두배 가까이 늘었다고 한다. 19대 국회에서 민병두 의원이 대표발의한 이른바 「불효자방지법」은 재산을 증여받은 자녀가 부모를 학대하거나 부양하지 않을 때는 받은 재산을 환수토록 하는 법안이다. 현행법민법의 증여해제 사유도 기존의 범죄행위와 부양거절에서 범위를 넓혀 학대 등 그 밖의 부당한 대우까지 포함시킨다. 법안에 대한 가장 큰 비판은 도덕의 영역이라 할 수 있는 효孝를 법으로 강제할 수 있느냐는 것이다대한변협신문 2015년 10월 19일자 "[사설] '불효자방지법' 노인학대 견제장치 기능할 것" 기사 참조. 증여를 다루고 있는 민법 제555조부터 제558조와 반反의사불벌죄를 다루는 형법 제260조 제3항을 개정하자는 것이 입법취지이다.

「불효자방지법」은 전형적인 법과 도덕의 충돌 사례이다. 도덕의 영역이라 할 수 있는 효孝를 법으로 강제할 수 있을까? 2015년 9월 11일 「불효자방지법」을 두고 법안을 직접 발의한 민병두 국회의원과 전삼현 숭실대 법학과 교수가 지상 토론을 벌였는데, 그 내용을 요약하여 소개하기로 한다한국경제신문 2015년 9월 11일자 "'불효자방지법' 추진 어떻게 볼 것인가" 기사 참조.

찬성하는 입장민병두 의원에서는 첫째, 현행 민법의 증여 조항은 '배은망덕 조장법' 역할을 한다고 비판한다. 즉 현행 민법의 증여 조항은 '배신행위자'에게 유리하고 '증여자'에게는 불리하다는 것이다. 둘째, 독일·프랑스에서도 노인학대 등의 경우 증여해제권을 실효적으로 인정한다. 셋째, 친고죄와 반의사불벌죄가 폐지되면 어르신들의 협상력이 증가될 것이다.

반대하는 입장전삼현 교수에서는 첫째, 국가가 모든 부모자식 간 사적 관계에 개입하는 결과를 초래한다. 가족이란 국가가 정한 법이 아니라 구성원 간의 사랑과 신뢰로 유지돼온 인류의 씨앗이라는 것이다. 부모 공양 문제는 국가가 정한 실정법이 아니라 모든 시대와 장소에 적용될 수 있는 영구불변의 '자연법'으로 규율하는 것이 바람직하다.

둘째, 가족 간 도덕적 가치가 법률로 인해 경직화될 것으로 우려된다. 즉 가족 간의 도덕적 가치는 시대와 경제적 상황에 따라 탄력적으로 변모해야 한다. 이 법안이 부모는 항상 선善이라는 선입견을 가지고 출발하는 것은 아닌지 반문해 볼 필요도 있다. 셋째, 부모 학대 등은 현행법률로도 처벌 가능하다. 현행법도 부모를 학대하거나 비정상적으로 대우한 경우에만 형사처벌하고, 자식이 부모를 부양하지 않거나 범죄를 저지른 때에 한해 재산 증여도 취소할 수 있도록 하고 있다.

여론조사 전문기관 리얼미터가 2015년 12월 28일 전국 19세 이상 성인 567명을 대상으로 유무선전화 임의전화걸기RDD 자동응답 방식으로 진행한 「불효자방지법」 입법화에 관한 여론조사를 보자.

「불효자방지법」을 입법화해야 한다는 찬성 의견이 대부분의 지역과 연령에서 대다수로 나타났는데, 지역별로는 광주·전라찬성 78.3%, 반대 8.0%에서 찬성 의견이 가장 많았고, 이어 부산·경남·울산72.9%, 14.3%, 대구·경북71.6%, 21.8%, 대전·충청·세종68.9%, 23.5%, 수도권63.4%, 27.2% 순으로 찬성 의견이 많았다.

연령별로는 20대찬성 40.2%, 반대 44.6%에서 「불효자방지법」이 필요하지 않다는 반대 의견이 오차범위 내에서 우세한 가운데, 50대[79.1%, 17.8%]에서는 찬성 의견이 80%에 가까웠고, 이어 60대 이상[73.5%, 11.8%], 40대[76.0%, 15.9%], 30대[64.7%, 27.8%] 순으로 찬성 의견이 많은 것으로 나타났다.

도덕적 정당성이 위법성을 조각하는 경우

정당방위는 자기 또는 타인의 법익에 대한 현재의 부당한 침해를 방위하기 위한 상당한 이유 있는 행위이다. 정당방위의 근거는 "법은 불법에 길을 비켜줄 필요가 없다"는 것이다. 그 예로는 범죄자가 살인흉기로 체포하려는 경찰관을 위협할 때 경찰관이 자신의 생명을 방위하기 위해 무기를 사용하여 범죄자를 사살한 경우가 그 예이다.

긴급피난은 자기 또는 타인의 법익에 대한 현재의 위난을 피하기 위한 상당한 이유 있는 행위이다. 임부의 생명이나 신체의 위험을 보호하기 위한 낙태, 환자의 생명을 구조하기 위한 도로교통법 위반 등이 그 예이다.

강간당할 지경에 놓인 여자가 강간범의 혀를 물었을 경우에는 정당방위는 인정되나, 만일 살인을 하였다면 이는 과잉방위에 해당되어 처벌받게 된다. 또한 강제키스로부터 처녀의 순결성을 방어하기 위해서 혀를 끊어버린 경우에는 방위의 정도를 지나친 과잉방위過剩防衛가 된다.

윤리적 정당화사유가 위법성을 조각하는 경우는 강간 또는 준강간으로 인해 임신한 부녀의 낙태수술의 경우와 법률상 혼인할 수 없는 혈족 또는 인척 간에 임신된 경우이다. 첫째, 강간이라는 비자발적 의사로 임신한 경우에 계속적인 임신을 강요하는 것은 매우 불합리하며 이는 일반인의 법감정에 반하는 것이다. 이러한 경우의 낙태행위는 위법성조각사유에 해당되어 처벌되지 않는다모자보건법 제14조 제3호. 둘째, 법률상 혼인할 수 없는 혈족 또는 인척 간에 임신된 경우에 낙태하는 것 또한 위의 경우와 마찬가지 이유로 위법성이 탈락하게 된다제4호.

법과 도덕(윤리)의 충돌: 착한 사마리아인법

▲ 착한 사마리아인이 있는 풍경
〈마냉 미술관〉 소장

위난을 당하여 구조를 필요로 하는 사람을 구조해주지 않을 때는 구조의무 위반이 되어 처벌할 수 있는가?

이 이야기는 강도를 당하여 길에 쓰러진 유대인을 보고 당시 사회의 상류층인 제사장과 레위인은 모두 그냥 지나쳤으나 유대인과 적대관계인 사마리아인이 구해 주었다는 「신약성서」의 이야기에서 유래하였다. 유럽 대부분의 나라에서는 제사장과 레위인과 같은 행위를 구조거부죄 또는 불구조죄로 처벌한다.

■ 프랑스형법 제63조 제2항

"위험에 처해 있는 사람을 구조해 주어도 자기가 위험에 빠지지 않음에도 불구하고 자의自意로 구조하지 않은 자는 3개월 이상 5년 이하의 징역, 혹은 360프랑 이상 15,000프랑 이하의 벌금에 처한다." 참고로 프랑스에서 호수에 빠진 사람 근처에 있었으나 자리를 피했다는 이유로 당사자가 익사하지 않았음에도 3년형을 선고한 사례가 알려져 있다.

■ 착한 사마리아인법 이야기

"어떤 사람이 예루살렘에서 내려가다가 강도들을 만났다. 강도들이 그의 옷을 벗기고 상처를 입혀 거의 죽게 된 것을 버려두고 갔다. 마침 한 제사장이 그 길로 내려 가다가 그 사람을 보고 피하여 지나갔다. 또한 레위 사람도 그 곳에 이르러 그 사람을 보고 피하여 지나갔다. 그러나 한 사마리아인이 그 길을 지나가다가 그를 보고 측은한 마음이 들어 가까이 가서 그 상처에 감람유와 포도주를 붓고 싸맨 후에 자기 짐승에 태워 여관으로 데리고 가서 돌보아 주었다. 다음날 그는 두 데나리온을 꺼내어 여관 주인에게 주며 '이 사람을 돌보아 주시오. 비용이 더 들면 내가 돌아오는 길에 갚겠소' 하고 말했다누가복음 10장 30-33절.

착한 사마리아인의 비유와 그에 대한 인간의 다양한 반응은 시대와 장소를 초월한 인간의 공통적 실존 사건이다. 착한 사마리아인법The Good Samaritan Law은 근본적으로 곤경에 처한 사람을 외면해서는 안 된다는 도덕적·윤리적인 문제와 연결된다. 그러나 법과 도덕윤리은 별개라는 입장에서는 개인의 자율성을 존중하여 법이 도덕의 영역에 간섭해서는 안 된다는 반론을 편다.

우리나라의 경우는 착한 사마리아인법, 즉 불구조죄가 적용되지 않는다. 예를 들면 물에 빠진 사람을 충분히 구해 줄 수 있음에도 불구하고 구해 주지 않은 사람에 대하여 도덕적윤리적으로 비난할 수는 있어도 법적으로 처벌할 수는 없다. 다만 노인이나 영아, 직계존속, 질병 등의 사유로 부조扶助를 필요로 하는 사람을 보호할 법률상·계약상 의무가 있는 자가 그들을 유기한 때에는 유기죄로 처벌받는다. 또 「의사상자등 예우 및 지원에 관한 법률」에서도 이 법의 정신이 반영된 흔적을 엿볼 수 있다

법과 관습

법과 관습의 구별

관습은 현실생활에서 동일한 행위가 장기간 반복 수행되는 데에서 무의식적으로자연발생적으로 발생하는 사회생활의 준칙으로서, 일반인에게 그것을 준수하는 것이 타당하다는 의식을 발생하게 한다.

관습은 법과 도덕이 채 분리되지 않은 전형태前型態로 볼 수 있다. 예를 들어 자선慈善이라는 관습은 자비라는 도덕적 의무와 빈민구제라는

법제도^{사회보장}로 분화·발전한 것이다. 사회생활규범의 원시형태로서 고대에는 관습이 일체의 생활관계를 지배하였다. 그러다가 문화의 발달과 권력단체의 확립으로 도덕·종교·법이 파생·분화된 것이다. 오늘날에도 관습은 존재하며 끊임없이 생성된다.

도덕은 개인의 내면적 양심에 호소하는 양심의 소산물인 데 비해, 관습은 개인의 외면적 생활태도에 호소하기 때문에 많은 사람이 같은 행위를 계속함으로써 성립된다. 한편 법은 국가사회의 규범으로서 국가권력에 의해 강제되나 관습은 부분사회의 관행으로 법강제력이 없지만 사실상으로는 강제력을 갖는다.

독일의 라드브루흐^{G. Radbruch}는 "관습은 법과 도덕의 예비학교"라고 한다. 민법상 전세와 같이 관습이 법으로 발전하는 경우가 그 예이다. 또한 관습이 성문법의 내용으로 되는 경우가 있다. 달리 말하면 법체계 속에 포함되어 존중되는 경우가 있는 것이다.

사실혼^{事實婚}의 경우에 사회보장관계법^{연금법} 등에서 사실상의 부부관계를 법적으로 보장하여 부부의 권리를 보호한다. 그리고 민법 제103조^{공서양속}의 경우에는 선량한 풍속 그 밖의 사회질서에 위반한 사항을 내용으로 하는 법률행위는 무효라고 규정한다.

관습이 법으로 발전한 예는 다음과 같다. 먼저 유수사용권^{流水使用權}이다. 유수사용권은 토지소유자가 이웃 토지로부터 흘러 들어오는 물을 음료·관개·유수·동력 등의 용도에 제공하기 위하여 사용하는 권리이다. 즉 자연히 흐르는 물은 저지^{低地}소유자에게 필요한 것일 때에는 고지^{高地}소유자는 자기의 정당한 사용범위를 넘어서 흘러내리는 물을 막을 수 없다^{민법 제221조 제2항}. 또한 토지소유자가 자기 소유지의 물을 소통하기 위하여 고지나 저지의 소유자가 시설한 공작물을 사용할 수 있다^{제227조}. 다만 이러한 타인의 공작물을 사용하는 자는 그 이익을 받는 비율로 공작물의 설치와 보존의 비용을 분담하여야 한다^{제227조}.

다음으로 수산업법 제40조에 규정된 입어권^{入漁權}을 보자. 입어권은 수

산업법 시행 전의 관행에 따라 인정되던 관습법상의 권리를 실정 법률에 규정함에 따라 명시적으로 인정하게 된 것이다. 입어권은 공동어업권자의 어장에서 공동어업을 할 수 있는 권리를 말한다. '입어'란 입어자가 공동어업의 어장에서 수산동식물을 포획·채취하는 것을 말하며 '입어자'란 수산업법 제44조에 따라 어업의 신고를 한 자로서 공동어업권이 설정되기 전부터 해당 수면에서 계속적으로 수산동식물을 포획·채취하여 온 사실이 대다수 사람들에게 인정되는 자 중 대통령령이 정하는 바에 따라 어업권원부에 등록된 자를 말한다.

마지막으로 관습상의 법정지상권을 들 수 있다. 법정지상권은 토지와 토지 위에 세운 건물 소유자가 달라서 분쟁이 발생하게 될 때 건물 소유자가 토지 소유자에게 건물을 철거당하지 않을 권리이다. 법정지상권은 토지에 저당권을 설정할 당시에 건물이 있고, 토지 소유자와 건물 소유자가 동일인이다가 경매를 통해서 토지 소유자와 건물 소유자가 달라지는 경우에 성립하게 된다.

법과 관습의 충돌: 권리금

대학가 등 위치가 좋은 곳에 가게를 차리면 대부분의 경우에 '권리금'이라는 것이 붙게 된다. 권리금은 건물이나 점포의 임차권의 양도에 부수하여 임차인과 전차인轉借人: 남의 것을 빌려 온 사람에게서 다시 빌리는 사람 사이에 주고받는 돈으로 그 본질은 '임차목적물이 갖는 특수한 장소적 이익의 대가'로 설명된다. 쉽게 말하면 권리금은 가게 등에서 흔히 있는 것으로 장사가 잘되어 돈을 버는 것을 기대하여 내는 돈이다.

권리금은 가게의 영업시설·비품 등 유형물이나 거래처, 신용, 영업상의 노하우 또는 가게 위치에 따른 영업상의 이점 등 무형의 재산적 가치의 양도 또는 일정 기간 동안의 이용대가이다. 즉 前 차주借主가 점포를 타인에게 양도하기 때문에 포기해야 하는 시설비와 영업권이다. 권리금을 특별히 어떻게 해야 한다고 정한 법률이 없다. 따라서 권리금을 얼마

▲ 제주도 성산일출봉　　　　　출처: 두산백과

로 해야 한다는 특별한 원칙이 없으며, 그 동네와 점포의 관행에 따라 또는 거래당사자 사이의 흥정에 따라 금액이 달라질 수밖에 없다. 또 세를 얻어간 가게가 재개발에 포함되어 철거해야 하는 수가 있으므로 권리금이 많은 가게를 얻을 때는 미리 잘 조사하고 신중하게 결정해야 한다. 권리금은 임대인에게 반환을 청구할 수 있는 보증금과 다르다. 부동산임대차에서 임차인이 임대인에게 수여하는 일시금을 보증금이라 하나 제주도처럼 보증금관행이 없는 곳도 있다. 문제는 집주인이 가게를 회수할 경우인데, 이때에 권리금의 반환을 둘러싸고 분쟁이 있게 된다.

법과 종교

옛날에는 종교규범과 법규범이 서로 분리되지 않았다. 고대세계에서 법규는 종교적 규범과 금기禁忌, taboo가 뒤섞였다. 대표적인 예가 모세의 십계명十誡命과 신라의 세속오계世俗五戒이다. 신정일치神政一致가 이루어지고 있는 아랍국의 경우에는 경전인 코란이 법에 우선한다. 그러나 대다수 국가에서는 정교분리政敎分離가 이

▲ 명동성당　　　　　출처: 한국민족문화대백과

루어진 상태로서 종교의 자유를 헌법상 기본권으로 보장한다.

법과 종교의 충돌에 관한 사례는 다음과 같다.

01 공립학교에서 '지적 설계론'을 가르치는 것은 위헌인가?

2005년 12월 20일 미국연방지방법원은 공립학교에서 '지적 설계론'을 가르치는 것은 위헌이라고 판시하였다. 창조론과 유사한 '지적 설계론'을 교과과정에 넣는 것은 공립학교에서 종교교육을 금지한 헌법에 위배된다는 것이다. 이에 앞서 연방대법원은 1987년에도 공립학교에서 창조론을 가르치는 것은 "종교에 기초했다"며 루이지애나 주가 창조론을 과학교과과정의 일부로 편입시키려는 것은 위헌이라고 판시하였다. 미국 진화론자와 창조론자 사이의 최초의 논쟁은 1925년 '스코프스 원숭이 재판'에서 시작했다. 존 T 스코프스라는 생물학 교사가 진화론 교육을 금지한 주법을 어긴 혐의로 벌금 100달러를 선고받자 진화론자들이 법정싸움을 통해 1967년 "반진화론 교육이 헌법에 위배된다"는 판결을 끌어냈다. 21세기 들어 창조론자들이 '지적 설계론'을 다시 제기하면서 미국 여러 주의 교과채택 과정에서 논란이 돼 왔다한국일보 2005년 12월 22일자 A14면 기사. '지적 설계론'이란 인간을 비롯한 생물의 구조는 너무나 복잡하고 정교하기 때문에 진화에 의해 우연히 생겨날 수 없고 종교에서 말하는 신은 아니라고 하더라도 어떤 지적인 존재에 의하여 설계되었다고 보아야 한다는 주장이다.

02 국기에 대한 경례는 종교상의 우상숭배인가?

우리나라 대법원은 국기에 대한 경례를 종교상의 우상숭배라 하여 거부한 학칙위반 학생을 제적한 처분은 정당하다고 판시하였다대판 1976. 4. 27, 75누249.

03 국공립학교에서의 특정종교를 위한 종교교육은 금지되는가?

정교분리원칙상 국공립학교에서의 특정종교를 위한 종교교육은 금지되나 사립학교에서의 종교교육 및 종교지도자 육성은 선교의 자유의 일환으로서 보장된다고 판시하였다대판 1989. 9. 26, 87도519.

04 그리스도인의 양심상 결정으로 군복무를 거부한 행위는 처벌되는가?

헌법재판소는 2018년 6월 28일 병역의 종류에 양심적 병역거부자에 대한 대체복무제를 규정하지 않은 병역법 제5조 제1항은 양심의 자유를 침해하여 헌법에 합치되지 아니하며, 2019. 12. 31. 을 시한으로 입법자가 개정할 때까지 계속 적용된다는 결정재판관 6명(헌법불합치) : 3명(각하)을 선고하고, 양심적 병역거부자의 처벌 근거가 된 병역법 제88조 제1항 본문 제1호와 제2호가 헌법에 위반되지 아니한다는 결정재판관 4명(합헌) : 4명(일부 위헌)을 선고하였다헌재 2018. 6. 28, 2011헌바379등 병역법 제88조 제1항 등 위헌소원 등.

05 뜨거운 감자 - 종교단체에 대한 과세문제

최근에는 종교단체에 대한 과세문제로 논란이 일고 있다. 앞으로 소득세법 시행령이 개정되면 해방 이후 지금까지 세금을 내지 않았던 종교인들도 소득수준에 따라 납세의 의무를 지게 될 전망이다천주교 사제들은 이미 1994년부터 주교회의 결정에 따라 급여에 대해 소득세를 원천징수하고 있고 일부 개신교 목사들도 자발적으로 세금을 내고 있음. 그동안에는 "종교활동은 근로가 아니라 봉사활동인 만큼 근로소득세를 내서는 안 된다"는 입장과 "모든 국민이 납세의무를 지고 있는데 종교인만 예외를 인정해서는 안 된다"는 입장이 팽팽히 맞서왔다. 세법상 종교인이 세금을 내지 않아도 된다는 비과세 조항은 없다. 단지 관행이었고 정부도 적극적인 징세에 나서지 않았을 뿐이다. 미국·영국·독일·일본 등의 종교인들이 오래전부터 소득세를 내왔던 것과도 비교가 됐다. 종교계도 여론의 지적을 받아들여 2012년 6월 정부와의 간담회를 통해 "과세에 대해 원칙적으로 동의한다"는 입장을 정리한 바 있으나 납세 방식이나 유예기간 여부를 놓고 논란이 있었다이데일리뉴스 2013년 1월 9일자 "종교인과 종교단체 세금 내는 게 맞다" 참조.

먼저 사도법관 김홍섭 판사1915~1965를 통해 법과 종교의 상관관계를 생각해 보자. 사도법관司徒法官이라 불리는 김홍섭 판사는 청렴을 생명처럼 여겼다. 청년시절부터 법관직에서 물러날 때까지 경제적 궁핍에서 벗어나 본 일이 없었다고 한다. 그가 서울고법 부장판사로 있을 때에는 줄곧 단무지 한 가지만을 반찬으로 넣은 도시락을 다른 판사들이 모두 외식하러 나간 후 사무실에서 혼자 먹곤 했다는 일화도 전해진다. 그는 「형의 양정量定에 관한 소고」라는 논문에서 "법관들에게 기대되는 것은 야담이나 소설 속에 나오는 기지나 직관에 의한 천재적인 명판결이 아니라 부단한 연찬과 숙련, 그리고 양심에 따라 이루어지는 판결"이라고 강조했다. 김판사는 "사람이 사람을 재판할 수 있는가," "재판을 어떤 근거에 의하여 할 수 있는가"라는 물음을 끊임없

▲ 사도법관 김홍섭 판사
출처: 한국민족문화대백과

이 스스로에게 던지고 사색했다. 그는 현실의 실정법 문제보다는 궁극적인 질서와 '영원한 법'의 세계에 더 관심이 많았다. 법신학에 입각한 그의 법적 사유는 '사형수의 아버지'라 불릴 정도로 독특한 법인간학을 정립한다. 그는 시집 「무명」과 수필집 「무상을 넘어서」를 펴낸 시인이자 수필가이기도 하다.

다음은 판사스님 효봉 선사曉峰禪師, 1888~1966 이야기이다. 근세 한국불교의 한 봉우리를 이룬 효봉 선사는 근대사법의 여명기에 10년 동안 법관으로 재직하였다. 1923년에 한 독립투사에게 내린 사형선고로 인하여 괴로워하던 그는 가족들이 잠들어 있던 새벽에 집을 나섰다. 서른 여덟1925년에 스님이 되어 '절구통 수좌'라는 별명을 얻을 정도로 정진에 정진을 거듭하

▲ 판사 스님 효봉 선사

여 1931년 여름 금강산 전경이 밤새 내린 비로 맑게 씻긴 어느 날 아침, 그는 토굴 흙벽을 발로 차 무너뜨리고 밖으로 나와 오도송悟道頌을 읊었다. "바다 밑 제비집에 사슴이 알을 품고 / 타는 불 속 거미집에 고기가 차를 달이네 / 이 집안 소식을 뉘라서 알랴 / 흰 구름은 서쪽으로 달은 동쪽으로." 그리고 효봉 스님의 열반송은 다음과 같다. "내가 말한 모든 법 /

그거 다 군더더기 / 누가 오늘 일을 묻는가 / 달이 일천강에 비치리."

「무소유」로 유명한 법정 스님, 고은 시인과 법철학자인 황산덕 박사가 그의 수좌들이다. 「효봉선사 일대기」를 쓴 법정 스님은 효봉의 방랑시대를 간추려 이렇게 평가한다. "사람은 제자리에 꽂히지 못하면 방황하기 마련이지요. 선승을 법관의 자리에 앉혀 놓았으니 방황하지 않을 수 없었던 것입니다. 효봉 스님의 방랑은 자신이 꽂힐 자리를 찾아 여기저기 헤맨 것이라고도 볼 수 있습니다." 사형판결의 충격이 입산의 직접적인 동기가 됐지만 불교적 세계관으로 바라보면 매개물에 지나지 않는다. 왜냐하면 그는 전생에서부터 선승이었기 때문이다.

사형판결을 마지막으로 법관에서 승려로 변신했던 효봉선사는 후학들에게 세간법世間法과 출세간법出世間法과의 관계에 대해 영원한 물음을 던져준다. "세간법과 출세간법은 흐르는 물줄기처럼 같은 원류에서 나온 한 가지 진리입니다. 효봉은 불법을 만나기 위한 과정으로 세속의 실정법을 겪은 것입니다"라고 고은 시인은 고승 효봉이 겪은 불법과 인법과의 관계를 이렇게 상징적으로 풀이했다.이영근 외, 「법에 사는 사람들」(삼민사, 1984), 14~37쪽 참조.

05
저울과 칼 사이에서

．
．
．
법의 이념: 정의와 질서

　법의 이념은 법은 무엇을 위하여 존재하
는가의 물음을 말한다. 다시 말하면 법이
수호하고자 하는 것은 무엇인가 하는 물음
이다.

　라드부르흐는 법의 이념으로 정의, 법적
안정성질서와 평화 및 합목적성을 든다. 정의
는 배분적 정의 및 평등으로 이해한다. 합
목적성은 법이 일정한 목적에 부합하여야
한다는 것이다. 합목적성은 공공복리에의
적합성이라고 할 수 있다. 법적 안정성은
사람들이 법을 믿고 생활할 수 있어야 한

▲ 칼과 저울을 든 정의의 여신
유스티티아　　출처: 두산백과

다는 것이다. 한편 법적 안정성을 합목적성 및 구체적 타당성과 함께 법

체계의 중요한 이념이자 가치로서 기능을 수행하는 것으로 보는 견해가 있다. 법적 안정성을 법체계의 작동 전체와 관련을 맺는 것으로 본다. 즉 법학방법이나 입법 그리고 해석 모두 법적 안정성과 관련을 맺는다. 이러한 법적 안정성은 형식적 합리화가 낳은 법이념이자 법체계가 자기 생산적 체계로서 기능을 수행하는 데 기여한다고 한다양천수, "법적 안정성과 해석," 「법학논총」 제28권 제2호(국민대 법학연구소, 2015) 국문초록 참조.

저자는 법의 이념으로 정의와 질서를 들고자 한다. 질서는 법적 안정성과 내용적 동질성을 가진다.

먼저 법은 정의와 밀접한 관련을 가진다. 법法이라는 한자어는 정의를 함축하고 있다. 그리고 법을 뜻하는 그리스어의 디케Dike나 로마어의 유스Ius도 정의라는 디카이온Dikaion과 유스티티아Iustitia로부터 유래된 것이다. 정의의 여신의 이름이 법이라는 뜻의 디케라는 것도 법과 정의의 상관성을 보여주는 것이다.

다음으로 법은 사회의 평화와 질서를 유지하는 기능을 가진다. 법을 통한 사회의 평화와 질서유지의 모습을 보여주는 단적인 예가 범죄로부터 국민의 생명과 재산을 보호하는 형법이다. 또한 민사법은 사회의 경제질서를 유지하고, 헌법은 헌정질서를 유지하는 등 질서는 법의 이념으로서의 의미를 가진다.

결과적으로 법의 상징인 디케나 유스티티아가 함축하고 있는 것으로 저울은 정의를, 칼은 질서를 표상한다고 보아야 한다.

정의

마이클 샌델 교수의 정의란 무엇인가?

우리나라에서 마이클 샌델 교수의 「JUSTICE 정의란 무엇인가」가 베스트셀러로 유명하다. 아마도 그것은 우리 사회가 정의를 목말라 하는 증거라 할 수 있다.

■ 마이클 샌델

유대인 중심의 대학으로 알려진 브랜다이스 칼리지를 4년 만에 석사과정을
포함하여 최고상 숨마쿰라우데를 받고 졸업했고, 미국 전체를 망라해 수재
에게 부여되는 로드 장학금을 받아 1975년 영국 옥스퍼드대학 박사과정에
들어갔다. 그는 1981년에 박사학위를 받았는데, 박사학위를 받기 한 해 전
인 1980년에 이미 하버드대학에 조교수로 채용이 된다. 샌델은 자신의 지
도교수는 아니지만 박사학위 논문을 완성하는 최종 단계에서 외부 조언자
로 샌델을 지도하기 위해 한 달간 옥스퍼드대학에 머문 찰스 테일러 교수
를 정기적으로 만나 그의 완성된 논문을 한 장章씩 읽고 토론하는 방식으로
지도를 받았다. 테일러는 교황 요한 바오로 2세가 선종善終하기 전까지 그
의 철학 자문관의 역할을 수행하기도 한 탁월한 철학자이다. 샌델 교수의
강의방식이 소크라테스가 활용한 문답법소크라테스 문답식 강의과 유사하다는
평가를 받는다. 실제로 소크라테스가 했던 문답법의 핵심은 소크라테스와
대화를 하는 자의 무지를 깨닫게 하는 것이다. 샌델의 소크라테스 문답식
강의는 대학 강의실에서 질문－응답의 방법을 통해 학생의 무지를 깨
치고 지식을 전달하는 방식으로 활용된다마이클 샌델(김선욱 감수/이목 역), 「마이클
샌델의 하버드 명강의 JUSTICE」(김영사, 2010년) 중 김선욱, "해제: 마이클 샌델과 정의론,"
409~410쪽 참조.

샌델 교수는 하버드대에서 20년간 학부생을 대상으로 정의론justice을
강의해 온 정치철학자다. 이 강의는 수강생이 1만5000명에 달할 정도로
인기가 높다. 2007년 가을 학기에는 무려 1,115명이 수강을 했다고 한
다. 대학에서는 그의 강의가 인기를 끌자 강의장인 메모리얼홀을 '샌델
강당'으로 명명한다. 2008년 미국 정치학회가 탁월한 강의 능력을 갖춘
교수에게 주는 상을 받는다. 최근에는 「왜 도덕인가」 등 주요 저서와 강
연을 통해 전 세계에서 명성을 떨치고 있다. 샌델 교수가 하버드 학생들
에게 열정적으로 강의를 하는 취지도 미래의 국가 주역들에게 꼭 필요
한 정치교육을 수행하려는 것으로 이해된다.

▲ 하버드대학에서 정의론을 강의하는 샌델 교수

샌델이 말하는 정의는 '이것이 정의이다. 그러므로 이제 이것대로 살면 된다'라는 방식으로 제시될 수 없다. 그는 정의正義의 정의定義, 정의의 방법을 제공하지 않을 뿐만 아니라 그러한 것이 정의를 이루는 방법이 아니라고 말한다. 정의에 대한 질문의 답은 내가 당면한 문제에 대해 무엇이 정의로운 일인가를 묻고 그 문제에 대한 답으로 나온다고 그는 말한다.

그는 정의를 이해하는 세 가지 방식으로 행복, 자유, 미덕을 든다. ① 먼저 행복 극대화는 시장 중심 사회에서 정의를 논할 때 자연스러운 출발점이라고 한다. 오늘날의 정치 논쟁 또한 경제적 풍요를 장려하거나 생활수준을 높이거나 경제성장에 박차를 가할 방법에 초점을 맞춘다. 그것은 풍요로움은 행복에 기여하기 때문에 중요하다. ② 다음으로 개인의 권리 존중을 강조하는 이론이다. 정의는 자유와 개인의 권리를 존중하는 것이라는 생각은 오늘날의 정치에서 행복 극대화라는 공리주의 사고만큼이나 익숙하다. 전 세계적으로 정의는 보편적 인권을 존중하는 것이라는 생각이 갈수록 힘을 얻고 있다. 자유에서 출발해 정의를 이해하는 방식을 둘러싸고 여러 유파가 각기 다른 목소리를 낸다. 사실 우리 시대에 가장 치열한 정치 논쟁은 자유방임주의와 공평주의 진영 사이에서 일어난다. 자유방임주의 진영을 대표하는 이들은 자유시장주의자들이다. 정의란 성인들의 합의에 따른 자발적 선택을 존중하고 지지하는데 달렸다고 믿는 사람들이다. 공평주의 진영에는 평등을 옹호하는 이론가들이 모여 있다. 이들은 규제 없는 시장은 공정하지도 않고 자유롭지도 않다고 주장한다. 이들이 보기에 정의를 구현하려면 사회적·경제적 불이익을 바로잡고 모든 이에게 성공할 기회를 공평하게 나눠주는 정책을 펴야 한다. ③ 마지막으로 정의는 미덕 그리고 좋은 삶과 밀접히 연관되어 있다. 오늘날의 정치에서, 미덕이론은 흔히 문화적으로 보수주의, 종교적으로 우파와 동일시된다. 도덕을 법으로 규정한다는 발상은 자유주의 시민들이 보기에, 자칫 배타적이고 강압적인 상황을 불러올 수 있는 아주 놀랄 만한 발상이다. 그러나 정의로운 사회라면 미덕과 좋은 삶에 대한 견해를 분명히 해야 한다는 생각은 공히 모든 이념에 깃들어 있으며 다양한 정치 활동과 주장에 영감을 주었다^{마이클 샌델(이창신 역, 「정의란 무엇인가」} (김영사, 2009), 34-36쪽 참조.

정의란 무엇인가?

많은 사람들이 법의 이념으로 정의^{正義}를 든다. 동서양을 불문하고 법과 정의는 불가분의 관계이다. '타임뱅크' 창립자로 유명한 미국 사회운동가 에드거 칸 박사는 "정의란 추상적 개념이 아니라 사회적 불의에 저항하는 것이다. 법은 사회정의를 위한 도구"라고 강조한다. 예일대 로스쿨을 나온 에드거 칸 박사는 '빈민법의 아버지'로 일컬어지고 있다. 1980년대 씨를 뿌린 타임뱅크는 사랑·헌신·우애·돌봄·양육 등 인간의 보편적 가치를 주목하며 어린이·노인·장애인·소수인종 등 사회적 약자를 배려하는 운동이다. 타임은행은 호혜성 원칙을 기본으로 하는데, 혈액은행처럼 신용점수를 쌓은 만큼 돌려받는 것으로, 돈에 대한 새로운 접근을 시도한다. 타임뱅크는 화폐 단작^{單作} 경제에 또 다른 돈을 심는 다종작^{多種作} 경제로 이해되고 있다. 즉 타임뱅크는 현재 돈으로 도는 (사회)운영체제를 사람으로 바꾸려고 하는데, 이웃에 대한 신뢰와 헌신이 절실한 때라고 에드거 칸 박사는 강조한다. 40여 개국 1700여 타임뱅크가 설립돼 있는데, 한국에는 경북 구미시 사랑고리와 서울 노원구 시간은행이 있다고 한다^{박정호, "박정호의 사람풍경 - 에드가 칸 '타임뱅크' 창립자" 중앙일보} 2018년 11월 10일자 칼럼 참조.

정의개념은 윤리학, 철학 및 종교학에서도 그 근본을 의미한다. 따라서 법에서 정의를 규정지으려 할 경우에는 이들 학문분야에서 논의되는 정의에 관한 이론을 빌리는 것도 가능하다. 정의개념은 다의적이기 때문에 일률적으로 정하는 것은 곤란하다. 가령 호머와 헤시오도스는 정의 $\delta \iota \kappa \alpha \iota o \sigma \upsilon \nu \eta$라는 말을 인식하지 않고 정의의 표시를 디케$\delta \iota \kappa \eta$: 어원은 '법적 판결'을 의미함와 테미스$\theta \mu \iota \varsigma$: 어원은 '훌륭한 충고'를 의미함 같은 다른 용어로 사용한다.

■ 디케와 테미스

테미스와 제우스와의 결합에서 정의의 여신진리의 누이요, 또 제우스의 딸인 디케욕망을 가지고 있고, 불화를 조정하며 그리고 만일 인간에게 학대받게 된다면, 그 피난처를 하늘에 구하는 성녀를 출생하였다는 것이 주의할 만한 가치가 있다. 한편 테미스는 하늘의 정의수호자이고 법칙$\nu o \mu o \varsigma$은 지상의 정의수호자, 또 디케는 지하의 정의수호자로 알려져 있다.

플라톤과 아리스토텔레스의 정의론

플라톤은 정의의 본질내용을 의무의 이행 또는 사회 내부의 각 계급에 자연적으로 지시하는 강제집행으로 인식한다. 그는 3원덕지혜(통치자), 용기(군인), 절제(생산자)의 조화상태를 정의상태Dikaiosynē라 하고, 정의상태가 되면 모든 것이 질서가 잡히고 아름다워지게 되는데, 이것이 바로 고대 그리스인이 그토록 바라던 코스모스cosmos 상태의 실현이 된다고 한다.

아리스토텔레스는 정의를 먼저 넓은 의미의 정의일반적 정의와 좁은 의미의 정의특수적 정의로 구별하면서, 넓은 의미의 정의일반적 정의를 진선미 등을 한데 묶은 덕의 총체로 파악한다. 이것은 인간의 심정 및 행동을 공동생활의 일반원칙에 적합하게 하는 것으로 '아테네의 법을 준수하는 것'을 의미한다.

이에 반해 좁은 의미의 정의특수적 정의는 법의 구체적 원리에 따라 각자의 물질상 및 정신상의 이해를 평등하게 하는 것을 말한다. 이에는 평균적 정의와 배분적 정의가 있다. 평균적 정의iustitia commutativa, commutative justice: 교환의 정의, 계약의 정의, 보상의 정의는 급부와 반대급부상품과 가격, 손해와 보상, 책임과 형벌 등의 절대적 평등을 의미한다. 구체적으로는 매매에서의 등가等價의 원칙, 토지수용에서의 정당한 보상, 손해배상액 산정에서의 등가원칙, 선거권·국민투표권·피선거권의 평등 등이다.

배분적 정의iustitia distributiva, distributive justice는 개인이 공동선에 절대적으로 평등하게예: 기본권 또 비례적으로 평등하게예: 필요에 따라 사회적으로 도와주는 것 참여하게 한다는 기준에 따라 사회가 개인에게 관계하는 속에서 성립된다. 배분적 정의는 상대적·비례적 평등을 말한다. 예로는 성과급에 따른 임금 지불, 누진세의 적용, 의료보험료의 수입에 따른 차등 징수 등이다.

키케로, 아우구스티누스 그리고 아퀴나스의 정의론

키케로Cicero, B.C.106~43는 아리스토텔레스의 배분적 정의이론을 계승하여 정의란 각자에게 그의 것을 배분하는 것으로 파악한다. 울피아누스Ulpianus, 170~228는 키케로의 이론을 보충하여 정의란 각인各人에게 그의 권리를 배분하려는 항구부단의 의지라고 한다.

아우구스티누스Augustinus, 354~430는 정의를 사랑과 같은 것으로 보고 유일신을 신봉하는 것이 곧 정의라고 한다. 그는 정의가 없는 정치나 법은 강도와 다름이 없다고 본다. 신의 나라의 원리는 지배가 아니라 사랑, 곧 정의라고 본다. 국가의 본질은 사람의 지상의 생활을 긍정하고 공통적 대상을 향해 결합하여 평화와 정의를 실현하는 것이라고 본다.

아퀴나스Aquinas, 1224~1274는 플라톤의 사상을 이어받아 지혜, 용기, 절제, 정의를 4대 덕목으로 든다. 정의란 '각자에게 그의 것을 주는 것', 즉 이 세계 내에 있어서의 그의 지위를 정당하게 인식하고 그 의식에 근거하여 행동하는 것이다. 형식적으로는 타인에 대한 관계요, 실질적으로는 타인과의 사이의 균형이라고 한다. 그는 정의를 다시 일반적 정의와 특수적 정의로 구분한다. 일반적 정의는 지상의 모든 덕망을 포괄하는 것이고 특수적 정의에는 평균적 정의와 배분적 정의가 있다고 한다.

홉스, 로크, 칸트 그리고 벤담의 정의론

▲ 토마스 홉스
출처: 철학사전

홉스T. Hobbes, 1588~1679에 따르면 선과 악, 정의와 불의의 모두 주권자의 명령국가권력의 의사결정에 의하여 좌우된다.

그는 계약은 지켜져야 한다는 것이 자연법이며 정의의 근원은 자연법이라고 한다. 정의는 곧 계약의 이행이라는 것이다. 그에게 정의는 교환적 정의와 배분적 정의로 분류되고 배분적 정의는 형평을 의미한다.

로크J. Locke, 1632~1704는 정의란 일반에게 승인된 도덕률이지만 때와 장소에 따라 다르게 생각되며 모든 시대와 국가를 통하여 같은 도덕률은 존재하지 않는다고 본다. 다만 그는 부당한 전제권력에 대한 저항권을 인정하여 이념적으로 정의의 정신을 뒷받침한다.

칸트I. Kant, 1724~1804는 정의가 없으면 인간은 지상에 살 가치가 없다고 하고 국가의 목적은 정의를 실현하려는 법의 보호에 있다고 하여 법이 정의실현의 수단임을 강조한다.

벤담J. Bendam, 1748~1832은 입법의 원리는 최대다수의 최대행복을 위한 것이고 정의의 판정도 최대다수의 최대행복이 그 척도라고 한다.

라드부르흐, 켈젠 그리고 카우프만의 정의론

라드부르흐G. Radbruch는 아리스토텔레스의 정의론을 원용하여, 배분적 정의가 정의의 근원적 형태이고 평균적 정의는 정의의 파생적 형식이라 한다. 정의는 다른 어떤 가치로부터도 도출될 수 없는 절대적 가치로서 법에 앞서 존재하고 법은 정의에서 나오는 것이다. 정의는 평등을 의미한다. 그는 정의가 추구되지 않는 것, 즉 정의의 핵심인 평등이 부인된 실정법은 법이 아니라고 주장한다. 정의란 같은 것은 같게, 같지 않은 것은 같지 않게 대우하는 것이며 그 판단의 기준은 법의 목적과 가치에 따라 결정된다.

그는 정의, 합목적성, 법적 안정성이 법의 이념으로서 삼자가 동격으로 법을 지배하지만, 경찰국가시대에는 합목적성의 원리가, 자연법시대에는 정의의 형식적 원리가, 법실증주의시대에는 그 극단의 일면으로 실정성과 안정성만이 강조되었다고 한다. 이 삼자 중 궁극적인 목적은 정의이지만 정의는 형식만을 규정하는 형식적 이념일 뿐이므로 법의 내용을 얻기 위해서는 합목적성이 추가되어야 한다.

법은 질서를 요구하며 공동생활의 질서는 그 정당성의 여부에 앞서서 우선 제일차적으로 요구되는 사회존립의 기본조건으로 되어 있다. 따라서 사회공동생활에 있어서의 전제적 기본명제인 질서유지를 위한 실제적인 법이념은 법적 안정성이라 한다. 그러나 만년에 나치스의 경험을 바탕으로 라드부르흐는 정의의 철학을 도입하여 정의가 법적 안정성보다 우선하며 자연법의 존재를 긍정하는 사상적 변천을 가져왔다.

한편 켈젠H. Kelsen, 1881~1973은 법규의 통일체를 실정법이라 하고 그가 말하는 법은 실정법을 의미한다. 정의는 자유 · 평화 · 민주주의 · 관용이라고 한다.

정의는 복잡다단한 복합체여서 그 기준을 마련하기 쉽지 않고, 결국 정의의 잣대가 없다보니 불의가 판치게 된다. 그래서 아르투어 카우프만 Arthur Kaufman, 1923~2001은 분배적 정의의 기준을 제시할 가능성을 낮게 보면서 기존 분배적 정의의 공식이 대체로 순환론적이거나 공허한 것이며 이도 아니면 지나치게 일반적이고 추상적이어서 그들 간에 충돌이 불가피하며 결국 분배적 정의는 불가능하다고 못을 박는다.

아르투어 카우프만

독일 징겐Singen에서 출생하였고, 독일 하이델베르크 법과대학에서 수학하였다. 1948년 유명한 법철학자인 라드부르흐^{Radbruch}의 지도로 박사학위를 취득하였고, 1960년 독일 자르브뤼켄대학 교수를 거쳐 1969년 독일 뮌헨대학의 법철학 교수로 재직하였다.

형평이란 무엇인가?

형평^{Aequitas}은 "개별 사례의 정의"라고 불린다. 실제에서도 형평은 적지 않은 역할을 수행한다. 문제는 분명히 정의가 최고의 법가치인 곳에서, 도대체 어떻게 형평이 정의에 대항해서 원용될 수 있는가에 있다.

아르투어 카우프만은 형평을 "개별 사례의 정의"라고 말하는 것은 옳지 않다고 한다. 왜냐하면 모든 규범은 일반화해야 하기 때문이다.

개별화하는 규범, 즉 이 사례에 대해 고유한 "규범," 다른 사례에 대해 고유한 "규범," 또 다른 제3의 사례에 대해 제3의 고유한 "규범," 이것은 자기모순이며, 어떠한 규범도 아니라고 한다. 물론 일반화는 상이하게 전개될 수 있고, 규범이 언제나 모든 사람들에게 적용될 필요는 없다. 그러나 규범은 모든 미성년자에 대해, 모든 상인에 대해, 모든 살인자에 대해 적용되어야 한다. 그리고 이 점에서 정의와 형평은 구별되는 것이다. 그것은 시선의 방향에서 오는 차이이다. 패러다임적으로 말하면, 한편으로는 입법자의 시선 방향에서, 다른 한편으로는 법관의 시선 방향에서 보는 차이이다. 즉 입법자는 일반적 규범으로부터 출발하여 개별적 사례에 도달하고^{연역}, 법관은 개별적 사례로부터 출발하여 일반적 규범에 도달한다^{귀납}. 따라서 형평도 마찬가지로 일회적 사건이나 개별적 인간 그 자체를 고찰하고 평가할 수 없다. 이것을 할 수 있는 것은 오직 자의^{恣意}, 즉 역설적으로도 사면뿐인데, 그 경우 정의가 실제로 폐지된다. 왜냐하면 사면은 태양^{太陽}을 정의로운 것과 부정의로운 것 위에 같은 정도로 비추게 하기 때문이다. 반면에 정의는 다른 사람과의 관계에서 형평과 마찬가지로 각자에게 그의 것을 분배해야 한다.

정의의 실현방법

정의를 실현하는 방법에는 첫째, 입법을 통하여 법의 내용을 정의관념에 맞게 하는 방법이 있다. 둘째, 법의 내용을 집행하는 과정에서 법집행이 정의롭게 행하여지도록 하는 행정적 실현이다. 셋째, 법의 해석·적용기관인 사법부가 재판을 통하여, 즉 법의 해석과 적용을 통하여 정의를 구현하는 사법적 실현이다.

입법·사법·행정을 통한 정의의 실현은 국가의 공권력적 뒷받침으로 이루어지는 것이므로 이를 공적 실현이라 할 수 있지만, 그 외 사적인 영역에서의 정의의 실현도 결코 무시할 수 없다. 사적 영역에서 개인과 개인, 개인과 단체 사이의 정의의 실현이 권력적이라기보다 자치적·자율적 실행에 맡겨져 있는 것은 사적자치가 지배하는 영역이기 때문이다. 따라서 정의의 실현은 법에 의한 강제적 실현과 사적자치를 통한 자율적 실현으로 구분할 수 된다.

정의의 법적 실현도 법의 구체적 내용이 정의관에 맞게 제정될 것을 전제로 하는 것이고 또 법은 그 내용에 직접 정의를 실현하기 위한 제도적 장치를 마련하기도 한다. 입법은 권력의 구조형성 자체가 정의롭게 되도록 함은 물론이지만 민주적 기구와 그 조직의 활동을 민주적·평등적으로 보장하였을 때 정의실현의 기반을 조성하는 것이 된다.

사적자치 영역에서의 정의는 그 행위자의 확고한 정의관에 의하여 그것이 실행에 옮겨짐으로써 실현된다. 그것은 넓게 또는 좁게 퍼져 있는 국민의식의 문제이다.

입법과 강제력을 통한 정의의 실현의 한계성이라고도 할 수 있는 것이니 강제력을 통한 그 실현영역은 무제한적으로 확대되고 모든 영역을 수용할 수도 없는 현실이기 때문이다.

질서

질서란 무엇인가?

법의 이념으로 질서를 드는 이는 그다지 많지 않다. 정의가 법의 이념의 이상에 가까운 것이라고 한다면, 질서는 법의 이념의 현실에 가까운 것이라고 할 수 있다. 이렇게 본다면 법은 이상과 현실을 동시에 추구하는 것이라고 말할 수 있다.

어떤 공동체에 있어서도 사회생활이 유지되기 위해서는 어느 정도의 질서가 확보되어 있어야 한다. 그래서 아리스토텔레스의 논증에 따르면, 질서유지는 공동선共同善을 추구하는 모든 사회의 목표 중의 하나이다.

다툼은 본래 하나의 사회조직에 있어서 가장 기본적인 특징이다. 승인된 규범에 자동적으로 복종하는 사회는 어디에도 없다고 하는 것, 그리고 질서유지를 어떻게 하여 지속시킬 것인가는 장소에 따라 상당히 다르다고 하여도 어디에서나 질서에 따라야 하는 것이다.

그렇다면 질서란 무엇인가? 적극적 정의에 따르면, 질서란 그때그때의 윤리관 및 가치관에 따를 때 공동생활을 위하여 불가결한 것으로 인식되는 불문규범의 총체를 말한다. 한편 소극적 정의에 따르면, 질서는 무질서의 부재不在를 말한다.

결국 질서를 파악하기 위해서는 무질서에 대해 이해할 필요가 있다. 무질서는 쉽게 말해 혼란한 상태를 말한다. 혼란상태는 일종의 '개인의 개인에 의한, 만인의 만인에 대한 투쟁' 상태에 다름 아니다. 이러한 상태는 결코 바람직스러운 상태일 수 없다. 당연히 혼란상태는 수습되어야 한다. 수습을 가능하게 하는 것이 법이다. 법은 현실이 무질서한 것을 용납할 수가 없다. 그것을 용납한다는 것은 국가적 및 개인적인 법익들에 대한 무장해제에 다름 아니다.

이것이 괴테가 "부정의로운 법이 무질서보다는 낫다"고 했을 때의 심정이 아닐까? 또한 이것이 그리스시대의 정의의 여신 Dike가 한 손에 칼을, 그리고 로마시대의 정의의 여신 유스티티아가 한 손에 저울을 다른 한 손에 칼을 들고 있는 진짜 이유가 아닐까? 가령 남의 소유를 가로

▲ 괴테생가 전경　　　　출처: 두산백과

채는 것은 '질서'를 혼란시키기 때문에 처벌되지만, 일단 남의 땅이라도 혼란 없이 오랫동안 차지하고 있어서 현실로 정착되면 그것을 새로운 질서로 본다. 그러기에 비록 원주인이라 해도 세월이 많이 흐른 뒤에 불쑥 나타나 자기 것이니 내놓으라고 하여 그동안 자리잡아 굳혀진 법생활의 양상에 혼란을 일으키려고 하면 그것을 막아버리는 것이다. 이것이 민법상 시효제도의 입법취지가 아닐까? 이렇게 보면 공소시효제도 역시 마찬가지로 이해된다. 형법에 규정된 범죄를 저질렀어도 형사소송법에 명시된 일정기간의 시일만 지나면 그 후로는 체포해서 처벌하지 못하도록 만든 공소시효제도의 목적 또한 혼란방지가 아닐까? 비록 처벌될 죄를 지었어도 잡히지 않고 상당기간 살아가고 있으면 어느 날 경찰이 갑자기 들이닥쳐서 그 법생활양상을 느닷없이 파괴하지 못하도록 막는다. 그렇게 그저 현상의 갑작스러운 뒤흔들림이 없도록 보호하고 지키는 것, 그것이 우리 인간들이 저마다 지닌 근원적인 탐욕과 추악함 속에서 법이 할 수 있는 최대의 또한 거의 유일한 역할은 아닌가?

　우리들이 신화의 깊은 곳을 들여다보면 인간이 질서가 필요함을 강하게 느끼고 있음을 보여줌과 동시에 그것에 동반되는 그러한 질서는 권위와 강제라고 하는 두 가지의 불가결한 결합을 필요로 한다고 믿고 있음을 명백히 보여주고 있다. 그러면 질서에 부수되는 권위와 강제실력는 무엇인가? 권위라고 하는 개념에는 필연적으로 다음 사항이 포함된다. 곧 어떤 사람이 다른 사람에 대하여 복종을 요구할 자격이 있다는 것이

다. 신하가 그 영주를, 복종할 자격을 갖는 사람이라고 인정하고 있음이 분명하다. 영주, 경찰관 또는 재판관에게는 그 상대방에 대하여 일정한 반응을 불러일으키는 특수한 신통력이라고 할 수 있는 그 무엇이 있다. 곧 그 상대방은 상급자는 정당하게 명령을 내릴 수 있고, 하급자인 자신은 그 의지가 어떻든 간에 어떤 의미에서 그 명령에 따라야 한다고 의무 지워져 있음을 느끼는 것이다. 종속자에 대하여 부과되어 있는 의무 또는 부과되어 있다고 생각되는 의무의 근원은 무엇인가? 의무라는 것은 근본적으로 정통적인 권위를 가진 동시에 도덕적인 것이기 때문이다.

효과적인 실력에 의해 궁극적으로 보장되지 않는 경우에 법이라고 하는 것이 실제로 존재할 수 있을까? 확실히 법의 효력은 강제에 의해 강행될 수 있는 준칙과 결부되며 또 지금까지도 언제나 결부되어 왔다. 사형집행인, 교도관, 집달관, 경찰관 등은 모두 법제도의 친숙한 집행자이다. 일반적으로 받아들여지고 있는 이러한 견해는 영국의 어느 판사가 남긴 다음과 같은 말 속에 잘 나타난다.

"정신이상자라고 말한 남자가 자기의 행위에 관하여 법적으로 책임이 있었는가 없었는가를 판정하는 기준으로서 가장 좋은 것은 그 남자가 실제로 저지른 행위를 경찰관이 눈앞에 있을 때에도 저지를 수 있는지 여부이다."

실력이라고 하는 것은 많은 사람들의 눈에는 법의 특징이기보다는 도리어 전제정치의 특징으로 비치고 있으며 또 법 자체의 도덕적인 권위를 무너뜨리는 경향이 있다. 여기서 명심해야 할 것은 법에 관한 우리들의 이념형 또는 모델은 어떤 사회이든 간에 그곳에서 현실적으로 발견되는 법과 정확하게 일치하지 않을지도 모르나 그럼에도 불구하고 그것은 인간의 경험에 대응하는 여러 요소로 구성되어야 한다는 것이다. 그렇지 않다면 그 모델은 현실과 무관함과 동시에 도움이 되지도 않을 것이기 때문이다.

그렇다면 경험은 무엇을 보여주고 있는가? 그것은 어떤 단계의 사회에서도 인간의 법이 갖는 궁극의 효력은 그것이 조직적인 강제에 의해 어느 정도까지 보증되고 있는가라는 문제와 관련되어 있다는 것이다.

시효제도의 존재이유

시효제도란 일정한 사실상태가 일정한 기간 계속된 경우에 이 상태가 진실의 권리관계에 합치하는가 아니하는가를 묻지 않고 법률상 이 사실상태에 대응한 법률효과를 인정하는 제도이다. 이에는 소멸시효, 취득시효, 공소시효가 있다.

시효제도는 고대 로마법 이래 각국의 입법례에서 인정되고 존속되어 오고 있는 제도이다. 고대 이스라엘에서는 "눈에는 눈으로, 이에는 이로"라는 것이 율법에 명시된 복수규정을 가지고 있으면서 과실로 인한 살인자들을 위해선 도피성逃避城 제도가 있어서 그곳에 거주하면서 '정해진 기간'을 보내면 그 죄를 용서받는다는 규정이 있었다고 한다. 중세 유럽에선 수도원이나 사원들이 그런 도피소의 역할을 하였다. 우리의 고대 기록에도 그와 유사한 제도가 나온다. 삼한三韓시대에 산천에서 제사 지내는 장소를 소도蘇塗라 불렀는데, 그곳은 신성한 곳으로 죄인이 그리로 도피하면 처벌하지 않았다. 고대의 이런 특정장소에 관련된 처벌면제의 정신과 전통이 근세로 내려오면서 기간에 따른 처벌면제로 전이된 것이다.

시효제도의 존재이유는 다음과 같다. 첫째, 일정한 사실상태가 오랜 기간 동안 계속되면 사회는 이것을 진실한 권리관계에 부합되는 것으로 신뢰하고 그것을 기초로 새로운 법률관계가 맺어지고 사회질서가 이루어지기 때문에 그것을 보호하고 평화를 유지하기 위해서라고 한다. 법질서는 원래 권리관계와 일치하지 않는 사실상태가 있으면 이를 부정하고 사실상태를 권리관계에 부합시키는 사명을 가진다. 그럼에도 불구하고 시효에 있어서는 사실상태를 권리관계에 우선시키고 있다. 그 이유는 법적 안정성이라고 하는 법질서의 또 다른 요구가 있기 때문이다. 즉 진실한 권리관계와 다른 사실관계상태가 상당히 장기간 계속되면 이에 터 잡은 새로운 법률관계가 발생하고 이에 터 잡아 다시 많은 법률관계가 쌓이게 되는데, 이렇게 많은 시간이 흐른 후에 진실한 법률관계에 부합하지 않는 사실관계라 하여 이를 뒤집으면 이에 터 잡아 쌓여진 무수한 법률관계가 모두 뿌리로부터 붕괴되고 만다. 둘째, 어떤 사실상태가 오래 계속되면 그 정당한 권리관계에 대한 증거가 없어지기 쉬우므로 민사소송제도의 적정과 소송경제의 이념에 비추어서 차라리 오랜 기간 동안 계속되어 온 사실상태를 그대로 정당한 권리관계로 보자는 입장이다. 셋째, 오랜 기간 동안 자기의 권리를 주장하지 않는 자는 이른바 권리 위에 잠자고 있었던 자로서 법률의 보호를 받을 가치가 없다고 보는 입장이다.

소멸시효

소멸시효praescriptio extintiva는 일정기간 행사되지 않는 권리예: 채권를 소멸시키는 제도를 말한다. 소멸시효는 권리자가 법률상 그의 권리를 행사할 수 있음에도 불구하고 일정한 기간 계속하여 권리를 행사하지 않은 경우에 완성된다. 소멸시효의 대상이 되는 권리는 재산권뿐이다.

소멸시효는 권리를 행사할 수 있는 때로부터 진행한다민법 제166조. 소멸시효 기간이 일반채권과 판결 등에 따라 확정된 채권은 10년제162조, 제165조이고, 상행위로 인한 채권은 5년상법 제64조, 공법상의 채권은 5년이며국가재정법 제96조 등, 단기소멸시효 기간의 규정이 있고민법 제163조와 제164조, 그 밖의 재산권은 20년이다민법 제162조 제2항. 특별한 규정이 있으면 그에 따른다.

취득시효

취득시효는 장기간 타인의 물건을 점유해온 자에게 권리소유권를 부여하는 제도를 말한다. 시효에 따라 소유권을 취득하는 데에는 ① 소유의 의사로서 점유하고 있을 것 ② 그 점유가 평온·공연하게 행하여진 것일 것 ③ 일정한 기간 계속할 것 등의 요건을 갖추어야 한다民法 제245조 제1항.

부동산의 경우에는 점유자에게 소유자로 등기가 되어 있지 않으면 20년, 등기가 되어 있으면 10년이 경과하면 취득시효가 완성된다民法 제245조 제1항·제2항. 후자의 점유는 선의·무과실임을 요한다.

동산의 경우에는 점유가 선의·무과실일 경우는 5년, 그렇지 않는 경우는 10년이다民法 제246조.

취득시효 중단에 관하여는 소멸시효 중단에 관한 규정이 준용되어제247조 제2항 청구·압류·가압류·가처분·승인 등에 의하여 중단되며제168조, 중단의 효력은 당사자 및 그 승계인에게만 미친다제169조.

아래 글은 동아일보 김승욱 기자가 1990년 3월 26일에 송우혜 작가 1947년 서울 출생의 소설 「저울과 칼」을 소개한 것이다. 법의 이념, 취득시효의 부조리, 인간의 탐욕 등에 대해 생각할 수 있는 좋은 글이다. 송 작가는 서울대 의대 간호학과를 다녔는데, 동숭동 캠퍼스에서 서울법대 친구들과 어울리면서 법을 소재로 소설을 쓰게 되는 계기를 가진 것으로 보인다. 「윤동주 평전」등의 작품이 있다.

송우혜의 소설 「저울과 칼」

작가 송우혜씨는 장편 「저울과 칼」에서 "법은 정의가 아니라 질서유지를 위해 필요한 것을 규정했을 뿐"이라고 주장한다. 「저울과 칼」은 민법에 규정돼 있는 부동산 점유시효 취득을 둘러싼 문제를 다루고 있다. 이 조항은 남의 부동산이라도 "20년간 소유의 의사를 갖고 평온·공연하게 점유" 했다면 등기를 하는 것과 동시에 소유권을 인정하도록 규정한 것이다. 소설의 일부 내용을 소개한다.

<평소 이 조항을 비도덕적인 것으로 여겨왔던 변호사사무실 사무장 출신의 주인공 형유는 외삼촌일가가 6.25 때 월북하는 바람에 빼앗긴 토지를 되찾으려는 김근식을 우연히 만나 그를 도와주기로 하고 토지사기단의 방법을 이용해 김근식에게 이미 남의 것이 된 외삼촌의 재산을 되찾아주는 데 성공한다. 형유는 자신의 행위가 법에 어긋난다는 것을 알면서도 「정당한 주인」에게 땅을 돌려줘야 한다고 생각한 것이다. 그러나 경제적으로

어려운 상황에 처해 있는 형유에게는 사실 김근식이 약속한 사례비가 더 큰 매력이었다. 하지만 뒤늦게 나타난 외삼촌의 아들 때문에 김근식은 재산을 다시 잃고 형유도 자신의 몫을 일부 빼앗긴다. 이 와중에서 형유는 문득 "김근식의 외삼촌 최학돌이 「정당한 주인」인가"라는 의문을 떠올린다. 최학돌은 해방 직후 구입한 일본인의 이불에서 재물을 발견, 재산을 모았던 것이다.

"그런 경우라면, 엄밀하게 「정의」에 의해 따지자면, 그 재산의 원주인은 그 이불 속에 패물을 감춘 일본인인 셈이다. 그러나 과연 그 일본인이 그 패물의 정당한 주인일 것인가. 그렇다면 과연 「정의」에 의해서 그 재산의 정당한 주인을 찾는다면 도대체 누구에게 그 재산을 찾아주어야 했는가" 이같은 의문 속에서 형유는 법이 정의를 수호하는 것이 아니라 질서를 유지시키는 존재에 불과하다는 것을 깨닫는다.>

그렇다면 「형유의 생각이 지나치게 성급하고 패배주의적인 것은 아닐까」 하는 의문이 남는다. 그러나 작가자신은 이 의문에 그렇지 않다고 대답한다. "법이 질서유지의 수준에 머무르고 마는 것은 인간이 지닌 한계 때문입니다. 인간은 진실을 구분해내지 못하는 것 외에도 욕심이라는 치명적인 약점을 갖고 있습니다. 이 소설의 주인공도 겉으로는 정의를 내세웠지만 사실은 자신의 욕심에 따라 행동한 것이지요. 모든 범죄가 어쩌면 이렇게 시작될 겁니다. 따라서 문제를 해결하는 최선의 방법은 사람들이 저마다 욕심을 버리는 것이지만 실천하기가 어렵지요. 나는 내 작품이 큰 변화를 이루어 내리라고는 기대하지 않습니다. 다만 우리 귓가에 올바른 윤리를 속삭이는 목소리 중의 하나로 남아있기를 바랍니다"김승욱, 동아일보 1990년 3월 26일자 "도덕 정의 수용 못한 「법의 타락」" 기사 참조.

공소시효

공소시효Strafverfolgungsverjährung는 범죄 후 일정한 시간이 경과하면 기소할 수 없게 하는 제도를 말한다. 공소시효가 완성되면 면소판결을 한다. 면소판결이란 소송조건 중 실체적 소송조건을 결여하기 때문에 공소가 부적당하다고 해서 재판을 종결시키는 제도를 말하는데, ① 확정판결이 있을 때 ② 사면赦免이 있는 때 ③ 공소의 시효가 완성되었을 때 ④ 범죄 후의 법령개폐로 형이 폐지되었을 때 판결로써 면소의 선고를 한다형사소송법 제326조.

공소시효기간은 범죄의 경중에 따라 차이가 있는데, ① 사형에 해당하는 범죄에는 25년 ② 무기징역 또는 무기금고에 해당하는 범죄에는 15년 ③ 장기 10년 이상의 징역 또는 금고에 해당하는 범죄에는 10년 ④ 장기 10년 미만의 징역 또는 금고에 해당하는 범죄에는 7년 ⑤ 장기 5년 미만의 징역 또는 금고, 장기 10년 이상의 자격정지 또는 벌금에 해당하는 범죄에는 5년 ⑥ 장기 5년 이상의 자격정지에 해당하는 범죄에는 3년 ⑥ 장기 5년 미만의 자격정지, 구류, 과료 또는 몰수에 해당하는 범죄에는 1년으로 되어 있다형사소송법 제249조 제1항. 공소가 제기된 범죄는 판결의 확정이 없이 공소를 제기한 때로부터 25년을 경과하면 공소시효가 완성한 것으로 간주한다형사소송법 제249조 제2항. 2개 이상의 형을 병과하거나 2개 이상의 형에서 그 1개를 과할 범죄에는 중한 형에 의하여 전조의 규정을 적용한다형사소송법 제250조. 형법에 의하여 형을 가중 또는 감경한 경우에는 가중 또는 감경하지 아니한 형에 의하여 제249조의 규정을 적용한다형사소송법 제251조.

공소시효의 기산점은 '범죄행위가 종료된 때부터 진행'된다형사소송법 제252조 제1항. 공소가 제기된 때에는 시효의 진행이 정지되고 공소기간 또는 관할위반의 재판이 확정된 때로부터 진행한다제2항. 공범 1인의 시효정지는 다른 공범자에게도 효력이 미치고 해당 사건의 재판이 확정된 때로부터 진행한다제3항.

범인이 형사처분을 면할 목적으로 국외에 있는 경우 그 기간 동안 공소시효는 정지된다형사소송법 제253조 제3항. 형사소송법은 '공소시효의 적용 배제'를 2015년 7월 31일에 신설하였다. "사람을 살해한 범죄종범은 제외한다로 사형에 해당하는 범죄에 대하여는 제249조부터 제253조까지에 규정된 공소시효를 적용하지 아니한다"제253조의2.

사법상의 점유보호와 선의취득

우리 민법은 객관설을 취하여 점유는 물건에 대한 사실상의 지배만으로써 성립한다제192조고 하여 주관적인 어떤 의사도 불필요하다고 본다. 점유보호청구권제240조, 자력구제제209조, 권리의 추정제200조, 점유과실취득제201조, 점유물의 멸실 등이 이 제도를 뒷받침한다.

선의취득이란 타인의 점유를 신뢰하여 유효한 거래에 따라 평온·공연하게 동산의 소유권 또는 질권質權을 양수한 자는 비록 그 타인이 실제로는 무권리자인 경우에도 권리가 없는 것을 몰랐거나 또는 그 점에 관하여 무과실인 때에는 즉시 그 동산의 소유권 또는 질권을 유효하게 취득할 수 있는 제도를 말한다민법 제249조.

예컨대 갑甲의 동산을 빌리든지 또는 보관하든지 해서 현재 그것을 점유하고 있는 을乙을 그 동산의 진실한 소유자라고 생각하여 병丙이 을로부터 그 동산을 매수한 경우가 이에 해당된다.

정의와 질서의 충돌

쿠데타, 어떻게 볼 것인가?

쿠데타, 즉 반란도 승리하기까지는 범죄이지만 승리하고 나면 하나의 새로운 법의 기반이 된다. 불법적 권력이 새로운 법의 자양이 된다. 가령 1979년 12월에 일어난 이른바 12·12쿠데타의 경우는 기존의 질서를 부정하고 쿠데타정권이 권력을 장악하였다. 이러한 행위는 비록 의제된 국민의사를 통해 정당성을 주장한다 하더라도 본질적으로 정당성을 부여받기는 힘들다. 후에 불법적 군사행위로 헌법재판소에 의해 단죄된 것은 질서를 부정한 쿠데타를 재부정하여 질서를 복원한 것으로 볼 수 있는 것이다. 즉 헌법재판소는 성공한 쿠데타도 내란행위로 보아 처벌할 수 있다고 판시하였다^{헌재 1996. 2. 16, 96헌가2 등(병합)}. "성공한 내란도 처벌되어야만 한다는 당위성에 합치되고 정의의 관념과 형평의 원칙에도 합치된다."

물론 기존질서를 침해하고 교란한 자에 대해서는 기존법에 의해 처벌하나 기존질서 전체를 파괴한 자에 대해서는 기존질서가 처벌할 여력이 없는 관계로 당장의 단죄는 사실상 불가능하다. 그것은 시간이 지나 질서파괴자에 대한 응징의 힘이 복원되면 그때서야 가능하게 되는 것이다.

국가보안법, 필요한가?

종래 국가보안법을 둘러싼 논란이 있다. 국가보안법 존치론은 남북관계가 화해와 상생의 시대에 접어들었다고 하더라도 북한이 여전히 대남적화야욕을 버리지 않고 있는 상황에서 국가보안법을 폐지하는 것은 국가안보에 중대한 위해를 초래할 우려가 있다고 주장한다. 반면 국가보안법 폐지론은 우리 헌법이 천명하는 평화통일론에 정면으로 배치될 뿐아니라 범죄의 구성요건도 불명확하고 자칫 민주주의의 생명선인 국민의 표현의 자유를 침해할 소지가 있다고 주장한다.

현행 국가보안법은 1990년 헌법재판소의 한정합헌결정을 받들어 1991년에 시대변화에 순응하는 법으로 개정됐다. 특히 논쟁대상이던 찬양고무죄에 대해선 '국가의 존립·안전을 위태롭게 하거나 자유민주적 기본질서에 위해를 줄 명백한 위험이 있는 자'로 제한했다.

국가보안법 문제는 북한을 어떻게 볼 것인지와 연관되어 있다. 헌법재판소는 현 단계에서의 북한은 조국의 평화적 통일을 위한 대화와 협력의 동반자임과 동시에 대남적화노선을 고수하면서 우리 자유민주주의체제의 전복을 획책하고 있는 반국가단체의 성격도 함께 가지고 있다고 보았고^{헌재 1997. 1. 16, 92헌바6 등}, 이와 같은 시각은 "북한은 대남적화혁명노선을 변경함이 없이 그 노선에 따른 각종 공작과 도발을 여전히 자행하면서 대한민국의 존립·안전이나 자유민주적 기본질서를 위태롭게 할 각종

활동을 계속하고 있으므로 … "라는 판결까지 계속 유지되어 왔다헌재 1998. 8. 27, 97헌바85. 북한의 위와 같은 대남적화전략이 변경되었다고 확신할 상황의 변화가 없고, 남북한이 엄연히 정전협정에 따라 군사적 대치관계를 유지하고 있으며, 북한이 6·25 도발과 천안함 폭침에 대한 사죄와 민간인 학살 등 그동안의 비인도적 행위에 대한 반성의 태도를 전혀 나타내지 않고 있는 반면, 우리 대한민국 내에서도 북한의 통일정책을 지지하는 일부 세력이 엄연히 존재하고 있는 현실에 비추어 볼 때, 과거 자유민주적 기본질서를 전복하려고 하였거나 북한체제를 지지하였던 자들을 모두 역사의 희생자로 간주하여 무조건적으로 관용하고 화해하는 방편으로 그들의 명예를 회복시켜주는 것은 우리 스스로 자유민주적 기본질서의 토대를 약화시키고, 결과적으로 현재 우리가 누리고 있는 자유와 번영을 일순간에 무너뜨릴 수 있는 단초를 제공할 수도 있다는 우려를 자아내게 하는 것이다.

■ **국가보안법상 찬양·고무 등을 처벌하는 제7조 제1항과 제5항은 위헌인가?**
국가보안법 제7조 제1항 및 제5항에 관하여 우리 헌법재판소는 이미 위 조항들이 표현의 자유의 본질적 내용을 침해하거나 이를 필요 이상으로 지나치게 제한할 위험성이 있다고 할 수 없고 죄형법정주의에 위반된다고 할 수 없다고 하여 헌법에 위반되지 아니한다고 판시하였는바, 지금 위 결정을 변경해야 할 아무런 사정변경도 없으므로 이를 그대로 유지하기로 한다헌재 전원재판부 1999. 4. 29, 98헌바66.

대법원은 북한의 반국가단체성 및 국가보안법의 규범력과 그 위헌 여부와 관련하여, 반국가단체 등을 규율하는 국가보안법의 규범력도 계속 유효하다는 확고한 입장을 견지하고 있다.

■ **반국가단체 등을 규율하는 국가보안법의 규범력은 유효한가?**
북한은 조국의 평화적 통일을 위한 대화와 협력의 동반자이기도 하지만 다른 한편 남·북한 관계의 변화에도 불구하고 여전히 적화통일노선을 고수하면서 우리의 자유민주주의 체제를 전복하고자 획책하는 반국가단체로서의 성격도 아울러 가지고 있고, 그 때문에 반국가단체 등을 규율하는 국가보안법의 규범력도 계속 유효하다는 것이 대법원의 확립된 견해이다. 그리고 양심의 자유, 언론·출판의 자유, 학문의 자유 등은 우리 헌법이 보장하는 기본적인 권리이기는 하지만 아무런 제한이 없는 것은 아니며, 헌법 제37조 제2항에 의하여 국가의 안전보장, 질서유지 또는 공공복리를 위하여 필요한 경우에는 그 자유와 권리의 본질적인 내용을 침해하지 아니하는 범위 내에서 제한할 수 있는 것이므로, 국가보안법의 입법목적과 적용한계를 위와 같이 자유와 권리의 본질적인 내용을 침해하지 아니하는 한도 내에서 이를 제한하는 데에 있는 것으로 해석하는 한 헌법에 위반된다고 볼 수 없다대판 2010. 12. 9, 2007도10121.

06

법전과 판례로 쌓아올린
법의 제국

:
법전통이란 무엇인가?

법전통legal tradition이란 법의 본질이나 사회와 정치에 대한 법의 기능, 법체계의 조직과 작용 또는 법이 만들어지고 적용되고 연구되고 개선되고 가르쳐지는 방법 등에 관해 깊이 뿌리박혀 있고 역사적으로 조건지워진 일단의 태도를 말한다. 법전통은 문화와 그 문화의 부분적 표현이라 할 수 있는 법체계를 관련지우는 것을 말한다. 이를테면 법체계를 문화적 관점cultural perspective에서 보는 것이 법전통인 것이다. 오늘날 지구상에 가장 큰 영향을 미치고 있는 법전통이 두 가지 있는데, 그것이 곧 시민법전통 civil law tradition, 대륙법계과 보통법전통common law tradition, 영미법계이다.

현존하는 법전통 상호 간의 많은 차이에도 불구하고 위에서 말한 두 개의 법전통은 특별히 큰 관심을 끌고 있다. 왜냐하면 이들은 강력한 선진국가들에서 현재 효력을 발휘하고 있으며, 또 세계의 다른 지역으로 수출되어 크고 작은 영향을 미치고 있기 때문이다.

시민법전통: 법전으로 쌓아 올린 법의 제국

시민법전통은 가장 오래되고 가장 널리 퍼져 있으며 많은 사람들이 비교적 세련되지 못하고 체계화되지 않은 것처럼 보이는 보통법전통보다 문화적으로 우월하다고 믿고 있는 법전통이기도 하다.

▲ 콜로세움 　　　　출처: 두산백과

시민법전통의 기원은 로마의 「12표법」이 제정된 때로 알려져 있는 기원전 450년경이다. 「12표법」은 로마에서 제정된 최초의 성문법이다. 그전까지는 귀족과 사제 계급이 관습법의 해석과 운용을 독점하였다. 그러나 평민의 불만과 저항이 고조되자 지배층에서는 평민과의 타협책으로 관습법의 일부를 성문화한 것이다. 그리하여 평민 또한 법의 보호를 받게 된다. 그러나 「12표법」 역시 귀족 계급의 주도로 만들어져 여전히 평민의 불만을 샀다. 이후 「12표법」은 로마 법률 제정에서 귀족과 평민의 권리를 조화시키는 기본 모델 역할을 하게 된다.

시민법전통은 역사적으로 다른 시기에 별개의 기원을 가지고 발전한 몇 개의 독특한 전통으로 만들어진 합성물이다. 가장 오래된 하부 전통은 6세기경 유스티니아누스 대제하에서 편찬되고 법전화된 로마법에서 바로 그 자취를 찾을 수 있다. 로마법은 인법 · 가족법 · 상속법 · 재산법 · 불법행위법 · 부당행위법 · 계약법 그리고 이러한 영역에서 생긴 이익을 사법적으로 보호하는 구제에 관한 법을 포함한다. 비록 533년 이래 현실적으로 시행되는 법률이 변하고 크든 작든 개정되고 있으나, 유스티니아누스대제의 「법학제요」의 처음 세 권, 즉 인법Of Persons · 물법Of Things · 채무법Of Obligations과 19세기의 주요한 민법전은 모두 대동소이한 문제와 관계를 다루고 있으며, 그러한 것들이 포함되는 실체적인 영역은 바로 민법civil law이다. 보통법전통에서는 시빌 로civil law란 용어를 시민법전통에 속하는 나라의 전체 법체계를 가리키는 데 사용하고 있다. 두 번째로 가장 오래된 시민법전통의 구성부분은 로마가톨릭교회의 교회법canon law이다. 이 법체계는 교회 자체의 통치와 성직자의 권리 · 의무를 규율하기 위하여 교회에 의하여 발전하였다. 세 번째의 하부전통은 상업법commercial law이다. 동업조합guilds과 해안도시베니스 · 피사 등의 활동으로부터 발달한 상업법은 성격상 곧 국제화되고, 18~19세기 시민법전통 국가에서 채택된 상법전에 편입된다.

시민법전통이 가지고 있는 이러한 세 가지 하부전통, 즉 로마시민법 · 교회법 · 상업법은 오늘날 시민법체계의 개념과 제도, 대부분의 사법상의 절차와 절차법, 많은 형사법의 주된 역사적 원천이다시민법전통의 역사적 뿌리를 로마법, 게르만법 그리고 교회법에서 찾는 견해도 있다. 이들은 시민법전통국가에서 전형적으로 찾아볼 수 있는 다섯 개의 기본법전, 즉 민법 · 상법 · 민사소송법 · 형법 · 형사소송법으로 구체화된다.

19세기에 와서 서구의 주요국가가 민법전다른 법전도 물론을 채택하게 되었는데, 그중에서도 1804년의 프랑스의 「나폴레옹법전 French Code Napoléon」이 최초의 전형적인 것이다.

나폴레옹의 감독 아래 최고행정법원인 국사원의 논의를 거쳐 프랑스 변호사들이 편찬에 임했으며, 결국 프랑스 황제의 이름을 제목에 달게 되었다. 「나폴레옹법전」은 혁명 사상과 앙시앙 레짐구체제 간의 절충안으로, 혁명의 산물인 합리주의와 과거의 권위주의적인 규율을 하나로 뒤섞었다. 3편 2,281조로 이루어진 이 법전이 채택하고 있는 소유권의 절대

▲ 알프스를 넘는 나폴레옹
〈말메종 국립 박물관〉 소장

성, 계약자유의 원칙, 과실책임주의 등은 근대시민법의 기본원리로서 그 후에 제정된 각국 민법전의 모범이 되었다. 또한 법 앞에서의 평등, 신앙의 자유 등 프랑스 혁명의 성과를 그대로 반영하고 있다. 혁명 이전에는 프랑스에 단일한 사법체계가 없었다. 북부에서는 관습법이, 남부에서는 로마법이 우세했다. 혁명 때 1만4400개라는 방대한 수의 새 법령이 도입되었으므로, 이를 반드시 집대성해야 했다. 새로운 민법전은 프랑스가 명확한 법률에 의해 통치되고 있음을 의미했다. 「함무라비법전」, 「유스티나아누스법전」과 함께 세계 3대 법전 중 하나인 이 법전은 아직까지 프랑스에서 사용되고 있다.

시민법전통의 법역은 대부분의 서구, 모든 중남미, 아시아^{이집트}와 아프리카^{에티오피아. 소송절차는 보통법전통 영향}의 많은 지역이 해당한다. 심지어는 보통법전통의 일부지역^{미국의 루이지애나 주·캐나다의 퀘벡 주·푸에르토리코}도 이에 해당한다. 그리고 공산화되기 전의 소련을 포함한 동구, 사회주의국가인 쿠바 등에서도 지배적인 법전통으로 자리잡고 있었다.

유럽에서는 프랑스·독일·이탈리아·스페인·포르투갈·베네룩스 3국이 대표적이다. 스페인·포르투갈을 경유해서 시민법전통은 라틴아메리카에 전파된다. 프랑스인은 그것을 아프리카의 식민지에 가지고 갔으며 벨기에인은 자이르^{Zaire}에 가져갔다. 시민법전통의 강력한 요소가 스코틀랜드·루이지애나 그리고 퀘벡의 법시스템의 특색이 된다.

시민법전통은 몇 가지 특질을 지닌다. 첫째, 법학자들의 영향이 크다. 둘째, 판사를 공무원^{civil servant} 또는 직업관료^{functionary}로 보아 법관의 역할을 입법자의 명시적·묵시적 의사를 찾아서 따르는 것으로 좁게 한정되는 비창조적인 것으로 보는 경향이 있다. 판사직은 법과대학law school의 졸업생이 선택할 수 있는 몇 가지 가능성 중의 하나이며 시간이 지남에 따라 능력과 서열에 따라 사법부 내에서 엄격한 위계질서에 따라 승진을 한다. 셋째, 법적 확실성에 대한 끊임없는 선입견을 가지고 있다. 넷째, 선례구속성 원칙을 부인한다. 다섯째, 공법과 사법의 구별이 뚜렷하다. 여섯째, 권력분립 도그마dogma가 강하다. 일곱째, 성문법주의를 취한다.

보통법전통: 판결로 쌓아 올린 법의 제국

보통법은 12 · 13세기부터 잉글랜드와 웨일즈의 사건들에 대해 국왕재판소가 내린 판결을 통해 형성된 통일된 관습법을 이른다. 보통법전통의 기원은 대체로 1066년으로 볼 수 있다. 이때는 노르만족이 해스팅전투battle of Hastings에서 원주민을 격파하고 영국을 정복한 시점이다.

해스팅전투에서의 승리로 영국을 지배하게 된 노르만정복자는 영국의 사법제도를 중앙집권화하는 과정에서 왕실법원의 판사는 새로운 절차와 구제 그리고 적어도 이론상으로는 모든 영국인들에게 적용될 수 있는 새로운 실체법을 발전시켰는데, 이것이 보통법이다.

노르만족

게르만족 중에서 덴마크 · 스칸디나비아 지방을 원주지로 하는 일파. 덴마크계는 프랑크 · 잉글랜드로 향하여, 그 수장 롤로가 912년 샤를 3세로부터 센 강江 하류의 노르망디 지역을 봉토封土로 받아 노르망디공국을 세웠으며, 1066년에는 노르망디공公 기욤윌리엄 1세이 '노르만정복'으로 영국에 노르만왕조를 열었다.

헨리 2세재위기간 1154~1189는 잉글랜드에 보통법을 정착시키고 재판제도를 발전시키는 데 큰 기여를 했다. 그는 또 아일랜드를 정복하려 했다. 말년에 자식들의 반란으로 곤욕을 치르다가 최후를 맞았다. 그는 자신이 부재중일 때도 왕국을 효율적으로 통치하기 위해 국정을 정상적으로 다룰 제도를 발달시켜 위대한 창의적 왕으로 평가받는다.

커먼로common law는 에드워드 1세1272~1307의 시대에 통일된 관습법을 '꼬뮌 레이comune ley: 보통법으로 번역'라 부른 데서 연유한다. 또한 교회법학자들이 가톨릭교회의 일반법을 나타내기 위해 사용한 '유스 꼬뮌Jus Commune'으로부터 차용한 것이라고도 한다.

▲ 앙드레 드랭의 「빅 벤」 〈트루아 현대미술관〉 소장

유럽에서 로마법의 계수에 저항하여 성공한 나라가 하나 있는데, 그것이 영국이다. 영국인은 그들의 고유한 시스템을 견지한다. 이것이 common law라고 부르는 것이다. 시민법전통의 많은 사고방식과 용어들이 부지불식간에 많이 들어오긴 했으나 영국법은 그 본래의 방식을 완강히 견지한다. 그것은 벤담Jeremy Bentham이 보통법을 혼돈되고 취급하기 어려운 고풍古風의 것으로 본 당시의 지식인의 불만에도 불구하고 법전화에도 저항한 이유이기도 하다. 보통법은 원래 한 작은 나라영국의 법이었으나 영국이 제국이 되고 보통법은 전세계에 퍼지게 된다.

보통법전통의 법역은 영국·아일랜드·미국·캐나다·오스트레일리아·뉴질랜드·인도·파키스탄·말레이시아·필리핀·홍콩·싱가포르 및 아프리카의 남아공화국·잠비아·탄자니아·가나·라이베리아 등이 이에 해당한다. 남아공화국의 경우는 네덜란드의 법제도와 혼합되어 있다. 그리고 남미의 파나마 등도 이 법전통에 속한다. 이 법전통은 식민주의와 제국주의 시대에 대영제국의 확장과 발전으로 널리 전파된 특색을 갖는다.

보통법전통의 특질은 다음과 같다. 첫째, 법관들이 법실무에서 개인들 간의 분쟁을 해결하는 판결을 통하여 법이 형성되었다. 둘째, 소송절차, 증거절차 등에 관련된 절차법규가 사회관계의 내용을 규정하는 실체적 법규정 이상으로 중요시되었다. 셋째, 불문법주의를 취하고 있다. 넷째, 여러 사건을 치밀하게 추론하여 유사한 사건을 유사하게 판결하도록 하는 선례구속의 원칙doctrine of stare decisis이 인정되어 있다. 다섯째, 공법과 사법의 본질적 차이를 인정하지 않는다. 여섯째, 보통법Common law과 형평법Equity law이 구분되어 있다. 일곱째, 법을 법관이 말하는 것으로 본다. 여덟째, 법과대학law school을 다닌 후 변호사로 개업하거나 지방검사와 같이 정부관리로 성공적인 전문경력을 쌓고 임명되는 판사를 대중들의 영웅 또는 강력한 영향력을 미치는 사람으로 보고 있으며 판사직에의 임명이나 선출은 비교적 인생의 후반에 일어나는 일종의 최고의 업적 또는 영예로 본다.

보통법은 보통법법원common law court이 운용한 판례법이고 형평법은 형평법법원equity law court이 운용한 판례법인데, 영국에서는 1873년에 고등법원High court of justice으로 통합되었다. 가옥의 매도인이 계약을 어기는 경우를 가정해 보자. 매수인은 보통법원칙에 따라 손해배상소송을 제기할 수 있으나, 만일 매도인이 집을 팔도록 법원이 강제해 줄 특정이행을 매수인이 원한다면 그는 형평법에서 발달된 원칙을 이용하면 된다. 대법관법원, 성실법원星室法院 등이 형평법의 원칙들을 발전시켰다. 형평법법원의 역할은 보통법이 적절한 해결책을 제시하지 못하고 있을 때 적용될 수 있는 원칙들을 창조하는 것이다. 형평법법원의 재판관할은 보통법법원이 재판할 수 없는 사항인 전문기술적인 사항에 한정된다. 현재 미국의 경우에는 연방법원, 뉴욕 주 등은 보통법법원과 형평법법원의 구별을 철폐하였고, 뉴저지 주 등은 형평법과 보통법 간에 완전히 분리된 법정을 두고 있으며, 펜실베이니아 주 등은 한 판사가 보통법 판사와 형평법 판사를 번갈아가며 재판하도록 운용하고 있다고 한다. 결론적으로 보통법과 형평법을 구별한다는 것은 시대착오적이나 양 법원이 통합된 경우라 할지라도 원칙들은 구별되어 있다. 그 이유는 민사사건에서의 배심원재판은 오직 보통법 원칙에 관한 사건들에 대하여만 보장되기 때문이다.

보통법전통에 있어서의 제정법statutes의 위상은 어떠한가? 판사들은 제정법을 기본법체계의 일부로 보지 않았다. 즉 그것은 강요된 것이고 혹처럼 붙은 것이며 무용지물이었다. 이것은 꽤 오래된 이야기다. 오늘날에는 판사들이 제정법을 대체로 비교적 합리적인 방법으로 해석한다. 그러나 그들의 해석권은 아직도 여전히 강력한 무기이다. 법원은 아직도 말의 뜻을 넓히기도 하고 좁히기도 할 수 있는 그들의 권한을 행사한다. 어쨌든 현재의 경향은 제정법의 역할을 확장하여 법률문제의 더 많은 부분을 제정법이 담당하도록 한다. 미국 등의 일부에서는 제정법의 법전화가 이루어지고 있는데, 형법전·유가증권법·상품매매법·통일상법전 등이 그 예이다. 법해석에 있어서 미국에서는 입법자의 의도에 비추어 제정법을 해석하나 영국의 법원은 제정법의 해석은 입법 의도에 구애되지 않는다.

그러나 보통법전통 국가의 제정법은 시민법전통 국가의 법전과 같아 보인다 하더라도 밑에 깔려 있는 사상 — 즉 법전이란 무엇을 의미하는가 하는 것과 법적 과정에서 그것이 수행하는 기능에 관한 관념 — 은 전혀 같지 않다. 보통법전통 국가에 법전이 존재한다고 하여도 어떤 완결성을 가정하지 않는다. 판사는 주어진 사건을 판결하기 위한 기초를 법전 내에서 찾도록 강요되지도 않는다.

사회주의 법전통

　사회주의 법전통은 러시아의 10월혁명October Revolution과 중국의 공산화에 즈음하여 발생하였다. 사회주의 법전통에서 모든 법은 경제적, 사회적 정책을 수행하기 위한 도구로 파악된다. 보통법전통 및 시민법전통은 기본적으로 자본주의적·부르주아적·제국주의적·착취적인 사회, 경제 및 정부를 반영하는 것으로 이해한다.

　사회주의 법전통은 소련이 망한 뒤에는 중국, 북한 등의 아시아 일부지역 그리고 쿠바 등 남미 일부지역에 남아 있다.

　사회주의 법전통의 특질은 다음과 같다. 첫째, 시민법전통의 요소들을 상당히 간직하고 있다. 법의 분

▲ 중국의 만리장성　　　　　출처: 두산백과

류, 각종 법률용어 등이 거의 시민법전통에서 유래된 것을 보더라도 그러하다. 둘째, 공산당의 정책강령이 법에 우선한다. 셋째, 공법 위주의 법체계가 발달했다. 생산수단의 국유화로 인해 개인 간의 관계가 퇴색된 것이다. 넷째, 법은 공산주의 혁명달성 후에는 사멸死滅되는 운명을 지니고 있다. 중국의 경우에는 사회주의와 전통문화의 조화를 모색하고 있다.

극동 아시아 법전통

극동 아시아 법전통은 유교문화권에 해당하는 국가들의 법전통을 말한다. 이 법전통은 일부 국가를 제외하고는 제국주의의 침략으로 인해 비자발적으로 선진국의 법전통이 이식되었다고 볼 수 있다. 한국·중국·일본은 과거에 있어서는 많든 적든 유사한 법전통을 가지고 있었다. 그들은 또 19세기 말 서양의 파도에 노출된 이래 서양법전을 대대적으로 도입하였다 다만 홍콩은 영국으로부터 중국에 복속된 관계로 중국법전통의 영향이 점차적으로 늘어날 것이다.

▲ 경복궁　　　　　　　　　출처: 두산백과

한국·일본 등은 시민법전통에, 싱가포르와 홍콩 등은 보통법전통에 속한다. 한편 필리핀의 경우에는 스페인과 미국의 식민지로 양 법전통이 혼합되어 있다. 중국은 사회주의 법전통에 해당된다.

극동 아시아 법전통의 특질은 다음과 같다. 첫째, 법경시法輕視 풍조가 강하다. "선량한 시민은 법 없이도 산다"는 법격언이 이를 증명한다. 이러한 이유로 법규범과 법현실의 괴리와 갈등이 존재한다. 전통적 법의식과 전통적 관습이 잔존하여 상당한 영향을 미친다. 즉 법규범과 도덕규범 그리고 관습이 사회생활을 공동으로 규율하는 경우가 많다. 둘째, 화해와 중재에 의한 분쟁해결을 선호한다. 이는 유럽국가들의 경우에는 주로 분쟁해결방법으로 법에 의한 해결을 강하게 요구하는 것과는 판이하다. 다만 한국의 경우에는 최근 들어 이해관계인 간에 감정적 대응이 증가하면서 소송건수도 아울러 늘고 있다.

이슬람 법전통

이슬람 법전통에는 여러 법전통들이 혼재한다. 프랑스법의 영향을 받은 이라크·요르단·이집트·근동近東의 아랍국에는 시민법전통이 강하게 이식되었다. 그러나 페르시아 만 지역의 아랍국가들은 불분명하다. 이슬람 법전통은 대체로 이슬람법의 영향이 크다. 이슬람 법전통은 훌륭한 문헌코란을 가지고 있고, 그것은 오늘날에도 어떤 지역에서는 활발히 살아 있다. 사우디아라비아에서는 고전적 회교법이 확실히 지방관습과 현대적 필요에 의해서 수정되고 있으나 적어도 명목상으로는 유효하다. 여기에서 법은 종교의 단면에 불과하다. 그러나 아랍국가들의 세속화 정도는 각기 다르다. 이란과 같이 회교법의 영향이 큰 경우도 있고 터키와 같이 상대적으로 많이 세속화가 이루어진 곳도 있어 일률적으로 얘기할 수는 없다.

이슬람 사회는 정교일치政教一致 사회이다. 그러므로 사회에서의 이슬람의 역할은 단순한 신앙체계인 종교만이 아니라 정치·경제·사회·문화 등 인간생활 전반을 포함하는 생활양식이며 고도의 복합적인 문화로서 종교와 세속 쌍방을 포괄하는 신앙과 실천의 세계이다.

▲ 바위 사원   출처: 두산백과

이슬람교가 정교일치로서 믿음과 행동으로 구성되어 있다는 것은 곧 이슬람이 샤리아이슬람법와 믿음으로 구성되어 있음을 의미한다. 즉 이슬람에서는 믿음과 법이 따로따로 존재하는 것이 아니라 믿음이 곧 법으로서 규범화되는 것이다. 믿음에 제일 중요한 경전인 코란과 하디스무함마

^{드 언행록} 공부를 생활화하고 있고 이것이 그대로 법규범화된다. 이 법규범은 예절규범까지 포함하는 넓은 규범의 의미를 포함한다.

법학자들과 재판관의 직무는 법의 요청, 즉 하나님의 명령을 기본으로 법 판단을 도출해 내는 것에 한정되어 있으며 법 자체를 판단하는 것이 아니다. 이와 같은 논리와 원칙은 실정법에 있어서도 마찬가지이다. 실정법의 일반원칙은 법률이 명백하면 아무리 재판관의 개인적인 의견으로 그 조문이 부당하다 해도 그것을 해석하거나 법의 정신에 따라 그 조문을 바꿀 수 없다. 왜냐하면 이러한 경우에 중시되는 것은 입법자이기 때문이다. 실정법의 입법자는 국회, 즉 인간인데 반하여 이슬람법의 입법자는 하나님이라는 차이가 있다.

일례로 이란의 경우 최고지도자는 이란 정규군인 혁명수비대 총사령관과 경찰총장, 사법부 지도자를 임명한다. 그는 헌법수호위원의 임명권도 갖고 있다. 헌법수호위원회는 의회의 결의를 인준하는 역할을 한다. 실질적 입법권이 의회가 아닌, 최고지도자에게 있는 셈이다. 국민이 선출한 대통령도 최고지도자의 인준을 받아야 하고 그에 의해 해임될 수 있다. 최고지도자는 이란 내 모든 방송을 담당하는 국영방송 IRIB의 대표를 임명해 국민의 가치관과 생활에도 직접적인 영향을 미친다^{홍주희, "입법·사법·행정 3권 장악 … 대통령 해임 권한까지," 중앙일보 2016년 5월 2일자 기사 참조.}

· · ·

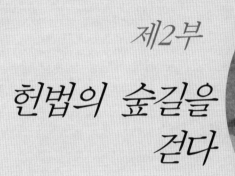

제2부

헌법의 숲길을
걷다

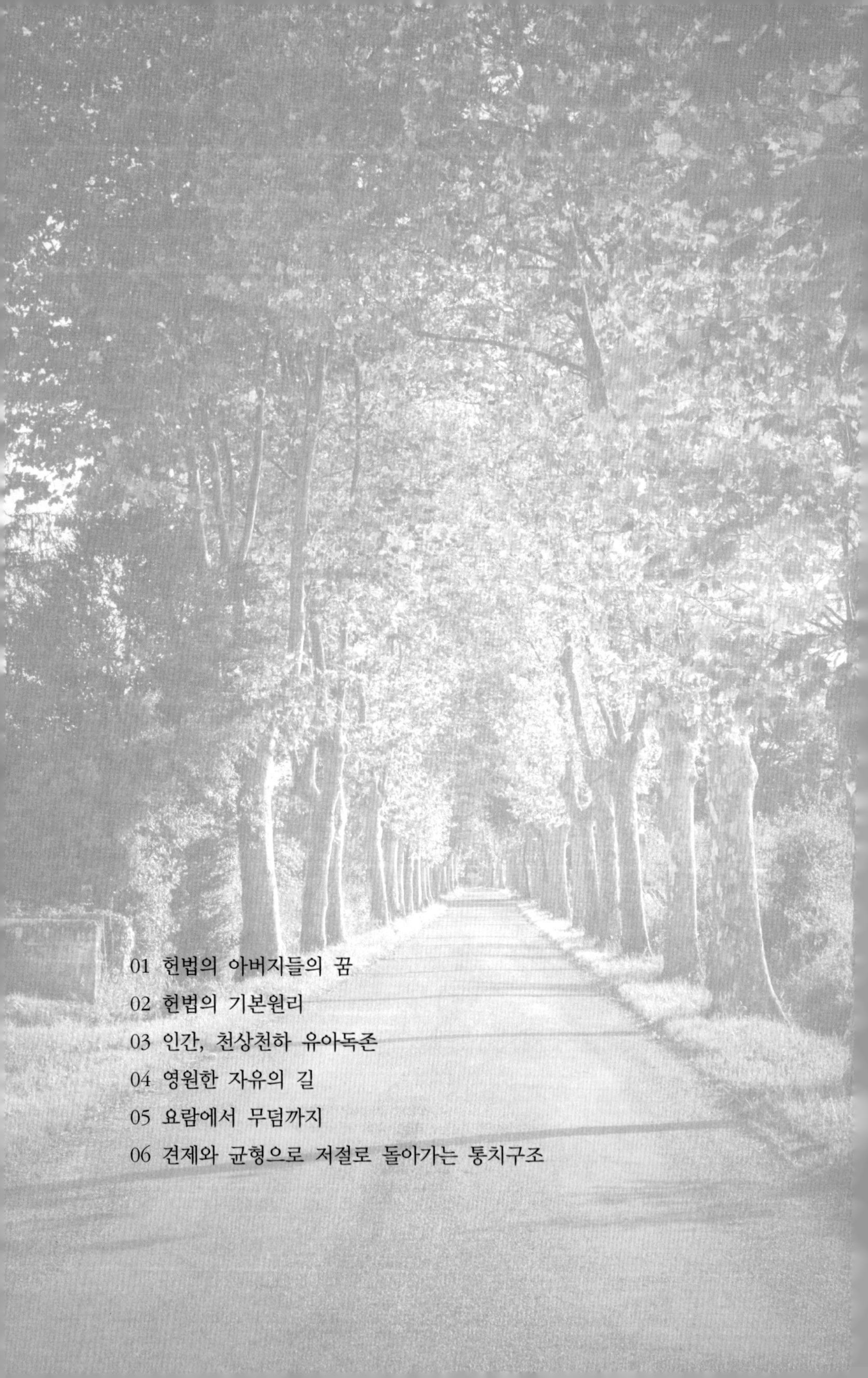

01
헌법의
아버지들의 꿈

조지 워싱턴의 편지

헌법은 국가권력을 조직하고 권력행사의 방법_{의회주의, 권력분립제, 법의 지배}등을 규정함으로써 인권을 보장하는 것이 목적이다. 즉 헌법의 본질적인 기능 중의 하나는 헌법이 정부의 구조, 즉 정부의 영구적인 형태, 그 조직과 부처들의 권한과 책무, 영역과 한계를 세우고 제시한다는 점이고 다른 하나는 헌법이 통상적으로 일련의 본질적인 기본권규정을 담고 있는데, 이는 정부에게 허용된 행위를 한계지우는 것으로 여겨진다는 점이다. '헌법에 의한 통치'가 입헌주의이며, 헌법에는 기본적인 통치원리가 '게임의 법칙'으로 성문화되어 있다.

17세기 후반에 처음으로 사용된 헌법^{constitution}이란 용어는 원래 각종 사회를 질서 지우는 조직규범을 의미한다. 그것은 헌법의 원어가 constitution^{구성·구조·조직}인 데에서도 알 수 있다. 그런 측면에서 보면 고대국가에도 입헌주의가 있었다고 할 수 있을 것이다. 특히 고대 그리스에서는 정치적 선善을 대표와 다수자의 개념에서 찾는 정치사상이 발전했으며, 삼두마차라는 권력구조에서 보듯 권력의 분산을 제도화한 로마의 정치사상과 제도를 통해서도 알 수 있다.

근대입헌주의는 17 · 18세기의 시민혁명 이래 종래의 지배계급절대군주제에 대신하여 지배권력이 된 새로운 계급시민계급이 스스로 시민적 자유와 인권을 확보하기 위해 국가권력을 강력히 규제하는 통치조직을 구상하였고, 그것을 헌법전으로 문서화하여 성립한 것이다. 그리하여 1789년 프랑스의 인간 및 시민의 권리선언은 "권리보장이 확보되어 있지 않고 권력분립이 규정되어 있지 아니한 사회는 헌법을 가진 것이 아니다"제16조라고 선언한 것이다. 즉 근대적 입헌주의는 국민주권주의를 바탕으로 하여 국민의 기본적인 자유와 권리, 즉 기본권을 확인하고, 이를 보장하기 위하여 국가권력의 남용을 방지하는 권력분립주의를 담고 있다. 오늘날 국민의 권리의 실효적 보장, 실질적 평등의 보장 및 생존권의 보장이 입헌주의의 내용으로 강조되고 있다.

아래 글은 헌법의 운명에 대한 조지 워싱턴George Washington, 1732~1799의 편지이다. 1787년 9월 18일, 미국 제헌의회가 폐회된 다음날 조지 워싱턴이 라파이예트 후작Le Lafayette, 1757~1834에게 헌법 초판 인쇄한 것 500부 중 1부를 우송하면서 적어 보낸 것 중의 일부이다마이클 카멘(조한중 역), 「저절로 돌아가는 기계」, 69쪽. 한번 읽어보자.

> "연방헌법은 이제 일부로부터는 사랑을 받고 일부로부터는 괴로움을 당할 운명의 한 총아입니다. 그것에 대한 일반의 의견과 받아들임이 어떠할지는 저로서 결정할 문제가 아니고, 저는 또한 그것에 찬성하든가 혹은 반대하는 어떠한 말도 하지 않을 것입니다. 만일 그것이 나쁘다면, 그것은 입안자들에게로 되돌아 올 것입니다."

01 워싱턴 대통령

독립혁명군 총사령관으로서 독립전쟁을 성공으로 이끌었고 헌법제정회의에서 새로운 연방헌법을 제정하고 중앙정부 권한을 강화하였다. 초대 대통령이 되어 신생 미국의 기반을 다지는 데 크게 공헌하였다. 1796년 3선 대통령으로 추대되었으나 민주주의 전통을 세워야 한다는 이유로 끝내 사양하였다출처: 두산백과.

02 라파이예트 후작

프랑스의 군인·정치가. 1777년 독립 전쟁에 참가, 독립군의 소장이 되어 요크타운의 승리까지 전투에 참가했다. 미국 독립전쟁에 결정적인 도움을 준 프랑스 장군으로 평가받는다출처: 인명사전.

미국 연방헌법의 아버지들은 영국의 오랜 헌정사, 식민지시대의 전통과 혁명기의 경험을 토대로 열띤 논의를 거듭한 끝에 미국 특유의 입헌주의를 안출하였다. 그 당시에 미국민들의 중요한 관심사는 연방헌법을 제정함에 있어서 개인적 자유를 보장하기 위하여 어떻게 권력을

▲ 하워드 챈들러 크리스트의 「미국 헌법 서명 장면」
단상에 선 사람이 워싱턴, 중앙에 앉은 인물이 벤저민 프랭클린. 그 왼쪽이 해밀턴, 오른쪽이 매디슨
출처: 위키백과

분산시킬 것인가, 그러면서도 국정운영의 효율성을 담보하기 위해 권력 상호 간의 관계를 어떻게 설정할 것인가에 있었다. 미국 제28대 대통령이자 국제연맹을 창설한 공로로 1919년에 노벨평화상을 받은 토마스 우드로 윌슨은 "헌법을 만드는 것보다 헌법을 운용하는 것이 더 어렵다"고 토로했다. 우리나라 초대 대통령인 이승만 박사가 윌슨 대통령의 프린스턴대 제자이다.

미국 연방헌법은 데이비드 허칭슨David Hutchison이 말한 입헌주의立憲主義,

^{constitutionalism} 원리가 '창작의 소산'이 아니라 '성장의 결과'라는 것을 입증하는 좋은 예이다. 입헌주의는 고대로부터 현대에 이르기까지 점차적으로 성장·발전하여 왔다. 입헌주의도 역사적 산물이기 때문에 역사적 조건과 문화적 환경에 따라 달리 발전할 수밖에 없다.

미국 헌법이 200년이 지나도록 한 번도 바뀌지 않은 이유에 대해 헨리 포드 목사는 미국의 헌법은 어느 사회, 어느 시대에나 맞는, 인간의 변함 없는 생활원리를 제시한 십계명十誡命에 그 기초를 두고 있기 때문으로 분석하고 있다. 십계명은 인간의 바람직한 생활이 어떠해야 되는가를 표현은 극히 간명하지만 매우 포괄적으로 나타내고 있기 때문에 여기에 기초한 미국의 헌법도 미국인의 바람직한 생활의 방향을 잘 나타내고 있는 것이다송병락, 「마음의 경제학」(박영사, 1987), 16~17쪽.

유진오 박사의 「헌법제정의 정신」

▲ 유진오 박사
출처: 한국현대문학대사전

유진오 박사는 법학, 문학, 교육, 외교, 정치를 한 생애에 농축시킨 한국의 석학으로 평가받는다. 명석한 두뇌를 가지고 태어나 20대에 법률과 문학으로 실력을 다지며 이상주의에 영혼을 불태웠고, 40대에 이르러 헌법기초위원, 법제처장, 한일회담대표, 고대 총장 등의 화려한 경력을 거쳤고, 50대에 대한교련회장, 국가재건국민운동본부장으로 경륜을 넓히고, 60대에 들어 이 모든 것을 바탕으로 정계에 투신하여 열매를 거두려 하였으며, 70대에 인생을 종합하여 조용히 정관하며 만년을 보낸 자랑스런 "한국인의 얼굴"로 표현해도 손색이 없다고 한다최종고, 「위대한 법사상가들 Ⅲ」, 97쪽. 유진오 박사는 헌법학자이다. 그리고 국제법과 법철학에도 깊은 조예를 지녔다. 1957년에 헌법과 행정법 학자들의 학술단체인 한국공법학회를 창립하여 초대 회장으로 공법학의 기틀을 닦았다.

1948년 2월 27일 유엔소총회에서 가능한 지역 내에서의 총선거를 실시하여 정부를 수립할 것을 결정하였고, 미군정은 5월 10일 국회의원총선거를 실시한다. 총선거에서 선출된 198명의 국회의원으로 5월 30일에는 제헌국회가 구성된다. 1948년 6월 3일에는 헌법기초위원 30명과 전문위원 10명으로 헌법기초위원회를 구성하여 6월 3일부터 22일까지 20일에 거쳐 초안을 토의·결정한다. 기초위원회에서는 유진오안을 원안으로 하고 권승렬안을 참고안으로 하여 초안을 작성한다. 유진오안은 ① 정부형태로서 의원내각제 ② 국회양원제 ③ 법률의 위헌심사권을 대법원에 부여한 것 등을 주요내용으로 한다. 그러나 이승만 박사가 정부형태를 의원내각제로 할 경우 그 자신의 권력행사에 일정한 한계가 따를 것을 두려워한 나머지 ① 정부형태를 대통령제로 하고 ② 국회를 단원제로 하고 ③ 위헌법률심사권을 헌법위원회에 부여하는 헌법안을 채택하게끔 하였다. 6월 23일 국회에 상정된 헌법초안은 7월 12일 국회를 통과하여 마침내 1948년 7월 17일 국회의장이 서명·공포함으로써 당일로 시행하게 된다. 제헌헌법은 전문·10장·103조로 구성되어 있다. 제1장 총강, 제2장 국민의 권리·의무, 제3장 국회, 제4장 정부, 제5장 법원, 제6장 경제, 제7장 재정, 제8장 지방자치, 제9장 헌법개정, 제10장 부칙 등이다. 제헌헌법은 기본권보장·정부형태·경제조항 등에서 바이마르헌법의 영향을 많이 받아 만들어진 것으로 평가되며 제헌헌법의 기본틀은 대체로 현행헌법에까지 유지되고 있다.

아래 글은 유진오 박사께서 제헌헌법의 원안을 기초한 취지, 즉「헌법제정의 정신」의 서술취지를 간단히 소개한 것이다. 제헌헌법의 제정의 뒷이야기라 할 수 있다.「헌법제정의 정신」은 1. 헌법의 기본정신, 2. 전문前文과 총강, 3. 국민의 권리, 4. 국회, 5. 정부, 6. 법원, 7. 경제, 8. 재정, 9. 지방자치 등으로 구성되어 있다.

■ 01 유진오 박사, 헌법학자가 되다

유진오 박사가 헌법학자가 된 것은 다소 우연한 경위를 거쳐서 였다고 한다. 그 자신의 이야기를 들어보자.

"대학에서 법학을 공부하던 시절, 그리고 그후 연구실에서 조수생활을 하던 때에 나는 한번도 헌법학자가 되리라 생각한 일이 없었다. 천황을 사람이 아니라 신이라는 "학설"이 활개를 치는 일본헌법에 흥미도 없었거니와 그것을 전공해 학자가 됐댔자 어디서 나를 써줄 까닭도 없기 때문이었다. 다만 나는 법리학법철학을 연구하고 있었다. 또 옐리네크, 켈젠 등의 국가학에 흥미를 가지고 있었기 때문에 헌법학과 가까운, 또한 헌법학의 기초가 되는 학문을 하고 싶었다고는 할 수 있었을 것이나 헌법학 자체를 전공하게 되리라고는 공상도 해본 일이 없었다"유진오,「헌법기초회고록」, 5쪽.

02 유진오 박사의 「헌법제정의 정신」

"대개 법률이라는 것은 일단 제정 공포된 후에는 그 자신의 독립한 존재와 생명을 가지는 것이므로 기초자起草者의 기초할 때의 의도라는 것은 무슨 절대적인 의미를 가지는 것은 아니며, 더군다나 이번에 제정 공포된 대한민국 헌법의 경우에는 필자는 단지 기초를 위한 원안原案을 집필 제공하였음에 불과하고, 국회 헌법기초위원회에는 표결권이 없는 일개 전문위원으로서밖에 참가하지 못하였으며, 동 기초위원회에서는 여러 가지 근본적인 문제-예를 들면 단원제냐 양원제냐, 또는 책임내각제냐 대통령제냐하는 것 같은 문제에 있어서 필자의 원안에 중대한 수개修改를 가하였으므로, 결국 제정 공포된 헌법은 필자의 당초의 의도와는 상당히 거리가 멀어진 것이 되었다. 그러나 필자가 처음에 원안을 집필하던 때의 정신은 역시어느 정도 살아있는 것이 사실이므로, 필자가 생각하는 또는 이해하는 우리 헌법의 기본정신을 약술해 두는 것도 아주 무의미한 일은 아닐 것이다이하 생략."

한편 신우철 교수는 해방기 헌법초안들의 면밀한 테스트 대조·분석을 통해, 우리 건국헌법이 단순히 유진오 박사 등 당시 몇몇 헌법 기초자의 의사로만 결정된 것은 아니라고 주장한다. 특히 건국헌법에 직·간

접적으로 영향을 미친 헌법초안들, 즉 행정연구위원회의 한국헌법[1946],
민주의원의 대한민국임시헌법[1946], 입법의원의 조선임시약헌[1947], 유진오
헌법초안[1948] 등에는, 비록 정도의 차이는 있을 수 있을지언정, 모두 임시
정부의 헌법문서로부터 영향 받은 흔적이 발견되었는바, 건국헌법에 대
한 유진오 박사 개인의 기여만을 일방적으로 강조하는 것은 정확한 평
가가 아니라는 결론에 이르렀다는 것이다.신우철, "해방기 헌법초안의 헌법사적 기원 -
임시정부 헌법문서의 영향력 분석을 통한 '유진오 결정론' 비판" 「공법연구」 제36집 제4호(2008. 6), 389
쪽 참조.

02
헌법의
기본원리

국민주권의 원리: 국민이 나라의 주인

　국민주권사상은 고대나 중세에서도 그 기원을 찾아볼 수 있지만, 국민주권설은 근대 초기의 전제군주정專制君主政하에서 민주국가를 수립하기 위한 항의적 이데올로기로 주창되었다. 국민주권사상은 16세기 프랑스의 폭군방벌론暴君放伐論에서 그 기원을 찾을 수 있으며, 그 후 국민계약설의 창시자라고 할 수 있는 독일의 알투지우스Jahannes Althusius, 1557~1638를 거쳐 계몽적·합리주의적 자연법론자들에 의해 주장되기 시작한다. 알투지우스는 독일의 법학자로서 사회계약론의 선구자로 유명하다. 그는 저항권국민의 기본권을 침해하는 국가권력의 불법적 행사에 대하여 그 복종을 거부하거나 실력행사를 통하여 저항할 수 있는 국민의 권리도 주장하였다.

■ **삼봉 정도전의 나주 유배생활 3년과 민본사상**

"유배인의 삶이 험한 고통의 연속이라고는 하지만 삼봉에게 나주 유배생활 3년은 '세상을 다시 보는 눈'을 갖게 한 소중한 시기였다. 그는 순박한 주민들의 따뜻한 대접을 받고 날카로운 세평을 들으면서 참된 민심을 깨달았고, '정치란 결국 백성을 위한 것'이라는 민본사상民本思想이 키울 수 있었다. 실천을 모르는 지식인의 박학博學이 얼마나 무서운 허위인지도 깨달았다. …삼봉이 새로운 정치에 대해 열망을 갖게 된 것은 어느 날 우연히 만난 한 농부의 꾸지람을 통해서였다. 농부는 삼봉에게 이렇게 따져 물었다고 한다. "불의를 돌아보지 않고서 한없이 욕심을 채우려다가, 겉으로 겸손한 체하며 헛된 이름을 훔치고, 어두운 밤에는 분주하게 돌아다니면서 애걸하고, 재상이 되어서 제 마음대로 고집을 세우고…악행이 많아 죄에 걸린 것인가." 삼봉은 이에 대해 "아니오"라는 말만 했을 뿐 명확한 대답을 줄 수 없었다. 그는 부끄러움에 차마 고개를 들지 못하면서도 당시의 정치와 현실에 대해 통렬하게 비판하는 농부를 통해 바른 나라와 바른 정치를 실현해야겠다는 뜻을 갖게 되었다"김만선, 「유배 - 권력은 지우려 했고, 세상은 간직하려 했던 사람들」(갤리온, 2008), 114~116쪽.

국민주권의 원리란 국가의 최고의사를 결정할 수 있는 원동력인 주권을 국민이 가진다는 것과 모든 국가권력의 정당성의 근거가 국민에게 있다는 원리를 말한다.

우리 헌법은 국민주권주의사상에 입각하여 국민주권의 원리를 채택하고 있다. 헌법 전문前文에서 헌법제정의 주체가 '국민'임을 밝힌 것이나, 헌법 제1조 제2항 전단前段에서 '대한민국의 주권은 국민에게 있다'고 천명한 것도 그 때문이다. 헌법 제1조 제2항은 우리 헌법의 근본규범에 해당되기 때문에 헌법 각 조항의 해석기준이 되며, 헌법개정의 한계로서 어떠한 경우에도 개정될 수 없는 조항이다.

현대 민주국가에 있어서 국민주권의 원리는 다스리는 자治者와 다스림을 받는 자被治者의 자동성을 합리화할 뿐 아니라 민주정치의 구현을 위한 통치조직의 기본원리로 간주되고 있다.

국민주권론과 구별되어야 하는 개념으로 인민주권론이 있다. 국민주권의
원리에 있어서 주권의 주체는 관념적이고 추상적인 전체국민을 의미하지
만, 인민주권의 원리에 있어서 주권의 주체는 현실적이며 구체적인 개개
인의 집단, 즉 유권자 시민의 총체를 의미한다.

오늘날 대표민주제의 결함이 많이 나타나고 있고, 과학·기술의 발달
로 인터넷 등을 통한 국민의 직접참여방법이 개발됨에 따라 직접민주제
의 요청이 확산되고 있다. 즉 오늘날 통신매체의 발달은 민주주의의 구
조적 변화를 예고하고 있다. 선거에 있어서 TV 등 방송매체의 활용, 통
신망을 통한 여론조사, 국회에서의 의정활동의 TV 방영과 전자투표방식
의 도입, 전자표결기에 의한 국민투표의 실시, 인터넷 선거운동 등 종래
의 민주주의 수행방식에 많은 변화를 가져오고 있다. 이것은 국민의 직
접적인 정치참여를 활성화함으로써 일정 부분 직접민주주의로 회귀하는
것이며 대의제의 단점을 보완할 수 있다. 그러나 기술적인 조작가능성을
우려하지 않을 수 없고 또한 정치참여의 인플레가 자칫 정치적 무관심
이나 포퓰리즘으로 연결되어 궁극적으로 독재체제를 초래할 위험성도
없지 않다.

선거제도: 물은 배를 띄우기도 하지만 뒤집기도 한다

바두라P. Badura는 민주주의는 선거를 먹고 산다Demokratie lebt von Wahlen고 갈
파하였다.

선거란 선거인이 다수의 후보자 중에서 일정한 선거절차에 따라 특정
인을 대표자로 결정하는 행위를 말한다. 선거권은 엄격한 의미에서 투표
권을 의미한다. 선거는 대표자를 결정하는 방법으로 사용하는 것 외에도

대표자를 교체시킴으로써 입법부의 쇄신을 도모할 수 있고 국민의 선거를 통하여 정권의 담당자를 교체시킴으로써 민의에 의한 정치를 가능하게 한다. 또 민의에 반하는 지배를 방지하여 혁명을 예방하는 역할도 한다. 현대적 정당국가에서 선거의 의미가 많이 변화되었고 선거법의 기본원칙도 많은 변용을 보이고 있다. 즉 정당국가적 대중민주정치에 있어서는 선거가 개인후보자에 대한 인물선거로서의 성격을 다소 상실하고 두 개의 가능한 정부 중 하나를 결정하는 신임투표로서의 성격을 가지게 되었다는 평가를 받고 있는 것이다.

선거의 기본원칙으로 보통선거·평등선거·직접선거·비밀선거·자유선거를 들 수 있다. 보통선거는 제한선거에 대응하는 것으로 일정한 연령에 달한 모든 국민에게 원칙적으로 선거권을 부여하는 제도이다. 헌법재판소는 보통선거를 평등선거와 더불어 "국민의 자기지배를 의미하는 국민주권의 원리에 입각한 민주국가를 실현하기 위한 필수적 요건"이라고 그 의의를 설명하고 있다헌재 1999. 5. 27, 98헌마214. 평등선거는 차등선거에 대응하는 것으로 선거인의 투표가치를 평등하게 인정하는 것이다. 즉 1표 1가치one vote, one value를 의미한다.

■ **국회의원 선거구별 인구편차 / 국회의원선거의 기탁금**

2014년 10월 30일 헌법재판소는 공직선거법 제25조 제2항으로 정해진 국회의원지역구 구역표가 헌법에 불합치한다는 결정을 내렸다헌재 2014. 10. 30, 2012헌마192. 국회의원 선거에서 허용되는 선거구별 인구편차 비율은 2대 1을 넘어서지 않도록 하라는 것이다. 헌법재판소의 결정은 모든 유권자의 한 표의 가치는 최대한 평등해야 한다는 주문이었다. 인구 10만 지역과 30만 지역에서 똑같이 국회의원 1명을 선출하면, 인구 30만인 지역 1표의 가치는 10만 지역의 3분의 1에 불과하다는 것이다. 한편 공직선거법상의 국회의원후보자 기탁금 2,000만원은 과도하다는 헌법재판소 결정도 있었다헌재 2001. 7. 19, 2000헌마91(병합). 현행법상 국회의원후보자 기탁금은 1,500만원이다.

직접선거는 간접선거에 대응하는 것으로 국민이 직접 그 대표자를 선출하는 것이다. 간접선거는 일반유권자가 우선 특정수의 중간선거인을 선정할 뿐이고, 이 중간선거인이 대표자를 선거하는 경우를 말한다.

비밀선거는 공개선거에 대응하는 것으로 선거인이 누구에게 투표하였는가를 알 수 없는 상태로 투표하는 것을 말한다. 최근에 많이 행해지는 것이지만, 언론사가 선거의 결과를 예상하기 위해 선거일에 투표의 비밀이 침해하지 않는 방법으로 질문하는 "출구조사"는 비밀선거원칙에 위배되지 않는다고 보아야 한다. 그리고 자유선거는 강제선거에 반대되는 것으로 선거인은 그의 자유의사에 따라 투표를 하며 기권에 대한 아무런 법적 제재가 인정되지 아니하는 것을 말한다. 따라서 선거권을 의무화시키는 것은 자유선거의 원칙과 합치되지 않는다.

한편 대표제란 당선자의 결정방법을 말한다. ① 대표자의 선거를 선거구에 있는 다수자의 의사에 따르게 하는 다수대표제 ② 소수투표로도 당선될 수 있게 하여 소수당에게도 국회에 있어서의 최소한의 대표를 보장하려고 하는 소수대표제 ③ 소수와 다수를 불문하고 실세력에 상응하여 가능한 한 공정하게 대표의 기회를 주려는 비례대표제 ④ 지역대표제에 대응하는 것으로 선거인을 각 직역職域으로 나누고 그 직역을 단위로 하여 대표를 선출하는 직능대표제 등의 방법이 있다.

전자투표: 직접민주주의의 부활

오늘날 인터넷 등 정보기술의 발전과 이용이 활성화함에 따라 새로운 사회의 새로운 정치방식으로 전자민주주의online democracy가 요청되면서 전자민주주의 실현을 위한 선거영역에서의 전자투표 또는 인터넷투표electric or internet voting와 관련한 문제들이 활발히 논의되고 있다.

전자투표는 20세기 후반에 정보기술의 급속한 발전으로 인해 투표에 전자적 방식을 도입하면서 생성되고 발전되기 시작한 새로운 투표제도라고 할 수 있다. 물론 전자투표라 하여 유권자들이 곧바로 안방에서 인터넷을 통해 투표하는 것을 의미하는 것은 아니다. 궁극적으로는 유권자들이 거소居所에서 투표하는 인터넷투표로 진행되어야 하지만 아직은 법적·제도적·기술적 측면을 고려해볼 때 가장 초보적인 형태의 전자투표 방식으로 실시할 수밖에 없을 것이다. 이 단계에서도 많은 문제점들이 제기되고 있음을 부인할 수 없다.

그러나 고도의 정보통신기술이 사회 전반에 걸쳐 막대한 영향을 끼치고 있는 요즈음 전자적으로 투표하는 새로운 선거시스템으로의 전환이 미국·영국·프랑스·일본 등 선진국을 필두로 하여 세계 각국에서 다각도로 연구 및 부분적으로 실시되고 있으며 그것은 우리나라의 경우에도 예외는 아니다.

에스토니아는 세계 최초로 전자투표를 도입한 나라이다. 2000년 전자서명의 효력이 손으로 쓴 서명과 동일한 효력을 발휘한다는 「디지털서명법 Digital Signature Act」이 통과되어 국가에서 발행한 디지털 ID 카드로 온라인투표를 시행했다. 투표는 전자칩이 내장된 정부 발급 ID카드를 컴퓨터에 연결된 판독기에 삽입해 개인을 식별하는 방식으로 진행됐다. 2005년 지방선거에서 온라인투표를 도입하며 공직선거에서 세계 최초로 온라인투표를 시행했다. 당시 아르놀드 뤼텔 대통령은 "부정투표의 위험성이 있다"는 이유로 온라인투표 시행안 서명을 거부했지만,

▲ 에스토니아의 수도 탈린(Tallinn) 전경 출처: 위키백과

대법원이 "온라인투표가 기술적으로 투표의 비밀원칙을 유지할 수 있다"며 법안에 대해 합헌 판결하면서 예정대로 투표가 진행됐다. 2007년과 2011년 국회의원 선거에

서도 온라인투표가 시행됐는데, 2011년 선거에서는 유권자 중 140,846명이 인터넷을 통해 투표했다고 한다_{변균혁, "에스토니아인," 네이버캐스트 참조}.

우리나라는 1994년 국회법 개정 때 전자투표를 도입하였고, 2000년 2월의 국회법 개정 때 우리 국회의 일반적인 투표방식을 기립표결에서 전자투표에 의한 기록표결로 변경하여 투표방식의 전환 못지않게 책임정치, 성실한 의정활동을 담보하는 획기적인 조치로 환영받았다.

공직선거에서 시행할 전자투표방식으로 '인터넷을 통한 투표_{인터넷투표}'가 아닌, '투표소에서의 전자투표방식'을 고려할 수 있을 것이다. 그것은 인터넷을 통한 투표가 아직 기술적인 문제와 사회적 인식의 문제_{시스템에 대한 불신 등의 부작용, 투표자의 신원확인, 해킹의 위험성, 공정성 시비 등} 등 법적 과제가 남아있기 때문이다.

정당제도: 누구를 위한 정당인가?

오늘날 국민의 정치적 의사를 형성하고 선거를 준비하는 정당의 역할이 중요하다. 대표제민주정치는 대중민주정치가 되고 또 정당민주정치로 변천하였다. 그리하여 정당은 임의적인 정치단체에서 헌법상의 제도로 그 지위가 상향되었다.

헌법 제8조는 "① 정당의 설립은 자유이며, 복수정당제는 보장된다. ② 정당은 그 목적·조직과 활동이 민주적이어야 하며, 국민의 정치적 의사형성에 참여하는 데 필요한 조직을 가져야 한다. ③ 정당은 법률이 정하는 바에 의하여 국가의 보호를 받으며, 국가는 법률이 정하는 바에 의하여 정당운영에 필요한 자금을 보조할 수 있다. ④ 정당의 목적이나 활동이 민주적 기본질서에 위배될 때에는 정부는 헌법재판소에 그 해산을 제소할 수 있고, 정당은 헌법재판소의 심판에 의하여 해산된다"라고 하여 정당의 헌법상 지위를 규정하고 있다.

정당이란 국민의 이익을 위하여 책임 있는 정치적 주장이나 정책을 추진하고, 공직선거의 후보자를 추천 또는 지지함으로써 국민의 정치적 의사형성에 참여함을 목적으로 하는 국민의 자발적 조직을 말한다.

정당은 국가에 대하여 일정한 권리와 의무를 가지고 있는데, 그 내용은 헌법규정과 정당법, 공직선거법 등에 산재해 있다. 특히 헌법 제8조 제4항에 따라 정당은 목적이나 활동이 민주적 기본질서에 위배되거나 국가의 존립에 위해가 되는 경우에 헌법재판소의 해산심판에 의하지 아니하고는 해산되지 않는다는 점에서 일반결사와는 다른 특권을 가지고 있다. 따라서 행정처분에 의한 정당의 해산은 금지된다.

헌법이 정당에 대하여 일반결사와는 다른 특별한 보호와 규제를 하고 있는 이유는 정당이 '국민의 이익을 위하여 책임 있는 정치적 주장이나 정책을 추진하고 공직선거의 후보자를 추천 또는 지지함으로써 국민의 정치적 의사형성에 참여함을 목적으로' 하여 조직된 단체이고, 또 그러한 목적수행에 필요한 조직을 갖추고 있기 때문이다^{헌재 1995. 5. 25, 95헌마105; 헌재 1999. 12. 23, 99헌마135}.

지방자치제도: 풀뿌리민주주의

지방자치는 일정한 지역을 기초로 하는 지방자치단체가 중앙정부로부터 상대적인 자율성을 가지고 그 지방의 행정사무를 자치기관을 통하여 자율적으로 처리하는 활동과정을 말한다. 오늘날 지방자치는 '민주정치의 교실'로 간주되고 있으며 또한 '풀뿌리 민주정치'라고도 말하여진다.

지방자치의 큰 흐름은 영국식의 주민자치^{주민이 스스로 또는 선거로 뽑은 대표자가 자율적으로 자치사무를 처리하는 방식: 영미국가}와 독일 등 대륙식의 단체자치^{법인격을 가진 지방자치단체에 의하여 자치사무를 처리하는 방식: 독일, 프랑스 등}의 두 유형으로 발전해 왔다. 그런데 이들 유형은 그 나라의 역사적·사회적 배경하에서 형성·발전된 것으로 지방자치의 두 이념형을 이루어 왔지만, 오늘날에는 이들이 서로 수렴하여 보완을 하고 있다.

헌법은 제117조와 제118조에서 지방자치를 규정하고 있다. 우리 헌법에서 이와 같이 지방자치를 규정하고 있는 것은 헌법이 지방자치를 제도적 보장으로 인정하고 있음을 의미한다. 제도적 보장의 본질적 내용은 자치단체의 보장, 자치기능의 보장 및 자치사무의 보장이다_{헌재 1994. 12. 29, 94헌마201}.

헌법은 지방자치단체의 권한으로 "주민의 복리에 관한 사무를 처리하고 재산을 관리하며, 법령의 범위 안에서 자치에 관한 규정을 제정할 수 있다"_{제117조 제2항}고 규정하고 있다. 따라서 지방자치단체는 주민의 복리에 관한 사무처리권, 재산관리권, 자치입법권을 가지고 있다.

한편 주민투표제도는 1994년 지방자치법 개정시에 채택된 것으로, "지방자치단체의 장은 주민에게 과도한 부담을 주거나 중대한 영향을 미치는 지방자치단체의 주요 결정사항 등에 대하여 주민투표에 부칠 수 있다"_{제14조 제1항}. 주민투표의 대상·발의자·발의요건 그 밖의 투표절차 등에 관하여는 주민투표법에서 규정하고 있다.

지방자치단체의 구역 안에 주소를 가진 사람은 그 지방자치단체의 주민이 된다. 주민은 법령으로 정하는 바에 따라 소속 지방자치단체의 재산과 공공시설을 이용할 권리와 그 지방자치단체로부터 균등하게 행정의 혜택을 받을 권리를 가진다. 중요한 권리로는 조례제정·개폐청구권, 감사청구권, 주민소송청구권, 주민소환권_{예: 2012년 원자력발전소 유치로 인한 강원도 삼척시장 주민소환 사례}, 선거권·피선거권, 주민투표권 등이 있다.

지방자치단체장들의 계속되는 부정과 비리가 풀뿌리민주주의의 근간을 흔들고 있다. 자치단체장에게 예산과 인사권을 비롯해 대형사업의 인·허가권이 집중돼 있다보니 청탁과 이권 개입 등의 유혹이 뒤따를 수밖에 없는 구조적 문제가 원인으로 거론되고 있다.

법치주의 원리: 하늘이 무너져도 정의는 세워라

우리 헌법은 국민주권의 이념에 따라 통치권을 기본권에 기속시킴으로써 국민의 정치적인 합의에 바탕을 두고 창설된 국가권력이 악용 또는 남용되는 일이 없도록 법치주의 원리를 헌법상의 기본원리로 삼고 있다. 독일 연방헌법재판소는 "법치국가의 원리는 상세하고 일의적一義的인 명령과 금지를 담고 있는 것이 아니라 실제상황에 따라 구체화를 필요로 하는 하나의 헌법이념"이라고 한다BVerfGE 7, 89(92f).

법치주의란 국가가 국민의 자유·권리를 제한하거나 국민에게 새로운 의무를 부과하려 할 때에는 국민의 의사를 대표하는 국회가 제정한 법률에 의하거나 법률에 근거가 있어야 하며 또 법률은 국민만이 아니고 국가권력의 담당자도 규율한다는 원리를 말한다.

그리고 법치주의를 제도화하기 위해 권력분립주의를 채택하는 한편 기본권의 구제제도로서 사법적 권리구제제도, 특히 헌법재판소제도를 채택하고 있다. 법치주의의 이념은 근본적으로는 국민의 기본권을 보장하는 데 있으므로 이 원리는 정치적 구성원리라기보다는 오히려 국가권력을 제한하기 위한 자유주의적 원리로 간주되고 있다.

우리 헌법은 법치주의 또는 법치국가원리를 광범하게 채택하고 있으나, 국가긴급시에는 일정한 예외를 인정하고 있다. 즉 헌법은 대통령에게 긴급명령, 긴급재정·경제명령권을 인정하고 있으며헌법 제76조, 또 계엄선포권도 인정하고 있다헌법 제77조. 이는 법치국가원리에 대한 예외이기는 하나, 국가긴급시의 부득이한 조치라고 보아야 할 것이다.

복리국가의 원리: 복지에는 청구서가 따른다

복리국가의 원리란 모든 국민에게 그 생활의 기본적 수요를 충족시킴으로써 건강한 생활을 영위할 수 있도록 하는 것이 국가의 책임이면서 그것에 대한 요구가 국민의 권리로서 인정되는 것을 말한다.

우리 헌법은 전문에서 '국민생활의 균등한 향상'을 선언하고 있으며, 제2장에서는 모든 국민의 인간다운 생활을 할 권리^{헌법 제34조 제1항}를 비롯하여 사회보장·사회복지의 증진의무^{동조 제2항}, 생활무능력자의 국가보호^{동조 제5항} 등을 보장하여 복리국가의 이념을 선언하고 있다. 그리고 근로자의 기본3권의 보장^{헌법 제32조 제1항}, 여자·연소자의 근로의 특별보호^{헌법 제32조 제4항·제5항}, 깨끗한 환경에서 생활할 권리^{헌법 제35조 제1항}, 혼인과 가족생활에 있어서 개인의 존엄과 평등의 보장^{헌법 제36조 제1항} 등을 규정하고 있다.

복지논쟁의 클라이맥스는 2011년 서울시의 무상급식 찬반 주민투표였다. 오세훈 당시 시장이 시장직을 걸고 단행한 주민투표는 투표율 미달로 투표함 뚜껑도 열어보지도 못하고 완패로 끝났다. 복지 문제는 따지고 들면 한없이 어렵겠지만, 단순화하면 초등학교 산수다. 누가 공짜로 받으면 누군가 그 돈을 대야 한다는 것. 딴 데서 돈을 더 벌든가 윗돌 빼 아랫돌 괴기라도 해야 한다는 것이다^{노재현, "죽은 줄 알았던 선별복지 다시 살아나다니," 중앙일보 2013년 8월 23일자 칼럼 참조.}

시카고대학의 저명한 법학자인 리처드 엡스타인 교수는 "어려운 사건이 악법을 만든다"는 격언을 인용하면서 "장기적 결과에 대한 인식이 결여된 동정심을 경계하라"고 강조한다. 그가 전달하려고 하는 메시지는 지금 눈앞의 사람들에게 이익이 되는 정책을 선택함으로써 미래의 재앙이 가져올 수 있는 그런 선택을 행하는 것은 사회적으로 결코 바람직하지 않다는 점이다^{공병호, "공병호가 바라보는 오늘의 한국경제-의료보험," 「월간조선」}

2007년 2월호 칼럼 참조.

아래 글은 전국 17개 광역 시·도 단체장들이 2015년 연말 연합뉴스와 가진 신년인터뷰에서 밝힌 선별복지와 보편복지에 대한 소신과 구상을 정리한 것이다. 앞으로 선별복지와 보편복지 논쟁은 우리 사회의 핵심 화두가 될 것이다.

■ 선별복지와 보편복지 논쟁

당시 보수우파 단체장들은 ① 국가 재정현실을 고려하지 않고 포퓰리즘에 휘둘려 보편적 복지를 고집하는 것은 가능하지도 않고 서민에게 더욱 불리한 사회를 만든다. 필요한 곳에 필요한 복지를 지원하는 시책을 펼치면 된다. ② 복지 사각지대에 놓인 취약계층을 지원하는 복지시책, 지역실정이 반영된 맞춤형 복지가 필요하다고 주장한다. 이에 반해 진보좌파 단체장들은 ① 보편적 복지는 '중앙정부의 할 일'이므로 중앙정부가 책임지고, 시민 삶에 와 닿는 구체적이고 작은 정책은 지방정부를 밀어줘야 한다. ② 최근 논란이 된 청년수당은 가능한 범위 내에서 확대하는 것이 맞다. 노인과 장애인 복지, 보육과 급식처럼 전국적으로 공통기준에 따라 시행되는 복지는 국가로 환원하는게 바람직하다. ③ 사회안전망의 복지를 일부 계층에 국한해서는 안 된다고 주장한다연합뉴스 2015년 12월 20일자 "'복지는 국가책임' vs '포퓰리즘' … 시도지사 복지논쟁 2라운드" 기사 참조.

2019년 5월 27일 발족한 전국시장군수구청장협의회 산하 복지대타협특별위원회 준비위원회위원장 염태영 수원시장 간사인 정원오 서울 성동구청장은 "무분별한 현금복지 확대에 반대하며 과도한 현금복지 경쟁은 지양돼야 한다. 꼭 필요한 현금복지는 엄선해서 중앙정부가 일괄 실시해야 한다."고 주장했다. 그는 2019년 6월 6일 "누가 봐도 이상한 현금복지제도가 점점 늘고 있다"며 제동을 걸어야 한다고 말했다. 현금복지 경쟁은 지자체 간, 주민 간, 지자체장 간 갈등을 유발한다. 재정자립도가 낮은 지역일수록 대체로 복지의 대상이 되는 저소득층과 노인이 많다. 그런 곳은 섣불리 현금 지원을 할 수 없기 때문에 부유한 지자체와의 격차가 점점 벌어질 수밖에 없는 것이다. 복지대타협 준비위 계획에서 주목해야 할 것은 현금복지 사업 가운데 필요한 사업은 중앙정부가 맡아서 일괄 시행해야 한다는 부분이다. 준비위 측은 앞으로 현금복지 사업은 중앙정부가 100% 책임져야 한다고 밝혔다. 이런 계획에는 정부가 시행하는 각종 현금복지 비용을 지자체가 나눠 내온 것에 대한 불만도 녹아 있다. 기초연금, 장애인연금, 아동수당, 양육수당 등 국민이 보편적 복지로 인식하는 대부분 사업의 비용을 정부와 광역단체, 기초단체가 분담한다. 지자체들은 비용을 분담하면서도 생색은 정부가 내는 현금복지 사업에서 손떼고 싶은 게 사실이다. 현금복지 비용 부담이 줄어들면 지자체의 재정 여건은 그만큼 나아질 수 있다. 지방분권의 한 축인 재정분권이 한결 진전되는 것이다. 아래 <표>는 2019년 도입한 지방자치단체 현금복지 논란 쟁점이다한우신 기자·홍석호 기자, "참다못해 나선 지자체장들 "현금복지 남발은 공멸의 길"[인사이드&인사이트] " 동아일보 2019년 6월 10일자 기사 참조. 우리 모두 이 문제를 깊이 생각해 보자.

2019년 도입한 지방자치단체 현금복지 논란 쟁점

제도	내용	논란 쟁점
어르신공로수당(서울 중구)	만 65세 이상 기초연금 대상자, 기초생활수급자에게 월 10만 원 지급	기초연금과 중복, 타 지자체와 형평성
무상 교복(경기, 서울 마포구 중구 강동구 등)	학교가 교복 구입 후 일괄 지급	특정 교복업체 특혜 시비
	1인당 30만 원씩 교복 구입비 지급	타 지자체와 형평성
청년기본소득(경기)	만 24세 청년에게 분기당 25만 원씩 연 100만 원 지급	일회성 지원이어서 소비 진작 효과 의문
반값 등록금(경기 안산시 추진중)	대학교 등록금 본인 부담금 50% 지급, 취약계층 대상 우선 실시 후 확대 예정	대학생이 아닌 청년 차별
육아기본수당(강원)	도내 출생아에게 월 30만 원씩 4년 지급	아동수당, 양육수당과 중복

문화국가의 원리

헌법재판소는 우리나라는 건국헌법 이래 문화국가원리를 헌법의 기본원리로 채택하여 왔다고 판시하고 있다대표적으로 헌재 2004. 5. 27, 2003헌가1등. 문화국가는 문화의 자유와 평등이 보장되고, 국가의 적극적 과제로서 문화의 보호와 육성이 실현되는 국가이다.

문화국가원리는 국가의 문화정책과 불가분의 상호관계에 있다. 국가와 문화의 관계에 대해서 "국가는 문화의 자율성을 보장하는 한편으로 또한 적극적으로 문화를 지원하고 육성해야 한다"는 기본관점을 가지고 있는 것으로 본다. 따라서 문화국가의 헌법적 과제로 대체로 ① 문화적 자율성의 보장 ② 문화의 보호·육성·진흥·전수 ③ 문화적 평등권의 보장을 들고 있다.

오늘날에는 국가가 모든 문화현상에 대해서 철저하게 '불편부당의 원칙'을 지켜서 어떤 문화현상도 이를 우대하거나 선호하는 경향을 보이지 않는 것이 가장 바람직한 문화정책으로 평가받고 있다헌재 2004. 5. 27, 2003헌가1 참조. 즉 그것은 적어도 문화국가원리를 실현하기 위해서는 문화현상이 결코 국가적 간섭이나 규제의 대상이 되어서는 아니되고 사회의 자율영역에 맡겨져야 한다는 것을 뜻하는 것으로 이해하고 있다.

현대국가는 문화현상의 자율성은 존중하면서도 문화국가를 위한 문화정책을 하나의 문화복지정책의 차원에서 파악하고, 모든 문화현상에 대해서 국민에게 균등한 참여기회를 보장해 주기 위해서 문화·교육단체의 조직과 활동이 민주적으로 이루어질 수 있도록 최소한의 규제와 간섭을 하는 것이 보통이다. 문화국가에서의 문화정책은 그 초점이 '문화' 그 자체에 있는 것이 아니고 '문화'가 생겨날 수 있는 '문화풍토'를 조성하는 데 두어져야 한다.

헌법재판소는 문화국가원리를 이해하는 4가지 해석지침을 제시하고 있다. ① 우리 헌법이 지향하는 문화국가에 있어서 문화란 '개별성·고유성·다양성·개방성'을 그 본질적 속성으로 한다. ② 문화가 꽃피우기 위해서는 '사회의 자율성과 사상의 다양성'이 불가결의 조건이다. ③ 국가의 과제는 이러한 문화가 생겨날 수 있는 문화풍토 조성에 있다. ④ 문화지원 또는 문화풍토의 조성에 있어서 특정 문화현상을 선호하거나 우대하지 않는 불편부당의 원칙이 준수되어야 한다.

2019년 2월 문화체육관광부와 한국문화관광연구원이 발표한 '2018년 문화향수실태조사' 결과에 따르면, 우리나라 국민의 2018년 1년간 미술전시 관람률은 약 15%, 연극은 14.4%, 뮤지컬은 13%에 불과하다고 한다. 예술경험을 통한 향유와 직접적인 대화가 절실히 요구된다.

■ **조선 문화를 꽃피운 사람들 – 다산, 초의 그리고 추사**

한국의 다도茶道를 중흥한 초의선사草衣禪師, 1786~1866는 유·불·선을 넘나드는 폭넓은 교유를 통해 조선 후기 침체된 불교계에 실사구시 바람을 불러일으킨 인물이기도 하다. 15세에 출가한 그는 환속할 마음으로 한양을 찾았다가 남산의 고갯마루에서 쉬던 중 깨달음을 얻었다고 한다. 그는 솔뿌리가 바위벼랑을 뚫고 길게 뻗어내린 것을 보고는 자신의 부족함을 절감하고 발길을 돌려 좁은 암굴에 들어갔다. 수행을 마친 그는 세상 속으로 들어가 서화, 다도, 장담그는 법 등 실생활 속의 수행을 추구했다. 그런 초의에게 도량 역할을 한 것이 16년간 유배생활을 한 다

▲ 강진 정약용 유적 천일각   출처: 두산백과

산 정약용茶山 丁若鏞, 1762~1836의 다산 초당이었다. 다산을 스승으로 모시며 유학과 시학을 배운 초의는 "하늘이 맹자 어머니 같은 이웃을 내려주셨

다"고 칭송할 만큼 다산을 존경했다. 실학에 열중하던 다산도 사제관계를 떠나 선禪과 다도茶道에 몰두하는 초의의 구도자적 자세를 존경했다. 또 하나 빼놓을 수 없는 것은 동갑내기인 추사 김정희秋史 金正喜, 1786~1856와의 애틋한 우정이다. 초의는 제주도로 유배간 추사를 위해 그가 좋아했던 차와 서신을 보내 위로했다. 그는 추사에 대한 그리움에 사무친 나머지 세 차례나 제주도로 직접 건너가 차와 학문을 논하며 우정을 쌓았다송충식, "초의선사," 경향신문, 2006년 6월 5일자 칼럼 참조. 실학파의 거두 정약용, 명문대가 출신의 김정희, 그리고 초의선사가 비록 출신배경이 제각각이었음에도 시서화차詩書畵茶를 통해 의기투합한 것은 경전이나 교리, 공론에 집착하지 않고 편견 없이 세상을 바라볼 수 있었기에 가능했을 것이다.

■ 세한도

세한도歲寒圖의 글씨 부분에는 제주도로 귀양 가 있는 스승에게 변함없이 제자의 도리를 다하는 우선藕船 이상적李尙迪: 철종 13년(1862) 1월 20일에 60세의 나이로 종신직인 지중추부사에 임명되었으며 1865년 8월 5일 63세를 일기로 세상을 떴는데, 역관으로 전후 12차례 연행길에 올랐음에게 전하는 추사선생의 다음과 같은 글이 있다. "태사공太史公은 권세나 이권 때문에 어울리게 된 사람들은 권세나 이권이 떨어지면 만나지 않게 된다고 하였다. 그대 역시 세상의 이런 풍조 속의 한 사람인데 초연히 권세나 이권의 테두리를 벗어나 권세나 이권으로 나를 대하지 않았단 말인가? 태사공의 말이 틀린 것인가? 공자께서는 "겨울이 되어서야 소나무와 잣나무가 시들지 않는다는 것을 알게 된다"고 하였다. 소나무와 잣나무는 사시사철 시들지 않는다. 겨울이 되기 전에도 소나무와 잣나무이고, 겨울이 된 뒤에도 여전히 소나무와 잣나무인데, 공자께서는 특별히 겨울이 된 뒤의 상황을 들어 이야기한 것이다"박철상, 세한도, 문학동네, 2010. 이상적은 스승 추사가 귀양살이하는 동안 정성을 다해 연경에서 구해온 책을 보내 드렸다. 이에 추사가 고마움의 표시로 세한도를 그려준 것은 세상이 모두 다 아는 유명한 얘기이다. 추사가 세한도를 그려 제자의 그 따뜻한 뜻과 정에 답하게 된 결정적인 계기는 귀양살이 4년째인 1843년 이상적이 계복桂馥의 「만학집晚學集」과 운경惲敬의 「대운산방문고大運山房文藁」를 북경에서 구해 제주도로 보내준 것이다. 계복과 운경은 추사가 옹방강, 완원과 교류할 때 익히 알고 흠모해온 학자들이다. 그

▲ 추사 김정희의 「세한도」

런데 이듬해 이상적은 또 우경 하장령賀長齡이 편찬한 「황조경세문편皇朝 經世文編」이라는 책을 보내주었는데, 이 책은 자그마치 총 120권, 79책으로 방대하였다. 제자의 지극한 정성에 감격한 스승의 답례가 세한도인 것이다. 아름다운 스승과 제자의 참모습이다. 한편 '추사문하삼천사秋史門下三千士'라는 추사의 제자 강위姜瑋의 과장적 시구에서 보이듯이 추사 김정희 문하에서 길러진 많은 학자들은 19세기 후반 개화사상으로 전환했고, 이들은 개화운동의 추진력이 되었다정옥자, 「우리 선비」, 89쪽.

평화국가의 원리

칸트는 「영구평화를 위하여」1759에서 영구평화에 대한 사상적 기초를 닦았는데, 1791년의 프랑스헌법은 최초로 평화주의를 규정한다. 평화주의사상과 운동이 대대적으로 전개되기 시작한 것은 제1차 세계대전 이후의 일이다. 그리고 헌법에 적극적으로 평화유지에 관한 조항을 두기 시작한 것은 제2차 대전 이후의 일이다. 이것은 제2차 대전의 참혹한 전쟁에 시달린 헌법제정권자인 국민의 평화희구의 정신에서 나온 것이다.

우리 헌법은 평화추구의 이념을 그 바탕으로 한다. 헌법 전문은 "밖으로는 항구적인 세계평화와 인류공영에 이바지"할 것을 표명하여 대외적 기본원칙으로서 '국제평화주의'를 선언하고 있다. 이와 같은 헌법전문의 정신에 따라 우리 헌법은 정부로 하여금 통일을 지향하되 반드시 자유민주적 기본질서에 입각한 평화적 통일정책을 수립하고 추진하도록 했으며헌법 제4조, 우리나라가 국제평화의 유지에 노력하고 침략적 전쟁을 부인한다는 점을 분명히 선언하고 있다헌법 제5조 제1항.

박명림 교수는 중앙일보 2018년 6월 6일에 실린 "비핵평화의 마지막 갈목에서"란 칼럼에서 우리나라의 외교안보정책의 방향에 대해 탁견을 제시하고 있다. 한번 경청해 보자. "우리는 (영국의) 처칠과 (독일의) 브란트가 어떻게 나라를 구하고 평화를 이루었는지, 왜 존경을 받는지 깊이 알려고 하지 않는다. 안보와 평화는 일관성과 지속성이 생명이다. 한 진영과 한 정부가 주도하는 정책은 단명하며 때로는 전면 부정된다. 우리의 경우 5년 단임을 넘지 못한다. 지금 우리에겐 대통합과 대평화의 연결 지혜가 절실하다. 우리의 후손들과 후손들의 후손들은 그 지혜의 터전에서 내부 타협과 내부 평화가 이끄는 핵 없는 세상, 전쟁 없는 영구평화를 누리게 될 것이다"라고 전제하면서. 2차 세계대전이라는 미증유의 국가위기 앞에서 거국연립내각을 구성하고 신속한 의사결정이 필수인 극소수 전시내각에조차 반대당을 둘이나 참여시켜 영국의 승리와 유럽 평화와 세계질서를 정초定礎한 처칠 수상의 리더십을 높이 평가하고 있다. 또한 동방정책을 통해 동서화해, 독일통일, 유럽통합의 토대를 놓은 브란트 수상의 "지속성을 위한 통합과 화해"를 목표로 한 외교안보정책을 반면교사反面教師로 삼아야 한다고 강조하고 있다.

■ 카를 폰 클라우제비츠의 「전쟁론」: 전쟁은 정치

"프로이센 군인 카를 폰 클라우제비츠1780~1831는 전쟁을 '무력의 물리학'이 아닌 '인간정신의 과학'으로 봤다. 전쟁을 심리학이자 정치학의 한 부분으로 여긴 셈이다. 전쟁을 수행하는 사람은 물론 전쟁을 결정하는 사람과 그 영향을 받는 사람까지 감안해 실증적인 전쟁이론을 펼쳤는데, 그 정수를 담은 것이 1813년~1830년에 쓰인 「전쟁론」이다. 카를 폰 클라우제비츠의 전쟁철학은 '전쟁은 정치의 수단'이라는 말에 요약되어 있다. 국내정치적 이익을 외치는 정치인, 험악한 국제정치 상황 속에서 나라를 지키기 위해 노력하는 외교관은 모두 이런 본질 속에서 움직인다. 카를 폰 클라우제비츠는 '전쟁은 증오와 적대감이라는 원시적인 폭력성을 바탕으로 하는 것으로 인간의 맹목적인 본능이라고 볼 수 있다'라고 지적했다"채인택, "「전쟁론」 '전쟁은 정치' 간파한 200년된 고전", 중앙일보 2016년 10월 22일자 칼럼 참조.

03
인간,
천상천하 유아독존

:: **생명권**

생명권은 모든 인권의 출발점인 동시에 귀착점이다. 생명에 대한 보장 없이는 인간의 존엄성을 생각할 수 없으며, 구체적인 기본권의 보장도 무의미하다.

생명이란 비생명적인 것 또는 죽음에 대칭되는 인간의 인격적·육신적 존재형태, 즉 살아있다는 것을 말한다. 생명의 시기는 법적 관점으로 정하는데, 독일연방헌법재판소는 생명의 기원을 잉태 후 14일이 지난 태아부터라고 보고 있다BVerfGE 39, 1ff.. 태아胎兒도 생명권의 주체가 된다는 것이 다수설이다. 한편 생명의 종기에 대해서는 세포사설, 호흡·맥박종지설, 뇌사설 등의 학설상 대립이 있다. 호흡·맥박종지설이 종래 통설이었으나 1999년 2월에 「장기등 이식에 관한 법률」이 제정됨에 따라 뇌사가 합법적으로 인정되었다.

▲ 불을 훔치는 프로메테우스
프로메테우스는 자신이 만들어낸 인간의 연약함을 불쌍히 여겨, 몰래 신들만이 사용할 수 있었던 불을 훔쳐내 인간에게 주었다고 한다.　　출처: 네이버지식백과

독일과는 달리 생명권에 관해서는 우리 헌법에 명문규정이 없지만, 생명권은 '신체적 완전성' 및 '신체활동의 임의성'을 보장하는 신체의 자유의 당연한 전제일 뿐 아니라, 인간의 존엄성을 그 핵심가치로 하는 우리나라 기본권질서의 논리적인 기초라 할 수 있다. 생명권을 헌법상의 권리로 인정하는 가장 큰 의의는 인간생명은 어떠한 경우라도 국가목적의 단순한 수단일 수 없다는 점을 분명히 밝히는 데 있다.

생명권에 대한 침해행위로는 살인·사형·낙태·안락사 등이 있다. 대법원은 우리나라의 실정과 국민의 도덕적 감정 등을 고려하여 국가의 형사정책으로서 질서유지와 공공복리를 위하여 형법·군형법 등에 사형이라는 처벌의 종류를 규정하더라도 위헌이 아니라고 한다^{대판} 1992. 8. 14, 92도1086.

인간의 존엄과 가치

인간은 본래 이성적인 인격체로서 인정된다. 그러나 현실적으로 인간은 고대의 노예제도, 중세의 농노, 인신매매 등을 통하여 인격자로서 대우를 받지 못한 때도 있었다. 근대에 들어와서 계몽주의·인본주의·합리주의의 영향을 받아 인간의 존엄성을 불가양^{不可讓}의 자연권으로 주창하기에 이른다. 제2차 대전 이후의 헌법들은 인간의 존엄을 해치는 여러 악을 금지하고 개인의 가치를 무시하는 전체주의·군국주의의 발호를 금지하기 위하여 인간의 존엄과 가치의 존중을 규정한다.

우리 헌법은 제10조에서 "모든 국민은 인간으로서의 존엄과 가치를 가지며, 행복을 추구할 권리를 가진다"고 선언하고 있다. 대체로 인간의 존엄성이란 정신적 존재로서의 인간의 본질인 인격의 존엄과 그 독자적 가치를 의미한다.

우리 헌법은 극단적인 개인주의나 집단주의를 거부하고 있기 때문에, 현행 헌법의 인간상人間像은 양자의 절충을 의미하는 '사회 속의 인간'이 다다수설. 따라서 헌법 제10조가 예정하는 인간상도 고립된 개체로서의 개인주의적 인간상이 아니라 개인 대 사회라는 관계에서 인간 고유의 가치를 훼손당하지 아니하면서 사회관계성 또는 사회구속성을 수용하는 인간상을 의미한다.

우리 헌법 제10조가 보장하는 '인간으로서의 존엄과 가치'는 우리나라 기본권질서의 이념적·정신적인 출발점인 동시에 모든 기본권의 핵심적인 가치로서의 성격을 갖기 때문에 우리나라 헌법질서의 바탕이며 우리 헌법질서에서 절대적이고 양보할 수 없는 최고의 가치라는 공감대Konsens 를 뜻하게 된다.

헌법재판소는 헌법 제10조가 "다른 헌법규정을 기속하는 최고의 헌법 원리이며 헌법이념의 핵심인 인간의 존엄과 가치"를 보장하고 있다고 판시함으로써 헌법 제10조가 우리 헌법질서와 기본권보장의 가치 지표 임을 확인하고 있다.

인간의 존엄과 가치의 주체는 모든 국민자연인이다. 태아에게도 인정된 다통설. 다만 사자死者의 경우에는 제한적으로 가족과의 관계에서만 인정 된다. 외국인과 무국적자도 가능하다는 게 다수설의 입장이다.

■ 인간의 존엄과 과음(過飮)
　"과음은 육체적인 건강에 문제를 일으키지만 정신 건강에도 암적인 존재 다. 추하다는 한자 醜추는 酒술와 鬼귀신로 이뤄져 있다. 실제로 술을 고주

망태가 되도록 마시면 결국 산발한 귀신처럼 추한 몰골이 되고 만다. 탈무드에서도 인간이 포도나무를 심자 악마가 찾아와 유혹하는 얘기가 나온다. 악마는 양과 사자와 원숭이와 돼지의 피를 섞어 만든 거름을 포도나무에 준다. 그래서 인간은 포도로 빚은 술을 마시면 처음엔 양처럼 온순하지만 조금 지나 사자처럼 사나워지고, 원숭이처럼 춤을 추다가 마지막으로 돼지처럼 뒹굴며 추해진다고 한다"배연국 수석논설위원, "음주 수칙," 세계일보 2016년 3월 21일자 칼럼 참조.

행복추구권

행복의 추구가 인류생활의 철학적 지표로 등장한 것은 벤담의 공리주의이며, 1776년의 버지니아 권리장전과 미국의 독립선언서에서 행복추구권이 자연권으로 선언된다.

우리 헌법은 '인간의 존엄과 가치' 존중에 대한 규정제10조에서 이른바 행복추구권을 인정한다. 그러나 "모든 국민은 … 행복을 추구할 권리를 가진다"라는 규정은 내용의 불명확성 때문에 불필요한 논란을 불러일으킨다. 왜냐하면 행복이라는 관념은 다의적인 것이고 행복의 감정은 주관적인 것이므로 인생관이나 가치관에 따라 상이한 내용으로 이해될 수 있기 때문이다.

이런 측면을 잘 나타내는 시가 칼 붓세Karl Busse, 1872~1918의 「저 산 너머 행복」이다. "산 너머 저 쪽 하늘 멀리 / 행복이 산다고 사람들이 말하기에 / 아! 나는 다른 사람들과 찾아갔다가 / 눈물 지으며 돌아왔네 / 산 너머 저쪽 더 멀리 / 행복이 산다고 사람들은 말하네."

7세기 대승불교의 큰 스승인 샨티데바는 행복과 불행에 대해 다음과 같이 노래하고 있다. "세상의 모든 행복은 남을 위한 마음에서 오고 / 세상의 모든 불행은 이기심에서 온다 / 하지만 이런 말이 무슨 소용이 있는가 / 어리석은 사람은 자기 이익에만 매달리고 / 지혜로운 사람은 다른 사람의 이익에 헌신한다 / 그대 스스로 그 차이를 보라"법정,「홀로 사는 즐거움」, 136쪽 참조.

행복추구권 속에는 '일반적 행동자유권'과 '개성의 자유로운 발현권' 등이 함축되어 있다. 따라서 행복추구권에는 헌법이 규정하고 있지 않는 일반적 행동자유, 즉 먹고 싶을 때 먹고, 놀고 싶을 때 놀고, 자기 멋에 살며, 자기 멋대로 옷을 입고 몸을 단장하는 자유 등을 포함하며, 자기의 설계에 따라 인생을 살아가고 자기가 추구하는 행복관념에 따라 생활하는 자유도 포함한다. 또한 잔혹한 형벌을 받지 않을 권리, 쾌적한 환경 속에서 살 권리, 행복한 사회적·경제적 생활을 할 권리, 건강권 등도 행복추구권의 한 내용이다. 대법원 판례는 만나고 싶은 사람을 만날 권리구속된 피고인과의 접견권, 자신이 먹고 싶은 음식이나 마시고 싶은 음료수를 자유롭게 선택할 권리음식에 대한 선택권, 일시오락의 정도에 불과한 도박 행위 등은 행복추구권에 속한다고 한다.

유엔 산하 지속가능발전해법네트워크가 2022년 3월 발표한 「2022년 세계 행복 보고서」에 따르면 한국의 행복지수는 5.935로, 59위를 기록했다. 2021년62위보다 3계단 상승한 셈이다. 유엔 행복지수는 1인당 국내총생산GDP, 사회적 지원, 기대수명, 선택의 자유, 관대함, 부패 지수, 긍정과 부정 영향 등을 기준으로 산정된다.

그리고 2011년 한 국내 일간지가 10개국을 비교 조사한 결과에 따르면 '행복은 돈과 관계가 없다'고 답한 우리나라 사람이 7%에 불과했다. 반면 미국과 호주는 2배가 넘는 18%, 덴마크는 47%에 달했다. '돈의 잣대'로만 보면 한국인보다 훨씬 열악한 인도네시아44.2%, 베트남20.8% 등과 비교해서도 엄청나게 낮은 수치다.

돈의 어원에 '경고'의 뜻이 담겨 있다는 흥미로운 주장이 있다. 돈, 즉 영어의 '머니Money'라는 단어는 본래 부와 풍요를 상징하는 로마의 여신 주노 모네타Juno Moneta에서 유래되었다. 주노 여신 주변에는 신성한 기러기 떼가 둘러싸고 있었는데 로마의 적인 갈리아인들이 몰래 성벽을 올라와 공격하려 할 때마다 요란한 소리를 내서 알려주었다. 이 때부터 그녀의 이름에는 '경고'라는 뜻의 라틴어 'Monete'가 붙었다. 그것이 모네타라는 이름으로 바뀌었고 오늘날 '돈Money'의 어원이 되었다고 한다박철, "[박철의 금융교실] 소득과 행복의 함수관계," 내일신문 2015년 6월 8일자 칼럼.

한동안 SNS에서 인기를 끌었던 '국가별 중산층의 기준'이라는 글에서 한국인은 아파트 크기, 월급, 자동차 등 재물과 관련 있는 것을 중산층의 기준으로 제시했다. 반면 프랑스에서는 외국어를 하고, 악기를 다룰 줄 알며, 남들과 다른 요리를 할 수 있는 사람을 중산층으로 제시했다. 프랑스에선 돈으로 경험을 사서 행복감을 느끼는 것을 중산층의 중요한 조건으로 보고 있으며 노블레스 오블리제를 실천하는 등 비물질적 가치에 무게를 두고 있다고 한다동아일보 2015년 12월 7일자 "'가족이 최고 가치' 응답한 20~40대, 행복지수 가장 높아" 기사 참조.

<피에르 쌍소의 '느리게 사는 지혜' 아홉가지>와 <김정탁 교수의 팁 – '장자'를 통해 화 다스리는 법>을 통해 행복의 참모습을 그려보도록 하자.

■ **피에르 쌍소의 '느리게 사는 지혜' 아홉 가지**

르몽드에 따르면, 프랑스의 철학교수이자 에세이스트인 피에르 쌍소는 자기 자신에 충실한 가운데 사회생활의 감성적이고 시적인 형태를 포착하기 위하여 '느림'의 편에 서기로 결정했다는 평가를 받고 있다. ① 한가로이 거닐기 – 나만의 시간을 내서 발걸음이 닿는 대로 풍경이 부르는 대로 나를 맡겨 보면 어떨까? ② 듣기 – 신뢰하는 이의 말에 완전히 집중해 보는 것은 어떨까? ③ 권태 – 무의미하게 반복되는 사소한 일들을 오히려 소중하게 인정하고 애정을 느껴보면 어떨까? ④ 꿈꾸기 – 우리의 내면 속에 조용히 자리하고 있던 희미하면서도 예민한 의식을 때때로 일깨워 보는 것은 또 어떨까? ⑤ 기다리기 – 자유롭고 무한히 넓은 미래의 지평선을 향해 마음을 열어 보는 것은? ⑥ 마음의 고향 – 내 존재 깊은 곳에서 지금은 퇴색되어 버린 부분, 시대에도 맞지 않는 지나간 낡은 시간의 한 부분을 다시 한번 떠올려 본다면? ⑦ 글쓰기 — 우리 안에서 조금씩 진실이 자라날 수 있도록 마음의 소리를 옮겨 보는 것은 어떨까? ⑧ 포도주 — 지혜를 가르치는 학교, 그 순수한 액체에 빠져 보는 것은? ⑨ 모데라토 칸타빌레Moderato Cantabile — 절제라기보다는 아끼는 태도, 그 방식을 따라 본다면?

알베르 쌍소는 "느림이라는 태도는 빠른 박자에 적응할 수 있는 능력이 없음을 의미하지 않는다. 느림이란 시간을 급하게 다루지 않고, 시간의 재촉에 떠밀려가지 않겠다는 단호한 결심에서 나오는 것이며, 또한 삶의 길을 가는 동안 나 자신을 잊어버리지 않을 수 있는 능력과 세상을 받아들일 수 있는 능력을 키우겠다는 확고한 의지에서 비롯하는 것이다"라고 말한다"알베르 쌍소(김주경 역), 「느리게 산다는 것의 의미」(동문선, 2000), 12~13쪽. Moderato Cantabile는 '보통의 빠르기로 노래하는 듯이'의 음악용어이다.

■ 김정탁 교수의 팁 – '장자'를 통해 화 다스리는 법

「장자」의 '외편' 중 산목山木에 나오는 이야기다. 어떤 사람이 배를 타고 강을 건너고 있었다. 느닷없이 배 한 척이 다가오더니 '쿵!'하고 충돌했다. 배가 기우뚱했다. 하마터면 물에 빠질 뻔했다. 그는 "야, 이놈아. 배 좀 똑바로 몰아!"하고 소리칠 참이었다. 그런데 상대편 배가 조용했다. 자세히 보니 빈 배였다. '아하, 빈 배였구나!' 다시 강을 건너가는데 또 다른 배가 와서 '쿵!'하고 부딪혔다. 이번에도 배가 출렁했다. 그는 '또 빈 배려니'하고 그냥 가려고 했다. 그런데 상대편 배에 타고 있는 사공이 보였다. 순간, 화가 솟구쳤다. 그는 "배를 똑바로 몰아!"하고 상대방에게 마구 퍼부었다. 배를 타고 한참 가던 그는 의문이 생겼다. '첫 번째 배는 화를 내지 않았는데, 두 번째 배는 왜 화를 냈을까?' 잠시 궁리하던 그는 '아하!'하고 깨달았다. "빈 배는 상대가 없었고, 두 번째 배는 상대가 있었구나." 김정탁 교수는 '빈 배' 일화에 담긴 메시지를 짚었다. "우리가 자주 화를 내는 이유가 뭔가. 상대방이 있기 때문이다. 장자는 우리에게 '상대가 있어도, 없다고 생각하고 세상을 한번 살아보라'고 말한다. 그렇게만 해도 마음이 저절로 비워진다. 화를 낼 일도 없어진다. 상대가 없으니까." 김교수는 장자의 이런 메시지를 한 글자로 표현했다. '허虛'. 비어 있다는 뜻이다. 그는 개인적 해석임을 전제하며 이렇게 말했다. "불교의 공空은 절대적 개념이다. 일반 사람이 다가서기 쉽지 않다. 반면 장자의 '허虛'는 상대방을 두고 들어간다. 더 쉽고, 더 구체적이다. 그게 '장자'의 미덕이다.」백성호 기자, "김정탁 교수(성균관대), "스스로 '정의롭다' 는 정권은 정의롭지 않아"" 중앙일보 2019년 1월 23일자 칼럼 참조.

법정 스님이 쓰신 수필 "진정으로 하고 싶은 일을 하라"에는 젊은 시절의 미켈란젤로의 이야기가 나온다. 인생의 의미, 행복의 의미를 생각해 볼 수 있는 맑고 향기로운 글이다.

▲ 줄리아노 부자르디니가 그린 「터번을 두른 미켈란젤로의 초상」
출처: 501 위대한 화가

이런 이야기가 전해진다. 그 옛날 장원의 한 영주가 산책길에 자신이 고용하고 있는 젊은 정원사가 땀을 흘리면서 부지런히 정원 일을 하는 것을 보았다. 걸음을 멈추고 살펴보니 정원을 구석구석 아주 아름답게 손질하고 있었다. 그뿐만 아니라 젊은 정원사는 자기가 관리하는 나무 화분마다 꽃을 조각하는 일에 열중하고 있었다. 이런 광경을 목격한 영주는 그 젊은 정원사를 기특하게 여겨 그에게 물었다.

"자네가 화분에다 꽃을 조각한다고 해서 품삯을 더 받을 것도 아닌데, 어째서 거기에다 그토록 정성을 기울이는가?"
젊은 정원사는 이마에 밴 땀을 옷깃으로 닦으면서 이렇게 대답했다.
"나는 이 정원을 몹시 사랑합니다. 내가 맡은 일을 다 마치고 나서 시간이 남으면 더 아름답게 만들기 위해 이 나무통으로 된 화분에 꽃을 새겨 넣고 있습니다. 나는 이런 일이 한없이 즐겁습니다."
이 말을 들은 영주는 젊은 정원사가 너무 기특하고 또 손재주도 있는 것 같아 그에게 조각 공부를 시킨다. 몇 년 동안 조각 공부를 한 끝에 젊은이는 마침내 크게 이룬다. 이 젊은 정원사가 뒷날 이탈리아 르네상스기 최대의 조각가요, 건축가이며 화가인 미켈란젤로 그 사람이다법정, 「맑고 향기롭게」(조화로운삶, 2010), 267~268쪽.

01 행복추구권과 관련해 헌법재판소가 내린 위헌결정 사례

① 사죄광고제도 ② 동성동본혼인의 금지 ③ 결혼식 하객에 대한 음식물 제공금지 ④ 인간으로서의 기본적 품위를 유지할 수 없게 하는 심한 신체수색 ⑤ 수감자에게 금속수갑과 가죽수갑을 착용하게 하는 것 ⑥ 차폐시설遮蔽施設이 불충분한 유치장에서의 화장실 사용강제 ⑦ 상관을 살해한 경우 사형만을 유일한 법정형法定刑으로 규정하고 있는 군형법 제53조 제1항 ⑧ 혼인빙자간음죄로 처벌하는 형법 제304조 ⑨ 간통죄의 형사처벌 등이 있다.

02 행복추구권과 관련해 헌법재판소가 내린 합헌결정 사례

① 무면허의료행위의 금지 ② 사형제도 ③ 사고운전자의 가중처벌 ④ 18세 미만의 노래연습장 출입금지 ⑤ 뺑소니 운전자의 운전면허를 필요적으로 취소하게 하는 것필요적 취소사유 ⑥ 운전사에게 안전띠를 매게 하는 것 ⑦ 강제가입을 규정한 국민연금법 ⑧ 강제가입을 규정하고 해제를 금지한 국민건강보험법 ⑨ 이륜자동차 등을 고속도로와 자동차전용도로에서의 주행금지규정 ⑩ 음주측정거부자에 대하여 필요적으로 운전면허를 취소하도록 한 규정필요적 취소사유 ⑪ 공인중개사의 거래내역을 신고하도록 한 「공인중개의 업무 및 부동산거래 신고에 관한 법률」 제27조 ⑫ 부모의 학교선택권은 헌법 제10조에서 나오는 중요한 기본권이나 추첨배정제는 제10조에 위반되지 아니한다는 결정 등이 있다.

평등권

고대 그리스의 아리스토텔레스Aristoteles는 평등을 곧 정의를 뜻하는 것으로 본다. 중세에는 평등을 '신 앞의 평등'으로 관념하고, 근대에 와서 평등은 '법 앞에 평등'으로 이해한다.

우리 헌법 전문은 "모든 영역에 있어서 각인의 기회를 균등히 하고 …

국민생활의 균등한 향상을 기한다"고 하여 평등의 이념을 선언하고 있으며, 이를 구현하기 위해 제11조 제1항에서 "모든 국민은 법 앞에 평등하다"고 규정하여 평등의 원칙과 일반적 평등권을 선언하고 나서, 사회적 특수계급의 금지^{동조 제2항}, 영전에 따른 특권의 금지^{동조 제3항}, 교육의 기회균등^{제31조 제1항}, 여자근로자의 차별금지^{제32조 제4항}, 혼인과 가족생활에 있어서의 양성의 평등^{제36조 제1항}, 선거에 있어서의 평등^{제41조 제1항, 제67조 제1항} 등 형식적 평등에 관한 규정과 생존권적 기본권^{제31조~제36조}, 경제질서^{제9장} 등 실질적 평등에 관한 규정을 두고 있다.

사람은 성별·종교·사회적 신분에 의해 차별받지 않는다. 사회적 신분이란 사회생활에 있어서 다소간 계속적으로 지속되는 지위를 말한다^{다수설}. 차별금지의 영역은 정치적·경제적·사회적·문화적 영역에 두루 걸친다.

핵심 내용은 특권제도의 금지이다. 계급제도의 부인과 영전일대^{榮典一代}의 원칙이 그것이다. 사회적 특수계급이란 귀족제도와 봉건적 제도를 말하는 것으로 고래의 반상^{班常}계급제도를 타파하기 위한 것이다. 그리고 영전의 세습이 이루어지면 특수계급이 발생할 수 있으므로 이를 금지하는 것이다.

▲ 평등　　　출처: 네이버지식백과

평등권의 구체적 내용으로는 교육의 기회균등, 여성근로자에 대한 차별대우 금지, 혼인과 가족생활에서의 양성평등, 평등선거의 원칙, 실질적·경제적 평등의 보장을 들 수 있다.

합리적 차별 여부는 인간의 존엄성 존중이라는 헌법의 최고원리와 정당한 입법목적^{공공복리 등}의 달성, 수단의 적정성이라는 세 가지 복합적 요소를 기준으로 하여 판단하여야 한다고 본다.

평등권의 내용과 관련하여 지금까지

자주 논란의 대상이 된 것은 평등권의 주체에 외국인이 포함되는지 여부다. 생각건대 외국인은 원칙적으로 평등권의 주체가 될 수 없지만, 다만 인간의 권리의 성격을 부여할 수 있는 범위 안에서는 주체가 될 수 있다고 보는 것이 타당하다.

■ **평등권에 관한 중요 판례**

① 남성에게만 병역의무를 부과하는 것은 불평등으로 볼 수 없다. ② 호주제는 남녀평등위반이다. ③ 직업군인들에게 육아휴직을 허용하면서 남성 단기복무장교에게는 이를 인정하지 않는 것은 차별을 정당화할 합리적인 이유가 있다. ④ 흡연자를 혐연자^{嫌煙者: 담배를 싫어하는 사람}와 달리 취급한 것은 평등원칙에 위반되지 않는다. ⑤ 대학교원에게는 정당가입 및 선거운동의 자유를 인정하면서 초·중등학교의 교원에 대해서 이를 금지한 것은 평등원칙에 위배되지 않는다. ⑥ 특정 로스쿨의 입학자격을 여성에게 한정하는 것은 남성의 직업선택의 자유를 침해하지 아니한다. ⑦ 경찰공무원과 청원경찰은 신분이 평등하지 않기 때문에 차별대우할 수 있다.

04
영원한
자유의 길

인신의 자유권: 신체의 자유

　신체의 자유는 시원적^{始原的} 권리로서 연혁적으로 기본권 중에서 가장 먼저 보장된다. 신체의 자유는 일찍이 영국의 1215년의 대헌장^{Magna Carta}을 비롯하여 1628년의 권리청원^{Petition of Right}과 1679년의 인신보호영장제도^{writ of habeas corpus}를 거쳐 1689년의 권리장전^{Bill of Rights}에서 확립된다.

　대헌장은 본래는 귀족의 권리를 재확인한 봉건적 문서였으나, 17세기에 이르러 왕권과 의회의 대립에서 왕의 전제^{專制}에 대항하여 국민의 권리를 옹호하기 위한 최대의 전거^{典據}로서 이용된다. 1215년 영국왕 존이 귀족들의 강압에 따라 승인한 칙허장^{勅許狀}이다. 새로운 요구를 내놓은 것은 없고 구래^{舊來}의 관습적인 모든 권리를 확인한 문서로서 교회의 자유, 봉건적 부담의 제한, 재판 및 법률, 도시특권의 확인, 지방관리의 직권남용 방지, 사냥, 당면한 애로사항의 처리 등 여러 규정을 포함하고 있다.

▲ 존 왕이 서명한 「마그나 카르타」
출처: 네이버지식백과

권리청원의 경우 청원이라는 형식을 취한 것은 새로운 입법의 형식으로는 국왕의 동의를 얻을 수 없으리라 판단한 입안자立案者들이 이 문서가 영국인이 과거부터 가지고 있던 권리를 단순히 선언한 것에 불과하고 새로운 권리의 창설이 아니라는 것을 국왕에게 이해시키려고 하였기 때문이라고 한다.

권리청원은 1628년 영국 하원에서 기초하여 그 해 6월 7일 찰스 1세의 승인을 얻은 국민의 인권에 관한 선언이다. 주요내용은 ① 의회의 동의 없이는 어떠한 과세나 공채도 강제되지 않는다는 것 ② 법에 의하지 않고는 누구도 체포·구금되지 않는다는 것 ③ 육군 및 해군은 인민의 의사에 반하여 민가에 숙박할 수 없다는 것 ④ 민간인의 군법에 의한 재판은 금지한다는 것 ⑤ 각종의 자유권을 보장한다는 것 등이다.

인신보호영장은 영미법상의 헤비아스 코오퍼스Habeas corpus 가운데 가장 중요한 영장의 하나이다. 기원은 「마그나 카르타」 이전으로 거슬러 올라가며 특히 헨리 4세 시대에 이르러 왕권의 부당한 행사에 대한 헌법상의 구제수단으로 사용하게 된다. 1679년의 「인신보호법 the Habeas Corpus Act」은 불법구금不法拘禁에 대하여 이 영장을 청구할 권리를 확정적으로 승인한 것이다.

권리장전은 1689년 12월에 제정된 영국 헌정사상 중요한 의미를 가지는 의회제정법이다. 영국의 의회정치 확립의 기초가 되고, 영국의 절대주의를 종식시켰다는 점에 영국 헌정상 큰 의의를 가진다. 권리장전은 명예혁명의 결과 이루어진 인권선언이다. 주요내용은 ① 의회의 동의 없이 왕권에 의하여 이루어진 법률이나 그 집행 및 과세의 위법 ② 의회의 동의 없이 평화시에 상비군의 징집 및 유지의 금지 ③ 국민의 자유로운 청원권의 보장 ④ 의원선거의 자유 보장 ⑤ 의회에서의 언론 자유의 보장 ⑥ 지나친 보석금이나 벌금 및 형벌^{刑罰}의 금지 등이다.

이것은 1776년의 미국의 버지니아권리선언^{Virginia Bill of Rights}과 1791년의 미국연방헌법 그리고 1789년의 프랑스의 인권선언 등에 도입되었다. 특히 영국에서는 인신보호영장제도를 통해, 미국에서는 적법절차조항의 해석을 둘러싼 많은 판례들을 통해 신체의 자유가 보장되어 왔다.

버지니아 권리장전은 1776년에 초안을 잡은 영향력 있는 문서이며 부당한 정부에 대한 반역의 권리를 포함한 인간에 내재하는 자연권을 선언한 것이다. 미국연방헌법은 역사적으로 볼 때 영국식민지의 지배하에 독립혁명으로써 쟁취된 산물이다. 프랑스의 인권선언은 프랑스혁명 때인 1789년 8월 26일 제헌국민회의가 인간의 자유와 평등, 저항권, 주권재민 등 인간으로서 누려야 할 권리를 공포한 선언을 말한다.

신체의 자유란 법률과 적법절차에 의하지 아니하고는 신체의 자유의 제한과 박탈이 금지되는 것을 말한다. 신체의 자유는 헌법이 지향하는 궁극적 이념인 인간의 존엄과 가치를 구현하기 위한 기본적인 자유로서 기본권보장의 핵심이 된다. 신체의 자유의 내용으로는 법률주의, 적법절차를 들 수 있다. 법률주의란 법률에 의하지 아니하고는 체포·구속·압수·수색 또는 심문을 받지 않는 권리를 말한다^{제12조 제1항}. 또한 모든 국민은 적법한 절차에 의하지 아니하고는 처벌·보안처분 또는 강제노역을 받지 아니한다^{제12조 제1항 후문}.

신체의 자유의 실체적 보장을 위해 죄형법정주의, 일사부재리의 원칙, 연좌제의 금지가 채택되어 있다. 죄형법정주의란 '법률 없으면 범죄 없고 법률 없으면 형벌도 없다'는 근대형법의 기본원칙을 말한다^{제12조 제1항 후문}. 일사부재리^{一事不再理}의 원칙은 동일한 범죄에 대하여 거듭 처벌하지 아니한다는 원칙을 말한다^{제13조 제1항 후단}. 그리고 헌법 제13조 제3항은 "모든 국민은 자기의 행위가 아닌 친족의 행위로 인하여 불이익한 처우를 받지 아니한다"고 규정하여 연좌제를 금지하고 있다. 여기서 불이익한 처우란 해외여행의 제한이나 공무담임권의 제한 그 밖에 모든 영역에 있어서 국가기관에 의한 모든 불이익한 대우를 포함한다.

신체의 자유의 절차적 보장으로는 영장제도^{영장구속주의}, 구속이유 등의 고지제도, 구속적부심사제^{拘束適否審査制}가 있다. 즉 체포·구속·수색·압수에는 검사의 신청에 의하여 법관이 발부한 영장을 제시하여야 한다. 영장제도는 보통법전통^{영미법계}에서 발달한 제도로 우리나라에서는 군정법령 제176호에 의하여 도입되고, 그것이 헌법에 계수된 것이다.

> 헌법재판소는 참고인에 대한 동행명령제도는 참고인의 신체의 자유를 침해하기 때문에 영장이 필요하다고 본다^{헌재 2008. 1. 10, 2007헌마1468}.

그리고 누구든지 체포 또는 구속의 이유와 변호인의 조력을 받을 권리가 있음을 고지받지 않고는 체포 또는 구속을 당하지 아니한다. 체포 또는 구속을 당한 자의 가족 등 법률이 정하는 자에게는 그 이유와 일시·장소가 지체 없이 통지되어야 한다^{제12조 제5항}. 또한 누구든지 체포·구속을 당한 때에는 그 적부의 심사를 법원에 청구할 수 있다^{제12조 제6항}. 구속적부심사제란 피구속자 또는 관계인의 청구가 있으면 법관이 즉시 본인과 변호인이 출석한 공개법정에서 구속의 이유를 밝히도록 하고, 구속의 이유가 부당하거나 적법하지 아니한 때에는 법관이 피구속자를 석방시키는 제도를 말한다.

형사피의자와 형사피고인의 권리로는 무죄추정의 원칙, 구속이유 등을 고지받을 권리, 변호인의 조력을 받을 권리, 구속적부심사청구권, 고문을 받지 아니할 권리, 불리한 진술거부권^{묵비권}, 자백의 증거능력·증명력 제한, 신속한 공개재판을 받을 권리, 형사보상청구권을 들 수 있다.

01 무죄추정원칙에 대한 헌법재판소의 판례

> 헌법재판소는 ① 미결수용자가 수사 또는 재판을 받기 위해 밖으로 나올 때 재소자용 의류를 입도록 하는 것^{헌재 1999. 5. 27, 97헌마137} ② 압수한 과세

범칙물건을 유죄판결이 확정되기 전에 국고에 귀속하도록 하는 것_{헌재 1997.}
_{5. 29, 96헌가17} 등은 무죄추정원칙에 반한다고 판시하였다.

02 미란다(Miranda)판결

어네스트 미란다는 애리조나에서 강간혐의로 체포되어 '심문실'로 끌려가서 심문을 받았다. 여러 시간에 걸친 맹렬한 추궁 끝에 그는 유죄자백서에 서명했다. 이 자백은 재판에서 증거로 제공되었고 미란다는 유죄평결을 받았다. 연방대법원은 유죄평결을 파기하면서 경찰이 지켜야 할 몇 가지 수칙을 제시하였다. 경찰이 어떤 사람을 체포할 때에는, 심문에 앞서 경찰은 진술을 거부할 수 있다는 것과 변호사와 상담할 수 있으며 심문을 받을 동안 변호사를 대동할 권리가 있다는 것을 알려주어야만 한다는 것이다. 이것이 TV경찰드라마 시청자 누구에게나 친숙한 유명한 '미란다경고_{Miranda Warning}'이다. 미란다원칙에 대한 불만은 경찰력을 무력하게 한다는 것이다.

양심의 자유

양심의 자유는 신앙의 자유와 함께 인간의 '내면의 자유'로서 정신적 자유의 근원을 이루고 있다. 고대와 중세에는 국가권력이 무절제하게 남용되어 내심의 자유마저 억압되었다. 근대에 들어오면서 개성에 대한 자각과 합리주의의 발달로 인하여 내심의 자유의 절대적 보장이 주창되기 시작했으며, 수세기에 걸친 국가권력에 대한 투쟁의 결과 양심의 자유가 헌법에 보장되기에 이른다.

헌법 제19조는 "모든 국민은 양심의 자유를 가진다"고 규정하여 양심의 자유를 보장하고 있다. 양심의 자유는 종교의 자유와 함께 인간의 내심의 자유로서 정신적 자유의 근원을 이루고 있다. 양심良心이란 종교적 사항과 윤리적 사항 및 그 밖의 사항에 대한 사상 또는 신념에 대한 내심의 자유를 말한다. 양심의 자유의 법적 성격은 최상급 기본권 또는 최상의 기본권으로 볼 수 있다. 양심의 자유의 내용으로는 양심형성의 자유, 양심유지의 자유, 양심실현의 자유를 들 수 있다.

> 헌법재판소는 ① 지문날인제도헌재 2005. 5. 26, 99헌마513 ② 자동차좌석띠의 착용 강제헌재 2003. 10. 30, 2002헌마518 ③ 주취운전혐의자에 대한 음주측정에 응할 의무헌재 1997. 3. 27, 96헌가11 등은 양심의 자유의 보호영역에 포함되지 않는다고 판시하고 있다.

양심의 자유와 관련된 문제로는 첫째, 증언의 거부이다. 사실에 관한 지식이나 기술적 지식의 진술을 거부할 자유는 양심의 자유에 포함되지 않는 것으로 본다. 둘째, 취재원取材源에 대한 진술거부권이다. 신문기자의 취재원에 관한 증언거부권의 보장은 양심의 자유에 포함되지 않는다고 보아야 한다. 셋째, 사죄광고이다. 넷째, 양심적 병역거부문제이다. 미국이나 독일 등에서는 집총執銃이나 전투에 종사하는 것을 자신의 양심에 반하는 절대악絶對惡이라 확신한 나머지 이를 거부할 경우 양심적 집총거부자라 하여 헌법이나 법률로써 병역을 면제해 주는 제도가 인정되고 있다. 이와 관련한 우리 헌법재판소의 최근 결정을 보자.

> **그리스도인의 이른바 양심상의 결정으로 군복무를 거부하는 것은 양심의 자유에 속하는가?**
> 헌법재판소는 2018년 6월 병역거부를 처벌하는 조항인 병역법 제88조 1항에 대해서는 '합헌' 결정을 내렸다. 다만, 병역 종류에 대체복무제를 포함하지 않은 병역법 제5조 1항에 대해 '헌법불합치'를 결정했다. 헌법재판소는 병역법 제5조에 대해 2019년 12월 31일까지 개정하라고 판시하였으며, 기한까지 대체복무제가 반영되지 않으면 해당 조항은 2020년 1월 1일부터 효력을 상실한다. 과거 전원합의체로 유죄를 선고한 바 있던 대법원은 2018년 11월 "양심적 병역거부자를 형사 처벌할 수 없다."는 입장으로 병역법 위반 무죄를 판결하였다. 참고로 2016년 기준 유엔 회원국 193개국 중 57개국이 헌법이나 법률로 양심에 따른 병역거부를 인정하고 있다.

OECD 회원국(37개국)으로 한정하면, 징병제가 있는 13개국 중 대체복무제가 있는 나라는 9개국이다^{두산백과}.

다섯째, 반체제적 사상문제이다. 민주주의를 부정하는 사상의 수용은 곧 민주주의의 자살을 의미하므로 양심의 자유로 보장되지 않는다.

종교의 자유

"일전에 달라이라마의 인터뷰를 본 일이 있었다. 서방에서 온 어느 기자가 물었다. 종교란 무엇입니까? 달라이라마는 조금의 망설임도 없이 간결하게 대답했다. "예. 종교란 친절한 마음입니다.""^{공지영, 「공지영의 수도원} ^{기행」(김영사, 2001), 127쪽}.

중세에 있어서는 정교일치政敎一致의 정책과 종파의 투쟁으로 인하여 개인의 신앙의 자유와 진정한 의미의 종교의 발달은 저해된다. 이에 위반하면 이단자異端者로서 가혹한 처벌을 받았다. 그 예가 근대의 가장 위대한 유태인이고 근대 철학자 중의 가장 위대한 철학자 스피노자^{Baruch De} ^{Spinoza, 1632~1677: 네델란드의 철학자. 유태인 상인의 아들로 태어난 그는 그의 자유주의 사상 때문에}

▲ 스피노자   출처: 위키피아

^{유태 교회에서 파문당함}이다. 스피노자는 네델란드 학자 빈 덴 엔데에게서 라틴어를 배웠는데, 선생에게는 아름다운 딸이 있었다. 그녀는 스피노자의 사랑을 얻고자 라틴어의 성공적인 경쟁자가 되었다. 그러나 젊은 숙녀는 그다지 지적인 여자는 아니었으므로 절호의 기회를 놓치고 다른 구혼자가 값진 선물을 한아름 안고 나타나자 스피노

자에 대한 사랑을 잊었다. 우리들의 주인공이 철학자가 된 것은 바로 이 순간이었다월 듀란트, 「철학이야기」, 127쪽. 그는 모든 철학자 중에서 가장 외롭고, 가장 눈에 안 띄며, 가장 겸손하고 조용한 철학자이다. 그는 성인이 되자마자 그의 고향의 유태인 종교공동체와 치열한 논쟁에 휘말리게 된다. 성서 전통에 대해 비판적인 소견을 밝힌 것이 도화선이 된다. 신은 신체 − 물질의 세계 − 를 갖고 있고 천사는 환상이며 영혼은 단지 생명에 불과한지도 모른다고 친구들에게 말한 것이 이단異端의 혐의로 교회의 장로들 앞에 소환된 이유이다.

결국은 유태인 교회의 단호한 추방령을 선고받았다. 1656년 7월 27일 그는 헤브라이의 음울한 종교의식의 온갖 절차를 밟아서 파문된다. 서양에서의 종교적 파문破門: 신도로서의 자격을 빼앗고 종문(宗門)에서 내쫓는 일은 죽음보다도 더 무서운 형벌로 여겨진다. 파문이라는 것은 법의 보호를 받지 못한다. 즉 누군가에게 죽임을 당한다 해도 아무런 문제가 되지 않는다는 의미이다. 헤브라이의 음울한 파문의 종교의식을 보자. "저주의 말을 읽는 동안 때때로 큰 각적角笛의 울부짖는 듯 느린 곡조가 들렸다. 식이 시작될 때에는 환하게 켜 있던 등불은 식의 진행에 따라 하나씩 꺼지고 드디어 마지막 등불이 꺼졌고 − 파문당한 사람의 영적 생명의 소멸을 상징한다 − 회중會衆은 칠흑 같은 어둠에 파묻혔다"그레츠, 「유태인의 역사」.

진리에, 오로지 진리에만 귀기울이는 사람은 그것 때문에 생겨나는 결과에 대해서는 신경을 쓰지 않는다. 인간의 판단 따위는 두려워하지 않는다. 이러한 의미에서 스피노자는 진정한 철학자이다. 스피노자는 진리를 향한 추구가 공식 교회의 문전에서 정지될 수는 없다고 확신한다. 스피노자의 내면은 커다란 열망으로 가득차 있었다. 무상함을 초월하여 영원에 이르려는 열망, 유한 속에서 갖는 정열로서 어느 시대에서나 철학의 근본 느낌인 그 열망으로 가득차 있었다. 스피노자는 끝내 외로운 사색의 고요 속에 머물러 있었으며 안경을 깎을 때 나는 유리먼지 때문에 생긴 폐병으로 오랫동안 고생하다가 1677년 2월 20일 44세의 나이로 역시 고독하게 죽는다^{W. 바이세델(이기상 · 이말숙 역), 「철학의 뒤안길」, 197~210쪽 참조.}

스피노자는 유태인 사회에서 살 때 렌즈를 가는 솜씨를 익혔는데, 헤브라이 법전에는 모든 학생이 수공기술을 배워야 한다는 규정이 있었다고 한다. 이스라엘의 율법학자로 바울의 스승인 가마리엘이 말한 것처럼 노동은 인간을 유덕하게 하는 반면 "기술 없는 학자는 결국 악한이 되기" 때문이다.

진위 논란이 있기는 하지만, 스피노자는 "내일 지구의 종말이 온다 할지라도 오늘 한 그루의 사과나무를 심겠다"는 말을 남긴 것으로 전한다. 역시 신념에 찬 철학자다운 말이다.

종교의 자유는 종교개혁^{宗教改革}에서 비롯되어 칼비니즘^{Calvinism}과 퓨리터니즘^{Puritanism}에 의해 점차 확립된다. 그 사상적 기초는 관용의 정신이다. 종교의 개념에 대해서는 정설이 없지만, 인간의 상념의 세계에서만 존재할 수 있는 신이나 절대자 등 초월적 존재를 신봉하고 그것에 귀의하는 것을 말한다.

■ 종교개혁

16~17세기 유럽에서 로마 가톨릭 교회의 쇄신을 요구하며 등장했던 개혁운동이다. 이를 통해 오늘날 프로테스탄트라 부르는 교파가 생겼다. 프로테스탄트^{protestant}는 저항 혹은 저항하다의 뜻이다. 1529년 독일의 제국의회에서 마르틴 루터가 황제 카를 5세 등 가톨릭 권력자들 앞에서 굽히지 않고 자신의 신앙을 항변한 데서 유래했다. 이후 사람들은 종교개혁가들을 '프로테스탄트'라고 불렀다. 종교개혁의 정신은 바로 이 '저항'이라는 말 속에 담겨 있다. 종교개혁은 교회의 혁신운동이지만 근대국가의 성립이라는 정치적 변혁과 밀접한 함수관계에 있었다. 르네상스적 인문주의와 종교개혁과는 본질적으로 성격을 달리한다. 즉 르네상스적 인문주의는 예술적이고 귀족적이어서 참으로 역사를 변혁할 힘을 갖지 못하였다. 이와는 달리 종교개혁운동은 깊이 민중의 마음을 포착하여 역사를 움직였다. "16 · 17세기 중반까지 계속된 종교개혁과 종교전쟁은 서구 문화에 종교와 신앙, 양심의 자유와 관용을 싹틔운 중요한 사건으로 기록되고 있다. 미국 정치철

학자 존 롤스는 종교개혁에 대해 신념이 다르다고 죽이거나 잡아가두지 않는 '교조적 폭력'으로부터의 해방, 즉 종교적 관용성을 자유주의의 기원으로 해석한 바 있다. 근대에 접어들자 종교의 자유는 곧 민주주의의 척도로 인식되기 시작했다(김희윤기자, "[신조어사전] 데모사이드(democide) - 공권력에 죽임당한 사람들" 아시아경제신문 2018년 12월 7일자 기사 참조. 근대의 서곡이라 할 르네상스와 종교개혁은 그 출발점과 역사상 미친 영향 면에서 볼 때 근본적으로 다르다출처: 두산백과.

■ **종교개혁 500년의 의미 - 내가 너희를 자유하게 했으니, 다시는 종의 멍에를 메지 말아라**

중앙일보 백성호 기자가 '종교개혁 500년'이라는 주제로 이정배 전 감리교신학대학 교수와 인터뷰한 기사를 소개한다. 「…중세의 유럽은 종교사회였다. 평민들은 교육을 받을 수 없었고 글도 몰랐다. 라틴어 성경은 성직자들의 전유물이었다. 사람들은 자기 구원을 위해 온갖 선행을 쌓아야 하거나 돈을 주고 면벌부면죄부를 구입해야 했다. 구원을 위한 비용 부담은 너무나 컸다. 그로 인한 사람들의 고통도 컸다. 박제화된 교리, 박제화된 신앙 때문이었다. 이에 루터가 반기를 들었다. 이정배 원장은 그 이유도 설명했다. "도덕적 행위를 강조하는게 중세의 신앙 양식이었다. 루터는 이걸 뒤바꾸었다. '오직 믿음, 오직 은총, 오직 성서'를 주장했다. 한 개인의 내면적 하나님에 대한 신뢰, 그런 직접적 관계에 방점을 찍었다. 루터는 그게 신앙의 근본이라고 설파했다." 인터뷰 말미에 가슴에 품고 사는 딱 하나의 성경 구절을 물었다. "내가 너희를 자유하게 했으니, 다시는 종의 멍에를 메지 말아라." 이건 루터가 가장 좋아했던 구절이기도 하다. "이게 종교개혁의 정신이라고 본다. 예수께서는 인간의 근원적 한계, 실존적 한계, 종교적 한계까지 모두 자유롭게 하려 이 세상에 오신 분이다. 종교의 노예, 제도의 노예, 먹고 사는 문제의 노예가 되지 말라고 했다. 나는 거기에 부활의 길이 있다고 본다." 이정배 원장은 감리교신학대학을 졸업하고 스위스 바젤대에서 5년간 유학하고, 유교와 기독교의 만남을 주제로 논문을 썼다. 다석 유영모 사상을 통해 한국적으로 신학을 하고, 한국적으로 사유하는 방식을 깨달았다」백성호 기자, "종교개혁 500년 - 이정배 전 감신대 교수" 인터뷰기사, 중앙일보 2017년 4월 21일자 기사 참조.

헌법 제20조는 "① 모든 국민은 종교의 자유를 가진다. ② 국교는 인정되지 아니하며, 종교와 정치는 분리된다"고 규정하여 종교의 자유를 보장하는 동시에 국교의 불인정과 정교분리의 원칙을 선언하고 있다.

종교의 자유란 자기가 원하는 종교를 믿거나 어떠한 종교도 믿지 않는 자유를 말한다. 종교의 자유의 내용으로는 종교의 내면적 자유신앙의 자유, 종교의 외면적 자유신앙실천의 자유를 들 수 있는데, 후자는 종교의식의 자유, 종교선전의 자유, 종교교육의 자유, 종교적 집회·결사의 자유 등을 포함한다.

그리고 종교적 학교종립학교에 있어서의 종교교육은 인정되나, 다른 종교 신도인 학생에 대한 종교의식 참여강제는 문제가 될 수 있다. 국공립 학교의 경우는 일반적인 종교교육은 허용되나 특정한 종교교육은 금지된다. 우리 헌법은 국교부정 및 정교분리의 원칙을 채택하고 있으므로 특정종교의 우대와 정치간섭이 금지되고 국가의 종교교육과 종교활동도 금지되며 특정종교에 대한 차별대우도 금지된다.

학문의 자유

진리탐구의 자유를 의미하는 학문의 자유는 인간의 자유, 특히 정신적 자유를 그 근본원리로 하는 근대 민주주의의 발전과 함께 형성된다. 학문의 자유가 독립적으로 주장된 것은 17세기에 영국의 베이컨Francis Bacon, 1561~1626과 밀턴John Milton, 1608~1674에 의해서라고 한다. 학문은 자연과 사회의 변화·발전에 관한 법칙 또는 진리를 탐구하고 美를 인식하는 행위이다.

헌법 제22조 제1항은 "모든 국민은 학문 … 의 자유를 가진다"고 규정하여 학문의 자유를 보장하고, 제31조 제4항은 "교육의 자주성, 전문성, 정치적 중립성 및 대학의 자율성은 법률이 정하는 바에 의하여 보장된다"는 규정을 두어 학문의 자유에 대한 제도적 보장을 명문화시켜 놓고 있다.

학문은 자연과 사회의 변화·발전에 관한 법칙을 발견하고 새로운 진리를 탐구하는 모든 정신적 활동을 말한다. 학문의 자유란 진리탐구의 자유를 말한다. 학문의 자유에는 학문연구의 자유, 교수敎授의 자유, 연구발표의 자유, 학문을 위한 집회·결사의 자유가 포함된다. 학문의 자유와 관련하여 중요한 것이 대학의 자유이다. 대학의 자유의 본질은 대학자치이다. 대학의 자유에는 자주결정권, 교수의 직무상의 독립이 포함되나 학생회 자치는 여기서 제외된다.

요즘 대학은 구조개혁으로 극심한 진통을 앓는 중이다. 원인은 대학진학자가 2025년에는 현재의 절반 가까이 줄어든다는 통계 때문이다. 그렇게 되면 100개가 넘는 대학이 문을 닫을 가능성이 있기 때문에 미리 구조개혁을 통해 대비하자는 것이다. 그리고 사회의 수요에 부응하는 시스템으로 전환해야 한다는 사회적 요구를 수용한 측면도 있다. 사회와 대학생들의 인식과는 달리 대학이 학문의 중추적 요람이자 전당이 되어야 한다는 요청은 오늘날에도 여전히 유효하다. 그렇기 위해서는 대학체제 전반에 걸친 면밀한 구조개혁 노력이 국가사회적으로 이루어져야 한다.

아래 글은 중앙일보 양영유 논설위원이 빌 게이츠가 하버드대학을 중퇴한 이유를 분석한 칼럼과 캠퍼스 없는 '미래형 통섭대학 − 미네르바 스쿨'에 관한 기사이다.

01 빌 게이츠가 하버드대학을 중퇴한 이유

빌 게이츠에게 응용수학을 가르쳤던 미국 하버드대 해리 루이스 컴퓨터공학과 교수를 인터뷰한 적이 있다. 「하버드가 잃어버린 교육, 대학 교육의 미래는」을 쓴 그는 "대학은 학생의 장래성을 키워주는 곳이다. 학교와 교수가 그걸 못해 주면 존재할 이유가 없다"고 했다. 그렇다면 게이츠는 왜 하버드대를 중퇴했을까. 루이스 교수에게 물었더니 "명석하고 독창적인 학생이었는데 (우리가) 잠재력을 파악하는 데 실패했다. 그래서 떠났다"며 자성했다. 그리고 하버드가 잃어버린 것은 영혼, 바로 학
생 교육에 대한 고민이라고 강조했다. … 대학은 집단
지성의 집합소다. 자율성과 다양성, 자존감이 작동돼야
인위적 간섭에 휘둘리지 않는다. 그런데 '샤워실의 바
보'가 돼 버렸다. 교육부가 '차가운 물^{대학 설립 준칙주의}'
을 틀자 우후죽순 설립하더니, '뜨거운 물^{정원 감축}'로 급
변침해도 말을 못한다. 학생 추계를 엉터리로 한 교육

▲ 빌 게이츠
출처: 네이버

부에 근본 책임이 있지만, 대학의 자업자득이기도 하다. 결국 교육부와 대
학이 공진화^{coevolution}하지 않으면 절대 고등교육 생태계는 바뀌지 않는다.
파괴적 혁신이 필요한 이유다^{양영유, "영혼 없는 대학은 망하게 놔둬라," 중앙일보 2016}
^{년 4월 18일자 칼럼 참조}.

02 캠퍼스 없는 '미래형 통섭대학 - 미네르바 스쿨'

「현재 한국 청소년들의 미래역량은 어떤 수준일까. 중앙일보는 연세대 커
뮤니케이션연구소 김주환 교수팀과 전국 중·고교생과 대학생 1100명을
대상으로 미래역량 지수를 측정했다. 연구팀은 미래역량에 대한 국내외
연구 결과와 중앙일보가 조사한 명사 100명의 의견을 종합해 청소년들에
게 필요한 핵심역량을 꼽았다. 창의력·인성·융복합능력 등의 근본이 되
는 요소들을 범주화해 '자기조절력', '자기동기력', '대인관계력', '디지털역
량' 등 4개 핵심역량을 선정했다. (중략) 미네르바스쿨은 미래 대학의 대
안으로 떠오르는 교육기관이다. 2014년에 생겼다. 재학생은 현재 500여
명. 샌프란시스코^{미국}, 베를린^{독일}, 부에노스아이레스^{아르헨티나}, 서울^{한국}, 하
이데라바드^{인도}, 런던^{영국}, 타이베이^{대만} 등 세계 7개 도시에 기숙사가 있다.
학생들은 4년간 기숙사가 있는 도시들을 돌며 현지 문화와 산업을 배운다.
수업은 월~목요일에 한다. 모든 수업은 온라인 화상 교육으로 이뤄져 있
다. 카페든 도서관이든 노트북을 켜는 곳이 강의실이다. 세계 7개 도시에
흩어져 있는 교수와 학생들이 시간에 맞춰 노트북을 연다. 수업 전에 영상
강의를 미리 듣거나 논문이나 책을 읽고 와서 토론식 수업한다. 미네르바
스쿨 학생들은 인문학부터 코딩에 이르기까지 전 분야를 통섭해 배운다.
3학년 때 선택할 수 있는 전공도 '사회과학과 뇌신경과학' '컴퓨터과학과
데이터과학'처럼 모든 과목이 2~3개 세부 전공이 융합돼 있다. 2학년 김
진홍(21)씨는 "복잡한 미래 사회에선 수학·물리·철학 등 한 개 학문 분

야의 지식으로는 문제를 해결할 수 없다. 같은 이슈도 다양한 관점에서 바라보고 해결책도 융합적으로 찾는 방법을 배운다"고 말했다. 미네르바 같은 새로운 유형의 대학이 부상하는 반면 기존 대학들은 위기를 겪고 있다. "2030년 전에 세계 대학의 절반이 사라질 것"미래학자 토머스 프레이이라는 예측까지 나온다. 기존 대학이 위협을 받는 건 지식 습득 위주인 기존 교육체계가 붕괴 위기에 놓였기 때문이다. 지식 습득 위주의 교육이 붕괴하는 것은 '인공지능AI' '4차 산업혁명' 등으로 상징되는 미래의 혁신기술 때문이다. 앞으로 10년 뒤엔 일자리 중 절반이 AI로 대체된다는 전망한국직업능력개발원이 나오는 상황에서 인간은 AI와의 경쟁에서 살아남기 위해 새로운 역량을 길러야 한다.」윤석만·남윤서·전민희 기자, "하버드보다 입학 어려운 新대학 미네르바 스쿨 가보니" 중앙일보 2018년 1월 12일 기사 참조.

아래 사진은 문학과 역사와 철학으로 유명한 하이델베르크 대학 전경이다. 2005년경에 하이델베르크를 방문한 적이 있는데, 도시의 원형을 보는 듯한 느낌을 강하게 받은 기억이 난다. 하이델베르크는 '철학자의 길'로 널리 알려져 있다. 이 길을 걸으며 괴테나 헤겔, 하이데거, 야스퍼스와 같은 당대 철학자들이 사색을 통해 위대한 발견과 이론을 정립하였다고 한다. 일본 교토에도 '철학자의 길'이 있다.

▲ 독일 하이델베르크 대학교
국립 종합대학으로 1386년에 창립된 독일에서 가장 오래된 대학이다   출처: 두산백과

1871년 통일 독일 수립 이전, 칼스버그 공국의 황태자 칼Karl은 전형적으로 군인으로 자라난 따분한 남자였다. 오죽하면 결혼해야 할 공주를 소개받자마자 단박에 차일 정도로 매사 뻣뻣하고 건조하기 짝이 없는 데다가, 한 술 더 떠 키스까지 지독히 못하는 것이 이유였다. 그리하여 그가 '유배'를 간 곳이 대학도시 하이델베르크이다. 인생과 사람을 배워 오라는 왕의 명령이었다. 이것이 1954년 할리우드에서 제작된 뮤지컬 영화 '황태

자의 첫사랑'의 도입 이야기다. 그가 평민들의 합창단에 가입하며 1ℓ는 족히 넘어 보이는 맥주를 단숨에 들이켜는 신고식 장면은 영화사에 손꼽힐 명장면이다. 전쟁기계 같던 황태자가 하이델베르크에서 인생과 사람을 깨우치는, 그야말로 환생의 순간을 맞이한다. 대학도시 하이델베르크는 문학·역사·철학의 도시이자 인생·사람·사랑의 도시이기도 한 셈이다.

학문의 자유의 한계에 대해 독일연방헌법은 헌법에의 충성의무를 부과하고 있다^{제5조 제3항}. 우리의 경우에도 학문의 자유가 외부적 행위로 표출될 때에는 헌법 제37조 제2항에 의해 제한을 받는다. 대법원은 미문화원 점거농성사건에서 반국가단체=북한를 이롭게 할 목적으로 공산주의 혁명이론 및 전술에 관한 내용을 담은 서적을 소지하고 있었다면 그것은 학문의 자유를 넘은 것이라고 판시하였다^{대판 1986. 9. 9, 86도1187}.

삶 속의 크고 작은 질문들① 혼자 있는 법 ② 나이 드는 법 ③ 지적으로 운동하는 법 ④ 정서적으로 건강해지는 법 ⑤ 자연과 연결되는 법 ⑥ 역경에 맞서는 법 ⑦ 일과 삶의 균형을 이루는 법 ⑧ 가슴 뛰는 직업을 찾는 법 등을 놓고 함께 공부하고 배우는 학교가 있다. '스쿨 오브 라이프The School of Life'. 말 그대로 '인생학교'다. 국내에도 베스트셀러 저자로 이름 높은 작가 알랭 드 보통Alain de Botton, 1969~. 스위스에서 태어나 8살에 가족들과 영국으로 이주했으며, 케임브리지대학교에서 역사학을 전공이 세웠다고 해서 더 유명해진 곳이다. 사실, 이 학교가 홈페이지에 내건 지향점이나 프로그램의 면면을 보면 보통이라는 걸출한 작가가 그동안 발산해온 지적 감성의 연장이자 확대판이라 할 수 있다. 2008년 영국 런던에서 그와 몇몇이 의기투합해 처음 문을 연 이 학교가 지금은 세계 도처에 분교까지 열면서 가지를 뻗고 있다. 2015년 10월에 서울에 분교를 개설하였다.

▲ 작가 알랭 드 보통이 세운 런던에 있는 1호 인생학교　　출처: 조선일보

런던에 있는 1호 학교는 도심 지역에 해당하는 블룸스버리에 자리잡

▲ 알랭 드 보통
출처: 조선일보

고 있다. 이 지역은 예전부터 저명한 작가와 석학이 근거지로 삼은 인문과 예술 교양의 동네로 자부심이 강한 곳이다. 저 유명한 '블룸즈버리 그룹'이 여기서 나왔다. 1차 세계 대전이 터지기 전인 1907년부터 1930년 사이 이 동네에 살던 예술평론가 아서 클라이브 벨의 집에 작가와 예술가, 철학자들이 모여 대화를 즐긴 것을 말한다. 여기에는 철학자 버트런드 러셀, 경제학자 존 메이너드 케인스, 소설가 버지니아 울프와 올더스 헉슬리, 시인 T S 엘리어트 같은 당대의 지성들이 발을 들였다. 지금도 이곳은 교육, 예술, 의학 분야의 허브로 손꼽힌다. 바로 인근에 대영박물관을 비롯해 런던대학, 런던예술대학, 가디언, 구글 같은 지식 관련 기관과 단체, 기업들이 즐비하다. … 지금까지 인생학교 How 시리즈가 12권까지 출간됐다. 알랭 드 보통의 기본적인 구상은 아카데미의 세계, 상아탑의 지혜를 도심의 거리로 불러내자는 것이었다. 인문학, 예술의 지혜들을 가지고, 구체적으로 좋은 삶은 어떤 것인지 고민하는 일반 시민들에게 도움을 주려는 것이었다고 한다^{전병근, "알랭 드 보통의 '인생 학교'는 이런 곳," 조선일보 2015년 5월 20일자 기사 참조.}

아래 사례는 교육을 "숫자를 만드는 공장이 아니라 고귀한 사람과 공동체의 가치를 담는 그릇"으로 생각하는 영국의 교육현실을 경험한 서울대 김병연 교수의 일화이다.

> ■ **영국에서의 교육 – 숫자를 만드는 공장이 아니라 고귀한 사람과 소중한 공동체의 가치를 담는 그릇**
>
> 「…영국에서 고(故) 김근태 의원을 뵐 기회가 있었다. 대통령 경선 직후 방문했을 때였다. 영국에서 가장 감명 깊은 것이 뭐냐는 김 의원의 진지한 물음에 '사람'이라고 답했다. 예로 든 사연은 이랬다. "우리 아이가 다니고 있는 초등학교 학생들이 갓 영국에 와 영어도 서툰 한국 학생을 전교 회

장으로 뽑았다. 그 한국 친구가 축구하는 것을 보니 리더십이 충분히 있을 뿐더러 회장이 되면 영어를 더 빨리 배울 것으로 초등생들이 생각했다는 것이다." 김 의원은 충격을 받은 듯 "아니 인간은 원래 이기적인데 어떻게 그게 가능한가요" "더욱이 어떻게 초등학생이 그렇게 생각할 수 있단 말이에요"라고 되물었다. "그것이 교육을 석차로만 아는 나라와 가치로 아는 나라의 차이이고 국격입니다"라고 답했다. 그 답의 무게 때문인지 그의 약간 기울어진 기운 고개가 더 기울어진 듯 했다.…」김병연 서울대 교수, "야만의 시대는 지금도 계속된다" 중앙일보 2019년 4월 10일자 칼럼. 김교수는 "영국에서의 교육은 숫자를 만드는 공장이 아니라 고귀한 사람과 소중한 공동체의 가치를 담는 그릇"이라고 갈파하고 있다.

예술의 자유

헌법 제22조는 "모든 국민은 … 예술의 자유를 가진다"고 규정하고 있다.

예술이란 미적인 감각세계의 창조적이고 개성적인 표현형태를 말한다. 전문가에 의한 객관적 판단이 중요하다. 예술의 자유의 내용으로는 예술창작의 자유, 예술표현의 자유, 예술적 집회·결사의 자유를 들 수 있고 예술적 결사의 경우에는 일반 결사보다 광범하게 보장된다.

예술의 자유의 한계는 민주적 기본질서를 부정하여서는 안 되고 타인의 권리와 명예와 사회윤리를 침해해서도 아니 된다. 예술의 자유는 제37조 제2항에 의해 제한된다. 영

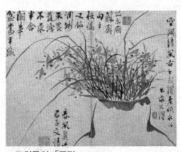

▲ 조희룡의 「묵란」
조희룡은 시·글씨·그림에 모두 뛰어난 재능을 보였는데, 글씨는 추사체를 본받았고, 그림은 난초와 매화를 특히 많이 그렸다. 난초 역시 김정희의 묵란화의 정신을 본받아 그렸다. 오랫동안 유배생활을 했다.
〈호암미술관〉 소장

화·연극 등의 사전검열은 원칙적으로 위헌^{헌재 1996. 10. 4, 93헌가13}이다.

헌법재판소는 사전금지의 원칙은 모든 형태의 사전적인 규제를 금지하는 것은 아니고, 의사표현의 발표 여부가 오로지 행정권의 허가에 달려 있는 사전심사만을 금지하는 것이라고 한다^{헌재 1996. 10. 4, 93헌가13등(병합)}.

:
:
표현의 자유

표현의 자유란 전통적으로는 사상 또는 의견의 자유로운 표명^{발표의 자유}과 그것을 전파할 자유^{전달의 자유}를 의미하는 것으로서, 개인이 인간으로서의 존엄과 가치를 유지하고 행복을 추구하며 국민주권을 실현하는 데 필수불가결한 것으로 오늘날 민주국가에서 국민이 갖는 가장 중요한 기본권의 하나로 인식되고 있는 것을 말한다^{헌재 1992. 2. 25, 89헌가1040}. 즉 정신적 자유의 하나로서 정신활동의 자유, 정신적 표현의 자유를 말한다. 정신적 표현이란 직접적으로 인격발현을 목적으로 하는 활동이어야 한다.

헌법 제21조 제1항은 "모든 국민은 언론·출판의 자유와 집회·결사의 자유를 가진다"고 규정하고 있다.

:
:
언론·출판의 자유: 닭의 목을 비틀어도 새벽은 온다

헌법 제21조 제1항은 "모든 국민은 언론·출판 … 의 자유를 가진다"고 규정하여 언론·출판의 자유를 보장하고 있다. 나아가 동조 제2항부터 제4항까지는 "② 언론·출판에 대한 허가나 검열 … 은 인정되지 아니한다 ③ 통신·방송의 시설기준과 신문의 기능을 보장하기 위하여 필요한 사항은 법률로 정한다 ④ 언론·출판은 타인의 명예나 권리 또는 공중도덕이나 사회윤리를 침해하여서는 아니 된다. 언론·출판이 타인의 명예나 권리를 침해한 때에는 피해자는 이에 대해 피해의 배상을 청구할 수 있다"고 규정하고 있다.

언론·출판의 자유란 개인의 정신적 활동의 소산인 사상 또는 의견을 언어·문자·도형 등의 방법으로 불특정한 다수인에게 발표·전달하는 자유를 말한다. 언론·출판의 자유는 정신적 자유와 정치적 자유의 중핵이라 할 수 있으며 민주정치의 본질적인 제도적 장치로 간주된다. 사회공동체를 동화·통합시키는 기능을 수행한다. 헌법재판소도 "언론·출판의 자유는 현대자유주의의 존립과 발전에 필수불가결한 기본권이며 이를 최대한도로 보장하는 것은 자유민주주의의 기본원리의 하나"라고 판시하고 있다헌재 1992. 6. 28, 90헌가23.

언론·출판의 자유의 내용으로는 의사표현의 자유, 정보의 자유, 보도의 자유언론기관설립의 자유·취재의 자유. 단 취재원은닉권(取材源隱匿權)은 부인된다, 편집·편성의 자유, 신문보급의 자유가 인정된다. 한편 접근권right of access이란 언론매체에 접근해서 이를 이용할 수 있는 언론매체접근·이용권을 말한다.

언론·출판의 자유의 한계는 언론기관의 특권에 따른 사회적 책임을 강조하는 것이다. 헌법적 한계의 내용으로는 명예와 권리, 민주적 기본질서 등을 들 수 있다.

언론·출판의 자유에 대한 제한으로는 사전제한과 사후제한을 들 수 있는데, 사전제한인 언론·출판에 대한 허가·검열은 부인통설·판례의 입장되고, 영화·연예에 대한 사전검열은 영화·연예가 가지고 있는 특성오락성과 청소년의 보호문제 때문에 일정한 조건하에서 사전규제를 하는 것이 불가피하다다수설. '등급제'는 사전제한이 아니다헌재 1996. 10. 4, 93헌가13, 91헌바10(병합).

사후제한으로는 제37조 제2항국가안전보장·질서유지·공공복리에 의한 제한을 들 수 있는데, 그 요건으로는 명확성의 원칙, 과잉금지의 원칙, 명백하고 현존하는 위험의 원칙통설의 입장이 거론된다. 한편 예외적 제한으로는 비상사태하의 제한과 특수신분관계에 있어서의 제한을 들 수 있다.

김재순 전 국회의장1923~2016. 5. 17. 월간지 샘터 창간인은 "저널리즘이 해서는 안되는 두 가지가 있다. 즉 권력에 아부하는 것, 대중의 인기에 영합하는 것이다"라고 일갈하였다피천득·김재순·법정·최인호, 「대화」, 25~46쪽. 그런데 요즘의 언론은 어떠한가?

알권리

알권리에 관하여는 명문의 규정이 없는 경우에도 오늘날 이를 헌법상 권리로 인정한다. 알권리는 일반적으로 표현의 자유에서 그 헌법적 근거를 구하고 있다. 알권리란 정보의 흐름 속에서 그 수령대상이 되는 국민이 일반적으로 접근할 수 있는 정보를 자유롭게 수령하고 나아가 수집할 수 있는 권리를 말한다. 제임스 메디슨James Madison, 1751~1836은 알권리는 다른 권리보장을 위한 효과적인 수호자라 한다. 메디슨은 미국의 제4대 대통령재임 1809~1817이자 정치학자이다. 헌법제정회의에서 헌법초안 기초를 맡아 '미국헌법의 아버지'로 불린다. T. 제퍼슨 행정부의 국무장관을 지낸 후 대통령이 되어 제퍼슨의 중립정책을 계승하였다. 정치학자로서는 영국의 정치철학에 조예가 깊고 헌법옹호론으로 집필한 「The Federalist Papers」는 미국 정치학의 고전이 되었다.

알권리는 정보수령권과 정보수집권으로 분류되는데, 국가기관에 대한 정보공개청구권, 언론매체에 대한 접근권, 사인 간의 알권리로 구체화된다.

알권리의 한계로 헌법 제8조 제4항의 민주적 기본질서, 제21조 제4항의 타인의 명예나 권리, 공중도덕과 사회윤리, 제17조의 사생활의 비밀과 자유형사상, 민사상의 문제 등이 거론된다. 그 제한으로 허가제와 검열제는 부인되고제21조 제2항, 비상사태하의 제한제76조, 제77조 제3항, 국가안전보장·질서유지 · 공공복리^{제37조 제2항} 등에 의해 제한된다.

집회 · 결사의 자유

우리 헌법은 제21조 제1항에서 "모든 국민은 … 집회 · 결사의 자유를 가진다"고 규정하면서, 제2항에서는 " … 집회 · 결사에 대한 허가는 인정되지 아니한다"고 규정하여 집회 · 결사의 자유를 보장한다. 집회 · 결사의 자유는 언론의 자유를 전제로 하는 점에서 언론 · 출판의 자유에 대한 보충적 기능을 가진다.

집회 · 결사는 정신활동의 한 형태로서 표현행위의 한 유형이다. 집단적 민의 표명을 통한 올바른 여론형성을 가능케 하는 민주적 기본질서의 본질적 요소이자, 다른 모든 자유의 모체이며 불가결한 조건이 된다. 집회 · 결사의 자유는 언론 · 출판의 자유에 대한 보충적 기능을 한다.

집회의 자유는 불특정한 다수인이 공동의 목적을 가지고 일정한 장소에서 일시적으로 집합할 수 있는 자유를 말한다. 시위 포함 여부에 관해서 통설 · 판례는 시위 · 행진이란 '움직이는 집회'로서 집회의 자유의 일환으로 보장한다. 그 내용으로 집회개최자유, 집회진행자유, 집회참가자유가 있고, 옥외집회와 시위는 신고제^{집회 및 시위에 관한 법률 제6조}이다. 타인의 권리, 도덕률, 헌법질서, 민주적 기본질서의 테두리 내에서 행해져야 하고, 평화적 · 비폭력적 · 비무장으로 진행되어야 한다. 집회의 자유도 제37조 제2항^{국가안전보장 · 질서유지 · 공공복리}에 따라 제한을 받는다.

▲ 국회의사당 앞 시위대　　　출처: 두산백과

CHAPTER 4
영원한 자유의 길　197

결사의 자유는 공동의 목적을 가진 다수인이 자발적으로 계속적인 단체를 조직할 수 있는 자유를 말한다. 그 내용으로 결사결성자유, 결사활동자유, 결사존속자유, 결사해체자유, 결사가입·탈퇴자유가 있다. 결사의 자유가 부인되는 것은 범죄목적의 결사^{형법 제114조}, 반국가적인 결사^{국가보안법 제2조}, 반민주적 결사일 경우이다. 그 제한에 있어서 사전허가제는 부인된다. 이적단체와 같은 단체구성은 금지된다.

사생활의 비밀과 자유

미국에서는 19세기 말엽부터 과학·기술의 발전, 산업화에 따른 도시화, 생활양식의 변화, 특히 대중매체의 도색적 영향의 결과 개인의 사적영역과 비밀이 침해되고 노출됨으로써 프라이버시의 보장 필요성이 인식되기 시작하였다. 프라이버시가 최초로 하나의 독립된 권리로 주창된것은 Warren과 Brandeis의 논문^{Samuel D. Warren and D. Brandeis, "The Right to Privacy," 4 Harv. L. Rev. 193(1890)}이었다. 이 논문은 보스톤 사교계에서 유명한 Warren 부인이 황색신문^{yellow paper: 1830년대 미국에서 시작된 옐로페이퍼는 독자의 흥미를 유발하기 위해 저속하고 선정적인 기사를 위주로 하여 발행되는 신문}에 의한 폭로기사에 시달리는 것을 보고 그 법적 구제방법을 마련하기 위해 쓰여졌다고 한다.

우리 헌법 제17조는 "모든 국민은 사생활의 비밀과 자유를 침해받지 아니한다"고 규정한다. 사생활의 비밀과 자유는 다양한 프라이버시 이익을 하나의 독립된 권리로 보장하는 포괄적 권리이다. 그리하여 프라이버시권을 "자유의 영역, 보호의 영역, 개인이 정부에 대고 '이 선을 넘을수는 없다'고 말할 수 있는 선"으로 묘사할 수도 있을 것이다.

그런데 우리 헌법은 신체의 자유^{제12조}, 주거의 불가침^{제16조}, 통신의 불가침^{제18조} 등에서 특수한 프라이버시 이익을 보장하고 있으므로 이들 구체적 기본권과 일반적인 프라이버시권리를 보장하는 제17조와의 관계가 문제된다. 사생활의 비밀과 자유는 일반법으로 보고, 이들 프라이버시 이익을 규정한 조항들은 특별법으로 보는 것이 합리적일 것이다.

사생활의 비밀과 자유란 홀로 있을 권리와 정보통제권을 말한다. 사생활의 비밀과 자유는 미국문화의 산물로 인간의 존엄성 실현과 인격의 자유로운 발전도모에 의해 생성·전개되었다. 사생활의 비밀과 자유의 내용은 사생활의 자유의 불가침, 사생활의 비밀의 불가침, 자기정보에 관한 통제권 등이다. 사생활의 비밀과 자유도 타인의 권리를 침해해서는 안 되고 사회윤리와 헌법질서의 범위 내에 머물러야 한다. 그리고 국가안전보장·질서유지·공공복리^{제37조 제2항}를 위한 제한을 당연히 받는다.

주거의 자유

헌법 제16조는 "모든 국민은 주거의 자유를 침해받지 아니한다. 주거에 대한 압수나 수색을 할 때에는 검사의 신청에 의하여 법관이 발부한 영장을 제시하여야 한다"고 규정한다. 주거는 사생활의 중심이 되는 장소 또는 설비로서 주거의 자유는 인간이 자유를 누리기 위한 '최소한의 조건'이다.

주거의 자유란 주거의 불가침을 말한다. 보호법익은 사생활의 비밀이다. 주거의 압수·수색에 대해서는 일반영장이 금지된다. 주거의 자유의 제한으로 제37조 제2항^{국가안전보장·질서유지·공공복리}을 들 수 있다. 그러나 최소한 제한의 원칙, 보충의 원칙, 과잉금지의 원칙 등이 적용된다. 관련 법률은 감염병예방법, 마약관리법, 관세법, 국세징수법, 경찰관직무집행법 등이다.

통신의 자유

　최근 통신사나 포털업체가 수사기관에 개인의 통신자료를 제공하는 것과 관련하여 전 세계적으로 논란이 뜨거웠다. 미국에서는 연방법원이 검찰의 신청에 따라 애플사에 대하여 수사관들이 캘리포니아 샌버나디노San Bernardino 테러범들의 통신내용을 해독할 수 있도록 비밀번호를 알려 주는 등 기술적 지원을 해 주도록 명령했으나 애플사는 이에 불복하여 명령의 취소를 청구하였다. 애플사가 협조를 거부하는 논거는, 잠금장치가 된 휴대폰의 암호해독을 도와주는 경우 그것이 선례가 되어 범죄와 무관한 일반 고객의 사생활 보호에 중대한 위협이 된다는 것이다법률신문 2016년 3월 17일자 사설 "통신사와 포털의 수사자료 제공, 통제 강화해야" 참조.

　헌법 제18조는 "모든 국민은 통신의 비밀을 침해받지 아니한다"고 규정한다. 통신비밀의 불가침을 기본권으로 보장하게 된 것은 전화처럼 그 기기·기술이 크게 발전된 비교적 최근의 일이다.

　통신의 자유는 통신의 내용을 보호하는 것으로 통신의 비밀이 침범되어서는 안 된다. 보장이유는 사생활의 비밀보장과 원활한 표현행위를 위해서이다. 통신의 자유의 내용으로는 통신의 비밀을 지득知得하는 행위 금지, 직무상 알게 된 정보 누설행위 금지 등이 있다. 통신의 자유의 제한도 제37조 제2항국가안전보장·질서유지·공공복리에 의해 가능하다. 이 밖에도 통신비밀보호법제5조, 제7조: 국방상·치안상 위해 우려시 제한 가능, 국가보안법제8조: 반국가단체와의 통신 금지, 전파법제77조: 폭력적으로 헌법 또는 정부전복 주장 통신 금지, 형사소송법제107조: 피고인 수수 우편물 압수에 의해 제한된다.

　도청盜聽은 원칙적으로 금지된다. 그러나 감청은 합법적으로 허용된다. '감청'은 전기통신전화·전자우편·회원제정보서비스·모사전송·무선호출 등과 같이 유선·무선·광선 및 기타의 전자적 방식에 의하여 모든 종류의 음향·문언·부호 또는 영상을 송신하거나 수신하는 것: 제2조 제2호에 대하여 당사자의 동의 없이 전자장치·기계장치 등을 사용하여 통신의 음향·문언·부호·영상을 청취·공독하여 그 내용을 지득 또는 채록하거나 전기통신의 송·수신을 방해하는 것을 말한다^{제2조 제7호}. 즉 법원의 허가 또는 영장을 받아 통화내용을 청취하는 강제처분을 말한다. 통신비밀보호법^{제5조, 제6조}은 범죄수사 필요시 법원의 허가가 있으면 감청할 수 있도록 규정하고 있다. 감청에는 일반감청·특별감청·긴급감청이 있다. 그리고 통신법^{제5조, 제6조}에 따르면 역탐지^{逆探知}의 경우 법원의 허가가 있으면 허용한다.

■ **'통신자료조회', '통신사실확인' 및 '통신사실확인자료'**

예를 들면, 보이스피싱 범죄 피의자를 수사할 때 통화상대방의 인적 사항을 알아보는 게 '통신자료조회'이고, 그의 통화내역을 조사하는 게 '통신사실확인'이다. 2017년 국정감사자료에 따르면, 통신3사가 수사기관 등에 제공한 '통신자료조회' 건수는 2014년 총 1296만 7456건, 2015년 총 1057만 7079건, 2016년 총 827만 2504건, 2017년 1－6월 336만 8742건이었다. 통신자료조회가 남발될 경우 통신비밀·사생활 침해가능성이 있다. 한편 '통신사실확인자료'란 ① 가입자의 전기통신일시 ② 전기통신개시·종료시간 ③ 발·착신 통신번호 등 상대방의 가입자번호 ④ 사용도수 ⑤ 컴퓨터통신 또는 인터넷의 사용자가 전기통신역무를 이용한 사실에 관한 컴퓨터통신 또는 인터넷의 로그기록자료 ⑥ 정보통신망에 접속된 정보통신기기의 위치를 확인할 수 있는 발신기지국의 위치추적자료 ⑦ 컴퓨터통신 또는 인터넷의 사용자가 정보통신망에 접속하기 위하여 사용하는 정보통신기기의 위치를 확인할 수 있는 접속지의 추적자료 등 전기통신사실에 관한 자료를 말한다^{통신비밀보호법 제2조 제11호}.

최근 대법원 2016.3.10.선고 2012다105482 판결은 "전기통신사업자로서는 수사기관이 형식적·절차적 요건을 갖추어 통신자료 제공을 요청할 경우 원칙적으로 이에 응하는 것이 타당하다."라고 판시함으로써 전기통신사업법 제83조 제3항에 따라 통신자료를 제공한 전기통신사업자에게는 손해배상의 책임이 없음을 확인해주었을 뿐만 아니라, 현재와 같은 수사실무에 문제가 없다는 취지의 해석까지 가능하게 했다. 하지만 대법원 판결 이후 통신자료를 둘러싼 논란은 오히려 들끓었다^{박민우, "통신자료 제공요청의 법적 성}

력과 압리적인 세노 개선 방양 : 벙상수의 빛 사우동시의 노입 여부와 관련하여" 「밉소」 세65권 제7호, 국문초록.

직업선택의 자유

우리 헌법 제15조는 "모든 국민은 직업선택의 자유를 가진다"고 규정한다. 직업선택의 자유에 있어서 직업이란 생활의 기본적 수요를 충족시키기 위한 계속적 활동, 즉 경제적 성질을 가지는 모든 소득활동을 말하며, 이러한 내용을 가진 활동인 한 그 종류나 성질을 묻지 않고 직업에 해당된다.

직업선택의 자유란 직업선택자유, 선택직업종사·영위자유를 의미한다. 직업선택의 자유의 내용으로는 직업결정의 자유, 수행의 자유, 전직轉職의 자유, 무직의 자유가 거론된다. 직업선택의 자유도 일반적 법률유보에 의해 제한된다형법(제242조, 제247조): 금지제, 변호사법(제7조): 등록제. 헌법규정에 의해서도 제한된다헌법 제120조: 자연자원의 채취, 개발 이용, 제122조: 국토의 이용, 개발, 제123조: 농어촌의 개발, 제125조: 대외무역의 규제, 제126조: 국방상 또는 국민경제상 중요한 기업의 국공유화. 그리고 특수신분관계에서 오는 제한도 있다. 공무원에 대한 제한은 그 대표적인 예이다.

재산권

맹자는 항산恒産. 일정한 재산이 있어야 항심恒心. 평상심=도덕심이 있다고 하였다. 치국治國의 첩경은 민생에 있다는 가르침이다. 항산으로 백성들의 의식주가 넉넉해지면 그들은 절로 예의범절을 지키고, 서로 관용하고, 용서하고, '변하지 않는 도덕심'항심(恒心)을 유지하게 된다는 것이다임혁백 교수, "[동아광장/임혁백] 맹자의 '항산 항심'과 자본주의 정신" 동아일보 2011년 8월 9일자 칼럼 참조.

헌법 제23조는 "① 모든 국민의 재산권은 보장된다. 그 내용과 한계는 법률로 정한다. ② 재산권의 행사는 공공복리에 적합하도록 하여야 한다. ③ 공공필요에 의한 재산권의 수용·사용 또는 제한 및 그에 대한 보상은 법률로써 하되, 정당한 보상을 지급하여야 한다"고 규정하여 재산권의 보장과 규제에 관한 원칙적인 조항을 두고 있다.

근대 초 서구사회에서 재산권은 신성불가침의 권리로 인정되었다. 경제관계상 사회적 모순이 심화되면서 재산권행사의 의무수반과 공공복리 적합성이 규정되게 되었다. 재산권 보장의 내용은 구체적 재산권의 보장, 사유재산제도의 보장, 소급입법에 의한 재산권 박탈의 금지, 무체재산권의 보장이다.

재산권의 한계로는 첫째, 사유재산제의 한계이다. 법률유보에 의한 제한이 그것이다. 제한형식은 원칙적으로는 형식적 의미의 법률에 의하고 예외적으로 긴급명령, 긴급재정·경제명령제76조에 의한다. 둘째, 재산권의 헌법적 한계이다. 공공복리 적합의무가 그것이다.

재산권의 침해유형은 공용수용, 공용사용, 공용제한, 사영기업의 국공유화 등이고, 재산권 제한의 목적은 국가안전보장, 질서유지, 공공복리제37조 제2항, 공공필요제23조 제3항 등을 들 수 있다. 재산권 제한의 조건은 손실보상이다. 보상의 기준과 방법에 대해서는 완전보상설, 상당보상설 등이 있으나 다수설은 원칙적으로는 완전보상을 해야 하고, 예외적으로는 상당보상이 가능하다고 한다. 재산권의 본질적 내용을 침해해서는 아니 된다.

재산권과 대비되는 말이 무소유이다. 무소유라는 말은 보통 일반용어로는 '가진 것이 없는 상태'를 뜻하나, 불교에서는 단순하게 소유하지 않는 것이 아니라 번뇌의 범위를 넘어서 모든 것이 존재하는 상태를 말한다.

법정 스님의 수필 '무소유'는 건전한 '항산 항심^{도덕심}' 아닌 '물질만능주의'에 오염되어 있는 우리의 정신과 육신에 던지는 준엄한 죽비소리이자 따가운 경책이라 할 수 있다. 죽비^{竹篦}란 대나무로 만든 회초리로서 절의 선방에서 졸지 말라고 등을 내리칠 때

▲ 서울 성북구에 있는 길상사
법정 스님은 길상화 보살로부터 시주받은 이 절에서 머무는 것을 거절하고 강원도 오두막에서 열반하실 때까지 홀로 생활하였다.   출처: 한국관광공사

쓰이는 도구로, 죽비가 내는 소리를 죽비소리라고 한다.

법정 스님은 "내 삶을 이루는 소박한 행복 세 가지는 스승이자 벗인 책 몇 권, 나의 일손을 기다리는 밭, 그리고 오두막 옆 개울물 길어다 마시는 차 한잔이다"라고 말씀하였다「아름다운 마무리」(문학의 숲, 2010) 서문 참조.

■ **법정 스님의 수필 '무소유'**

▲ 법정스님이 홀로 수행하던 화전민이 버리고 간 오대산 자락의 오두막 출처: 강원도민일보

"…나는 지난해 여름까지 난초 두 분을 정성스레, 정말 정성을 다해 길렀었다. 3년 전 거처를 지금의 다래헌^{茶來軒}으로 옮겨 왔을 때 어떤 스님이 우리 방으로 보내준 것이다. 혼자 사는 거처라 살아 있는 생물이라고는 나하고 그애들뿐이었다. 그애들을 위해 관계 서적을 구해다 읽었고, 그애들의 건강을 위해 하이포넥스인가 하는 비료를 구해 오기도 했었다. 여름철이면 서늘한 그늘을 찾아 자리를 옮겨 주어야 했고, 겨울에는 그 애들을 위해 실내 온도를 내리곤 했다. … 지난해 여름 장마가 갠 어느 날 봉선사로 운허노사^{転虛老師}를 뵈러 간 일이 있었다. 한낮이 되

자 장마에 갇혔던 햇볕이 눈부시게 쏟아져 내리고 앞 개울물 소리에 어울려 숲속에서는 매미들이 있는 대로 목청을 돋구었다. 아차! 이때서야 문득 생각이 난 것이다. 난초를 뜰에 내놓은 채 온 것이다. 모처럼 보인 찬란한 햇볕이 돌연 원망스러워졌다. 뜨거운 햇볕에 늘어져 있을 난초잎이 눈에 아른거려 더 지체할 수가 없었다. 허둥지둥 그 길로 돌아왔다. 아니나 다를까, 잎은 축 늘어져 있었다. 안타까워하며 샘물을 길어다 축여 주고 했더니 겨우 고개를 들었다. 하지만 어딘지 생생한 기운이 빠져나간 것 같았다. 나는 이때 온몸으로 그리고 마음속으로 절절히 느끼게 되었다. 집착이 괴로움인 것을. 그렇다, 나는 난초에게 너무 집념한 것이다. 이 집착에서 벗어나야겠다고 결심했다"법정, 「무소유」(범우사, 2010), 24~25쪽.

이 시대의 정신적 스승 법정 스님은 전남 해남에서 태어났다. 송광사 뒷산 불일암佛日庵에서 오랫동안 홀로 수행했고, 1992년 불일암을 떠나 아무도 거처를 모르는 강원도 산골 오두막, 문명의 도구조차 없는 곳에서 혼자 살다 2010년 3월 11일 서울 성북동 길상사에서 78세(법랍 54세)를 일기로 열반하였다.

⋮ 거주 · 이전의 자유

우리 헌법 제14조는 "모든 국민은 거주 · 이전의 자유를 가진다"고 규정한다. 거주 · 이전의 자유란 자기가 원하는 곳에 주소 또는 거소를 정하고 이를 자유롭게 이전하거나 그의 의사에 반해 이전하지 아니할 자유를 말한다.

거주 · 이전의 자유의 내용은 국내에서의 거주 · 이전의 자유북한지역은 예외적 승인, **국외이주와 해외여행의 자유**제한: 출입국관리법 제4조(여권 또는 선원수첩의 소지를 출국조건), 해외이주법 제3조(해외이민은 정부의 허가사항), **국적이탈의 자유**통설은 인정, 국적법 제12조 제4호(스스로 외국국적 취득시 우리나라 국적 자동상실), 제5호(이중국적자의 경우에 법무부장관의 허가를 얻어 이탈 가능, 그러나 무국적의 자유는 인정 안 된다)로 **구성된다.**

거주·이전의 자유도 제37조 제2항에 의한 제한^{군사상 필요에 의한 경우, 질서} 유지를 위해 필요한 경우, 공공복리를 위해 필요한 경우, 민사법상의 제한^{파산자의 주거지 제한} ^(파산법 제137조), 친권자의 미성년자에 대한 거소지정권^{민법 제914조}, 부부의 동 거의무^{민법 제826조 제1항}, 특수신분관계에 의한 제한이 있다.

05
요람에서
무덤까지

⋮ 인간다운 생활을 할 권리

　헌법 제34조 제1항은 "모든 국민은 인간다운 생활을 할 권리를 가진
다"고 선언하여 인간다운 생활을 할 권리를 보장한다. 인간다운 생활을
할 권리란 인간의 존엄과 가치에 상응하는 건강하고 문화적인 최저생활
을 할 권리를 말한다. 인간다운 생활을 하기 위해서는 문화생활을 향유
하는 권리와 문화적 주택에서 생활할 권리 등이 포함된다.

　인간다운 생활을 할 권리의 범위와 기준에 대해서는 물질적 최저생활
설과 문화적 최저생활설의 대립이 있다. 그 구체적인 내용으로서는 사회
보장을 받을 권리사회보험의 급여를 받을 권리, 사회복지의 혜택을 받을 권리, 생활보호를
받을 권리, 국가의 사회보장 실현의무, 재해예방과 위험정보에 관한 권
리, 평화적 생존권 등이 거론된다. 이 중 평화적 생존권과 관련하여 헌
법재판소는 2006년 2월 23일 내린 결정에서는 헌법 제10조와 제37조

제1항에 의하여 인정된 기본권으로서 국가에 대하여 요구할 수 있는 권리라고 인정하였으나헌재 2006. 2. 23, 2005헌마268, 2009년 5월 28일 내린 결정에서는 이를 헌법상 보장된 권리라고는 할 수 없다고 판시하였다헌재 2009. 5. 28, 2007헌마369.

▲ 비스마르크　　출처: 어린이백과

사회보장제도는 두 명의 거인ΤΧ에게 빚을 지고 있다. 한 명은 독일의 철혈 재상 비스마르크Otto Eduard Leopold von Bismarck, 1815~1898다.

비스마르크는 17세 때인 1832년 괴팅겐 대학에서 법학을 공부하였다. 대학교수 중에서 역사학자와 법학자들만이 군대이야기를 했는데 유럽 국가제도에 관한 그들의 견해는 후년에 비스마르크를 강력하게 지배했다고 한다. 비스마르크는 대학의 학문적 가능성을 잘 이용하지 않고, 노는 데에만 정력을 쏟다가 베를린에서의 학업을 끝마쳤다. 1835년에 사법관시보시험을 치렀고 그 후 수년을 베를린과 아하엔의 법원에서 지냈다. 그의 목표는 외교관이 되는 것이었기 때문에 1838년에 공직을 저버리기로 결심하기에 이른다W. 몸젠(이태영 역), 「비스마르크」(삼성미술문화재단, 1975), 11~13쪽 참조. 그 뒤로 정치에 입문하여 유명한 정치인이 된 이야기는 모두 잘 알고 있을 터이다.

그의 '철혈鐵血 연설'은 유명하다. 빌헬름 1세가 군비확장 문제로 의회와 대립하고 있을 때, 비스마르크는 의회에 출석하여 군비 확장 없이는 독일의 통일이 불가능하다는 것을 잘 알아야 한다고 역설한 것이다. "독일이 기대하고 있는 것은 프로이센의 자유주의가 아니라 그 실력입니다 … 프로이센의 국경은 건전한 국가 생활을 하기에 합당하지 못합니다. 당면한 큰 문제는 언론이나 다수결-이것이 1848년 및 1849년의 과오였습니다-에 의해서가 아니라, 쇠鐵와 피血에 의해서만 그 문제는 해결되는 것입니다." 법과 소시지 만드는 과정은 보지 않는 게 좋다고 말한 사람도 비스마르크다. 왜 그럴까?

비스마르크는 1880년대 후반 급격한 산업화로 근로자의 실업과 질병이 사회문제화됐을 때 질병·재해·노령 등 3대 보험을 도입했다. 가입자가 기여금을 내고 필요할 때 급여를 받는 세계 최초의 사회보험이었다.

■ 비스마르크와 아인슈타인의 '악연이 만들어낸 기적'

비스마르크와 아인슈타인의 인연도 흥미롭다. "아인슈타인은 긴장하면 말을 더듬었다. 그래서 '낙제생'으로 알려졌지만, 어렸을 때는 공부를 잘했다. 특히 수학과 물리학이 뛰어났다. 하지만 그는 고등학교를 중퇴하고 만다. 아인슈타인에게 학교는 감옥과 다름 없었다, 철혈재상 비스마르크가 등장하면서 군대와 같은 강압적인 분위기가 학교를 지배했다. 자유로운 영혼을 가진 아인슈타인은 복종과 암기력만 요구하는 교육제도를 견디지 못했다백명학, "아인슈타인이 칼스버그 맥주광고에 나온 이유", 중앙일보 2018년 8월 11일~12일자 칼럼 참조. 어찌 보면 두 사람의 인연은 악연이라고 할 수 있는데, 결국 아인슈타인은 학교 중퇴 후 독일을 떠나 1896년 스위스 취리히공과대학에 입학하게 되면서 1905년 20세에 물리학의 진로를 바꾼 혁명적인 이론들을 발표하게 된다. 어떻게 보면 '악연이 만들어낸 기적'이라 할 수 있다. 한편 아인슈타인은 맥주를 무척 좋아했는데, 유대인이지만 가톨릭으로 개종한 부모의 영향으로 비교적 술에 관대한 분위기 속에서 자랐는데, 친구들과 카페에서 맥주잔을 앞에 놓고 깊은 우정을 쌓았다고 한다. 특허사무소에서 근무하며 빨리 논문을 써 대학교수가 돼야한다는 압박감에 시달린 아인슈타인의 불안을 달래준 것이 맥주였다고 한다앞의 칼럼 참조. 이스라엘 건국 때 아인슈타인에게 초대 대통령을 맡아달라고 제안하니 "방정식equation은 정치politics보다 생명이 더 길다"라는 말로 거절했다는 유명한 이야기가 전해지고 있다.

다른 한 사람은 영국의 경제학자 윌리엄 베버리지William Henry Beveridge, 1879~1963다. 제2차 세계대전이 한창이던 1941년 처칠 내각은 종전終戰 이후 국가 비전을 제시하고 국민에게 희망을 주기 위한 위원회를 여럿 만들었

다. 그중 하나가 국민의 사회보장 개념을 창안한 소위 베버리지 위원회

다정성희, "[횡설수설/정성희] 한국판 베버리지 위원회," 동아일보 2013년 1월 8일자 칼럼 참조.

윌리엄 베버리지는 '요람에서 무덤까지'라는 오늘날 영국의 광범한 사회보장제도를 확립시키는 데 중요한 역할을 하게 된 사회보장제도에 관한 베버리지 법안을 제창하였다.

⋮ **근로기본권**

헌법 제32조 제1항은 "모든 국민은 근로의 권리를 가진다. 국가는 사회적·경제적 방법으로 근로자의 고용의 증진과 적정임금의 보장에 노력하여야 하며, 법률이 정하는 바에 의하여 최저임금제를 시행하여야 한다"고 규정한다. 근로의 권리란 일할 의사와 능력이 있는 자가 국가에 대하여 근로의 기회를 제공해줄 것을 요구할 수 있는 권리를 말한다. 근로의 권리의 기본적 내용에 관하여는 근로기회청구권설과 생활비지급청구권설의 대립이 있고, 보충적 내용으로서는 근로조건 기준의 법정주의, 적정임금의 보장과 최저임금제의 시행, 여자와 소년의 근로의 특별보호, 국가유공자 등 유가족의 우선적 근로기회 부여 등이 있다.

헌법 제33조 제1항은 "근로자는 근로조건의 향상을 위하여 자주적인 단결권·단체교섭권 및 단체행동권을 가진다"고 규정하여 근로자의 근로삼권을 보장한다. 제2항은 "공무원인 근로자는 법률이 정하는 자에 한하여 단결권·단체교섭권 및 단체행동권을 가진다"고 규정하고 있으며, 제3항은 "법률이 정하는 주요 방위산업체에 종사하는 근로자의 단체행동권은 법률이 정하는 바에 의하여 이를 제한하거나 인정하지 아니할 수 있다"고 하여 근로 삼권의 주체와 범위에 대한 제한을 규정한다.

근로 삼권은 근로자가 근로조건의 유지·향상을 목적으로 사용자와

대등한 지위에서 교섭할 수 있도록 자주적으로 단체를 결성하고 교섭하며 나아가 단체행동을 할 수 있는 권리를 말한다. 근로 삼권의 철저한 보장은 실질적 평등의 실현전제이자 인간다운 생활을 보장하기 위한 제도적 장치이다.

단결권은 근로자가 근로조건의 유지·개선을 목적으로 사용자와 대등한 지위에서 교섭할 수 있는 자주적인 단체^{노동조합}를 결성할 수 있는 권리이다. 단체교섭권은 근로자가 근로조건의 향상을 위하여 근로자단체의 이름으로 사용자 또는 사용자단체와 자주적으로 교섭할 수 있는 권리이다. 단체행동권은 근로자가 근로조건의 향상을 위하여 집단적으로 시위행동을 할 수 있는 권리이다.

교육을 받을 권리

헌법 제31조 제1항은 "모든 국민은 능력에 따라 균등하게 교육을 받을 권리를 가진다"고 규정하여 모든 국민에게 교육을 받을 권리를 보장한다. 교육을 받을 권리란 국민이 국가에 대하여 교육을 받을 수 있도록 적극적인 배려를 요구할 수 있는 권리를 말한다. 교육을 받을 권리의 내용으로는 '능력에 따라' '균등하게' 교육을 받을 권리를 들 수 있다. 여기서 '교육'은 학교교육 및 공민교육을 의미한다.

헌법재판소는 교육을 받을 권리는 국민이 인간으로서의 존엄과 가치를 가지며, 행복을 추구하고 인간다운 생활을 하는데 필수적이라고 한다 _{헌재 2004. 5. 27, 2004헌가4(병합)}.

교육의 의무자는 보호자^{학령아동의 친권자 또는 후견인}이며 의무교육의 대상은 초등교육과 법률이 정하는 교육이다. 의무교육의 무상원칙에 대해서는 무상범위법정설, 수업료무상설, 취학필수비무상설^{다수설} 등이 있다. 교육제도의 보장이란 교육의 자주성·전문성·정치적 중립성과 대학의 자율성 보장을 의미한다.

환경권

환경권 개념이 등장한 것은 1960년대 이후로 환경보전의 필요성이 강조됨에 따라 환경권론이 전개되었다. 미국에서는 1969년에 「국가환경정책법 NEPA」이 제정되어 '환경권리장전'으로 불리고 있으며, 나아가 환경권이 헌법상 권리로 인정되기에 이르렀다. 우리나라에서는 1980년 헌법이 환경권제33조을 규정함에 따라 비로소 환경권이 헌법상의 권리로 되었다.

헌법 제35조는 "① 모든 국민은 건강하고 쾌적한 환경에서 생활할 권리를 가지며, 국가와 국민은 환경보전을 위하여 노력하여야 한다. ② 환경권의 내용과 행사에 관하여는 법률로 정한다. ③ 국가는 주택개발정책 등을 통하여 모든 국민이 쾌적한 주거생활을 할 수 있도록 노력하여야 한다"고 규정함으로써 환경권을 보장한다.

환경권이란 문화적 최저생활 또는 환경적 최저생활을 누리기 위한

▲ 도시재생으로 환경을 살린 에스파냐 빌바오 구겐하임미술관   출처: 학생백과

조건을 말하는데, 인간다운 생활을 할 수 있는 환경에서 생존할 권리, 즉 깨끗한 환경에서 쾌적한 생활을 할 권리를 말한다. 환경의 범위에는 자연적·인공적·사회적 환경이 포함되며, 환경권의 구체적 내용은 공해배제청구권, 생활환경조성청구권, 환경권법률주의 등을 들 수 있다.

환경권의 실현을 위한 입법론적 과제로서 재판규범성의 확립, 환경재판의 특수성 및 구제수단의 보완·강화, 환경보호운동의 확대 전개 등이 거론된다.

'전지구적으로 생각하고 지역적으로 행동하자'는 환경론자들의 표어가 이제는 삶의 철학으로 자리매김되고 있는 듯하다.

보건권

보건권은 1960년대 이후에 급속한 산업화의 결과로 나타난 공해·환경파괴로부터 건강한 생활을 누리기 위해 주창된 기본권이다.

헌법은 제36조 제3항에서 "모든 국민은 보건에 관하여 국가의 보호를 받는다"고 규정하여 보건권을 명시적으로 보장하는 동시에 모성의 보호도 아울러 규정한다동조 제2항. 보건권이란 국민이 국가에 대하여 건강을 유지·향상시키는 데 필요한 배려를 요구할 수 있는 권리로서 건강하고 쾌적한 생활을 할 권리를 실현하기 위한 것이다. 이는 인간다운 생활을 할 권리의 수단적 권리를 뜻한다. 보건권의 내용에는 국민의 건강생활의 침해금지, 국가의 적극적인 보호의무, 모성의 보호 등이 포함된다.

소비자의 권리

우리 헌법은 제124조에서 건전한 소비행위를 위한 국가적 계도와 소비자보호운동의 보장이라는 차원에서 규정하고 있을 뿐 소비자의 권리보장에 관한 명문의 규정을 두고 있지는 않다. 소비자의 문제는 생산과 소비가 분리되는 자본주의경제체제의 필연적 산물로서 그동안 여러 가지 문제가 제시되어 왔다. 그런데 오늘날 독과점 기업이 지배하는 후기 산업사회에서는 특히 소비대중은 구매대상으로만 간주되고 불공정거래가 자주 발생되며, 심지어는 생명·신체의 안전까지도 위협당하고 있기 때문에 소비자의 보호문제가 심각한 과제로 등장하였다.

소비자의 권리란 생산자와 소비자 간의 사실상의 구조적인 불평등성을 개선하는 것을 의미한다. 「소비자기본법」상 소비자 권리의 내용은 안전에 관한 권리, 지식 및 정보를 제공받을 권리, 자유로이 선택할 권리, 의견을 반영시킬 권리, 피해보상을 받을 권리, 교육을 받을 권리, 단체를 조직할 권리이다.

소비자 권리의 실현을 위해서는 소비자행정조직의 정비·강화, 권리구제수단의 보완·강화, 사업자의 책임강화, 소비자운동의 지원·강화 등을 위한 입법적 노력이 지속적으로 전개되어야 한다.

06
견제와 균형으로
저절로 돌아가는 통치구조

헌법: 저절로 돌아가는 기계

미국에서는 헌법을 '저절로 돌아가는 기계'로 인식하는 경향이 있다. 가령 마이클 카멘은 「저절로 돌아가는 기계 — 미국 문화에 있어서의 헌법」을 저술했고, 그 책에서 제임스 러셀 로웰James Russell Lowel, 1819~1891과 올리버 웬델 홈즈 JrOliver Wendell Holmes Jr., 1841~1935 대법관의 얘기를 소개하고 있다. 미국헌법에 대한 자부심이 배인 얘기가 아닌가 싶다.

▲ 홈즈 대법관
출처: 위키백과

홈즈 대법관이 미국에 있어서의 기본적 인권과 사회정책의 발전을 이룩하게 한 역할은 크다. 실증주의적인 법예언설을 제창한 것으로도 유명하고 리얼리즘법학에 영향을 주었다. 약 50년간 연방대법원의 대법관으로서 활약하고 때때로 진보적인 소수의견을 내세워 '위대한 반대자'라는 별칭을 얻었다. 위대한 반대자라는 표현은 누구보다도 반대의견을 많이 썼거나 가담하였다는 의미에서가 아니라 양질의, 즉 위대한 반대의견을 제시했다는 의미에서 붙여진 칭호이다. 표현의 자유와 관련하여 '명백하고 현존하는 위험clear and present danger의 원칙을 주장하였다.

저서 「보통법」, 논문 「법의 길」은 유명하다. 더 중요한 사실은 홈즈 대법관이 20세기 초에 미국법이 나아갈 길을 제시하였고 그에 따라 20세기 미국법이 전개되었다고 대부분의 사람들이 평가한다는 것이다. 종종 그는 올림푸스 산에서 내려온 양키라고 불린다. 올림푸스 산에서 제우스로부터 신탁信託을 받고 내려와 그것을 미국의 법조계와 법학계에

▲ 홈즈 대법관이 다녔던 하버드 로스쿨
출처: 중앙일보

전파했다는 것이다. 지금까지 대부분의 미국학자는 그의 신탁은 '법의 생명은 논리가 아니라 경험에 있다'는 문장으로 요약되는바, 형식주의 법학의 문제점을 시정한 현실주의 신탁으로 무한한 가치를 가진다고 평가하였다앨버트 앨슐러(최봉철 역), 「미국법의 사이비영웅(원제: Law without Values)」(청림출판, 2008), 역자 서문 참조. 비록 위의 책에서 저자인 앨슐러는 홈즈의 신탁은 미국법과 법학을 내리막길로 이끌었다고 비판적으로 평가하고 있지만 말이다. 홈즈 대법관은 "헌법의 위대한 규정들은 신중하게 다루어져야만 한다. 기계의 연결들을 위하여 어떤 운전이 허용되어야만 하고, 입법부는 법원에 못지않게 고도로 국민의 자유와 복지의 궁극적 수호자란 사실이 기억되어야져만 한다"고 말했다.

한편 제임스 러셀 로웰은 1888년에 "우리 헌법이 제대로 작용을 할 수 있게 된 이후로 그것은 정말로 마치 우리가 저절로 돌아가는 하나의 기계를 발명한 것 같았고…"라고 말했다. 로웰은 미국의 시인으로 하버

드 대학에서 법률을 전공했다. 뉴잉글랜드의 명문 출신으로 노예제도에 강력히 반대하고 링컨 대통령의 위대함을 최초로 인정한 사람 중의 하나다. 롱펠로의 후임으로 하버드 대학 유럽문학 교수가 되어 학구 생활에 몰두하였고[1855~86], 에스파냐[1877~80]·영국[1880~85]의 주재 공사를 역임했다.

통치구조의 기본원리: 대의제와 권력분립의 원칙

통치구조의 기본원리로는 대의제와 권력분립제도를 들 수 있다.

대의제란 치자治者와 피치자被治者가 다르다는 것을 전제로, 치자에게는 정책결정권과 책임을, 그리고 피치자에게는 기관구성권과 통제를 손 안에 쥐어주는 통치기관의 구성원리를 말한다. 대의제의 기원은 중세까지 소급할 수 있으나 대의제가 통치를 위한 구성원리로 인정된 것은 18세기 후반 영국에서 비롯되었다고 할 수 있다. 사상적으로는 윌리엄 블랙스톤Sir William Blackstone, 1723~1780과 에드먼드 버크Edmund Burke, 1729~1797의 대의이론이 현대적인 대의제도의 이념적인 온상이라고 할 수 있다. 이같은 대의사상은 그 후 프랑스혁명헌법과 독일의 여러 근대헌법에도 큰 영향을 미쳤다. 한편 프랑스의 쉬에예스Emmanuel Joseph Sieyès, 1748~1836의 대의사상은 1791년에 프랑스혁명헌법에 그 실정법적인 뿌리를 내려 입헌사상 최초의 대의제민주헌법을 탄생시키기에 이르렀다.

01 윌리엄 블랙스톤

영국의 법학자로 왕좌王座재판소의 재판관을 역임했다. 산업혁명 이전까지의 영국법 전반을 체계화하고 해설한 「영국법주석 Commentaries on the Laws of England」을 써서, 영국법학의 학문성을 높이고, 독립전쟁 전후의 미국법 발달에 큰 영향을 주었다출처: 두산백과 참조.

02 에드먼드 버크

영국의 정치가이자 미학자. 정치적 권력남용에 반대했으며 시민의 행복과 정의를 실현하는 정치제도와 방법을 주장하였다. 영국 보수주의의 대표적 정치이론가로 명성을 떨쳤다출처: 두산백과.

03 에마뉘엘 조제프 시에예스

프랑스의 예수회 회원이자 정치가이다. 그는 프랑스 혁명과 통령정부, 프랑스 제1제국에 대한 핵심적인 사상의 기반을 마련했다. 그가 1789년 출판한 「제3신분이란 무엇인가?」는 프랑스 권력을 삼부회에서 국회로 옮기는 혁명을 선언했다. 1799년, 그는 나폴레옹의 쿠데타를 선동하는 역할을 했다. 그는 나폴레옹의 집정정부에서 제2 집정관이었다.

오늘날 대표의 개념은 ① 어떠한 국가기관국민대표기관의 행위가 국민의 행위로서의 효과를 가지며 ② 이러한 국가기관이 그 직무를 행하는데 있어서 개별 국민으로부터 아무 구속을 받지 않고 완전히 독립이라는 것을 의미한다. 우리나라는 대의제를 원칙으로 하며 국민은 대표자를 통해서 주권을 행사하고 있다. 헌법 제1조 제2항 후단은 "모든 권력은 국민으로부터 나온다"고 하여 대의제를 채택하고 있음을 선언하고 있다.

권력분립의 원칙이란 국가권력을 그 성질에 따라 여러 국가기관에 분산시킴으로써 권력상호 간의 견제와 균형을 통해서 국민의 자유와 권리를 보호하려는 통치기관의 구성원리를 말한다.

헌법은 입법·사법·행정의 삼권으로 권력을 분리하고 있다. 현대의 입법자와는 달리 고대의 입법자들은 신비롭고 반신半神, semi-divine이며 영웅적인 인물로 간주되는 경향이 있었다. 신의神意의 권위적인 언명으로 간주되었던 델포이Delphi신전의 유명한 신탁oracle은 법과 입법문제에 자주 참고된다. 입법과 사법의 형식은 종교의식으로 충만되었고 성직자들은 법집행에 중요한 역할을 담당했다. 최고재판관인 왕은 제우스신으로부터 직책과 권위를 부여받은 것으로 믿어졌다.

권력분립의 원리는 사상적으로는 '인간에 대한 불신'에서 그리고 역사적으로는 '미국 헌정사의 교훈'에서 출발하였다.

제퍼슨Thomas Jefferson, 1743~1826은 "만일 인간이 천사라면 정부는 필요하지 않을 것이다. 천사들이 인간을 지배하는 경우에는 외부적이던 내부적이던 간에, 정부의 통제는 필요치 않을 것이다"라고 말하였다고 한다. 권력분립의 이론은 단순한 근대적 산물은 아니고 그 연원은 이미 고대 그리스의 국가철학인 '혼합정부론' 에서 찾아볼 수 있다. 권력분립의 원리를 채택함에 있어서 헌법입안자들에게 가장 큰 영향을 미친 사람은 몽테스키외였다윤명선, 「미국입헌정부론」, 175~176쪽.

▲ 미국의 제3대 대통령 제퍼슨
출처: 두산백과

자유주의적인 조직원리로서의 권력분립론은 처음에는 로크에 의하여 2권분립론으로 주장되었다가 몽테스키외에 의하여 삼권분립론으로 되었다. 그러나 루소는 권력분립론을 반대하였다. 현대적 권력분립론은 "권력은 부패하는 경향을 가진다. 절대적 권력은 절대적으로 부패한다Lord Acton"는 역사적 경험에서 나온 것으로 국가권력을 억제·제약하여 국민의 자유와 권리, 그리고 헌법을 보장하기 위한 것이다.

영국으로부터 독립한 신생국가 미국을 만든 이른바 '건국의 아버지들founding father's'은 미국 헌법을 기초할 때 법률을 제정하기 쉬운 구조로 만들지는 않았다. 오히려 경험에 근거해서 헌법 기초자들은 법률을 만드는 것을 어렵게 하는 것이 중요하다고 생각했다. 대통령과 행정부에 지나친 권한을 부여하지 않도록 하기 위해 입법부, 행정부, 사법부의 세 분야로 권력을 나누었다. 또한 헌법은 각 기관이 서로에 대하여 견제와 균형을 이룰 수 있도록 하고 있다. 연방대법원 판례New York. v. United States, 505 U.S. 144, 187(1992)에서 언급한 바와 같이, 헌법은 주권자들과 정부부처 간에 "권력을 배분하여 위기시에 대처할 수 있도록, 한 쪽에 권력이 집중되는 것을 방지할 수 있다." 헌법은 입법부에 법안을 제정할 권한을 부여하고, 행정부에는 그

▲ 청와대(靑瓦臺) 윤석열정부는 대통령실을 용산으로 옮겼다.　　출처: 청와대 홈페이지

법의 집행과 관리의 권한을 주고, 사법부에는 이들 기관 간 충돌이 발생할 경우 이를 중재하는 권한을 주었다홍성진, 「미국의 행정입법과 규제개혁」, 27쪽.

　우리나라의 제6공화국헌법은 제5공화국헌법보다 권력분산을 철저히 하여 대통령·정부와 국회, 대법원·헌법재판소 간의 권력의 견제·균형을 이루게 하고 있다. 국회의 권한을 강화하였고, 대통령의 권한은 약화하여 삼권분립원칙에 보다 충실하였다.

정부형태에 대한 개정논의

　우리나라 일각에서는 장기집권과 독재정권의 폐해 방지를 목표로 대통령단임제와 직선제를 핵심으로 한 1987년의 개헌은 민주화로의 성공적인 전환에 기여했으나 대의민주주의와 국가 운영의 효율성을 담보하는 데는 심각한 한계를 드러내고 있으므로 국회는 헌법특위를 구성해 국민의 의견 수렴을 거쳐 개헌 절차를 밟아 나가야 한다고 주장하고 있다.

아리스토텔레스가 정치사상사에 기여한 업적은 어떤 정치체제^{정체}든 '타락한 형태'가 있다고 설파한 점이다. 군주정^{君主政}은 폭군정^{暴君政}, 귀족정^{貴族政}은 과두정^{寡頭政}, 민주정^{民主政}은 중우정^{衆愚政}이라는 타락한 형태가 있다고 했다. 1인 지배 정체^{군주정}라도 다수에게 혜택이 돌아가는 건강한 형태가 있는 반면, 다수 지배 정체^{민주정}라도 지배집단 이익에만 기여하는 타락한 형태가 있다고 2300년 전 갈파했으니 놀라울 따름이다. 대한민국헌법 제1조가 단지 민주정이 아니라 민주공화정이라는 사실은 제헌헌법 설계자들이 민주정의 타락을 경계했던 까닭이라고 생각한다. 아리스토텔레스가 중우정을 '데모크라시^{democracy}'라고 부른 점이 의미심장하다. 건강한 민주정은 '폴리티^{polity}'라 했다. 다수 지배가 국가와 공공의 이익에 봉사하는 민주공화정이야말로 폴리티의 모습일 것이다^{이한수, "[동서남북] 민주정이 타락한 형태로 진입했다", 조선일보 2019년 10월 11일자 칼럼 참조}. 아리스토텔레스는 국가형태를 분류하는데 있어서 통치인의 수^數만을 그 기준으로 삼은 것이 아니고 따로 통치방법의 도덕적 평가를 함께 중요시했다는 점이 새롭다^{허영, 「한국헌법론」 전정 제14판(박영사, 2018), 211~212쪽 참조}.

정부형태란 국가권력구조가 어떠한 형태로 되어 있느냐 하는 것을 말한다. 정부형태는 입법과 행정의 양 권력의 상호관계에 따라 다양하게 분류된다. 여기서는 대통령제, 의원내각제, 이원정부제에 대해 살펴보고자 한다.

대통령제는 엄격한 권력분립주의에 입각하여 행정부의 수반인 대통령이 국민에 의해 선출되고, 의회로부터 완전히 독립한 지위를 가지는 정치체제를 말한다. 미합중국의 정부형태가 그의 전형이다. 학자들의 연구 결과에 따르면, 우리나라에서 '대통령^{大統領}'이라는 단어가 쓰이기 시작한 것은 19세기 말 미국의 'president'를 번역한 때였다고 한다. 왕에 버금가는 강력한 지도자라는 느낌을 담기 위해 선택한 것으로 추정된다. 이후 상해임시정부에서 최고지도자 직함으로 정착하였다고 한다^{이상언, "대통령}

없는 나라", 중앙일보 2016년 11월 2일자 칼럼 참조.

　대통령제의 장점은 다음과 같다. ① 행정부의 안정 ② 국회의 졸속입법 방지 ③ 견제와 균형 확보. 대통령제의 단점은 다음과 같다. ① 대통령의 독재화 경향 ② 국정의 통일적 수행의 방해 ③ 책임정치의 미확립.

　대통령제가 성공하기 위해서는 대통령의 품성이 중요하다고 생각한다. 대통령의 품성에 대한 중앙대 장훈 교수의 칼럼과 기사 하나를 소개하고자 한다.

■ 대통령의 품성

"무려 200여 년간 대통령제의 정교한 절차와 제도를 숙성시켜 온 미국에서조차 선출된 제왕으로서의 대통령의 성패는 결국 어떠한 제도적 장치보다도 품성destiny이 좌우한다는 것을 오바마 임기 8년이 입증하고 있다. 흑백혼혈이라는 소수자로 태어나 아버지로부터 버림받고 편모·조부모 밑에서 성장하며 갖은 심리적 콤플렉스를 가질 법한 오바마 대통령은 그 시련을 넘어 역대 어느 대통령보다도 정신적으로 강인하고, 건전하고, 균형감 있는 품성을 지닌 것으로 평가받는다. 탁월한 품성이 임기말까지 오바마 대통령을 성공적으로 이끈 비결은 두 가지였다. ① 사물을 이해하고 판단하는데 있어서의 뛰어난 균형감과 더불어 자신의 역할, 역사적 위치를 상대화하는 능력 ② 개인적 친분관계라는 편안함의 유혹을 떨치고 후보시절부터 모든 의사결정을 공개적으로 투명한 절차에 따랐다는 점"을 장훈 교수는 강조하고 있다장훈, "너무도 다른 박 대통령과 오바마의 임기말", 중앙일보 2016년 10월 28일자 칼럼 참조.

다른 하나는 중앙일보 임선영 기자가 쓴 미국 대통령 조 바이든에 관한 기사이다. "조 바이든 미국 대통령 당선인의 책상 위엔 수십년 간 간직해 온 조그만 액자 하나가 놓여 있다. 액자에 담긴 건 두 컷짜리 만화. 그는 평소 "이 만화가 필요할 때마다 나를 겸손하게 만든다"고 말해 왔다. 만화는 유명 작가 딕 브라운1917~1989의 '공포의 해이가르'다. 주인공인 해이가르는 거칠지만 가정적인 바이킹이다. 그는 자신이 탄 배가 폭풍우 속에서 벼락에 맞아 좌초되자 신을 원망하며 하늘을 향해 외친다. "왜 하필 나입니까?Why me?". 그러자 신은 그에게 이렇게 되묻는다. "왜 넌 안되지?Why not?".

영국 유명 언론인 피어스 모건은 바이든 당선인의 대선 승리가 확정된 뒤인 11월 7일^{현지시간} 영국 데일리메일에 기고한 칼럼을 통해 이 만화에 얽힌 사연을 전했다. 모건에 따르면, 바이든 당선인은 2015년 장남 보 바이든이 뇌암으로 세상을 떠난 후 모건에게 전화를 걸었다. 바이든은 모건에게 "아들에 관해 쓴 기사에 감사인사를 전하고 싶어 전화를 걸었다"고 했다. 델라웨어주 법무장관을 지낸 보 바이든은 46세에 요절하기 전까지 바이든의 정치적 후계자로 꼽혔다. 전도유망한 젊은 정치인의 죽음을 접한 모건은 '보 바이든은 미국 최고의 대통령이 되었을지도 모른다'는 제목의 칼럼을 썼다. 당시 부통령이던 바이든은 이때 모건에게 이 만화에 대한 이야기를 들려줬다. 바이든 당선인은 29세였던 1972년 상원의원이 되기까지 부인과 딸을 교통사고로 잃었다. 아들 보와 헌터도 이 사고로 중상을 입었다. 그는 신을 원망하며 왜 하필 자신에게 이런 불행이 닥쳤는지 그 이유를 거듭 묻고 있었다. 바이든의 아버지는 아들에게 만화를 넣은 액자를 건넸다. 그 만화가 바로 딕 브라운의 '공포의 해이가르'였다. 아버지는 내가 낙심해 있을 때마다 "얘야, 세상이 네 인생을 책임져야 할 의무라도 있니? '어서 털고 일어나'라고 말해줬다"고 전했다. 이어 "이 만화는 나에게 '이미 일어난 일은 합리화할 방법이 없다', '누구에게나 언제든지 불행은 찾아올 수 있다'는 메시지를 주는 아버지의 방식이었다"고 회상했다. 그는 이 만화를 통해 아무리 나쁜 일처럼 보여도 많은 사람이 나보다 훨씬 더 안 좋은 일을 겪고 있고, 위로의 손길을 내미는 사람들과 '삶의 목적을 찾으려는 노력을 통해 힘든 일을 극복해 나갈 수 있다는 점을 깨달았'고 했다. 바이든은 자신의 아들을 기리는 칼럼을 쓴 모건에게 "내가 당신에게 빚을 졌다. 언젠가 갚을 수 있기를 바란다"고 했다. 이에 모건은 당신은 내게 진 빚이 없다. 보에 대한 글은 내가 그렇게 믿기 때문에 쓴 것이다. 보의 죽음은 당신의 가족뿐 아니라 미국에도 크나큰 '손실'이라고 답했다. 바이든은 모건에게 "아이들을 매일 안아줘라. 자식보다 더 소중한 것은 없다"며 통화를 마쳤다. 임선영 기자, "아내·딸 잃고 신 원망한 바이든, 그런 그를 일으킨 '두 컷 만화'", 중앙일보 2020. 11. 10.자 기사 참조.

우리나라의 제왕적 대통령제가 끼친 가장 큰 해악을 승자독식 체제에서 찾는 견해가 많은데, 전적으로 옳은 지적이라 생각한다. 그동안 우리

정치는 고달프게 하루하루를 겨우 버티며 살아가고 있는 국민들에게 희망을 주지는 못할망정 분노와 실망만을 안겨주었다. 정치권의 분열바이러스가 국민들에게도 감염되어 대한민국 전체가 둘로 쪼개져 갈등과 분열에 신음하고 있다. 권력의 절제를 보여준 조지 워싱턴 대통령, 어려운 성장환경 속에서도 훌륭한 품성으로 성숙된 정치를 보여준 버락 오바마 대통령 같은 그러한 '대통령다운 대통령'을 얼마나 기다려야 하는가.

의원내각제는 행정부가 의회의 신임을 전제로 하여 조직되고 존속할 수 있는 정부형태를 말한다. 의원내각제는 영국의 제한군주제의 틀속에서 서서히 형성되어 18세기말까지 거의 확립된 원칙이 되었다.

의원내각제의 장점은 다음과 같다. ① 신속한 국정 처리 ② 효율적 국정 수행 ③ 책임정치 실현 ④ 유능한 인재 등용.

의원내각제의 단점은 다음과 같다. ① 정당정치에 치우칠 우려 ② 다수정당 난립시 정국의 불안정 ③ 정쟁 격화.

이원정부제는 대통령제와 의원내각제의 요소가 결합된 절충식 정부형태이다. 즉 통치권력이 대통령과 총리에게 이분화되어 있는 정체로 원칙적으로는 대통령이 국가원수로서 통치권을 행사하고 총리가 행정권을 행사한다. 프랑스 헌법이 그 전형이다. 제5공화국 헌법은 뛰어난 혜안과 강력한 리더십으로 2차 세계대전을 자유민주 진영의 승리로 이끈 드골 장군과 제5공화국 초대총리였던 미셸 드브레의 주도로 만들어졌는데, 공화정을 선호한 드골, 영국식 의회제에 대해 호감을 가진 드브레, 의회주의 성향이던 4공화국 기득권세력 등의 복잡한 이해관계의 타협과 조정의 결과로 만들어진 것이다.

이원정부제의 장점은 다음과 같다. ① 평상시 입법부와 행정부 간 마찰 방지 ② 비상시 대통령 통치로 안정된 국정 처리.

이원정부제의 단점은 다음과 같다. ① 독재화 우려 ② 대통령 비상권한 행사시 국민주권주의 불충실.

현재 정부형태에 대한 개헌논의는 위의 3가지 정부형태에 집중되어

▲ 품격 있는 미국 의회 모습   출처: 뉴시스

있다. 즉 미국식 대통령제로의 개헌을 하자는 주장, 독일식의원내각제 개헌을 하자는 주장, 이원정부제분권형 대통령제 개헌을 하자는 주장이 그것이다.

영국의 시인이자 비평가인 알렉산더 포프Alexander Pope, 1688~1744는 "바보들은 정부형태에 관하여 논쟁하게 하라. 가장 잘 운영되는 것이 가장 좋은 정부이다"라고 말한다. 형식보다는 실용성을 강조한 말이다.

고전 정치학자인 레오 스트라우스는 국가의 지도자는 인기와 표를 위해 국민이 원하는 것에만 귀를 기울이는 자가 아니라, '국민은 어떻게 살아야 하는가'를 고민할 수 있는 자여야 하며 또 이를 위해 결단할 수 있는 자여야 하는 바, 이러한 지도자에 의해서만 '좋은 사회good soiety'가 가능하다고 갈파하였다.

국회선진화법, 무엇이 문제인가?

18대 국회 막바지2012년에 통과된 이른바 국회선진화법은 국회법 개정안제185조의2을 뜻한다. 다수당의 독주를 막고 이견 발생시 안건 조정 장치를 마련해 몸싸움을 방지한다는 의미에서 '선진화법'이라는 이름을 붙였다. 2011년 한미FTA비준안의 국회 본회의 상정에 항의하며 민주노동당 국회의원이 국회 본회의장에 최루탄을 투척한 사건이 계기가 되었다.

국회선진화법의 핵심 내용은 ① 신속처리대상안건 처리: 재적 5분의 3 이상의 찬성 ② 무제한토론의 종결결정: 재적의원 5분의 3 이상 ③ 신속처리안건지정동의안 제출: 재적의원 과반수 이상의 찬성 ④ 이의가 있는 법률안의 본회의 부의: 재적의원 5분의 3 이상의 찬성 ⑤ 안건조정위의 조정안 의결: 조정위원 3분의 2 이상의 찬성 등이다.

이 중 안건조정위를 통한 안건조정제도를 살펴보자국회법 제57조의2. 안건조정제도는 이견을 조정하기 위해 안건조정위 회부를 요구하면 자동적으로 회부요구일로부터 안건조정위에 회부되는 제도다. 안건조정위는 조정 개시구성일로부터 90일간 안건을 다루게 돼 이 기간 동안 상임위 표결이나 직권상정이 불가능해진다. 즉 안건조정위에서 여야 합의가 이뤄지지 않는 한 안건 처리가 최대 90일까지 미뤄진다는 뜻이다. 또한 국회선진화법은 국회의장 직권상정의 요건을 천재지변, 국가비상사태, 교섭단체대표 합의 등으로 엄격히 제한하고제85조, 합법적 의사진행 방해필리버스터 제도도 담았다제106조의2. 즉 재적의원의 3분의 1100명 이상의 요구가 있으면 무제한 토론을 할 수 있도록 하고, 무제한 토론을 종결하기 위해선 재적의원의 5분의 3180명 이상이 찬성하도록 하였다.

국회선진화법은 다수당의 법안 일방처리 관행에 제동을 걸며 '폭력국회' 오명에서 벗어날 수 있다는 기대 속에 마련됐지만, 과반을 기본으로 하는 의사결정구조가 흔들리면서 '식물국회'가 될 것이라는 반론도 만만치 않았는데 그러한 결과를 초래하였다는 것이 일반적인 평가이다. 그런데 2016년 5월 26일 헌법재판소는 국회선진화법은 의원들의 표결 심의권을 침해하지 않으며, 국회의 자율성과 권한을 존중해야 한다며 새누리당 일부 의원들이 제기한 권한쟁의 심판청구를 각하하였다헌재 2016. 5. 26, 2015헌라1.

2019년 5월에 패스트트랙신속처리안건으로 인해 국회가 난장판이 됐다. 자유한국당을 제외한 여야 4당이른바 1+4이 선거제 개편안과 고위공직자비리수사처공수처 설치 법안, 검경수사권 조정안을 패스트트랙으로 지정함으로써 극심한 정쟁이 야기된 것이다. 국가와 국민에게 무한봉사하는 국회의원 본연의 모습으로 하루빨리 돌아가야 할 것이다. 타협이 없는 국회 모습, 국민 보기가 부끄럽지 않은가?

자전거로 출퇴근하는 영국 국회의원들

권석하 재영 칼럼니스트의 영국 국회의원들에 관한 생생한 묘사를 보자. 귀족 같은 우리나라 국회의원들과는 너무나 다른 참으로 딱한(?) 영국 국회의원들의 모습이다. "영국 하원 의원은 고달프고 없는 것도 많다. 악명 높은 영국 물가 감안하면 박봉연봉 7만9468파운드·약 1억1920만원을 받는다. 경비 지원이 없어 기사 딸린 승용차를 타고 다니는 의원은 전혀 없다. 모두 대중교통수단을 이용한다. 기사와 관용차를 제공받는 하원의원 겸직 장관도 출퇴근은 대중교통으로 하고 런던 시내는 자전거로도 다닌다. 기차나 항공기도 일반석 요금만 청구할 수 있다. 공항 귀빈실은 언감생심이다. 일정 관리하고 전화 받는 수행 비서도 없다. 보좌관도 중진일 경우만 1~2명 있다. 많은 의원이 단독 보좌관이 아예 없기도 하다. 초선 의원들은 중진 의원 보좌관 하면서 일을 배운다. 웨스트민스터 의사당 옆 의원회관에는 하원 의원 650명 중 213명만 사무실이 있다. 4~5선쯤 되면 보좌관과 같이 쓰는 단독 사무실이 주어진다. 3선도 동료 의원들과 공동 사무실을 쓴다. 영국 하원 의사당 중앙 홀에는 의원 개인 지정 좌석조차 없다. 기차역 대합실 의자 같은 긴 초록색 가죽 의자만 줄지어 놓여 있다. 그나마 437명만 앉을 수 있다. 전원이 반드시 참석해야 하는 여왕 시정연설 날엔 나머지 213명은 의자 사이나 뒤에 서 있다. 지역구 당사에는 아예 의원 사무실과 책상이 없는 경우도 많다. 하원의원은 지역구 지방자치단체 의원 후보 선출에 전혀 영향력이 없다. 지역구 민원을 해결하려면 시의원 협조를 받아야 한다. 해서 영국에서는 시의원이 갑이고 하원의원이 을이다. 영국 국민 6692만명에 하원의원이 650명이다. 의원은 VIP가 아니고 별다른 특전도 없다. 대개 유효 2만~3만표 얻으면 당선되니 정말 한 표 한 표가 아쉽다. 그래서 그냥 동네 아저씨처럼 행동해야 한다. 누구나 전화해서 쉽게 만날 수 있다. 영국 하원의원은 정말 유권자의 공복이고 심부름꾼이

▲ 국회

출처: 한국민족문화대백과

다." 권석하, "[권석하의 런던이야기] [2] 자전거로 출퇴근하는 국회의원들" 조선일보 2019년 6월 12일자 칼럼 참조. 우리나라 국회의원들에 대한 국민소환제 도입얘기가 나오는 것도 다 자업자득自業自得이 아닐 수 없다. '무한특권'을 내려놓고 국가와 국민에게 '무한봉사'하는 국회의원 본연의 모습으로 하루빨리 돌아가야 할 것이다.

⋮ 특별사면, 제 식구 감싸기?

대통령의 사법에 관한 권한은 대법원장과 대법관임명권, 헌법재판소장과 재판관임명권, 사면권 등이다. 사면권을 살펴보자.

우리나라는 대통령의 임기 말이면 특별사면 때문에 나라가 시끄럽기 그지없다. '제 식구 감싸기', '권력 남용' 등의 비판으로 논란이 됐다. 특별사면은 취임 초와 특정 국경일, 임기 말에 국민화합이나 경제를 위한다는 명분으로 수차례 집행됐다.

대통령은 법률이 정하는 바에 따라 사면·감형 또는 복권을 명할 수 있다. 일반사면을 명하려면 국회의 동의를 얻어야 한다헌법 제79조. 사면은 행정권에 의하여 사법권의 효과를 변경하는 것이며, 따라서 권력분립의 원칙에 대한 예외적 조치이다. 전통적으로 국가원수의 특권 또는 행정기관의 권리로서 인정되고 있다. 사면은 일반사면·특별사면·감형·복권으로 구별되고, 그 행사에는 국무회의의 심의를 거쳐야 한다. 사면·감형·복권에 관한 사항은 법률로 정하여야 하는데, 이 법이 사면법이다. 현행법에는 대통령의 특별사면을 제한하는 규정이 별도로 없다. 단지 사면결과에 대해서만 공개하여야 한다. 이에 대통령의 사면이 사법부의 판결을 뒤집는 것이어서 사법권을 무력화할 수 있다는 우려와 함께 법치주의를 훼손하고 형평성 논란을 불러일으켜 사회에 위화감을 조성한다는 비판이 제기된다.

생각건대 대통령의 사면권은 사법부의 판단을 변경하는 권한으로 권력분립의 원리에 대한 예외가 된다. 따라서 사면권은 국가이익과 국민화합의 차원에서 행사되어야 하고 정치적으로 남용되거나 당리당략적 차원에서 행사되어서는 안 될 것이다.

■ 우리 헌법재판소는 사면을 통치행위로 보고 있다헌재 2000. 6. 1, 97헌바74. 또한 독일 연방헌법재판소는 사면의 결정 또는 거부가 사법심사의 대상이 되는가에 관하여 4 : 4로 사면결정은 사법심사의 대상이 되지 아니한다고 판시하였다BVerfGE 25, 352ff; BVerfGE 45, 187.

인공지능(AI) 판사가 탄생할 수 있을까

영국 옥스퍼드 대학 마이클 오스본 교수는 2013년 「우리의 직업을 얼마나 컴퓨터에 내줄 것인가」라는 제목의 보고서를 내놓았다. 우리 법원의 3심 제도는 '인간은 언제든 실수할 수 있다'라는 전제 아래 만들어졌다. 1·2심의 잘못된 판결을 대법원에서 바로잡을 수 있다는 것이 심급제도를 도입한 취지다. 하지만 컴퓨터가 재판을 하면 3심 제도는 필요가 없어지고 자연히 판결 확정도 빨라질 것이다. 그럼 '인공지능 판사'에 의한 인간 법관의 대체는 바람직할까. 법조계에서는 법을 포함한 사회과학 분야에서의 '불확실성'은 피할 수 없는 것이기 때문에 부정적인 입장을 가지고 있는 것으로 보인다. 머니투데이 더엘the L의 '2016 법원 신뢰도 대국민 여론조사' 결과에 따르면 응답자의 70.6%가 '재판결과가 불공정하다'고 답했다. 58%는 법원을 불신했다. 위의 옥스퍼드대학의 보고서에 따르면, 판사의 인공지능에 의한 대체가능성은 40%로 다른 직업군에 비해 꽤 높은 수준이다. 사법 불신이 계속 높게 유지된다면 우리 사회는 오판 가능성이 높은 '인간 판사'보다 선입견과 감정 개입을 배제한 '인공지능 판사'를 더 원하게 될지도 모른다. 법관의 독립도 중요하지만 보다 더 중요한 것은 인간에 대한 깊은 이해를 토대로 한 솔로몬의 지혜가 아닐까.

한편 국내외 법률서비스 시장에 최근 인공지능을 이용한 다양한 새로운 형태의 서비스들이 도입돼 활용되고 있다. ① 미국에서는 대표적으로 지능형 법률자문회사인 로스인텔리전스는 IBM의 인공지능 '왓슨watson'을 기반으로 대화형 법률 서비스를 제공하고 있다. 왓슨은 1초에 80조번 연산을 하고, 책 100만권 분량의 빅데이터를 분석한다. ② 블랙스톤 디스커버리는 인공지능과 빅데이터 기법을 이용한 지능형 검색 기술을 서비스하고 있다. 2012년 벌어진 삼성과 애플의 세기의 특허소송에서도 이 기술이 사용됐다. ③ 법률분석기업 피스컬노트는 미국 의회와 정부 데이터에 인공지능 기술을 접목시켜 입법과 법령 관련 정보를 기업의 정부정책 담당자에게 실시간으로 제공한다. 연방정부와 주정부의 모든 법안과 규제는 물론 상하원 의원들의 영향력 정보까지 알 수 있으며, 상정된 법안의 의회 통과 가능성까지 예측하는데 정확도가 94%에 달하는 것으로 전해지고 있다. 미국 대형로펌과 보험사 상당수가 이 시스템의 고객이다. ④ 법조계에는 미국의 모든 법원이 작성한 판결문을 인공지능으로 분석해 판사의 판결 패턴을 도출하고, 변호사들이 판사의 성향에 맞춰 필요한 자료를 준비할 수 있게 돕는 '래블 로'의 서비스도 있다.

인권의 수호자: 대법원

대법원은 선출되지 않은 권력이다. 자본주의 체제를 바탕으로 한 민주공화정의 양대 축은 법과 돈이다. 대법원은 법을 관장한다. 대법원은 대표적인 엘리트조직이다. 선거에 의해 민주주의를 실시할 경우 다수의 횡포가 체제를 위협할 우려가 있다. 따라서 엘리트조직인 사법부는 행정부나 입법부와는 달리 대중정치의 영향력에서 분리될 필요가 있다. 그런데 최근엔 전직 대법원장과 대법관 그리고 고위법관들도 재판의 대상이 되는 등 수난을 당하고 있어

▲ 대법원 　　　　　　출처: 위키백과

귀추가 주목되고 있다. 이러한 법현실은 국민들의 귀감이 되고 있는 초대 대법원장을 지낸 가인 김병로를 자연스레 떠올리게 한다.

　대법원에는 대법원장과 대법관이 있다. 대법원장의 역할이 중요하다. 초대 대법원장의 임명과정을 살펴보자. 우리나라의 초대 대법원장으로 가인 김병로가 임명되기 전까지 약간의 우여곡절이 있었다. 이승만 대통령이 염두에 둔 이는 노진설盧鎭卨과 서광설이었다고 한다. 이들에 대한 국무위원들의 반대가 심하자 이인李仁 법무부장관이 김병로를 천거하자 국무총리 철기鐵驥 이범석의 동의와 다른 국무위원들의 동조에 따라 이승만대통령도 마지못해 김병로를 대법원장으로 임명하였다고 한다김학준, 「街人 金炳魯評傳」 - 민족주의적 법률가·정치가의 생애-(민음사, 1987), 317~320쪽 참조. 가인이 초대 대법원장이 되었다는 것은 그 개인의 영광이라기보다, 대한민국의 사법부를 위해, 그리고 더 나아가 대한민국을 위해 무척 다행스런 일이었다앞의 책, 471쪽.

■ **한국 사법부와 자유민주주의의 초석 – 가인 김병로 초대 대법원장**

　「김병로金炳魯 1887~1964 초대 대법원장은 일제강점기에 나라 없이 방황하는 '거리의 사람'이란 의미로 街人이란 아호를 자신이 직접 붙였다고 한다. 가인은 대법원장 재임 9년 3개월 동안 사법부 밖에서 오는 간섭과 압력을 뿌리치며 사법부 독립의 기틀을 다졌다. 이 과정에서 초대 대통령인 이승만 박사와 정면으로 맞선 얘기는 유명하다. 그것이 가능했던 것은 가인이 일제강점기에 변호사로서 수많은 독립운동 관련사건을 무료변론한 것은 물론 다채로운 사회활동으로 독립운동에 기여했기 때문이다.

　김병로 대법원장과 이승만 대통령은 서로 존경했으나 원만한 관계는 아니었고 특히 사법권 독립문제에는 견해가 달라 가끔 부딪혔다고 한다. 재미

있는 일화 하나를 소개한다. "이대통령은 어느 땐가 법무부장관이 경무대에 올라가니 "요즘 「헌법」 잘 계시느냐"고 물었다고 한다. 그 장관이 어리둥절해 "무슨 말씀이십니까?"라고 되물으니 "대법원에 「헌법」 한 분 계시지 않느냐"고 말하더라는 것이다. 이대통령은 가인이 「헌법」을 내세우며 원칙을 고수하고 비판을 서슴지 않았던 점이 몹시 못마땅했던 것 같다." 故 이병용李炳勇 1949~2013 전 대한변협회장은 "과거 대법원장들 중에는 대통령의 비위를 맞추기에 힘쓴 분도 있었다"면서 "사법권 독립을 위해 가인만큼 힘쓴 대법원장은 아직까지는 보지 못했다"고 회고했으며, 故 고재호高在鎬 1913~1991 변호사도 "요즘처럼 법조계에서 자학적인 얘기가 나올 때일수록 사법권 독립에 힘쓴 가인의 의지와 자세는 더욱 소중하게 여겨진다. 가인은 이 문제에 대해 입으로 말하기보다는 수범을 보이는데 앞장섰다"고 생전에 술회하였다고 한다. 1887년 12월 15일 전북 순창에서 태어난 가인은 1964년 1월 13일 간장염으로 별세, 사회장으로 장례가 치러졌다」이영근·김충식·황호택, 「법에 사는 사람들」, 184~211쪽 참조.

■ 미국 사법권의 특징과 판사의 역할

「1세기여 전 알렉스 드 토크빌Alexis de Toequeville은 미국의 사법권이 다른 나라에서는 찾아볼 수 없는 특유한 것이며, 미국의 판사들은 정치적 기능을 행사한다고 설파했다. 그는 이러한 관행이 자유와 공공질서에 가장 유익하며, 또한 제정법을 위헌으로 선언할 수 있는 법원의 권한은 정치적 의회의 독재를 견제하기 위하여 고안된 제도 중 가장 강력한 것이라고 결론을 내렸다. 그가 남긴 말로서 흔히 인용되는 "미국에서는 거의 모든 사건이 조만간에 사법문제로서 해결된다"라는 구절은 미국의 사법기능과 미국민의 법의식 수준을 잘 반영하고 있다. 중요한 것은 법원의 자유의식, 또는 진보의식이다. 따라서 법원과 그 구성원인 판사가 헌법체제하에서 차지하는 위치는 지극히 중요하며, 특히 최고법원과 그의 판사라면 더욱이 그러하다. 미국에서는 판사의 개개인에 대한 연구가 활발한 것은 우리에게도 좋은 교훈이 될 것이다. 또한 미국의 판사들은 판결문을 작성할 때 단순한 논리조작이 아닌 장문의 수려한 에세이를 쓴다는 것도 주목하여야 할 것이다.」이상돈, 「미국의 헌법과 연방대법원」(학연사, 1983), 12~13쪽.

존 마셜John Marshall. 1755~1835은 누구보다도 연방대법원 재판관이라는 직책
에 큰 의미를 부여했다. 물론 사법부가 국가권력에
있어 하나의 대등한 기관이라는 사실은 분명했다.
국가기관들은 분립되어 있었지만, 그들이 과연 동
등했을까? 페더랄리스트 페이퍼The Federalist Papers에 언
급된 바와 같이 법원은 "가장 덜 위험한 부처least
dangerous branch"이며 또한 가장 취약한 권력이다. "합

▲ 연방대법원장 존 마셜
출처: 네이버지식백과

중국 초기의 연방법원, 특히 연방대법원은 버림받
은 한직이었다. 루트리지Rutledge와 해리슨Harrison은 대법원장직을 내놓고 주
법원판사직으로 옮겨갔다. 패트릭 헨리Patric Henry와 윌리엄 쿠싱William Cushing,
그리고 알렌산더 헤밀턴은 대법원장직을 사양했다. 초대 대법원장 존 제
이John jay는 대법원의 직무를 싫어해서 Jay조약을 맺으려 영국에 1년 이상
체류했으며, 1795년에 뉴욕주지사에 당선되자 기꺼이 그 직을 버렸고,
1801년의 대법원장 임명제의마저 다시 거절했다."이상돈, 앞의 책, 19쪽. 하지
만 마셜의 활약 이후 이러한 경향은 약화되었다. 아래에 소개하는 마버
리 대 메디슨 판결Marbury v. Madison, 1803에서 마셜은 의회의 제정법률까지도
심사할 수 있는 법원의 권한을 창안 내지는 확인했다. 그러나 마부리판
결은 마셜의 위대한 업적의 극적인 한 예일 뿐이다. 그가 정립한 원칙들
은 헌법의 일부분이 되었다. 그는 대법원의 기능과 목적을 자기 손으로
직접 변경했다로렌스 M. 프라드먼(안경환 역), 「미국법의 역사」, 172-173쪽.

마부리 대 메디슨 판결: 연방대법원의 헌법재판권을 인정한 가장 유명한 판결
「원고 윌리엄 마부리William Marbury는 아담스 대통령이 그 임기의 마지막 순
간에 서둘러 임명한 콜롬비아 지구의 치안판사들이들은 심야에 임명되었다 하여
"mid-night judge"라 불려진다 중의 한명이다. 이들은 아담스의 임기의 마지막 날
인 3월 3일에 상원에서 인준되었다. 그러나 아담스와 국무장관 마셜Mashall
이 서명한 임명장은 그 마지막 날에 전달되지 못하였다. 그 다음날 새로운
대통령 제퍼슨Jefferson: 공화파은 아직 전달되지 못한 임명장을 무효로 처리했

다. 1801년 12월 마부리 등 4명은 국무장관 메디슨^Madison^을 상대로 그들의 임명장을 돌려달라고 대법원에 집행영장^writ of mandamus^을 청구하였다. 대법원이 집행영장을 발부한다 하더라도 행정부가 이를 무시할 것이 분명하였고, 따라서 대법원의 권위는 추락할 것으로 보였다. 대법원장 마셜은 딜레마에 봉착했다. 그런데 마셜은 이 사건에서 대법원의 권위를 고양시킬 기회를 발견하였다. 여기서 마셜이 생각해 낸 것이 사법심사였는데, 이 사건에서 사법심사문제가 제기되리라고 예상했던 사람은 한 사람도 없었다.…마셜은 예상외의 논리를 전개시킨다. 즉 원고들이 의존하고 있는 1789년의 법원조직법 제13조가 대법원의 원심관할을 인정한 것은 헌법위반이며, 따라서 원고측의 논지는 근거를 상실한다는 것이다.…마셜은 자파自派를 패소시켰지만 대법원의 우위확립이라는 소기의 목적을 달성할 수 있었다.…마부리판결은 마셜의 "정치적 전략의 걸작"이었으며, 당시의 추세에 비추어 볼 때, "제퍼슨주의 혁명에 대한 반동"인 동시에, "그 혁명에의 적응"이었던 셈이다.」 이상돈, 앞의 책, 22~23쪽 참조.

▲ 2019. 5. 17. 대법원-법학계 간담회 기념사진
앞줄 왼쪽 세 번째가 박균성 한국법학교수회장. 네 번째가 김명수 대법원장. 다섯 번째가 김순석 로스쿨협의회 이사장. 뒷줄 왼쪽 네 번째가 저자이다. 저자는 한국법학교수회 사무총장 자격으로 참석하였다. 김명수 대법원장은 2019년 12월 국회에 제출한 '사법행정제도 개선에 관한 대법원 법률 개정 의견'을 비롯해 대법원의 사법행정제도 개선 추진 현황과 계획을 설명했다.

[사진=대법원 제공]

대법관의 충원에 대해 이익집단들은 매우 비상한 관심을 갖는다. 누가 대법관이 되는가에 따라서 사회적 가치에 대한 법률적 판단은 크게 달라진다. 법치국가라고 하지만 인간에 의해서 법이 해석되며, 누가 당시의 대법관이었느냐에 따라 판결이 달라져 왔다. 그래서 대통령은 대법관을 임명할 때 대체로 자기와 같은 이념을 가진 사람을 임명하고 싶어 한다. 그런데 재미있는 사실은 대통령이 아무리 신중하게 대법관을 임명하더라도 본래의 의도를 달성하지 못하는 경우가 많다는 점이다.

미국의 경우에 위대한 대법관으로서 역사적인 판결을 남긴 판사들은 놀랍게도 대부분 판사로서의 경험이 적었던 사람들이었다. 또한 전문적 법률지식만으로 임명된 사람보다는 공공정책에 대한 철학이나 확고한 신념의 소유자들 중에서 위대한 대법관이 많이 나왔다는 것은 우리나라의 대법관 충원시스템이 획기적으로 변화되어야 한다는 것을 보여준다. 위대한 판사들은 창조적이며 자기 성찰이 깊으며 변화에 인색하지 않는 사람들이다.

아래에서 소개하는 미국 연방대법원 판사 중에서 자신을 임명한 대통령을 실망시킨 사례를 통해 위대한 대법원 판사의 조건에 대해 생각해보도록 하자.

■ 자신을 임명한 대통령을 실망시킨 미국 연방대법원 판사들

미국 역사를 통틀어 대통령들은 자신이 임명한 연방대법원 판사들의 실제 행보에 실망하곤 했다. 조셉 스토리Joseph Story는 자신을 임명한 메디슨을 배반했다. 올리버 웬델 홈즈Oliver Wendel Holmes는 씨어도어 루즈벨트를 실망시켰으며, 아이젠하워는 얼 워렌Earl Warreen이 대법원에서 한 일을 혐오했다. 워렌 버거Warren Berger 영도하의 대법원은 리처드 닉슨의 따귀를 갈겼다. (대법관이 된 후에) 프랑크퍼더Frankfurter는 진보세력을 떠났으며, 수터Souter 와 블랙먼Blackmun은 보수세력과 결별했다앞의 책, 174쪽.

:
:
헌법의 수호자: 헌법재판소

시민법전통과 헌법재판소

시민법세계에서 입법의 합헌성 여부에 대한 사법심사의 추세는 20세기에 들어오면서 강해졌다. 그러나 일반적으로 법원에 의한 합헌성심사는 하나의 최고법원에만 집중되어 있는 경우에도 그다지 많이 장려되지 않았다. 시민법전통^{대륙법계}의 판사는 헌법재판의 책임과 기회로부터 뒤로 물러나는 경향이 있다. 전통이 너무 강하고, 법원의 기능에 관한 정통적 견해가 너무 깊이 뿌리박혀 있으며, 전통적인 법학교육과 법조인 훈련효과가 너무나 제약을 가하고 있었던 것이다. 시민법전통^{대륙법계}이 판사에 대하여 갖는 불신, 권력분립이론의 위력 그리고 위헌판결에 대하여 일반적 효력을 부여하고자 하는 희망 등은 시민법전통 국가 가운데 오스트리아와 독일, 이탈리아, 스페인, 한국 등이 별개의 독립된 헌법재판소를 설치하고자 결정하게 된 이유를 설명해준다. 독일과 이탈리아, 스페인, 한국

▲ 헌법재판소
재동청사의 부지는 연암 박지원의 손자로 구한말 개화파로 우의정을 지낸 환재(桓齋) 박규수(朴珪壽, 1807-1876) 선생의 저택이 있었던 곳이다. 부지 내에는 우리나라에 몇 그루밖에 없는 희귀수인 수령 600년이 넘는 천연기념물 제8호 재동백송이 자리잡고 있다.   출처: 헌법재판소 홈페이지

등에서 어떤 법률이 위헌이라고 하는 헌법재판소의 결정은 그 사건의 당사자뿐만 아니라 법적 과정에 참여한 모든 참가자에 대한 구속력이다. 이들 나라 모두 재판관의 선출과 임기에 관한 절차와 규칙의 성격을 보면, 프랑스의 헌법평의회가 갖는 정치적 성격과는 대조적으로 헌법재판소가 명확하게 사법적 성격을 가지고 있음을 보게 된다.

일반적으로 헌법재판은 협의狹義로는 사법기관이 법률의 위헌여부를 심사하고 위헌인 것으로 판단하는 경우에 그 효력을 상실하게 하든가 그 적용을 거부하는 제도를 말하며, 광의廣義로는 헌법에 관한 쟁의를 사법절차에 따라 해결하는 작용으로서 위헌법률심사, 정당해산심판, 탄핵심판, 권한쟁의심판, 헌법소원심판, 선거소송심판 등을 총칭한다.

헌법재판은 정치적인 관점뿐만 아니라 법적인 관점을 함께 존중함으로써 정치적인 사고의 영역에서 흔히 강조되는 철학목적이 모든 수단을 정당화시킨다의 법리적 한계를 명시하고 정치라는 위성이 헌법에서 이탈하지 못하도록 그 궤도를 그려주는 제4의 국가작용이다.

헌법재판소 구성에 대한 외국사례

헌법재판소는 법관의 자격을 가진 9명의 재판관으로 구성되며, 대통령이 임명하되, 그중 3명은 국회에서 선출하는 자를, 3명은 대법원장이 지명하는 자를 임명한다헌법 제111조 제2항·제3항. 대법원장 제청으로 국회의 동의를 받아 대통령이 임명하는 대법관 임명방식과는 차이가 있다. 헌법재판소는 헌법에 대해 유권해석을 하기 때문에 법원 판결보다 사회적 파장이 크고 법관 개인의 성향이나 가치관이 개입될 여지가 대법원 판결보다는 많다.

헌법 제111조 제2항에 따르면 재판관은 "법관의 자격을 가진 9인"으로 구성하게 되어 있기 때문에 법조인 출신만 재판관을 맡게 돼 다양한 계층의 의견을 수렴하는 데 한계가 있다. 법조인 아닌 사람법학교수, 공무원 등이 3명까지 재판관을 할 수 있도록 할 필요가 있는데, 이는 헌법 개정이 아니면 손을 댈 수 없다. 그런 까닭으로 개헌이 필요하다는 주장이

▲ 2019. 3. 27. 유남석 헌법재판소장(사진 가운데)을 예방하고 있는 박균성 한국법학교수회장(소장 왼쪽)과 사무총장인 저자(오른쪽 첫 번째)　　　[사진=헌법재판소 제공]

헌법재판소 내부와 전문가들에게서 나오고 있다.

미국의 프랑크퍼더 Felix Frankfurter 전 연방대법관은 "법관으로서의 경력과 대법관으로서의 적격성 간에는 상관관계가 전혀 없다고 보는 것이 타당하다"

고 말하면서 연방대법관에게는 법조경험보다는 철학자적, 역사가적, 그리고 장래를 예견하는 자질이 필요하다고 한 바 있는데, 이는 헌법재판을 주로 하는 연방대법관은 일반법관보다는 다른 자질을 요구한다는 의미로 볼 수 있다김문현, "헌정 100년에 대한 단상", 2019년 7월 16일 한국공법학회 학술세미나 기조강연, 29쪽.

헌법재판소 구성에 대한 외국사례는 다음과 같다. 첫째, 독일의 헌법재판소 내에는 두 개의 부가 있는데, 제1부는 주로 기본권침해의 문제를 취급하고, 제2부는 주로 연방과 지방 간 및 지방 상호 간의 분쟁을 관할한다. 각 부의 헌법재판관 3명은 연방상급법원의 판사 중에서 선임되고, 나머지 각 5명은 연방참의원의원 전원과 연방의회 내의 12명으로 구성되는 선정위원회에서 각각 반수씩 선정하여 연방대통령이 임명한다. 임기는 12년이며 재선될 수 없다.

둘째, 스페인의 헌법재판소는 12명의 재판관에 의하여 구성되며, 하원과 상원이 각 4명씩 추천하고, 정부가 2명, 사법부총평의회가 2명을 추천하여 국왕이 임명한다. 헌법재판소의 재판관은 재판관·검찰관·대학교수·공무원 및 변호사 중에서 임명하며, 전원은 충분한 학식과 15년 이상의 전문직으로서의 경력을 가진 법률가이어야 한다. 헌법재판소의 재판관의 임기는 9년으로 하고, 3년마다 3분의 1을 개선한다. 헌법재판소장은 동 재판소 전체구성원의 제청에 의하여 그 재판관 중에서 국왕이 임명하고, 임기는 3년으로 한다.

셋째, 프랑스의 헌법평의회는 의회에 대한 정부의 규제수단으로 구성된 것이었으며 재판기관이 아니라 정치적 기관으로서 인정되었다. 헌법평의회 의원은 9명으로 대통령이 3명, 하원의장이 3명, 상원의장이 3명을 임명한다. 대통령을 지낸 모든 사람은 원하는 경우 종신직으로 활동한다. 3년마다 3분의 1이 갱신된다.

넷째, 이탈리아의 헌법재판소는 15명의 재판관으로 구성되며, 3분의 1은 의회합동회의에 의하여, 3분의 1은 대통령에 의하여, 3분의 1은 상급법원판사에 의해 선출된다. 헌법재판소의 재판관은 퇴직자를 포함한 통상 상급법원 및 행정상급법원의 판사, 법학전문의 대학교수 및 20년 이상의 실무경력을 가진 변호사 중에서 선출된다.

다섯째, 오스트리아 헌법재판소는 소장 1명, 부소장 1명, 그 밖의 재판관 12명 및 예비관 6명으로서 구성된다.

여섯째, 포르투갈의 헌법재판소는 13명의 재판관으로 구성되며 의회가 10명을 선출하고 10명이 3명을 선출한다. 13명 중 6명은 판사 중에서 선출해야 하며 나머지는 법조인이 임명된다. 헌법재판소의 소장은 호선이며 헌법재판소장과 재판관의 임기는 9년이며 재선될 수 없다.

탄핵심판

탄핵심판제도는 일반적으로 형벌 또는 징계절차로써 처벌하기 곤란한 대통령·국무총리·국무위원·법관 등 고위공직자의 헌법침해에 대한 헌법보호수단이다. 이러한 탄핵제도는 고대 그리스나 로마시대에도 있었으나, 근대적 형태로서는 14세기 말의 영국에서 그 기원을 찾는 것이 보통이다. 그 후 미국을 비롯하여 프랑스·독일·일본 등 여러 나라에서 이 제도를 채택하고 있다. 미국이 230여년 전 대통령의 임기 중 불법 및 공적 신뢰에 대한 배반에 맞서 탄핵절차를 고안한 것은 결국 대의민주주의와 헌법질서를 유지하는 가운데 질서 있는 권력 이양이 이뤄지도록 한 것임을 기억하자. 미국에서는 닉슨 대통령Richard Milhous Nixon, 1913~1994. 재임기간 1969.01~1974.08과 클린턴 대통령Bill Clinton, 1946~. 재임기간 1993.01~2001.01에 대한 탄핵심판이 있었다. 닉슨은 1972년 대통령의 재선을 위하여 비밀공작반이 민주당을 도청하려다 발각된 워터게이트사건으로 대통령직을 사임한다. 닉슨은 미국 사상 처음으로 임기 중에 사임한 대통령이다. 1981년부터 1994년 뇌졸중으로 사망할 때까지 국제문제 관련 집필과 국제문제에 대한 뛰어난 통찰력으로 정부의 국제문제 자문에 대한 조언 등 활발한 활동을 하였다. 미국의 전 대통령 클린턴은 성추문 사건으로 인해 탄핵재판을 받지만 1999년 탄핵소추에 큰 영향을 받지 않고 실용적인 경제 및 대외정책에 크게 힘입어 70%에 이르는 지지도를 얻었다.

우리나라의 경우 짧은 헌정사에도 불구하고 두 차례의 탄핵심판이 있었다. 첫 번째 사례로 노무현 대통령1946~2009, 재임기간 2003. 2~2008. 2에 대해 국회에서 탄핵소추하였으나 헌법재판소에서 기각하였다. 노대통령은 한국의 제16대 대통령이다. 인권변호사 출신으로, 1988년 국회의원에 당선되어 정치에 입문한 뒤 5공비리특별위원회 위원으로 활동하면서 청문회 스타로 떠오른다. 1990년 '3당 합당'에 반대하여 민주당 창당에 동참하고, 해양수산부 장관을 거쳐 2002년 새천년민주당의 대통령 후보로 제16대 대통령에 당선된다. 퇴임한 뒤 고향인 봉하마을에 귀향하여 오리농사, 마을청소에 참여하는 등 평범한 전원생활을 하는 한편, 「사람 사는 세상」이라는 인터넷 홈페이지를 개설하여 사람들과 소소한 일상을 공유하고, 건전한 토론문화를 조성한다는 취지로 인터넷 토론 사이트 「민주주의 2.0」을 개설하여 세상과 소통한다. 그러나 재임 중 친인척 비리로

2009년 4월 30일 대한민국 전직 대통령으로는 세 번째로 검찰의 소환조사를 받았다. 같은 해 5월 23일 "나로 말미암아 여러 사람이 받은 고통이 너무 크다"는 내용의 유서를 컴퓨터에 남기고 사저 뒷산의 부엉이바위에서 투신, 서거하였다. 참으로 안타까운 일이 아닐 수 없다.

두 번째 사례는 2017년에 있었던 박근혜 대통령 탄핵심판이다. 박근혜는 제8대 대통령이다. 5대~9대 대통령을 지낸 박정희의 딸로서 제15~19대 국회의원을 지냈고, 2012년 12월 제18대 대통령 선거에서 한국의 첫 여성대통령으로 당선되었다. '준비된 여성대통령'을 슬로건으로 경제민주화와 생애주기별맞춤형 복지 등을 주요 공약으로 내세웠다^{두산백}^{과 참조}. 2016년 12월 박근혜-최순실 게이트 수사를 위한 박영수 특별검사팀이 출범했다. 박대통령의 퇴진을 요구하는 촛불집회가 20차까지 진행됐다. 2017년 2월 28일 특검수사가 종료되면서 검찰에 의하여 2017년 3월 31일 구속됐으며 2021년 12월 문재인 대통령에 의해 사면·복권되었다. 현직 대통령의 탄핵, 구속 그리고 재판으로 인해 국론은 분열되고 극심한 사회갈등이 야기되고 있는 법현실이 안타깝기 그지없다. 박근혜 前 대통령은 1974년 8월 15일 광복절 기념식장에서 어머니 육영수 여사가 문세광의 저격으로 사망했고, 1979년 10월 26일 아버지 박정희 대통령이 중앙정보부장 김재규의 저격으로 서거하는 등 매우 불행한 가족사를 가지고 있다.

01 노무현 대통령 사례

2004년 3월 야당 의원들은 노무현 대통령에 대해 ① 선거법 위반 등 국법문란 ② 측근 비리 등 부정부패 ③ 경제와 국정 파탄이라는 3가지 이유를 들어 탄핵소추안을 발의했으며, 3월 12일 실시된 본회의에서 195표 중 찬성 193표, 반대 2표로 탄핵안을 가결시켰다. 그러나 5월 14일 헌법재판소는 탄핵심판 결과 '기각' 결정을 내렸으며 노무현 대통령은 즉각 직무에 복귀하였다.

02 박근혜 대통령 사례

두 번째 탄핵 사례는 박근혜 대통령(재임 2013. 2~2017. 3. 10)으로 헌법재판소가 탄핵을 '인용'하였다. 헌법재판소는 박대통령의 탄핵사유를 ① 문화체육관광부 간부의 좌천 인사 등 공무원 임면권 남용 ② '정윤회 문건' 보도와 관련한 언론자유 침해 ③ '세월호 참사'를 둘러싼 생명권 보호의무와 직책 성실의무 위반 ④ '비선 실세' 최순실 씨의 국정개입 허용과 권한남용 등 크게 4개 부분으로 나눠 판단했다. 이 중 ④에 대해서만 헌법 및 국가공무원법, 공직자윤리법 등 실정법을 위배했다고 판단했다. 전체적으로 국민의 신임을 배반한 헌법수호 관점에서 용납될 수 없는 중대한 법위반행위로 봐야 한다는 게 헌법재판소 재판관들의 판단이었다.

탄핵의 사유는 직무수행에 있어서 헌법이나 법률을 위배한 때만 가능하고, 탄핵의 소추는 국회에서 한다. 국회에서 탄핵소추가 의결되면 피소추자는 헌법재판소의 심판이 있을 때까지 그 권한 행사가 정지된다_{헌법재판소법 제50조}.

탄핵의 심판절차를 보면 증거조사에는 형사소송법의 관련규정이 준용된다. 변론주의가 원칙이나 재지정기일에도 출석하지 않으면 출석 없이 심리할 수 있다. 헌법재판관 6인 이상의 찬성으로 결정하며 공직으로부터 파면된다. 민사상 또는 형사상의 책임은 별개의 문제이다_{헌법재판소법 제54조 제1항}. 단, 결정선고 전에 파면되면 탄핵소추는 기각된다.

■ 탄핵을 접했던 대통령들의 심리·정서상의 문제

탄핵을 접했던 미국과 우리나라의 대통령들의 심리·정서상의 문제를 분석한 글이 있어 소개하고자 한다. "탄핵을 접했던 상당수 대통령에게서 심리나 정서상의 문제를 찾아낼 수 있음은 흥미롭다. ① 집안이 어려웠던 닉슨 미 대통령은 입학허가를 받은 하버드대 진학을 포기해야 했다. 부잣집 도련님에 하버드 출신의 케네디에게 늘 콤플렉스가 있었다. 책략과 음모의 달인으로 절치부심한 끝에 대통령 직에 올랐던 그는 결국 도청_{盜聽}이라는 무리수로 낙마했다. ② 고졸의 노무현 대통령 역시 주류 콤플렉스에 시달렸다.

한나라당이 자신을 대통령으로 인정하지 않는다는 강박에 시달렸다. 급기야 기울어진 운동장을 뒤엎자는 그의 노골적 여당 총선 지원 발언은 탄핵소추의 대상이 됐다. ③ 알코올중독자인 양아버지 밑에서 자란 클린턴 대통령은 치료가 필요했던 섹스 중독을 극복하지 못해 타고난 유능함에 오점을 남겼다. ④ 박근혜 대통령의 사고와 심리는 육영수 여사의 죽음 뒤 퍼스트레이디 역할을 했던 5년여^{1974~79년} '청와대의 삶'을 벗어나지 못했다. 그 18년 뒤 자기 정치에 입문했고, 그 18년 뒤 퇴진의 위기에 이르기까지 21세기 열린 지도자로의 성장과 변화는 찾기 어려웠다."최훈 논설실장, "[중앙시평] 너무나 다른 시대를 산 우리들의 대통령" 중앙일보 2016년 12월 7일자 칼럼 참조.

헌법보호: 위헌정당해산심판

정당으로 조직화된 '헌법의 적'으로부터 헌법을 보장하기 위한 제도가 위헌정당해산심판과 위헌결사의 해산제도이다. 나치스에 의한 정당해산의 남용을 경험한 독일은 「기본법」^{헌법}에서 정당의 존립을 보장하고, 정당이 자유를 남용하여 민주적 기본질서를 파괴하려고 할 때에만 해산하도록 규정하였다. 이 제도가 터키헌법과 한국헌법 등에 계승되었다.

정당해산심판제도는 정부의 일방적인 행정처분에 의해 진보적 야당이 등록취소되어 사라지고 말았던 우리 현대사에 대한 반성의 산물로서 제3차 헌법 개정을 통해 헌법에 도입된 것이다. 우리나라의 경우 이 제도는 발생사적 측면에서 정당을 보호하기 위한 절차로서의 성격이 부각된다. 따라서 모든 정당의 존립과 활동은 최대한 보장되며, 설령 어떤 정당이 민주적 기본질서를 부정하고 이를 적극적으로 공격하는 것으로 보인다 하더라도 국민의 정치적 의사형성에 참여하는 정당으로서 존재하는 한 헌법에 의해 최대한 두텁게 보호되므로, 단순히 행정부의 통상적인 처분에 의해서는 해산될 수 없고, 오직 헌법재판소가 그 정당의 위헌성을 확인하고 해산의 필요성을 인정한 경우에만 정당정치의 영역에서 배제된다. 그러나 한편 이 제도로 인해서, 정당활동의 자유가 인정된다 하더라도 민주적 기본질서를 침해해서는 안 된다는 헌법적 한계 역시 설정된다.

위헌정당해산심판의 제소는 정부가 하고, 헌법재판소는 정당해산심판의 청구를 받은 때에는 직권 또는 청구인의 신청에 의하여 종국결정의 선고시까지 피청구인의 활동을 정지하는 결정을 할 수 있다^{헌법재판소법 제57} ^조. 정당해산의 결정은 헌법재판관 6인 이상의 찬성으로 한다. 정당의 해산을 명하는 결정이 선고된 때에는 그 정당은 해산된다^{헌법재판소법 제59조}. 대체정당 설립은 금지된다. 해산된 정당에 속한 국회의원이 의원직을 상실하는가에 대해서는 논란이 있다. 독일의 경우 연방선거법개정으로 위헌선언된 정당소속 의원의 자격상실을 법률로 규정하였다. 그러나 우리나라에서는 이러한 자동상실규정이 없다.

헌법재판소는 통합진보당 위헌정당해산심판사건에서 국회의원 자격도 상실된다고 판시하였다^{헌재 2014. 12. 19, 2013헌다1<통합진보당 위헌결정>}.

헌법재판소는 재판관 8명^{박한철 헌법재판소 소장, 이정미·이진성·김창종·안창호·강일} ^{원·서기석·조용호 재판관}의 인용의견에서 통합진보당의 목적과 활동이 우리 사회의 민주적 기본질서에 위배되고 이 질서를 훼손할 구체적 위험성이 존재한다고 판단했다. "피청구인이 추구하는 북한식 사회주의 체제는 조선노동당이 제시하는 정치 노선을 절대적인 선으로 받아들이고 그 정당의 특정한 계급노선과 결부된 인민민주주의 독재방식과 수령론에 기초한 1인 독재를 통치의 본질로 추구하는 점에서 민주적 기본질서와 근본적으로 충돌한다. 또한 피청구인은 진보적 민주주의를 실현하기 위해서는 전민항쟁 등 폭력을 행사하여 자유민주주의체제를 전복할 수 있다고 하는데 이 역시 민주적 기본질서에 정면으로 저촉된다."

헌법재판소는 통합진보당의 해산으로 소속 국회의원들의 의원직도 함께 상실되어야 한다고 판시했다. 즉 "헌법재판소의 해산결정으로 정당이

해산되는 경우에 그 정당 소속 국회의원이 의원직을 상실하는지에 대하여 명문의 규정은 없으나, 정당해산심판제도의 본질은 민주적 기본질서에 위배되는 정당을 정치적 의사형성과정에서 배제함으로써 국민을 보호하는 데에 있는데 해산정당 소속 국회의원의 의원직을 상실시키지 않는 경우 정당해산결정의 실효성을 확보할 수 없게 되므로, 이러한 정당해산제도의 취지 등에 비추어 볼 때 헌법재판소의 정당해산결정이 있는 경우 그 정당 소속 국회의원의 의원직은 당선 방식을 불문하고 모두 상실되어야 한다."

반면 김이수 재판관은 헌법상 정당해산심판제도는 매우 엄격하고 제한적으로 운영되는 점에 비춰 "통진당이 자주파와 친북적 성향이 있어도 북한을 무조건 추종한다는 증거를 볼 수 없다"면서 "통진당 해산은 헌법상 비례의 원칙에 부합하지 않는다"고 의견을 내놓았다.

노블레스 오블리주

우리 사회에 노블레스 오블리주noblesse oblige가 부족하다는 지적이 많다. 노블레스 오블리주는 정부 3부 요인을 비롯한 사회 고위층 인사에게 요구되는 높은 수준의 도덕적 의무를 말한다. 이는 지배층의 도덕적 의무를 뜻하는 프랑스 격언으로, 정당하게 대접받기 위해서는 명예노블레스만큼 의무오블리주를 다해야 한다는 것이다. 초기 로마시대에 왕과 귀족들이 보여준 투철한 도덕의식과 솔선수범하는 공공정신에서 비롯되었다고 한다.

초기 로마 사회에서는 사회 고위층의 공공봉사와 기부·헌납 등의 전통이 강하였고, 이러한 행위는 의무인 동시에 명예로 인식되면서 자발적이고 경쟁적으로 이루어졌다. 특히 귀족 등의 고위층이 전쟁에 참여하는 전통은 더욱 확고했는데, 로마 건국 이후 500년 동안 원로원에서 귀족이 차지하는 비중이 15분의 1로 급격히 줄어든 것도 계속되는 전투 속에서 귀족들이 많이 희생되었기 때문인 것으로 알려져 있다. 이러한 귀족층의 솔선수범과 희생에 힘입어 로마는 고대 세계의 맹주로 자리할 수 있었으나, 제정^{帝政} 이후 권력이 개인에게 집중되고 도덕적으로 해이해지면서 발전의 역동성이 급속히 쇠퇴한 것으로 역사학자들은 평가하고 있다.

실제로 제1차 세계대전과 제2차 세계대전에서는 영국의 고위층 자제가 다니던 이튼칼리지 출신 중 2,000여 명이 전사했고, 포클랜드전쟁 때는 영국 여왕의 둘째아들 앤드루가 전투헬기 조종사로 참전하였다. 6·25전쟁 때에도 미군 장성의 아들이 142명이나 참전해 35명이 목숨을 잃거나 부상을 입었다. 당시 미8군 사령관 밴플리트의 아들은 야간폭격 임무수행 중 전사했으며, 드와이트 아이젠하워 대통령의 아들도 육군 소령으로 참전했다. 중국 지도자 마오쩌둥이 6·25전쟁에 참전한 아들의 전사 소식을 듣고 시신 수습을 포기하도록 지시했다는 일화도 유명하다. "Much is given, much is required많은 것을 받는 사람은 많은 책무가 요구된다." 미국 제35대 대통령 존 F. 케네디John F. Kennedy, 1917~1963가 1961년 1월 20일 대통령 취임 연설에서 한 말이다출처: 두산백과, 시사상식사전.

⋮ 헌법재판소 주요 결정 25선

헌법재판소 창설 25주년을 맞이하여 온·오프라인 설문조사를 통해 선정한 주요 헌법재판소 결정 25선이다순위별.

▮ 01 친일 재산 몰수 규정 "합헌"
대한민국임시정부의 법통 계승을 선언한 헌법 전문 등에 비추어 친일재산 환수는 소급입법금지원칙에 반하지 않음헌재 2011. 3. 31, 2008헌바141등/합헌

02 유신 헌법 시절 대통령 긴급조치 "위헌," 2010헌바132등

유신헌법을 반대 또는 비방하는 일체의 행위, 유언비어를 날조·유포하는 행위 등을 전면적으로 금지하고, 이를 위반하면 비상군법회의 등에서 재판하여 처벌하도록 하는 것을 주된 내용으로 한, 유신헌법 제53조에 근거하여 발령된 대통령긴급조치 제1호, 제2호는 참정권, 표현의 자유, 영장주의 및 신체의 자유, 법관에 의한 재판을 받을 권리 등을 침해헌재 2013. 3. 21, 2010헌바132등/위헌

03. 국회의 노무현 대통령 탄핵 "기각"

대통령의 직을 유지하게 하는 것이 헌법수호의 관점에서 용납될 수 없거나 대통령이 국민의 신임을 배신하여 국정을 담당할 자격을 상실한 경우로 볼 수 없다고 보아 탄핵소추를 기각한 사례헌재 2004. 5. 14, 2004헌나1/기각

04. 국회 법률안 날치기 통과 "위헌"

노동관계 법률과 안기부법의 변칙처리는 국회의원의 법률안 심의표결권을 침해헌재 1997. 7. 16, 96헌라2/인용(권한침해), 기각

05. 본인확인 인터넷 실명제 "위헌," 2010헌마47등

인터넷게시판을 설치·운영하는 정보통신서비스 제공자에게 본인확인의무를 부과하여 게시판 이용자가 본인확인절차를 거쳐야 게시판을 이용할 수 있도록 하는 것은 인터넷게시판 이용자의 표현의 자유, 개인정보자기결정권 및 인터넷게시판을 운영하는 정보통신서비스 제공자의 언론의 자유를 침해헌재 2012. 8. 23, 2010헌마47등/위헌

06. 공무원시험 나이 제한 "헌법불합치"

5급 국가공무원 공채시험에서 응시연령 상한을 32세로 제한한 공무원임용령이 국민의 공무담임권을 침해헌재 2008. 5. 29, 2007헌마1105/헌법불합치

07. 정부의 위안부 피해 외교적 방치 "위헌"

정부는 한일청구권협정에 관한 분쟁이 존재하기 때문에 한일청구권협정 제3조가 정한 절차에 따라 분쟁을 해결하기 위하여 적절한 조치를 취할 의무가 있으므로 일본군위안부 피해자들에 대하여 대한민국정부에 일본정부와

의 외교적 해결 노력 의무가 있음을 확인한 사례_{헌재 2011. 8. 30, 2006헌마788/위헌}

08. 호주제 "헌법불합치"

직계비속남자를 통하여 승계되는 호주 제도의 민법 관련조항들은 위헌_{헌재}
_{2005. 2. 3, 2001헌가9등/헌법불합치}

09. 표현의 자유를 제한한 통신금지조항 "위헌"

'공공의 안녕질서 또는 미풍양속을 해하는 통신'에 대하여 전기통신사업자
가 그 취급을 거부·정지 또는 제한을 명할 수 있도록 한 조항은 표현의
자유를 규제하는 입법으로서, 명확성원칙, 과잉금지원칙 등에 위배_{헌재 2002.}
_{6. 27, 99헌마480/위헌}

10. 5·18 주모자 처벌 법률 "합헌"

5·18민주화운동등에관한특별법의 5·18사건의 공소시효 진행 정지 규정
은 집권과정에서의 불법적 요소나 올바른 헌정사의 정립을 위한 과거청산
의 요청 등을 고려할 때 합헌_{헌재 1996. 2. 16, 96헌가2등/합헌}

11. 동성동본(예를 들면, 김해 김씨끼리) 결혼 금지 "헌법불합치"

동성동본_{예를 들면, 김해 김씨끼리} 간의 결혼을 금지하고 있던 민법 제809조 제
1항은 인간으로서의 존엄과 가치 및 행복추구권을 규정한 헌법이념 및 개
인의 존엄과 양성의 평등에 기초한 혼인과 가족생활에 성립·유지라는 헌
법규정에 배치_{헌재 1997. 7. 16, 95헌가6등/헌법불합치}

12. 아버지 성(姓) 따르는 부성(父姓)주의 "헌법불합치"

자녀가 아버지 성, 본을 따르는 민법 규정에 대하여 개인의 존엄과 양성의
평등을 침해한다는 이유로 위헌_{헌재 2005. 12. 22, 2003헌가5등/헌법불합치}

13. SNS 선거운동금지 "한정위헌"

선거일 전 180일부터 선거일까지 후보자 또는 정당에 대한 지지·반대의
내용을 담은 UCC를 제작하거나 인터넷에 올리는 것을 처벌하도록 한 공
직선거법 규정은 정치적 표현의 자유 및 선거운동의 자유를 침해_{헌재 2011.}
_{12. 29, 2007헌마1001등/한정위헌}

14. 검사의 수사기록 열람거부 "위헌"

변호인이 구속 기소된 청구인 변론준비를 위하여 수사기록일체에 대한 열람·등사신청을 하였으나 검사가 전부 거부한 것은 청구인의 신속·공정한 재판을 받을 권리와 변호인의 조력을 받을 권리를 침해헌재 1997. 12. 27, 94헌마 60/인용(위헌확인)

15. 영화 사전 검열, '가위질' 영화법 "위헌"

공연윤리위원회에 의한 영화 사전심의제도를 규정한 영화법 제12조 등이 헌법상의 검열금지의 원칙에 위반헌재 1996. 10. 4, 93헌가13등/위헌

16. '미네르바 사건' 처벌 전기통신기본법 "위헌"

'공익을 해할 목적으로' 전기통신설비에 의하여 공연히 허위의 통신을 한 자를 처벌하는 조항은 죄형법정주의의 명확성원칙에 위배헌재 2010. 12. 28, 2008헌바157등/위헌

17. 법률 없는 세금, 법률 없는 처벌 "한정위헌," 2011헌바117

조세감면규제법 부칙에 과세근거가 명시되지 않았음에도 과세한 경우 조세법률주의 원칙상 근거 법률 없이는 세금을 납부할 의무가 없다고 한정위헌 결정하고헌재 2012. 5. 31, 2009헌바123등/한정위헌, 공무원으로 의제하는 법률이 없음에도 일반인을 뇌물죄로 처벌하는 법률해석을 할 수 없다는 결정을 함헌재 2012. 12. 27, 2011헌바117/한정위헌

18. 국회의원의 득표율에 따른 비례대표 의석 배분 "위헌"

국회의원 선거에서 지역구 의원에게 투표한 것을 바로 소속 정당에 대한 지지의사로 의제하여 비례대표의석을 배분하도록 규정한 공직선거법 규정은 민주주의 원리, 직접선거의 원칙, 평등선거의 원칙 등에 위반헌재 2001. 7. 19, 2000헌마91등/위헌, 한정위헌

19. 사실상 칸막이가 없는 유치장 화장실은 "위헌"

60cm 정도 높이 칸막이 외 차폐시설이 없는 유치장 화장실 사용행위는 인격권을 침해헌재 2001. 7. 19, 2000헌마546/위헌

20. 보상규정 없는 그린벨트지정은 "헌법불합치"

개발제한구역의 지정으로 토지소유자에게 사회적 제약의 범위를 넘는 가혹한 부담이 발생하는 예외적인 경우에 대하여 보상규정을 두지 않은 것은 위헌헌재 1998. 12. 24, 89헌마214등/헌법불합치

21. 법률로 수도 이전을 정한 것은 "위헌"

수도를 이전하는 '신행정수도의 건설을 위한 특별조치법'은 국민 투표권을 침해헌재 2004. 10. 21, 2004헌마554등/위헌

22. 무죄 등 판결시 석방되지 못하도록 한 단서조항 "위헌"

검사의 사형, 무기, 10년 이상의 징역 또는 금고의 의견진술시 무죄 등의 판결을 받아도 구속영장의 효력이 지속되도록 한 형사소송법 제331조는 영장주의와 적법절차 위반헌재 1992. 12. 24, 92헌가8/위헌

23. 재판중인 구속피고인의 변호인 접견 제한 "위헌"

형이 확정되지 아니한 미결수용자의 변호인 접견에 교도관을 참여하도록 한 행형법 규정은 변호인의 조력을 받을 권리를 침해헌재 1992. 1. 28, 91헌마111/인용(위헌확인), 위헌

24. 외국인 산업연수생 차별 "위헌"

실질적 근로자인 외국인 산업연수생에 대하여 대한민국 근로자와 달리 근로기준법의 일부 조항의 적용을 배제하는 것은 자의적인 차별로서 위헌헌재 2007. 8. 30, 2004헌마670/위헌, 각하

25. 재외국민에게 선거권 주지 않는 선거법 "헌법불합치"

재외국민에 대하여 선거권을 인정하지 아니한 공직선거법 규정이 선거권 및 평등권을 침해한다고 결정한 사례헌재 2007. 6. 28, 2004헌마644등/헌법불합치

제3부

행정법의 숲길을
걷다

01
오토 마이어의
법치행정의 꿈

 프랑스와 독일에서 행정법의 성립에 큰 역할을 한 것은 법치국가사상의 발전과 행정제도관념의 발달이다. 법치국가사상의 발전으로 입법에 대한 국민의 관여가 인정되고 행정권이 법률에 의한 제약을 받게 된다. 여기서 행정제도란 행정권의 지위를 보장하는 제도로 '행정에 특수·고유한 법'의 형성과 행정재판제도의 존재를 그 요소로 한다.

 영국에서는 명예혁명 후 법의 지배rule of law의 원리가 확립된다. 그리하여 국가와 사인 간의 관계도 사인 상호 간의 관계와 같이 똑같이 원칙적으로 커먼로common law에 의해 규율되고, 그에 대한 소송은 일반재판소一般裁判所가 맡는다. 특수한 법체계로서의 행정법은 존재하지 않지만 19세기 말 이래 행정위원회가 설치되면서 행정기관의 권한, 권한행사의 절차, 활동에 대한 사법심사 등에 관한 법을 중심으로 하여 행정법이 발달한다.

제2차 세계대전 후 영국과 미국에서의 행정법도 의회제정법·위임입법·판례 등을 통하여 다른 어느 법 분야보다 비약적인 발전을 하여 국가배상·행정절차·공무원제도·공기업·지방행정 등을 포함하여 행정의 조직과 작용이 하나의 포괄적인 법체계를 이루어가고 있는 중이다. 행정법의 꿈은 법치행정의 실현에 있다. 법치행정이란 법의 지배와 행정통제제도 및 행정구제제도의 확립을 통해 공익의 실현과 인간의 존엄과 가치를 구현하는 것이다.

법치행정의 원칙은 독일의 자유주의적 법치국가의 행정법 이론체계를 완성한 것으로 평가받는 오토 마이어Otto Mayer, 1846~1924의 3원칙을 중심으로 발전한다. 오토 마이어는 법률의 법규창조력, 법우위의 원칙, 법률유보의 원칙을 3원칙으로 제시한다.

▲ 오토 마이어의 「독일 행정법」

법률의 법규창조력이란 국가작용 중 법규국민의 권리의무에 관한 새로운 규율를 정립하는 입법은 모두 의회가 행하여야 한다는 원칙이다. 법률우위의 원칙이란 법률은 행정에 우월하고, 행정이 법률에 위반하여서는 안 된다는 원칙을 말한다. "오토 마이어가 말하는 법률의 우위는 의회민주주의나 국민주권 같은 법률의 정당화 근거를 찾을 수 없으며, 이러한 국가주의적 관점에서 법률의 우위를 주장하는 오토 마이어의 반민주주의적 세계관을 엿볼 수 있다"고 비판하는 견해가 있다김성수, "오토 마이어 - 행정법의 아이콘인가, 극복의 대상인가" 「공법연구」(제45집 제2호), 234쪽 각주 7) 참조. 법률유보의 원칙은 행정권의 발동에는 법률의 근거가 있어야 하며, 법률의 근거가 없는 경우에는 행정개입의 필요가 있더라도 행정권이 발동될 수 없다는 것을 말한다.

법치행정의 원칙의 이데올로기적인 기초는 자유주의적 정치사상이다. 행정이 국민의회가 참여하는 법률에 따라야 한다는 것은 민주주의에도 적합한 것이지만, 이것을 정리한 오토 마이어에 있어서는 전적으로 자유주의적 요소에 중점이 놓여 있었던 것이다. 그러나 이 원리가 자유주의적이라 하더라도 독일의 입헌민주주의의 산물이라고 하는 한계를 가지고 있었다. 즉 이 원리는 자유와 재산에 대한 행정의 침해를 법률에 의하여 막아보겠다고 하는 것으로 법률의 내용 자체에 대한 방파제는 준비되어 있지 않았다. 그 한도에서 형식적인 것이었다형식적 법치국가. 이에 대하여 영미법계의 '법의 지배'는 법의 내용까지도 문제 삼는다. 즉 개인의 자유와 재산을 부당하게 제한하는 법률이 제정된다면, 그것은 영국헌법의 원칙인 '법의 지배'를 의미하는 것이 아니라고 하게 되는 것이다塩野 宏(서원우·오세탁 공역), 「일본행정법론」, 56~57쪽.

오토 마이어의 국가사상은 근본적으로 베를린대학 시절 심취했던 헤겔의 국가철학에서 비롯되었는데, 강력하고도 선한 가치들을 실현하는, 최고의 '현실적 이념체'로서의 국가가 바로 그것이다. 가족과 고향에 대한 강한 공동체 정신을 바탕으로 국가에 대해서도 공동체적 내지 유기체적 성격을 강조하는 경향을 띠고 있다. 오토 마이어에 있어서 국가는 시민의 재산과 자유를 보호하면서도 동시에 공공복리를 실현하는 하나의 영조물, 즉 일정한 목적 실현을 위한 인적·물적 결합체이다. 그는 결혼생활과 가정에 매우 충실하였고 가정교육을 강조하였는데, 이와 같이 혼인과 가정을 중시하는 태도는 그의 학문세계에서 공동체의식을 강조하는 사상적 배경이 되었다고 한다朴正勳, "오토 마이어(1846~1924)의 삶과 학문," 210쪽 및 204쪽.

오토 마이어는 권력분립을 프랑스 행정법의 출발점이라고 파악하고 있으며 오토 마이어가 프랑스 행정법의 특질로서 파악하여 독일 행정법에 도입하려고 했던 것은 행정과 사법司法의 엄격한 분립이었다. 오토 마이어가 관심을 가졌던 행정과 사법의 엄격한 분립은 행정이 사법과 동등한 가치를 가지는 것을 의미하는 것이기도 한데, 이것은 행정이 사법과 유사한 형태를 취함으로써 가능해진다고 보았다임현, "오토 마이어 행정법학의 현대적 해석," 6~9쪽.

독일의 모든 행정법문헌에서는 행정법학의 기초를 계승의 대상이든 비판·극복의 대상이든 간에 오토 마이어에게서 찾는다. 오토 마이어는 '독일행정법의 아버지'가 된 것이다. 임현 교수는 우리나라와 일본의 경우에도 오토 마이어를 '행정법의 아버지'로 불러도 무방하리라고 평가한다. 그 이유는 오토 마이어가 정립한 행정법학의 체계와 구성이 오늘날에도 우리나라와 일본에서 그 틀을 근본적으로 유지하고 있기 때문으로 파악한다임현, 앞의 학위논문, 1쪽.

오토 마이어의 행정법이론 중 공법상계약에 관한 이론은 1976년 제정된 「독일연방행정절차법」에서 공법상계약의 허용성이 명시됨으로써 오토 마이어의 이론이 극복된 것으로 평가된다. 반면에 그의 행정행위 이론은 현재까지도 거의 원형대로 관철되고 있다. 행정행위를 대체하는 행정법의 중심개념으로 Norbert Achterberg 등에 의해 '행정법관계'가 주장되었으나 성공하지 못하고, 1976년 제정된 「독일연방행정절차법」에 오토 마이어로부터 비롯된 '행정행위' 개념이 명문화되기에 이른다朴正勳, 앞의 글, 224쪽. 오토 마이어의 「독일행정법」을 통하여 행정법의 독자성과 존립의 정당성을 발견하고 민법 등 사법질서와의 분명한 구별을 지향하는 대표적인 개념이나 제도가 바로 행정행위라고 할 수 있다.…물론 행정행위의 개념은 오토 마이어가 전적으로 창조한 것은 아니며, 민법의 법률행위와 더불어 프랑스행정법의 행정행위acts administratifs를 부분적으로 차용한 것이다. 오늘날까지도 행정행위는 우리나라에서도 행정작용의 대표적인 법적 행위형식이며, 행정행위의 효력론, 하자론 등을 통하여 행정활동의 투명성과 예측가능성을 부여하고 행정행위가 위법한 경우 이에 대한 항고소송을 제기함으로써 상대방의 권익구제에 편의를 제공하는 역사적이고도 현실 타당한 기능을 수행한 오토 마이어의 응집된 학문적 자산이라 할 수 있다김성수, 앞의 글, 237쪽.

오토 마이어

독일 슈트라스부르크대학 및 라이프치히대학 교수를 역임하였다. 슈트라스부르크대학의 강사로서 행정법을 연구하기 시작하여 독일보다 앞서 있던 프랑스의 행정법을 연구하고, 이를 독일에 재생시킬 의도에서 1886년에 「프랑스행정법이론」을 출간하였다. 이 저서 안에 오토 마이어 행정법학의 중요한 내용들이 이미 존재하고 있다는 점에서 오토 마이어 행정법학의 출발점을 여기서 찾을 수 있다고 한다. 1895~1896년에는 「독일행정법 Deutsches Verwaltungsrechts」제1권과 제2권을 완성하였다제2판 1914, 제3판 1924. 이로써 종래의 행정학적 방법으로부터 해방되어 법학적 방법에 의한 행정법학을 확립함으로써 독일 행정법학의 기초를 닦았다. "오토 마이어의 「독일행정법」은 독일법의 전통에 바탕을 둔 법학방법론을 충실히 따르고 있는데, 오토 마이어는 법적인 개념과 제도를 외부의 정치환경이나 사실관계와는 절연시켜서 독자적인 체계로 성립시키는 독일의 법학방법론을 수용하여 행정법 영역 역시 정치적인 상황이나 헌법현실과는 유리된 행정법의 독특한 개념요소들을 중심으로 행정법체계를 완성한 것이다김성수, 앞의 글, 235쪽. "헌법은 변하지만 행정법은 변하지 않는다"는 그의 유명한 말은 「독일행정법」 제3판의 서문에 있다. 오토 마이어는 어린 시절부터 예술적 분위기에서 성장하였고, 탁월한 문학적 소질을 보였다. 실제로 50대 이후 Eduard Duprë라는 필명으로 여러 편의 소설을 발표하였다. 이러한 예술적·문학적 소질은 그의 주저인 「독일행정법」의 성공에 요인이 되었다고 한다.

당초 교수자격에서 오토 마이어에게 부여된 강의과목은 프랑스私法 및 국제사법으로서, 공법 특히 행정법과는 거리가 먼 것이었다로마법 전공으로 박사학위를 받음. 그런데 사강사私講師로서 두 번째 학기인 1881년 겨울학기부터 행정법 강의를 시작하였고, 다음해인 1882년36세 가을에 동 대학의 행정법 및 프랑스私法 담당 조교수로 임명되어 본격적으로 행정법 연구에 몰두하게 된다. 그의 회고에 따르면, 이미 오랜 기간 Mülhausen에서 모든 행정기관의 고문변호사로 활동하여 행정법에 친숙해져 있었을 뿐만 아니라, 1873년 프랑스를 여행하면서 파리 시내 고서점에서 프랑스 행정법의 고전인 Dufour의 행정법체계서 전7권을 구입하여 일독함으로써 행정법의 쟁점들에 대해 매력을 느끼고 있던 차여서 기꺼이 행정법을 담당하게 되었다는 것이다朴正勳, 앞의 글, 202쪽 및 205쪽.

행정법에 지대한 영향을 미친 오토 마이어에 대해 인터뷰 당시 서울대 법학전문대학원장^{한국공법학회 회장} 및 ^{서울대학교 기획부총장 역임}이었던 이원우 교수께서 기호일보와 대담한 기사가 있어 소개하고자 한다. 이 대담은 '2015 인천 세계 책의 수도' 지정을 기념해 기호일보사와 인천문화재단이 협력 사업으로 진행하는 '인천시민과 명사가 함께하는 애장 도서전' 아홉 번째 명사로 이원우 원장을 만난 것인데, 지금으로부터 100년 전 만들어진, 1914년판 오토 마이어^{Otto Mayer}의 「독일행정법 Deutsches Verwaltungsrecht」이 아홉 번째 애장도서로 선정된데 따른 것이다.

서울대 로스쿨 이원우 원장의 오토 마이어 이야기

□ 행정법의 등장, 법치주의의 시작

"책을 설명하기 전에 먼저 오토마이어란 인물을 소개해야 합니다. 오토마이어는 '행정법의 아버지'라고 불리죠. 사실 행정법이라는 것은 법에 없었어요. 법은 국민 상호 간의 관계를 말했죠. 대등한·평등한 사람들끼리의 합리적으로 서로 계약하는 관계, 지금 말하는 민법을 예전에는 법 관계로 본 거에요.

▲ 로스쿨 원장실에서 한동식 기자와 대담하는 이원우 원장(오른쪽)
뒤의 그림은 이대원 화백의 「농원」 시리즈 중의 하나이다.　　　　출처: 기호일보

국민과 국가 간에는 법에 의한 관계가 아니라 권력에 의한 관계라고 했어요. 법원에서 소송으로 따질 수 있는 게 아니라 국가가 명령하면 국민은 복종해야 하고, 억울하면 읍소를 해야 했죠. 그게 전통적인 법이었어요."
이러한 법체계는 계몽주의와 자유주의 사상이 발전하면서 국가가 시민들을 일방적으로 대하는 게 아니라 서로 대화하고 합리적으로, 합의한 바에 따라 관계가 구성되기 시작하면서 상황이 달라지기 시작했다. 오토마이어는 기존의 행정학적 방법에서 벗어나 법학적 방법에 의한 행정법학을 완료해 독일 행정법학의 기초를 닦았다. 아울러 오토마이어는 법치행정의 원리로 ▶ 법규성을 가진 규범은 대의기관에서 만들어지고^{법률의 법규 창조력} ▶ 행정의 집행권은 그 자체로서 자유이고, 일부에 대해서만 독자적 행동

배제^{법률의 유보} ▶ 국가 행정은 법률에 위반되어서는 안 된다^{법률 우위의 원칙} 등의 3가지 내용을 제시했다.

행정법의 시작은 프랑스에서 시작됐으나 단순히 판례만을 모으는 것에 그치다 보니 체계적으로 정립되진 못했다. 그러던 와중에 프랑스 행정법을 공부하던 오토마이어가 독일 행정법을 만들어야겠다고 결심해 제일 처음 만들어진 것이 바로 이번에 소개되는 「독일 행정법^{Deutsches Verwaltungsrecht}」이 된 것. 이원장은 "이 책은 행정법이라는 하나의 학문으로 볼 수도 있지만, 역사적으로는 대단히 큰 의미를 가지게 되는 것"이라고 말한다. 이렇게 처음 만들어진 행정법은 일본을 거쳐 우리나라에 들어오게 됐다. 지금까지도 독일 행정법은 세계적으로도 행정법의 근간이 되는 지배적인 위치를 차지하고 있다는 게 이원장의 설명이다.

"행정법을 하나의 법으로 만든 것이 역사적으로 큰 의미가 있는 거예요. 행정법이 제일 처음 발전한 곳은 프랑스였습니다. 시민혁명이 일어나고 국가와 국민 사이 관계에서 일어나는 공법^{公法, public law} 제도가 만들어지기 시작합니다. 국가와 국민의 관계도 법에 따라 지배하는 시대가 오게 된 거죠. 정치적으로 민주주의 혁명, 자유주의 혁명을 제도화해서 지속적이게 만드는 것이 법치주의가 됐다고 볼 수 있습니다."

□ 분열된 갈등 봉합 위해 만들어진 행정법

"독일이 언제 생겼는지 알아요? 역사적으로 길게 보는 사람들은 신성로마제국을 독일로 보죠. 그렇지만 꼭 독일만의 나라라고는 볼 수 없어요. 1871년 비스마르크가 독일을 통일하면서 처음으로 '도이칠란트'란 말을 쓰게 됐죠. 앞서 독일은 300여 개의 군소국가로 나뉘어 있었어요. 당시 유럽 맹주였던 영국과 프랑스, 이탈리아 등이 독일을 견제하면서 분열시켰죠. 적게는 250여 개에서 많게는 350개의 군소국으로 쪼개졌었죠." 분열된 국가는 강해지기 힘들다. 정치적으로나 문화적으로 취약해지기 때문이다. 분명히 같은 민족이고 같은 말을 쓰는 한 혈통인데, 정치적으로 나라가 나뉜 것이다. 결국 비스마르크가 오스트리아를 뺀 소독일 형태로 통일시켰고, 그 과정에서 행정법이 만들어졌다는 설명이다.

"오토 마이어가 독일에서 처음 행정법 교수를 지낸 곳은 알자스 지방에 있는 슈트라스부르크 대학이었어요. 프랑스 땅이었는데 1871년 독일이 점

령하면서 독일 영토가 된 곳이에요. 알퐁스 도데의 '마지막 수업' 배경이
된 곳이죠. 당시 독일은 통일은 됐지만, 주마다 법이 다 달랐어요. 오토 마
이어가 1886년에 낸 「프랑스행정법이론」이 슈트라스부르크에서는 적용됐
지만, 다른 주에서는 사용되지 않았죠. 그는 '분열된 갈등을 통합해서 하
나의 공동체를 만들자. 그러기 위해서는 법이 통일돼야 하고, 통일된 법체
계 이론이 필요하다'고 생각한 겁니다. 이 때문에 독일 법 시리즈를 기획
하게 됐고, 통일된 「독일행정법」 책을 만들게 된 것입니다."

"우리나라의 행정법 책을 보면 여전히 독일 법이 각주에 달려 있습니다.
독일 교수들에게 우리나라 책을 보여주면 신기해 합니다. '내 글이 여기
있네' 하죠. 이해하지 못하는 거예요. 나라가 다르고 문화, 제도가 틀리면
이론이 달라져야 하지 않느냐는 겁니다. 우리나라 학자들이 많이 반성해
야 하는 게 행정법뿐 아니라 많은 학문 서적들이 외국 의존도가 높다는
거예요. 자연과학이야 그렇다 쳐도, 인문사회과학도 서구의 영향에서 벗어
나지 못하고 있어요. 오히려 너무 가져오고 있죠. 오토 마이어는 프랑스법
과 다른 독일만의 법 이론체계를 만들기 위해서 7년 동안 고민해서 책을
썼어요. 외국의 선진문물을 그냥 수용하는 게 아니라 우리 몸에 맞는 올바
른 책을, 우리에게 맞는 법 이론을 고민한 거죠."

□ 100년 전 오토마이어가 현재 우리에게 주는 메시지

오토마이어가 100여 년 전 체계화한 행정법은 현대 사회에서 한 단계 진
화한다. 오토마이어의 법치주의가 적법한 절차를 거쳐 제정된 법이라면
문제를 삼을 수 없고 지켜야 한다는 '형식적 법치주의'였다면, 이제는 '실
질적 법치주의'가 필요한 시기다. 과거 형식적 법치주의의 극단적 사례는
독일의 나치주의에서 나타났다. 히틀러는 법을 통치의 수단으로만 이용하
고 개인의 자유와 권리를 탄압하는 법률적 불법Gesetzliches Unrecht을 낳았다는
분석이다. 실질적 법치주의는 공권력의 행사가 법률에 기초를 두고 있다
고 하더라도 법률 자체의 내용이 정당하지 않다면 이는 법치주의를 벗어
나는 외견적 법률주의에 불과하다고 판단한다. 즉, 인간의 존엄에 바탕을
두고 기본권을 보장하며 실질적 평등을 추구하는 내용이 바로 실질적 법
치주의라는 것. 이원우 원장은 법의 역사적 가치는 국민의 법적 권리를 신
장하는 데 초점을 맞추고 있다는 점을 강조한다.

"오토 마이어의 행정법은 민주주의의 원칙, 국가권력으로부터 대등한 주민으로서의 법적 지위를 확보해준다는 의미를 지닙니다. 결국 역사적 가치는 물론이고, 현시대에 있어서도 끊임없이 국민의 법적 권리를 신장해야 한다는 주문인 것이죠. 그뿐만 아니라 법치주의와 사회통합, 통일 등 여러 문제에 대해 고민한 결과로 나온 책이 「독일행정법」입니다. 이 책이 현대사회에 주는 의미가 무엇인지 다시 한 번 짚어봐야 할 것입니다"^{한동식, "국가와 국민의 관계 복종에서 평등으로 9. 이원우 서울대 법학전문대학원장," 기호일보 2015년 8월 17일자 기사 참조}.

"독일의 학자들은 오토 마이어에게 반기를 들고 지난 25년간 지속된 신행정법의 사조도 엄격하게 보면 행정법의 패러다임이 변화한 것은 아니고 지속적인 개방과 발전의 과정으로 보는 것이 보다 정확하다고 지적하고 있다. 다만 국가와 개인 간 수직적 법률관계를 청산하고 보다 대등하고 협력적인 관계가 형성되어 가고 있기 때문에 행정의 행위형식에서 행정행위론의 비중을 줄이고 계약이나 민간협력 등과 같은 법적 형식을 행정행위와 병렬적으로 행정법 이론체계에 위치시키자고 강조하는 견해가 있다^{김성수, 앞의 글, 252쪽}.

임현 교수는 사회적 법치국가에서도 오토 마이어 이론이 기능할 수 있었던 것을 "오토 마이어 행정법학의 커다란 지주로 나타나고 있는 행정의 법률적합성·권력분립의 원리는 오늘날의 법치주의의 이해에 있어 법치주의의 형식적 징표로 간주되는 요소들이기는 하나, '법이라는 형식에 의한 통치'는 여전히 법치주의의 실현을 위해 필수적인 것으로 간주"되기 때문이라고 해석한다^{임현, 앞의 학위논문, 125쪽}.

최근의 특기할 만한 경향은 오토 마이어가 행정법학의 새로운 길을 구축할 수 있었던 것은 철학, 정치학, 자연과학 등 당시의 인접학문의 직접·간접적 영향 때문이었음을 강조하는 주장이다. 법제도^{개념}에 의거한 행정법체계의 정립, 법규개념에 의거한 '법률의 지배'의 확립은 근본적으로 19세기까지 비약적으로 발전한 자연과학, 특히 수학적 사고를 배경으로 한다는 것이다. 따라서 오늘날에는 현대의 새로운 인접학문인 사회과학, 정보과학, 환경과학 등의 교류를 통해 행정법학의 영역을 확대하고 그 방법론을 개발하는 것이 오토 마이어의 행정법학을 올바르게 계승하는 것이라고 한다朴正勳, 앞의 글, 224쪽.

한편 행정법의 보편성 추구와 함께 '우리 행정법'의 발전 및 창조에도 힘을 쏟아야 한다고 주장하는 학자도 있다. 대표적으로 박균성 교수님을 들 수 있다. 박교수님은 저자의 스승이기도 하다. 저자가 대학원에서 독일 유학을 준비하고 있을 때, 선생님께서는 이제는 '우리 행정법'을 심층적으로 연구할 때가 되었다고 하시면서 '우리 행정법' 연구에 매진할 것을 주문하였다. 저자가 박사학위를 받고 우리나라 법제, 특히 행정법제를 중점적으로 연구하는 국책연구기관인 한국법제연구원에 들어가 '우리 행정법'에 대한 깊은 관심과 강한 책임감을 가지고 연구하게 된 것도 모두 선생님의 가르침에 따른 것이다. 선생님은 올바른 국정운영에 대해서도 많은 연구를 하셨는데, 그 기본적인 생각을 밝힌 글을 소개하기로 한다.

■ 올바른 국정운영을 위한 정의론

한국공법학회 회장과 한국법학교수회 회장을 지낸 저명한 행정법학자이신 박균성 교수님경희대 법전원은 올바른 국정 운영을 위한 정의론을 강력하게 주장하고 있다. 주요내용을 들어보자. "공정한 국정운영의 틀을 만들어야 하는 것은 시대의 요청이다. 그동안 우리나라의 국정운영은 정치지도자 개인의 리더십에 크게 의존하였다. 그러나 이제 우리나라의 국정은 너무 커지고 전문화되어 한 인물의 리더십으로 운영하기 어렵게 되었다. 이제 국정은 시스템제도에 의해 운영되어야 한다. 더욱이 국정운영의 패러다임을 바꾸어야 하는 단계에 접어들었다. 개발시대에 만들어진 국정운영시스템은 고도로 발전된 우리나라의 현재의 상황에는 더 이상 맞지 않게 되었고, 오히려 문제를 일으키고 발전에 장애가 되고 있다. 지금의 국정운영시스템 및 국정운영방식은 우리나라가 선진국으로 진입하는데 걸림돌이 되고 있다. 불합리한부패한 행정을 합리적인공정한 행정으로, 획일행정을 탄력행정으로, 소극행정을 적극서비스행정으로 국정운영시스템과 방식을 근본

적으로 바꾸지 않고는 선진국으로 진입하기 어렵다.…국정운영시스템 및
국정운영방식을 바로잡기 위하여는 우선 국정운영에서 무엇이 정의로운
것인가를 분명히 해야 한다. …이제 국정에 관한 논의는 보다 구체적인 문
제를 대상으로 하여야 한다. 국정운영의 구체적인 시스템, 국민의 권익을
조정하는 구체적인 정책과 법제도를 논해야 한다. 아무리 좋은 정책도 실
현되지 않으면 소용 없다. 거창한 정치적 구호나 그럴싸한 정책보다는 하
나의 구체적인 법제도가 오히려 낫다. 국민은 구체적으로 민생을 챙기고
국민의 권익을 구체적으로 보호하는 국정운영을 요구하고 있다 박균성, 「경세치
국론」(박영books, 2012), 5~9쪽 참조.

한국을 대표하는 행정법학자의 혜안과 통찰이 돋보이는 박균성 교수님의
「정책, 규제와 법」 박영사, 2022. 5도 일독을 권한다.

02
법치행정의
중요수단들

　법치행정의 중요수단들로는 행정입법, 행정계획, 행정행위, 공법상 계약, 행정지도, 행정조사 등이 있다.

　행정행위와 행정입법은 주로 공권력의 우위를 바탕으로 하는 권력관계에서 필요한 행위형식이었으나 한계의 노출과 함께 국가와 동등한 법률관계를 전제로 하는 공법상 계약이 등장하였고, 더 나아가서 국민의 자발적 협력과 동의를 바탕으로 하는 행정지도와 자율적 관리체제의 구축이 요청되는 행정조사가 등장하게 되었다. 그리고 행정의 미래지향적 구상을 내용으로 하는 행정계획도 적극적으로 활용되고 있다.

　법치행정의 목적은 법을 통한 공익과 사익의 조화적 실현에 있다. 이를 위해 중요수단들이 법치행정이라는 큰집을 제대로 설계하고 설계도에 따라 잘 지어야 한다. 법치행정의 꿈은 멀리 있는 것이 아니다. 바로 법치행정의 중요수단들의 숙련된 손길에 달려 있다.

행정입법: 법치행정의 견인차

행정부의 입법상 역할 증대 배경

행정입법은 행정권이 일반적·추상적 규범을 정립하는 작용을 말하는데, 이에는 법규명령과 행정규칙이 있다. 이 중 행정규칙은 원칙적으로 법규성은 없지만 행정기준이 된다.

의회입법주의가 원칙이지만 의회의 입법권 외에 법률을 보충하거나 법률의 적용을 수월하게 하기 위하여 법규명령제정권이 등장한다. 현대 국가의 활동은 점점 더 증대되고, 점점 더 기술적인 일반적 조치의 채택을 요구하는바, 역설적으로 의회는 의회발의법안의 축소와 정부발의법안의 확대에 의해 그의 업무에서 해방된다. 법규의 제정은 행정의 중요한 활동의 하나가 되고 행정입법은 그 양에 있어서 의회입법보다 중요하게 된다. 이로써 법률의 법규창조력의 독점성이 약화되고, 행정의사의 결정 권한이 분산·분권화된다.

오늘날 국회에서 제정하는 법률에서 국민의 법익과 관련된 많은 사항을 행정부의 법규명령으로 정하도록 위임함으로써 입법에 있어서의 행정부의 역할이 점차 증대하고 있다협력적 법제정. 더 나아가서 입법권을 원천적으로 입법부와 행정부가 분담하거나, 행정입법의 근거가 되는 수권 법률의 제정에 행정부가 깊이 개입하고 있는 점에서 법치주의 또는 이를 담보하는 제도의 하나인 행정입법의 통제에 대한 한계성을 나타낸다.

우리 헌법제정자들은 행정입법의 헌법적 근거를 마련해 두고 있다. 제76조는 대통령의 긴급명령 및 긴급재정·경제명령의 근거를, 제75조는 대통령령위임명령과 집행명령의 근거를, 제95조는 총리령과 부령위임명령과 집행명령의 근거 등을 규정하고 있다.

입법권의 원천적 분담사례 - 프랑스

프랑스 속담에 "프랑스인은 통치를 받는 것이 아니라 행정적으로 관리되고 있다"는 말이 있다. 이 말이 함축하는 것은 첫째, 내각의 불안정성, 둘째, 강력한 권한과 거대한 규모의 행정관료의 존재이다.

입법부와 행정부 간의 입법권의 원천적 분담사례는 프랑스에서 볼 수 있다. 프랑스헌법 제34조는 국회의 법률영역을 한정적으로 열거하고 그 외의 사항에 대하여는 법률로 정할 수 없도록 하고 있으며, 법률로 정할 수

▲ '위대한 프랑스'를 실천한 샹젤리제거리 드골장군 동상
출처: 두산백과

있는 사항에 대하여도 법률에서 규범을 정립할 수 있는 영역예: 공민권, 국적, 중·경죄의 설정과 오직 기본원리만을 정할 수 있는 영역예: 국방의 일반조직, 교육, 노동으로 구분하고 있다. 프랑스 헌법 제37조는 법률영역 이외의 사항은 모두 행정입법영역으로 하여 행정입법으로 정하도록 하고 있다. 이러한 입법권분담을 보장하기 위하여 다양한 제도적 장치를 두고 있다.

새로운 법을 제정하는 임무가 너무나 중대하고 복잡하기 때문에 증가 일로에 있는 법 제정임무의 일부는 행정부가 담당하게 되었으며, 행정부는 명령과 규칙 등의 행정입법을 통하여 제정법을 보충하였다고 한다찰스 E. 프리드먼(양승두 역), 「프랑스행정법 서설」, 13쪽.

행정입법절차에의 국민참여와 삼권의 통제

법률의 명령에 대한 수권에 있어서 일반적·포괄적인 위임은 금지되며 구체적인 위임만이 가능하다헌법 제75조. 행정입법에 대한 전통적인 실체적 통제가 실효성이 저하되면서 절차적 통제가 요청된다.

각국에서 채택하고 있는 절차적 통제수단은 국회제출절차, 행정입법절차 등이 있다. 그 중에서도 중요한 것은 행정입법절차인데, 행정입법절차에의 국민참여가 핵심이다. 행정입법절차는 행정의사 형성에 국민참여의 확보에 역점이 주어진다고 할 수 있고 대표적으로는 입법예고제를 들 수 있다^{행정절차법 제41조 제1항.}

행정입법의 법치행정적 담보를 위하여 다양한 통제방법이 논의되고 있다. 행정입법에 대한 통제에는 사전적 통제인 절차적 통제 이외에 입법적 통제·행정적 통제·사법적 통제가 있다.

■ 2015년 국회법개정안 파동

쟁점이 된 국회법개정안 제98조의2 제3항은 "상임위원회는 소관 중앙행정기관의 장이 제출한 대통령령·총리령·부령 등 행정입법이 법률의 취지 또는 내용에 합치되지 아니한다고 판단되는 경우 소관 중앙행정기관의 장에게 수정·변경을 요구할 수 있다. 이 경우 중앙행정기관의 장은 수정·변경 요구받은 사항을 처리하고 그 결과를 소관상임위원회에 보고하여야 한다"고 규정하여 현행 국회법의 '위법통보권'을 '행정입법의 수정·변경요구권'으로 개정함으로써 헌법상 삼권분립원칙의 위반시비를 초래하였고 극심한 진통 끝에 대통령이 거부권을 행사하였다.

행정계획: 법치행정의 청사진

행정계획은 행정주체 또는 그 기관이 일정한 행정활동을 행함에 있어서 일정한 목표를 설정하고 그 목표를 달성하기 위하여 필요한 수단들을 조정하고 종합화한 것을 말한다. 대법원도 "행정계획은 행정에 관한 전문적·기술적 판단을 기초로 하여 도시의 건설·정비·개량 등과 같이 특정한 행정목표를 달성하기 위하여 서로 관련되는 행정수단을 종합·조정함으로써 장래의 일정한 시점에 있어서 일정한 질서를 실현시키기 위한 활동기준으로 설정된 것"이라고 하여 같은 취지로 인식하고 있다^{대판 2007. 4. 12, 2005두1893}. 아래 사진의 새만금간척사업이 대표적인데, 부안~군산을 연결하는 세계 최장 방조제를 축조하여 간척토지와 호소^{潮沼}를 조성한 사업이다. 새만금간척사업은 개발과 환경의 갈등, 새만금 매립지를 둘러싼 지방자치단체^{군산·부안·김제} 간 관할문제 등 많은 법적 분쟁이 있었다.

■ 세계에서 가장 긴 새만금 방조제

새만금 방조제는 기존에 세계에서 가장 긴 방조제로 알려졌던 네덜란드의 자위더르 방조제^{32.5 km}보다

1.4 km 더 길며, 세계에서 가장 긴 방조제로 기네스 북에 등재되었다. '새만금' 이란 전국 최대의 곡창지 대인 만경평야와 김제평야 를 합친 만큼의 새로운 땅 이 생긴다는 뜻의 말로, 만 경평야의 '만'^萬자와 김제

▲ 새만금 방조제   출처: 한국민족문화대백과

평야의 '금'^金자를 따서 새만금이라 하였다^{위키백과 참조}.

그동안 새만금사업에 따른 환경문제와 새만금 매립지에 대한 지방자치단체간 관할문제를 둘러싼 법적 다툼이 있었다. 먼저 새만금사업에 따른 환경문제에 관한 대법원 판결을 보자. 2006년 3월 16일, 대법원 전원합의체^{13명}는 환경단체와 전북지역주민 등이 농림부 등을 상대로 낸 '새만금사업 계획취소 청구소송'에서 원고패소 판결한 원심을 확정하였다. 다수의견^{11명}으로 새만금사업의 합법성을 인정했지만, 환경보전가치를 개발가치보다 우선해야 한다며 새만금사업 취소를 명시한 소수의견^{2명}과 환경친화적인 개발방안을 찾아야 한다는 보충의견^{4명}도 있었다.

다음으로 새만금 매립지를 둘러싼 지방자치단체간 관할문제에 대한 대법원의 판결을 보자. 2013년 11월 14일 대법원은 여의도 면적의 140배가 넘는 새만금 매립지의 관할을 놓고 벌어진 지방자치단체간의 분쟁에서 군산

시의 손을 들어줬다. 이번 판결은 2009년 4월 지방자치법 개정 이후 매립지 귀속 지자체 결정 관련 대법원의 첫 판결이다. 현행 지방자치법은 매립지 등의 귀속 지자체를 행정안전부 장관이 결정하도록 하고 있으며, 결정에 이의가 있으면 결과 통보일로부터 15일 이내에 대법원에 소송을 제기할 수 있도록 했다. 대법원 특별1부주심 박병대 대법관는 2013년 11월 14일 김제시장과 부안군수가 행안부 장관을 상대로 낸 새만금방조제 일부구간 귀속 지방자치단체결정 취소소송2010추73에서 원고패소 판결했다. 재판부는 판결문에서 "새만금 전체 매립 대상 지역은 군산시 연접부분과 김제시 연접부분, 부안군 연접부분으로 구분되는데 각 매립지에 대한 행정서비스를 인근 행정구역인 군산시와 김제시, 부안군에서 제공하는 것이 효율성 측면에서 타당하고, 매립지 주민들의 생활편의에도 적합할 것으로 예상된다"고 밝혔다. 재판부는 "만일 새만금 전체 매립 대상 지역의 관할을 일괄 결정하면 새만금 내측 매립지에 대한 세부 토지이용계획과 인접 지역과의 유기적 이용관계를 고려할 수 없고, 합리적인 관할구역의 경계설정이 어려워 동일한 세부 토지이용계획이 예정된 하나의 계획구역이 복수의 지방자치단체에 분할 귀속되는 문제가 발생할 것으로 예상된다"고 설명했다. 재판부는 "방조제를 군산시의 관할로 한 행안부의 결정은 지형도상의 해상경계선만을 기준으로 한 것이 아닐 뿐만 아니라, 새만금 매립 대상 지역 전체의 관할 결정에 관한 적정 구도를 감안하더라도 정당성이나 객관성을 결여했다고 볼 수 없다"고 덧붙였다. 농림부 장관은 2009년 12월 행안부 장관에게 새만금방조제 공사가 완료된 지역의 매립지가 속할 지방자치단체가 어디인지 결정해달라고 신청했고, 행안부 장관은 2011년 11월 새만금방조제 구간 중 제3호 방조제다기능부지 포함와 제4호 방조제 구간에 대해 귀속 지자체를 군산시로 결정했다. 그러자 김제시장 등은 "행안부 결정이 관계 지방의회 의견을 듣지 않고 이뤄졌고, 새만금 매립지 전체가 일괄 결정돼야 하는데 일부 구간만 우선 결정된 점 등은 공정하지 못하다"며 소송을 냈다좌영길 기자, "대법원, "새만금 매립지는 '군산시' 관할"", 법률신문 2013년 11월 14일자 기사 참조.

행정행위: 법치행정의 포기할 수 없는 핵심도구

행정행위의 탄생

행정행위는 행정재판제도를 가진 대혁명 후의 프랑스에서 생겨나고, 19세기 중엽 독일에 도입되어 오토 마이어에 의해 정밀한 이론으로 구성된다. 그는 종래 행정학적 방법으로부터 해방되어 법학적 방법에 의한 행정법학을 확립함으로써 독일 행정법학의 기초를 닦아 놓았다.

오토 마이어가 「프랑스행정법이론」을 출간한 때에는 행정행위의 개념은 아직 행정법학의 체계에 있어서의 정당한 지위를 부여받지 못했던 것이지만, 「공법계약론」을 거쳐 「독일행정법」 제1판에 이르러 명확히 행정법학 체계의 중심적 지주가 되고, 제2판·제3판에서는 보다 철저해졌다. 프랑스 행정법의 영향 아래에서 사법司法상의 판결을 모델로 하여 형성된 행정행위는 오토 마이어의 형식적 법치국가의 요청에 부합하는 관념이라고 할 수 있다임현, 앞의 학위논문, 62쪽 및 71쪽.

오토 마이어는 그의 저서 「독일행정법」에서 행정행위를 "개별적 사건에서 신민臣民을 상대로 무엇이 그들에게 권리인지를 결정하는 행정에 속하는 관헌官憲의 심판이다"라고 정의하는데, 학문과 실무에서는 대부분이 이 개념에 동의하였다고 한다. 그래서 마우러Maurer 교수는 행정행위를 19세기 '행정법학설의 창조물'이라고도 한다마우러(박수혁 역), 「독일행정법」, 157쪽. 법률에 있어서는 이미 오래전부터 개입조치, 결정, 허가, 면제 등으로 나타났고, 하나의 단일하고 포괄적인 개념으로는 1945년 이후 처음으로 등장하였다고 한다. 그것은 모든 행정행위에 대한 권리보호

▲ 생동감 넘치는 라이프치히 야외 레스토랑
출처: 두산백과

가 보장되고, 규정된 제2차 대전 후 제정된 독일 「행정법원법」에서 첫 선을 보인다.

행정행위이론은 프랑스와 독일 등 행정재판제도를 가진 나라에서 성립·발달한다. 독일에서 행정행위 개념은 처음에는 행정법이론체계의 완성 차원에서 강학상의 용어로만 사용된다. 그런데 제2차 대전 후 개인의 권익구제 측면이 강조되면서 「행정법원법」에 취소소송의 대상으로 최초로 법적으로 정의된다. 한편 종래 행정재판제도를 가지고 있지 않고 보통법과 구별되는 '행정에 특유한 법'이 없던 영·미에서는 행정행위개념을 구성할 필요가 없다.

행정행위는 행정청이 구체적인 사실에 대한 법집행으로서 행하는 외부에 대하여 직접·구체적인 법적 효과를 발생시키는 권력적 공법행위를 말한다. 현대국가에 있어서 행정행위는 여전히 전형적인 것이며 법치행정을 위한 포기할 수 없는 도구이다. 그런 측면에서 행정행위론은 오늘날에도 여전히 행정법학의 중심적인 지위를 차지한다.

행정행위는 행정주체와 사인과의 법률관계를 형성·소멸시키는 법적 행위, 즉 법적 도구이다. 도구인 이상, 이를 사용하는데 적합한 분야와 적합하지 않은 분야가 있다. 그리고 행정행위에는 권력성이 있다는 측면에서 규제행정에만 쓰여지는 방식이라고 볼 수도 있다. 사인의 자유를 규제하거나 재산에 제약을 과하거나 하는 규제행정은 행정행위를 하는데 적합한 분야이다. 입법자로서는 행정행위를 적용하는 쪽이 편리하다고 생각하면 행정행위를 게재시킬 수가 있는 것이다.

법치행정과 재량권

원래 재량문제는 국가권력이 법과 어떠한 관계에 있는가 하는 문제이며 특히 그것은 입법권과 행정권의 관계의 문제였다. 국민의 입장에서 보면 국민과 관련되는 행정의 행동기준이 입법자에 의하여 어떠한 범위에서 미리 결정되어 있는가? 그리고 어떠한 범위에서 행정이 스스로 자기의 행정기준을 설정할 수 있는가?는 중요한 문제이다. 그러나 행정재판소가 설립됨과 동시에 모든 행정법이론은 행정행위 중심의 이론이 되고 재량론도 행정행위의 재량론에 국한되고 그것은 오로지 행정권과 사법권의 관계의 문제, 즉 행정행위에 대한 법원의 통제의 범위와 한계의 문제로서 논해지게 되었다.

법치국가원리는 법규를 통하여 행정청에게 재량을 부여함에 있어서 그 내용, 대상, 범위 등을 명확하게 규정함으로써 재량권에 의한 개인의 권리가 제한되는 경우 사전적으로 예측할 수 있어야 한다는 것을 의미한다. 특히 행정의 법률적합성원칙은 행정청에게 재량권을 부여함에 있어서 그 내용과 한계를 상세히 규정하여 국민의 자유에 대한 제한을 행정부가 결정하지 않도록 입법적인 배려의 의무를 강조하고 있다. 이는 결국 자유주의적 법원리인 권력분립원칙에도 부합하는 것으로서 행정재량의 행사를 통하여 실질적으로 국민의 자유와 권리의 내용과 한계를 자칫 입법부가 아닌 행정부가 결정하는 것을 방지하기 위한 것이다. 그러므로 중요사항유보 또는 본질사항유보의 원칙에 따라서 국민의 기본권 실현을 위하여 중요하고 본질적인 사항은 반드시 입법자가 스스로 정하여야 하며, 특히 침해적 행정작용의 영역에서는 더욱 엄격한 요건하에 행정재량이 부여되어야 한다.

법치주의를 엄격하게 이해한다면, 행정청의 해석의 여지가 없을 만큼 행위요건과 법률효과를 일의적으로 정하는 것이 이상적이다. 그러나 원래 법이 모든 경우를 예상하여 빠짐없이 규정을 두는 것은 입법기술상 불가능할 뿐만 아니라 끊임없는 사회변천에 맞추어 활동하여야 할 행정의 사명에 비추어 보아도 합당하지 않다. 여기에서 입법자는 행정행위의 요건을 정함에 있어 불확정개념을 사용하거나 행위효과를 정함에 있어서 행위 여부나 여러 가지의 행위 중에서 선택할 수 있는 여지를 행정청에 부여하는 경우가 적지 않다.

입법자가 행정청에게 재량권을 부여하는 것은 행정의 대상이 되는 사실이 매우 다양하므로 구체적인 상황에 맞는 합목적적이고 구체적이며 타당한 행정권의 행사가 가능하도록 하기 위한 것이다. 따라서 행정청은 재량권을 행사함에 있어서 구체적 사정을 고려하여 합목적적인 처분을 행하고 개개인에 대하여 구체적이고 타당한 처분을 내려야 한다.

중요한 것은 재량권은 행정청이 스스로 실현하고자 의도하는 목적이나 행동양식에 따라 행사하는 것이 아니라는 것을 이해하는 것이다. 다시 말하면 재량권의 행사는 입법자가 수권한 의도가 무엇인지를 우선적으로 고려하여야 하는 것이다. 이러한 의미에서 재량권의 행사는 결코 자유재량이 될 수 없으며 입법에 의하여 의도된 목적으로 합리적으로 실현하는 행정작용에 불과하다.

그러나 재량권이 너무 넓으면 자의와 불평등의 문제가 발생하고, 재량권이 지나치게 좁으면 불충분한 개별화로 행정상의 곤란이 발생한다. 그런데 문제가 되는 것은 재량권이 불충분한 경우가 아니고 과도한 경우이다. 따라서 적절한 재량권의 폭을 유지하는 것이 중요하다. 이를 위해서 불필요한 재량권을 제거하고 재량권을 적절히 조절해야 한다. 이를 위한 수단이 행정권의 자기제한이다. 즉 의회가 의미 있는 기준이나 아예 기준 없이 재량권을 위임하는 경우 행정청은 최대한 빨리 기준을 형성해야 한다. 그리고 상황이 인정하는 범위 내에서 원칙이나 규칙을 통해 자신의 재량권의 범위를 적절히 한정해야 한다. 그것은 행정청이 보유하고 행사하는 재량권은 여전히 국민의 기본권 보장이나 권력분립과 같은 자유주의 원칙에 의하여 제한을 받기 때문이다.

또한 재량권의 행사가 개별적인 사안마다 행하여지는 경우에는 재량권 행사가 자의적으로 행해질 위험이 있다. 더욱이 오늘날 적극국가화에 따른 재량영역의 확장과 불확정개념의 증가, 행정규칙의 양적·질적 증가는 행정청의 법률해석이나 재량권에 대한 통제의 필요성을 고조시키고 있다. 그러나 재량통제기법은 미비하고 그 효과 역시 효율적이라고 말하기 어렵다. 더구나 행정의 전문화·복잡화로 인해 법률에서는 대강

만을 정하게 되므로 의회입법에 의해 규율되지 않은 공백부분을 행정이 자율적으로 설정하는 자율적 통제의 한계를 보충하기 위해 고안된 절차적 통제를 위해서는 행정내부적인 통제메커니즘의 고안이 당연히 전제되고 있다. 사법적 통제가 재량남용을 막는 완전한 장치가 될 수 없는 가장 커다란 이유는 사법절차의 경직성 및 시간적 지연으로 말미암아 재량남용에 의한 행정결과로 이미 국민이 피해를 입은 이후에 사후적 통제를 해야 하는 한계를 극복할 수 없기 때문이다.

저자는 2004년「재량행위의 투명화를 위한 법령정비지침 수립」연구 프로젝트의 연구책임자로서 재량권을 규정하고 있는 현행법령의 법령정비에 관한 지침을 마련함으로써 행정청의 재량권 행사의 투명성을 확보하는데 일조를 한 바 있다.

공법상 계약: 법치행정의 '새로운 길'

'가련한 의붓자식'에서 '귀공자'로

공법상 계약은 공법상의 법적 효과를 발생시키는 행정주체를 적어도 한쪽 당사자로 하는 양 당사자 사이의 반대방향의 의사의 합치를 말한다. 전통적인 행정법학의 체계에서는 그 관심은 오직 행정행위에 집중되었고, 공법상 계약은 가련한 의붓자식으로 거의 보살펴지지 않았다. 그러나 오늘날 '협의에 의한 행정'이 강조되면서 공법상 계약이 행정의 중요한 행위형식으로 등장한다. 그 이유는 현대국가의 기능의 변천에 수반하여 급부행정의 분야에서 행정행위도 사법상 계약도 아닌 중간적인 계약형식에 의한 행정이 증가되었기 때문이다. 즉 행정의 중점이 적극적인 급부행정으로 이동되고, 행정작용이 다양화됨에 따라 비권력적 행정이 전체 행정작용에서 차지하는 비중이 점차 높아지면서 공법상 계약에 대한 관심이 증대되고 있으며, 이를 통한 행정목적의 수행의 필요성과 그 유용성이 새롭게 인식되고 있기 때문이다.

각국에서의 공법상 계약에 상당하는 행위의 유형으로는 프랑스의 행정계약, 독일의 공법상 계약, 영·미에서의 정부계약 등을 들 수 있다. 행정주체가 사인과의 합의에 의하여 양자 간의 개별적·구체적 법률관계를 맺는 경우에 그 합의의 법적 성질을 어떻게 보며, 거기에 어떤 법원리를 적용할 것인가는 각국의 역사적·제도적 배경에 따라 차이가 있다. 우리가 보통 말하는 공법상 계약은 독일법적 관념이며, 프랑스의 행정계약이나 영·미에서의 정부계약과는 상당한 차이가 있음을 유의하여야 한다.

20세기에 부활한 독일의 공법상 계약

행정행위는 오토 마이어를 통하여 지난 19세기말 그의 형상이 드러나고, 그 이후 행정법체계에 지배적인 지위를 차지하였기 때문에, 국가와 국민 사이의 공법상 계약은 오랫동안 거부되거나 등한시되었다. 국가와 국민 사이의 계약^{공법상 계약}을 인정하자는 움직임에 오토 마이어는 분명히 반대를 한다. 그는 공법의 영역에서는 국가와 국민 간의 계약은 불가능하다고 본다. 왜냐하면 계약은 법주체의 동일한 지위를 전제로 하지만, 공법은 국가의 상부지위를 통하여 결정되기 때문이라고 한다. 오토 마이어의 견해가 오랫동안 지배적이었으나 실무에서는 행정계약이 활용되었으며 1950년대에 들어와 학계의 논쟁과정에서 공법상 계약은 판례에 의하여 점차 인정되기 시작한다. 1976년에 제정된 「독일연방행정절차법」은 공법상 계약을 행정행위와 동가치적인 행위형식으로 인정한다. 「독일연방행정절차법」은 화해계약^{제55조}과 교환계약^{제56조}으로 나누고 있다. 화해계약은 사실관계·법상태에 관한 불명확성을 제거하기 위하여 체결되는 계약이며, 조세나 사회보장급부 등에 대하여 문제로 된다. 교환계약은 상대방의 반대급부에 대하여 행정기관이 일정한 급부를 약정하는 계약이며, 기업유치협정, 수용계약, 각종의 인·허가에 관련된 계약이 포함된다.

오늘날 공법상 계약은 일반적이고 행정의 필수적이고 적법한 규율수단으로 본다. 공법상 계약은 탄력적이고 특히 비전형적인 사건들에서 정당하게 되는 행정을 가능하게 한다. 이 계약은 국민을 신하로서가 아니라 독립된 법주체로서, 그리고 행정의 당사자로 보는 현대의 법치국가적·민주적 행정의 표상에 일치하고, 그래서 국민이 가능하면 행정현상 속에서 책임을 같이 하도록 한다^{마우러}.

프랑스의 행정계약과 미국의 정부계약

프랑스에서는 국사원의 판례를 중심으로 일찍이 행정계약의 관념이 인정되어 왔다. 프랑스의 행정법이론은 사법상 계약과 구별되는 행정계약^{공법상 계약}의 관념을 채택하여 광범위한 계약유형을 여기에 포함시키고 있으며, 행정계약에 관한 일반적이고 체계적인 법리를 가지고 있다.

행정계약에 해당하는 계약유형은 대단히 광범위하다. 공토목도급계약· 납품계약·운송계약·공공역무특허·공금차입계약·연구개발위탁계약·제조계약 등이다. 행정계약에는 법령에 정하여진 '법정의 행정계약'도 있으나, 대부분은 판례에 의하여 행정계약으로 성격이 부여된 '성질에 의한 행정계약'이다.

▲ 프랑스 최고 재판소 법정. 벽난로 쪽 단면도
출처: 네이버지식백과

프랑스의 행정계약은 그의 명칭에도 불구하고 독일에서의 공법상 계약보다도 오히려 행정행위에 가까운 성격을 갖고 있다고 보는 견해도 있다. 그 이유로는 프랑스의 행정계약은 법집행행위^{좁은 의미의 행정행위}와 더불어 행정행위의 관념 속에 포함되어 있다는 점과 계약의 일방적 변경·해제·해지, 금전적 제재, 강제집행, 실권^{失權} 등의 권력적 요소를 든다.

영·미에서는 공법과 사법의 2원적 법체계를 부인하여 온 결과 공법상 계약에 해당하는 관념은 인정하지 아니한다. 그리하여 행정목적달성을 위하여 정부가 체결하는 계약에 대하여도 사법원리가 적용된다. 그러나 19세기 후반부터 정부계약에 대하여는 제정법 및 판례에 의하여 여러 가지 특수한 법원리가 형성된다. 정부계약에 표준조항을 도입함으로써 실질적으로는 프랑스의 행정계약과 유사한 형태를 인정한다.

행정의 법망의 축소와 공법상 계약의 입지

독일에서도 법적 관점에서 공법상 계약의 주된 문제는 법치행정원칙과의 관계이다. 마우러 교수는 "사법은 사적 자치의 원칙이 바탕이 되고, 그로 인하여 형성의 수단이 계약인 반면에 행정법은 적법성의 원칙에 의해서 지배된다. 행정의 법망은 국민과의 관계에서 법률유보의 확보, 재량의 법률화, 주관적 권리의 인정과 법원에서의 법보호의 축소에서 보여주듯이 점점 더 좁아지고 있다. 이 법망이 점점 좁아질수록 진정한 계약의 형성을 위한 여지는 점점 더 좁아질 것이다"라고 전망하고 있다.

독일의 경우와는 달리 우리나라의 행정절차법에는 공법상 계약에 관한 규정이 없다. 그러므로 처음부터 실무상 부딪히는 문제는 과연 어느 정도까지 공법상 계약이 자유롭게 성립할 수 있는가 하는 것이다. 그래서 이것을 이론적으로는 공법상 계약과 법률의 유보원칙의 관계이며, 공법상 계약을 둘러싼 법적 제문제 중에서도 가장 근본적인 것이라고 진단하기도 한다.

공법상 계약은 2021년 3월 23일 제정되고 9월 24일 시행된 행정기본법 제27조에 규정되었다. 제1항은 "행정청은 법령등을 위반하지 아니하는 범위에서 행정목적을 달성하기 위하여 필요한 경우에는 공법상 법률관계에 관한 계약이하 "공법상 계약"이라 한다을 체결할 수 있다. 이 경우 "계약의 목적 및 내용을 명확하게 적은 계약서를 작성하여야 한다."고 규정하고 있으며, 제2항은 "행정청은 공법상 계약의 상대방을 선정하고 계약

내용을 정할 때 공법상 계약의 공공성과 제3자의 이해관계를 고려하여야 한다."고 규정하고 있다.

공법상 계약은 2021년 3월 23일 제정되고 9월 24일 시행된 행정기본법 제27조에 규정되었다. 제1항은 "행정청은 법령등을 위반하지 아니하는 범위에서 행정목적을 달성하기 위하여 필요한 경우에는 공법상 법률관계에 관한 계약이하 "공법상 계약"이라 한다을 체결할 수 있다. 이 경우 계약의 목적 및 내용을 명확하게 적은 계약서를 작성하여야 한다."고 규정하고 있으며, 제2항은 "행정청은 공법상 계약의 상대방을 선정하고 계약 내용을 정할 때 공법상 계약의 공공성과 제3자의 이해관계를 고려하여야 한다."고 규정하고 있다.

공법상 계약은 당사자 사이의 의사의 합치에 의해 성립되므로 공법상 계약에는 법률의 근거가 필요 없다는 것이 오늘날의 일반적 견해이다. 공법상 계약은 비권력적 행정분야뿐만 아니라 권력행정분야에서도 인정된다. 공법상 계약으로 행정행위를 갈음할 수 있는가에 관하여 법상 금지되지 않는 한 행정행위 대신에 공법상 계약이 사용될 수 있다는 견해와 없다는 견해가 대립되고 있는데, 공법상 계약은 법률의 근거 없이도 인정되므로 긍정하는 견해가 타당하다. 그러나 일정한 행정분야, 즉 협의에 의한 행정이 타당하지 않으며 공권력에 의해 일방적으로 규율되어야 하는 분야에서는 법률의 근거가 없는 한 공법상 계약이 인정될 수 없고, 행정행위를 대체할 수도 없다.

행정지도: 외유내강의 행정작용

행정절차법은 행정지도를 "행정기관이 그 소관사무의 범위 안에서 일정한 행정목적을 실현하기 위하여 특정인에게 일정한 행위를 하거나 하지 아니하도록 지도·권고·조언 등을 하는 행정작용"으로 정의한다제2조 제3호.

행정지도는 한국, 일본 등에 특유한 행정의 행위형식이다. 서양에도 권고나 정보의 제공 등의 행정기관의 행위가 있지만 이들은 법상으로뿐만 아니라 사실상으로도 비권력적인 행위인 것이 보통으로 우리나라의 행정지도와는 다르다고 할 수 있다.

행정지도의 필요성은 첫째, 행정권 행사의 근거법령이 불비된 경우에 행정지도는 법령의 불비를 보완하여 행정의 필요에 따른 행정권의 행사를 가능하게 한다. 둘째, 공권력의 발동이 인정되고 있는 경우에도 공권력발동 이전에 국민의 협력을 구하는 행정지도를 행함으로써 공권력의 발동으로 인하여 야기될 수 있는 저항을 방지할 수 있다. 셋째, 행정지도는 오늘날의 정보화사회에서 국민에게 최신의 지식·기술·정보를 제공하여 줄 수 있는 적절한 수단이 된다.

행정지도는 위와 같은 효용성을 가지고 있지만 적지 않은 문제점을 가지고 있다. 첫째, 우선 행정지도는 그에 대한 법적 규제가 미비되어 있는 상황하에서 남용됨으로써 국민의 권익을 침해할 가능성이 있다. 행정지도는 법적 근거가 없어도 가능하여 행정지도가 자의적으로 발동되어 국민의 권익이 침해될 가능성이 크다. 둘째, 행정지도에 의하여 국민의 권익이 침해된 경우에도 침해된 권익의 구제에 어려움이 크다. 그 이유는 행정지도가 국민의 임의적 협력을 전제로 하는 비권력적인 작용이므로 행정쟁송이나 국가배상청구가 인정되기 어렵기 때문이다.

▲ 과도한 간접광고로 방송통신심의위원회로부터 행정지도(권고조치)를 받은 인기드라마 「태양의 후예」
2016년 4월 6~7일에 걸쳐 방송된 '태양의 후예' 13회와 14회에서는 샌드위치, 자동차, 아몬드, 커피 전문점 등 수많은 간접광고(PPL)이 등장하였다고 한다.

출처: 티브이데일리

행정지도는 그 목적달성에 필요한 최소한도에 그쳐야 하고 또한 그 상대방의 의사에 반하여 부당하게 강요되어서는 아니 되며, 행정기관은 상대방이 행정지도에 따르지 아니하였다는 이유로 불이익한 조치를 하여서는 아니 된다행정절차법 제48조.

행정조사: 누구를 위하여 종은 울리나

행정조사기본법이 2007년 5월 17일에 제정되었다. 행정조사기본법의 제정은 종래의 일방적·중복적·개별적 행정조사 관행을 협력적·공동적 행정조사로 전환하는 매우 중요한 의미를 내포한다. 행정조사기본법의 제정을 둘러싸고 행정내부적으로, 국회입법과정에 있어서 적지 않은 법리적인 논란이 있었다. 저자가 이 법안에 대한 연구책임을 맡은 관계로 국회에 출석하여 공술하기도 하였는데, 정부부처협의과정과 국회입법과정을 돌이켜 보면 이 법률의 제정 자체가 좀 과장해서 말하자면 '기적'과도 같은 일이라 할 수 있다. 그렇게 보는 이유는 다음과 같다. 첫째, 입법추진이 정부주도의 입법이었기 때문에 행정법학계와의 조율이 없었다. 둘째, 행정조사에 대한 법리적 문제들이 미해결인 채로 남아 있었다. 셋

▲ 세무조사 사령탑 국세청 세종청사   출처: 세정신문

째, 일반법을 제정할 것인지 아니면 행정절차법에 포함시킬 것인지에 대한 입법방식에 대한 의견대립이 있었다. 넷째, 입법의 필요성 및 적용범위에 대한 정부부처 간 입장차이도 상당하였다국세청의 세무조사·금융감독원의 조사·공정거래위원회의 조사의 포함

여부. 다섯째, 당시 여당열린우리당 소속 의원들 간에도 입법필요성에 회의적인 견해가 상당히 강하게 존재했다. 한편 행정조사의 법리적인 문제에 대해서는 2008년 타이완에서 개최된 '동아시아행정법학자대회'에서 지정토론자인 일본학자의 무려 13가지에 걸친 집중적인 질의가 있었던 것으로 기억된다. 당시 일본도 행정조사에 대한 법 제정과 관련한 논의를 진행하고 있었다고 한다. 저자가 한국측 발표자였다.

업무에 관한 관리감독, 법규위반 확인 외에 제도개선, 법령정비 등 국가의 실효성있는 정책수립을 위한 정보관리활동의 일환으로서 행정조사를 자리매김해야 한다는 인식하에, 법위반 여부확인과 위반행위에 대한 처벌위주 등 행정의 실효성 확보를 위한 제재수단으로 운영되고 있는 행정조사시스템에 대한 근본적인 재검토의 필요, 민간부문의 자율성과 창의성의 확대, 정부규제의 획기적인 개선을 통한 국가경쟁력 강화라는 관점에서 행정조사기본법의 제정필요성에 대해 폭넓은 공감대가 결국 입법의 견인차가 되었다고 할 수 있다.

행정조사는 행정기관이 사인으로부터 행정상 필요한 자료나 정보를 수집하기 위하여 행하는 일체의 행정작용이다. 행정기관에 의한 정보수집은 매우 광범위하게 행하여진다. 즉 행정기관은 호적의 등재, 주민등록 등을 국민에게 강제함으로써 국민 개개인의 신상에 관한 정보를 파악하거나, 부동산취득의 신고, 각종 인허가 사업에 대한 신청 등과 같이 사인의 공법행위에 있어서는 그 신청서의 기재내용 또는 그 첨부서류를 통하여 개인의 경제적 정보를 파악한다. 또한 행정기관은 이와 같은 소극적 방법에 그치지 아니하고, 적극적으로 주택·영업소에 출입하여 관련자에게 질문을 행하거나 장부·서류 등의 검사를 통하여 정보를 수집하기도 한다. 이뿐만 아니라 인구·사회·경제에 관한 일반적 자료를 수집하는 통계조사와 같이 직접적으로 구체적인 행정결정과 관계없이 정책의 입안, 적정한 행정운영의 확보를 위하여도 조사활동이 행하여지고 있다. 행정조사기본법은 출석·진술 요구, 보고요구와 자료제출의 요구,

현장조사, 시료채취, 자료 등의 영치, 공동조사, 자율신고제도 등 행정조사의 방법에 관한 규정을 두고 있다.

행정조사로 인하여 프라이버시권, 영업의 자유, 재산권 등 개인이나 기업의 기본권이 침해될 가능성이 적지 않으므로 행정조사에는 엄격한 실체법적 · 절차법적 한계가 설정되어야 한다.

오늘날 행정조사의 실태를 보면 행정조사를 담당하는 공무원이나 위탁받은 협회 등이 행정조사기본법에 투철한 법집행을 하지 않는다는 점이다. 한마디로 '법률은 저 먼 곳에' 있는 셈이다. 특히 중소기업에 대한 중복조사로 인한 과도한 부담을 초래하고, 극히 예외적으로 실시하여야 하는 수시조사를 남용하며, 법령 등의 근거 없이 행정규칙에 근거하여 실시하는 등 폐해가 적지 아니하다는 지적이 있다. 현장조사, 문서열람, 시료채취 등의 행정조사는 개인과 기업은 행정조사에 응해야 하는 수인의무가 있고 조사결과에 따라 법위반이 있으면 과징금 · 영업정지 · 형사고발 등 제재가 이루어지기 때문에 국민권익 보장 차원에서 엄격한 실체법적 · 절차법적 규정의 준수가 필요하다.

행정조사가 위법한 경우에 그 행정조사에 의해 수집된 정보에 기초하여 내려진 행정결정이 위법한가? 위법한 행정조사에 의해 수집된 정보가 행정결정의 기초가 된 경우에 절차상 하자가 있는 것으로 보아야 할 것이다. 적법한 행정조사로 재산상 특별한 손해를 받은 자에 대하여는 손실보상을 해주어야 할 것이다. 위법한 행정조사에 대하여 항고쟁송이 가능하기 위해서는 행정조사의 처분성이 인정되어야 하며 소의 이익이 인정될 수 있도록 행정조사의 상태가 계속되어야 한다.

03
법치행정의
내비게이션

:
:
:
열린 사회의 네비게이션 3법

　　1991년 12월 6일자 동아일보 기사를 보면, 「정보공개법 사생활보호법 "열린 사회로 가는 필수장치"」라는 제목이 있다. 이 당시에는 두 법률 모두 제정되기 전이었는데, 제정의 당위성과 두 법률 간의 균형을 강조한 내용이다. 정보공개제도에 대한 개인정보보호의 필요성은 정보관계법에 있어서 서로 대립되는 이익의 조정을 위하여 어려운 문제를 제기하는 것이 사실이다. 정보공개와 사생활보호의 조화는 정보공개를 통한 민주주의 이념의 실현과 개인정보보호를 통한 인격의 자유로운 발현이라는 두 가지의 명제의 조화의 문제이기도 하다.

　　동아일보 기사가 예측한 대로, 지난 수십년간 우리 사회를 '열린 사회'로 만들어가는데 큰 역할을 한 실정법으로 1996년 12월 31일 공포되어 공포 후 1년이 경과한 1998년 1월 1일부터 시행된 「공공기관의 정보공개에 관한 법률」^{정보공개법}과 행정절차법 그리고 1995년 1월 8일부터 시행된 「공공기관의 개인정보보호에 관한 법률」^{2011년 9월 30일부터 공공부문과 민간부문을 통합한 「개인정보 보호법」이 새로이 제정되어 시행되고 있음}을 꼽는 학자들이 많다. 드디어 이들 3법이 열린 사회의 내비게이션이자 표준장비가 된 것이다.

<h2>⋮ 행정절차제도</h2>

적법절차의 원칙은 국가권력이 개인의 권익을 제한하는 경우에는 개인의 권익을 보호하기 위한 적정한 절차를 거쳐야 한다는 원칙이다. 적법절차의 원칙은 형사절차상의 영역에 한정되지 않고 입법, 행정 등 국가의 모든 공권력의 작용에도 적용된다^{헌재 1992. 12. 24, 92헌가8}. 적법절차의 내용은 일률적으로 정해지는 것이 아니고 개별적 사안마다 적정한 절차가 결정되는 유동적인^{flexible} 것이다. 적법절차는 헌법적 효력을 가지며 행정절차에도 적용되므로 만약에 적법한 행정절차규정이 없는 경우 또는 절차규정이 적법절차의 원칙에 반하는 경우 적법절차의 원칙이 직접 적용되어 적법한 절차에 따르지 않은 행정처분은 절차상 위법하게 된다.

행정절차법은 행정기관에서 허가취소, 영업정지 등의 행정처분을 결정하기 전에, 이해당사자의 의견을 듣는 청문절차 등을 반드시 거치게 함으로써 주민들의 부당한 권익침해를 사전에 막고 행정과정을 투명하게 공개하는 것을 골자로 하는 법률이다. 이 법은 국민의 요구에 공공기관의 정보를 제공하도록 규정하는 정보공개법과 함께 국민들의 행정참여를 보장하는 장치이다.

행정절차는 넓게는 행정기관이 행정활동을 함에 있어 거치는 사전 및 사후의 모든 절차를 말하지만, 보통 행정절차란 행정활동을 함에 있어서 거치는 사전통지, 의견청취, 이유부기 등 사전절차만을 가리킨다. 행정절차는 행정의 절차적 통제, 행정에 대한 이해관계인 등 국민의 참여, 국민의 권익에 대한 침해의 예방 등의 기능을 갖는다.

행정절차법은 처분절차, 신고절차, 확약, 행정계획, 행정상 입법예고절차, 행정예고절차, 행정지도절차 등을 규율대상으로 한다. 그 중에서 처분절차가 중심적인 내용이 되며 처분 중에서도 불이익처분이 주된 규율대상이 된다. 불이익처분절차는 사전통지, 의견청취, 처분이유의 제시를 규정한다.

처분절차에 관한 행정절차법의 규정에는 한편으로 침해적 처분과 수익적 처분에 공통적으로 적용되는 규정이 있고, 다른 한편으로 침해적 처분 또는 신청에 따른 처분에만 적용되는 규정이 있다. 처분기준의 설정·공표, 이유제시, 처분의 방식, 고지 등은 공통절차이고, 신청절차는 신청에 따른 처분절차를 규율하는 절차이며 의견진술절차는 원칙상 침해적 처분절차를 규율하는 절차이다.

신고는 사인이 행정기관에게 일정한 사항에 대하여 통지하는 행위이다. 신고에는 의무적인 것과 임의적인 것이 있다. 행정절차법의 규율대상이 되는 신고, 즉 "법령등에서 행정청에 일정한 사항을 통지함으로써 의무가 끝나는 신고"제40조 제1항는 자기완결적 신고이다. 그러나 행정절차법 제40조 제3항과 제4항은 수리를 요하는 신고에도 준용된다고 보아야 한다.

확약은 법령등에서 당사자가 신청할 수 있는 처분을 규정하고 있는 경우 행정청은 당사자의 신청에 따라 장래에 어떤 처분을 하거나 하지 아니할 것을 내용으로 하는 의사표시를 말한다제40조의2 제1항. 행정절차법은 2022년 1월 11일 확약의 법적 근거를 신설하였다. 확약은 문서로 하여야 하며제2항, 행정청은 다른 행정청과의 협의 등의 절차를 거쳐야 하는 처분에 대하여 확약을 하려는 경우에는 확약을 하기 전에 그 절차를 거쳐야 한다제3항. 행정청은 다음 각 호1. 확약을 한 후에 확약의 내용을 이행할 수 없을 정도로 법령등이나 사정이 변경된 경우, 2. 확약이 위법한 경우의 어느 하나에 해당하는 경우에는 확약에 기속되지 아니한다제4항. 행정청은 확약이 제4항 각 호의 어느 하나에 해당하여 확약을 이행할 수 없는 경우에는 지체 없이 당사자에게 그 사실을 통지하여야 한다제5항.

행정절차법은 2022년 1월 11일 행정계획에 있어서의 정당한 형량의 원리의 법적 근거를 신설하였다. "행정청은 행정청이 수립하는 계획 중 국민의 권리·의무에 직접 영향을 미치는 계획을 수립하거나 변경·폐지할 때에는 관련된 여러 이익을 정당하게 형량하여야 한다제40조의4."

입법예고제는 행정청으로 하여금 입법의 제정 또는 개정에 대하여 미리 이를 국민에게 예고하도록 하고 그에 대한 국민의 의견을 듣고 행정입법안에 해당 국민의 의견을 반영하도록 하는 것이다. 행정예고제는 다수 국민의 권익에 관계있는 사항을 국민에게 미리 알리는 것이다. 행정예고는 행정에 대한 예측가능성을 보장해 주고 이해관계 있는 행정에 대하여 의견을 제출할 수 있게 하며 국민의 행정에 대한 이해와 협력을 증진시키는 기능을 한다.

정보공개제도

정보공개제도란 공공기관특히 행정기관이 보유하고 있는 정보를 일부 비공개로 하여야 할 정보를 제외하고는 누구에게도 청구에 응해서 열람·복사·제공하도록 하는 제도를 말한다. 엄격한 의미의 정보공개는 국민의 청구에 의해 공개되는 경우를 지칭하고 또한 그 공개가 의무지워지는 경우를 가리킨다. 그리고 행정기관이 적극적으로 정보를 제공하는 적극적 정보제공을 포함하여 광의의 정보공개라 할 수 있다.

주권자인 국민이 직접 또는 간접으로 국정에 참여하기 위하여는 국정에 관한 정보를 알고 있어야 한다. 권력의 부패나 남용은 정치·행정의 투명성을 확보함으로써 효과적으로 통제될 수 있는데, 정보공개는 정치·행정의 투명성을 확보하는 중요한 수단이 된다. 오늘날 정보사회에 있어서는 정보와 지식을 갖지 않으면 인격의 개발이 어렵게 되고 행복한 생활을 영위할 수 없는 상황에 처해 있다.

정보공개청구권은 헌법상 알 권리의 한 요소를 이루며 알 권리는 표현의 자유에 포함된다고 보는 것이 헌법재판소의 입장이다. 알 권리는 정보의 수집에 방해를 받지 않을 자유와 국가기관에 대하여 정보의 공개를 청구할 수 있는 정보공개청구권을 포함한다고 본다. 따라서 정보공개청구권을 인정하는 법률이 존재하지 않는 경우에도 정보공개청구권은 알 권리에 근거하여 인정된다헌재 1991. 5. 13, 90헌마133; 헌재 1989. 9. 4, 88헌마22.

정보공개청구권을 구체적으로 보장하기 위하여 1996년 12월 31일 세계에서 13번째, 아시아에서 처음으로 「정보공개법」이 제정되어 1998년 1월 1일부터 시행되고 있다. 동 법률은 정보공개청구권자, 비공개대상정보, 정보공개의 절차, 불복구제절차 등을 규율하고 있다. 「교육관련기관의 정보공개에 관한 특례법」은 교육관련기관이 보유·관리하는 정보의 공개에 관하여 정보공개법에 대한 특례를 정하고 있다.

정보공개법의 제정에는 우여곡절이 적지 않았다. 아래 소개하는 사연을 보면 그 사실을 실감할 수 있을 것이다. 우리나라에서 처음으로 「행정정보공개 조례」를 만든 박종구 前 청주시의회 의장의 사연을 들어보자. 그의 민주주의에 대한 열정과 헌신에 저절로 고개가 숙여진다. 내용이 다소 길지만 사연에 귀기울여보자.

■ **국내 첫 '행정정보공개 조례' 만든 박종구 前 청주시의회 의장**

『"여기 아래 누가 있는 줄 알아? 김○○이가 지하에서 '단련'받고 있어!" "당신 무슨 목적으로 정보공개 조례안을 낸 거요? 당장 철회하쇼!" "이제 와서 철회할 수는 없는 일이요. 민주주의를 위한 것입니다." 그가 시의회에 발의한 「행정정보공개 조례안」이 발단이었다. 청주시가 보유한 정보를 원하는 시민 누구에게나 공개하도록 하는 내용이다. 시의원 취임 전부터

야심 차게 준비한 '작품'이었다. 조례안이 상정되고 얼마 지나지 않아 내무부현 행정안전부, 청주시는 물론이고 기무사현 국군방첩사령부, 안기부현 국가정보원까지 발칵 뒤집혔다. 정부와 군 인사들은 '정보공개'라는 낯선 개념을 세상에 끄집어낸 시의원을 공안사범 다루듯 몰아붙였다. "당신 때문에 공산당, 좌익이 청주시에 막대한 정보를 청구해 시정을 마비시키면 어쩔 거요. 당신이 책임질 수 있소?" 이런 으름장에도 박 의원의 의지는 확고했다. "공개할 것과 안 할 것을 구분하면 될 일이요. 읽어보면 알겠지만 국가기밀은 공개하지 않도록 명시해놨습니다." 그가 고집을 꺾지 않자 중앙정부는 대응 방식을 바꿨다. '정보공개 의무를 명시한 상위법이 없으니 조례도 무효'라며 법원에 소송을 제기할 것을 청주시에 지시했다. 하지만 법원은 박 의원 손을 들어줬고 이듬해 6월 대법원 판결로 「청주시 행정정보공개조례」가 확정됐다. 이는 1996년 공개 의무 대상을 지방자치단체에서 공공기관 전체로 넓힌 정보공개법 제정의 결정적 계기가 됐다. 군사정권의 잔재가 채 가시지 않았던 1991년 6월 어느 날. 충북 청주시의 모 기무부대 사무실 밖으로 큰 소리가 새어나갔다. 거만한 자세로 앉아 있던 젊은 육군 대위 입에서 불쑥 지역 유명 대학의 총장 이름이 튀어나온 것. 맞은편에 앉아 있던 박종구 당시 청주시의회 의원의 등줄기로 식은땀이 흘렀다. 시의원 당선 후 한 달도 안 된 때였다.

최근 충북 괴산군 자택에서 만난 박종구[76] 전 청주시의회 의장은 "정보공개 조례에 왜 그렇게까지 매달렸느냐"는 기자 질문에 "공개가 민주주의의 기본이기 때문"이라고 답했다. 1991년부터 2006년까지 4차례 시의원에 당선된 그는 15년의 의정활동 중 정부의 온갖 방해에도 끝내 정보공개 조례를 통과시킨 그때가 가장 기억에 남는다고 한다. 그가 처음부터 정보공개에 관심이 컸던 것은 아니었다. 행정기관의 꽉 막힌 '불통'을 몸으로 직접 느끼며 비로소 문제의식이 생겼다. "청주시에 작은 건물을 하나 소유하고 있었는데 바로 옆에 큰 건물이 들어서며 집 벽에 금이 가기 시작하더라고요. 이대로 가다간 무너질 것 같아 시청 직원한테 건물 시공사가 어디인지 알려달라고 했죠. 대책이 있어야 하니까…. 그런데 덮어놓고 안 된다는 거예요. 아니, '집이 무너진다'는 데도 알려줄 생각을 않더라고요. 하긴, 말단 공무원도 거드름을 피우던 때였어요. 정보가 권력인데 제대로 공개할 리가 없죠." 그러다 시의원이 되기 전인 1990년 가을 일본에 갔을 때 처음

정보공개를 접했다. 당시 시의회 의원을 거쳐 청주시장이 되는 게 꿈이었던 그는 선진국의 지방행정을 직접 배우고 싶었다. 후배 소개로 알게 된 도쿄도 산하 어느 지자체 과장에게 "일본 지자체의 많은 조례 중 가장 중요한 것이 무엇이냐"고 물었더니 곧장 '정보공개'란 답이 돌아왔다. "그 과장이 말하길 '일본에서 이걸 만든 사람이 바로 시장에 당선됐을 정도로 대단한 것'이라고 했어요. 일본은 큰일을 하면 그에 상응하는 대접을 해주는 문화가 있다는 거예요. 상대 후보가 '당신이 하시오' 하면서 물러날 만큼 엄청난 것이었다는 거죠." 귀국하자마자 일본어로 된 조례집에 수록된 수백건 중 '정보공개'와 '개인정보보호'를 번역한 뒤 그를 토대로 청주시 정보공개 조례 초안을 만들었다.

조례안이 시의회에 상정된 직후 그를 괴롭힌 건 정부의 압력만이 아니었다. 동료 시의원 중에 "그게 뭔데 남들 괴롭히면서까지 하느냐"고 눈총을 준 이도 있었다. "동료 시의원들과의 식사 자리에 정보공개 관련 논문을 쓴 교수를 한 분 모셨어요. 그 교수가 대뜸 '이게 얼마나 중요한 거냐면 당신들이 4년 동안 이거 하나만 통과시켜도 의정활동 다 한 것'이라고 하더군요. 그제서야 중요성을 좀 깨닫는 눈치였습니다." 결국 조례안은 시의원 42명 중 39명의 압도적 찬성으로 통과했다. 이후 전국 각지 시·도의회로 순식간에 퍼져나가며 1996년 중앙정부와 지자체를 총망라한 정보공개법의 국회 통과로 이어졌다. 30여년이 지난 지금 우리 사회 알권리는 얼마나 확대됐을까. '아직 아쉬움이 많다'는 게 그의 생각이다. "그때나 지금이나 정보를 주느냐 마느냐 씨름하는 것이 적지 않아요. 정말 소수 국가기밀을 빼고는 모두 공개하는 게 옳다고 봐요. 그 기밀도 시간이 지나면 알아서 다 공개해야 합니다. 정부는 항상 이런저런 핑계를 대지만 가만히 따져보면 공개 못할 이유가 하나도 없습니다. 공개가 바로 민주주의 국가의 원칙입니다. 이 간단한 걸 우리 사회가 이제 알 때도 되지 않았을까요?"』세계일보 김태훈(팀장)·김민순·이창수 기자, "'정보공개는 민주주의 기본… 국가기밀 빼고 모두 알려야 [알 권리는 우리의 삶이다]" 세계일보 2019년 3월 19일 자 기사 참조. 저자도 노무현 정부 때인 2005년에 오늘날 우리나라의 정보공개의 기준이 된 「정보공개기준 매뉴얼」을 만드는 데 일조한 바 있다.

적극적인 정보공개 서비스에 대한 시민 반응은 긍정적이다. 특히 기관

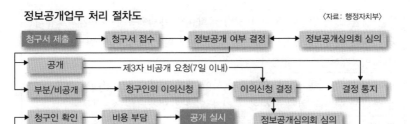

정보공개업무 처리 절차도 〈자료: 행정자치부〉

청구서 제출 → 청구서 접수 → 정보공개 여부 결정 ↔ 정보공개심의회 심의

공개 — 제3자 비공개 요청(7일 이내) —

부분/비공개 → 청구인의 이의신청 → 이의신청 결정 → 결정 통지

청구인 확인 → 비용 부담 → 공개 실시 ← 정보공개심의회 심의

별로 공개하는 '생활 밀접형 정보'들이 호응이 높다. 2015년 12월 행정 안전부가 정보공개포털에서 실시한 온라인 선호도 조사에 따르면 '국세통계로 보는 전문·의료·교육 서비스업 현황' 정보가 1위에 올랐다. 이 정보는 사업자의 지역, 연령, 성별을 분석한 정보를 제시해 예비 창업자의 의사결정에 유용했다는 평가다. 이 밖에 공공저작물 통합검색, 해양 레저정보, 이전 가능 우수에너지 기술, 전통의학 정보포털 서비스 등 생활밀착형 정보들이 좋은 반응을 얻었다손효숙 기자, "정보공개법 20년 … 청구 중심에서 검색 방식으로 대전환", 한국일보 2016년 1월 20일자 기사 참조.

비공개대상정보란 공공기관이 공개를 거부할 수 있는 정보를 말한다. 비공개대상정보는 공익 또는 타인의 권익을 보호하기 위하여 인정된다. 비공개정보는 비밀정보를 의미하지 않는다. 비밀정보는 공개가 금지되는 정보이지만 비공개대상정보는 공개가 금지되는 정보는 아니며 행정기관이 공개하지 않을 수 있는 정보를 말한다. 또한 비공개정보에 해당한다고 하여 자동적으로 정보공개가 거부될 수 있어도 아니 된다. 해당 정보의 공개로 달성될 수 있는 공익 및 사익과 비공개로 하여야 할 공익 및 사익을 이익형량하여 공개 여부를 결정하여야 한다. 이것이 판례의 입장이다대판 2009. 12. 10, 2009두12785.

비공개대상정보는 다음 표와 같다법 제9조 제1항.

다른 법률 또는 법률이 위임한 명령(국회규칙·대법원규칙·헌법재판소규칙·중앙선거관리위원회규칙·대통령령 및 조례에 한한다)에 따라 비밀로 유지되거나 비공개사항으로 규정된 정보제1호

국가안전보장·국방·통일·외교관계 등에 관한 사항으로서 공개될 경우 국가의 중대한 이익을 현저히 해할 우려가 있다고 인정되는 정보제2호

공개될 경우 국민의 생명·신체 및 재산의 보호에 현저한 지장을 초래할 우려가 있다고 인정되는 정보제3호

진행중인 재판에 관련된 정보와 범죄의 예방, 수사, 공소의 제기 및 유지, 형의 집행, 교정, 보안처분에 관한 사항으로서 공개될 경우 그 직무수행을 현저히 곤란하게 하거나 형사피고인의 공정한 재판을 받을 권리를 침해한다고 인정할 만한 상당한 이유가 있는 정보제4호.

감사·감독·검사·시험·규제·입찰계약·기술개발·인사관리에 관한 사항이나 의사결정과정 또는 내부검토과정에 있는 사항 등으로서 공개될 경우 업무의 공정한 수행이나 연구·개발에 현저한 지장을 초래한다고 인정할 만한 상당한 이유가 있는 정보. 다만, 의사결정 과정 또는 내부검토 과정을 이유로 비공개할 경우에는 의사결정 과정 및 내부검토 과정이 종료되면 제10조에 따른 청구인에게 이를 통지하여야 한다제5호.

해당 정보에 포함되어 있는 이름·주민등록번호 등 개인에 관한 사항으로서 공개될 경우 개인의 사생활의 비밀 또는 자유를 침해할 우려가 있다고 인정되는 정보(다만, 다음에 열거한 개인에 관한 정보를 제외한다. 가. 법령이 정하는 바에 따라 열람할 수 있는 정보, 나. 공공기관이 공표를 목적으로 작성하거나 취득한 정보로서 개인의 사생활의 비밀과 자유를 부당하게 침해하지 않는 정보, 다. 공공기관이 작성하거나 취득한 정보로서 공개하는 것이 공익 또는 개인의 권리구제를 위하여 필요하다고 인정되는 정보, 라. 직무를 수행한 공무원의 성명·직위, 마. 공개하는 것이 공익을 위하여 필요한 경우로써 법령에 의하여 국가 또는 지방자치단체가 업무의 일부를 위탁 또는 위촉한 개인의 성명·직업)제6호.

법인·단체 또는 개인(이하 '법인 등'이라 한다)의 경영·영업상 비밀에 관한 사항으로서 공개될 경우 법인 등의 정당한 이익을 현저히 해할 우려가 있다고 인정되는 정보(다만, 다음에 열거한 정보를 제외한다. 가. 사업활동에 의

> 하여 발생하는 위해로부터 사람의 생명·신체 또는 건강을 보호하기 위하여 공개할 필요가 있는 정보, 나. 위법·부당한 사업활동으로부터 국민의 재산 또는 생활을 보호하기 위하여 공개할 필요가 있는 정보)제7호.

> 공개될 경우 부동산투기·매점매석 등으로 특정인에게 이익 또는 불이익을 줄 우려가 있다고 인정되는 정보제8호.

　실제로는 해당 정보를 취득 또는 활용할 의사가 전혀 없이 정보공개 제도를 이용하여 사회통념상 용인될 수 없는 부당한 이득을 얻으려 하거나, 오로지 공공기관의 담당공무원을 괴롭힐 목적으로 정보공개청구를 하는 경우처럼 권리의 남용에 해당하는 것이 명백한 경우에는 정보공개청구권의 행사를 허용하지 아니하는 것이 옳다대판 2014. 12. 24, 2014두9349.

04
법치행정과
개인정보보호

⋮
조지 오웰의 「1984」

　1845년 러시아혁명과 스탈린의 배신에 바탕을 둔 정치우화 「동물농장」으로 커다란 명성을 얻은 조지 오웰George Orwell, 1903~1950은 1949년 지병인 결핵으로 입원 중에 완성한 걸작 「1984」에서 빅 브라더big brother에 의한 감시사회를 예견했다. 조지 오웰은 「1984」를 스코틀랜드의 외딴섬 주라Jura에 들어가 피를 토하며 썼다고 한다. 결핵을 앓고 있던 그는 가슴속에 차오르는 열정을 억누를 수 없었기 때문이다. 「1984」는 오웰의 혼이 담긴 소설이라 할 수 있다. 조지 오웰이라는 이름은 그의 자전소설인 「파리와 런던의 밑바닥 생활」1933을 펴냈을 때부터 사용한 필명筆

▲ 조지 오웰　　　출처: 두산백과

^名으로 가장 영국적인 이름인 '조지'와 그의 부모님댁 근처의 '오웰' 강의 이름을 딴 것이라고 한다. 또한 소련의 주인공인 윈스턴 스미스는 '윈스턴 처칠'의 윈스턴에다가 영국에서 가장 흔한 이름인 스미스를 붙인 것이라고 한다.

절대권력으로 표현되는 빅 브라더는 텔레스크린이나 도청장치를 이용해 대중을 감시하며 이데올로기를 강요한다. 오웰은 이 작품을 국가사회주의와 스탈린주의와 같은 전체주의 정권에 대한 경고로 집필했다. 이 소설은 절대권력의 남용에 대한 강력한 경고라는 점에서, 그리고 언어, 역사, 공포와 제어의 심리를 조작하는 권력에 대한 통찰이라는 점에서 매우 중요한 작품으로 평가된다. 범죄예방 등을 위하여 공적·사적으로 곳곳에 설치된 CCTV^{폐쇄형 감시카메라}라는 현대사회에서 빅 브라더를 상징하는 것으로 보기도 한다.

■ **오웰의 「카탈루냐 찬가」 – 진실을 행한 분노의 정치투쟁**

「오웰의 『카탈루냐 찬가』는 르포소설이다. 그는 그 소설을 "솔직히^{frankly} 정치적 책"이라고 했다. 오웰은 영국의 사회주의자다. 그는 스페인 내전^{1936~39}에 뛰어들었다. 그는 인민전선의 통일노동자당 의용군이었다. 그는 저격수 총에 쓰러졌다. 기적적으로 목숨을 구했다. 혁명의 속성은 타락과 배신이다. 인민전선 내부는 분열했다. 스페인 공산당은 통일노동자 당원도 숙청했다. 오웰은 수배자 신세로 탈출했다. 『카탈루냐 찬가』는 그런 경험과 환멸을 담았다. 그 시절 영국의 지식인 대다수는 오웰을 외면한다. 그것은 무지와 순진함의 발로였다. 알면서도 소련의 거짓 선동에 종사했다. 폭로의 용기가 부족하기도 했다. 오웰은 레닌혁명의 환상을 깼다. 그는 공산주의식 공포정치와 인간성 말살, 대중조작의 속성을 간파했다. 그런 내용의 책들이 『동물농장』, 『1984년』이다. 그 글쓰기는 정치적 투쟁이었다. 가짜 뉴스, 편향된 시각, 강요된 이념에 맞선 고발과 저항이었다. 그것은 세상을 바꾸는 묵시록^{黙示錄}으로 작동했다」^{박보균, "[박보균 칼럼] 세상을 바꾸려면 글을 써라" 중앙일보 2017년 12월 28일자 칼럼 참조.} 박보균 대기자^{현 문화관광체육부장관}는 "진실의 가장 큰 적은 의도적이고 인위적인 거짓이 아니라 그럴듯하고 비현실적인 신화"라고 통찰한 미국 대통령 존 F. 케네디의 1962년 예일대학 연설을 인용하면서 진실하고 균형 잡힌 글쓰기를 강조하고 있다. 루터가 "세상을 바꾸고 싶으면 펜을 들고 글을 써라"고 했던 변혁의 용기와 투지를 담을 진실한 글을.

조성관 작가는 우리나라에서 사실상 유일무이한 '천재연구가'로 평가받고 있다. 그는 그가 탐구한 54명의 천재들의 공통점으로 "성실성과 호기심, 융합능력" 세 가지를 들고 있다. 그는 가장 닮고 싶은 존재로 조지 오웰을 든다. 그의 얘기를 들어보자. "조지 오웰의 10분의 1이라도 닮고 싶다. 글쓰기에 임하는 구도자적 자세가 특히 그렇다. 조지 오웰은 글을 쓰기 위해 때로는 사회의 밑바닥에, 때로는 전쟁터에 몸을 던졌다. 그는 적당히 하는 법이 없다. 언제나 죽을 힘을 다했다. 그는 사실과 신념이 충돌할 때 언제나 사실fact 편에 썼다. 진실과 대면하는 것을 피하지 않았다."조성관, "천재 공부하면 시시한 것 멀리하고 인생 확 달라져" 「송의달 모닝 라이브」, 조선일보 2023년 1월 17일자 기사 참조.

정보화사회에서 개인에 관한 정보의 수집·처리·유통·이용으로부터 사생활의 비밀을 보호함으로써 국민의 권리와 이익을 증진하고, 나아가 개인의 존엄과 가치를 구현할 필요가 있다.

개인정보감독기구

우리나라의 개인정보감독기구는 국무총리 소속의 중앙행정기관인 개인정보보호위원회이다.

보통법전통영미법계 국가 중 미국을 제외한 영국, 호주, 캐나다 등이 통합형 감독기구를 설치·운영하고 있고 미국만이 분산형 감독기구를 두고 있다. 개인정보처리의 기본원칙에 있어서는 미국이 시장중심적 접근방법을 채택하여 부문별 입법형식으로 나아간데 비하여, 영국 등은 권리중심적 접근방법을 채택하여 포괄적인 입법형식으로 나아가고 있다. 이러한 개인정보보호와 관련한 입법방식의 상이함은 입법배경에 미국은 자유주

의적 정치전통이, 영국 등은 사회계
약이론의 정치전통이 있는 것으로
파악되고 있다.

영미법계의 개인정보감독기구는
대체로 독립기구형식을 띠고 있다.
독립기구형으로 갈수록 독립성과
자율성이 실질적으로 확보된다. 독

▲ 제29차 아시아·태평양 개인정보감독기구
(APPA) 포럼(2008)   출처: IT데일리

립기구형 개인정보감독기구는 일반적으로 ① 기관장의 임명이 행정부
수반 이외의 국왕이나 총독 등에 의해 이루어지고 ② 위원의 자격이 사
법부나 입법부 등 행정부 이외의 기관에서 일하고 있거나 이들 기관의
추천을 받은 자로 제한되고 ③ 사무국이 개인정보감독기구에서 직접 운
영하는 형식을 띤다.

한편 시민법전통대륙법계 국가 중 프랑스는 독립된 행정위원회의 법적
지위를 갖는 국가정보자유위원회가 사인 및 공법인에 대한 법률의 준수
를 감독·통제한다. 독일의 연방개인정보보호청은 연방의 모든 공공기관
에서의 개인정보처리와 본래 연방관할에 속하는 통신서비스 및 우편서
비스 부문에서의 개인정보처리에 대해서만 감독책임을 지고 통신과 우
편을 제외한 민간부문의 개인정보처리에 대해서는 각 주가 지정하는 정
보감독청이 감독책임을 지고 있다.

개인정보보호의 오랜 역사를 지닌 유럽 각국이 얻은 결론은 개인정보
보호의 성패는 효율적인 감독기관에 달렸다는 것이다. 감독기관은 상대
적으로 열세에 있는 정보주체의 권리를 보호하기 위한 책임을 지며, 감
시기능을 통해 분쟁의 소지를 사전에 제거한다.

정보주체의 권리

정보주체는 자신의 개인정보 처리와 관련하여 ① 개인정보의 처리에 관한 정보를 제공받을 권리 ② 개인정보의 처리에 관한 동의 여부, 동의 범위 등을 선택하고 결정할 권리 ③ 개인정보의 처리 여부를 확인하고 개인정보에 대하여 열람사본의 발급을 포함을 요구할 권리 ④ 개인정보의 처리 정지, 정정·삭제 및 파기를 요구할 권리 ⑤ 개인정보의 처리로 인하여 발생한 피해를 신속하고 공정한 절차에 따라 구제받을 권리를 가진다.

개인정보 침해시 구제수단

첫째는 행정심판 또는 행정소송이다. 개인정보의 열람요구, 정정·삭제요구 및 처리정지 등 요구에 대한 거부나 부작위는 행정심판법 및 행정소송법상의 처분이나 부작위이므로 이에 대해 행정심판이나 행정소송을 제기할 수 있다.

둘째는 손해배상책임 및 법정손해배상책임이다. 정보주체는 개인정보처리자가 이 법을 위반한 행위로 손해① 재산적 손해: 신용카드번호·주민등록번호 등의 유출에 따른 신용카드 부정사용, 불법대출, 전화사기 등의 피해 ② 정신적 손해: 이메일주소, 전화번호 등의 유출에 따른 스팸메일, 마케팅광고 등의 피해를 입으면 개인정보처리자에게 손해배상을 청구할 수 있다법 제39조 제1항.

정보주체는 개인정보처리자의 고의 또는 과실로 인하여 개인정보가 분실·도난·유출·위조·변조 또는 훼손된 경우에는 300만원 이하의 범위에서 상당한 금액을 손해액으로 하여 배상을 청구할 수 있다제39조의2 제1항. 법정손해배상책임은 2015년 7월 24일 신설되어 2016년 7월 25일부터 시행되었다.

셋째는 개인정보 분쟁조정이다. 개인정보와 관련한 분쟁의 조정을 원하는 자는 개인정보 분쟁조정위원회에 분쟁조정을 신청할 수 있다법 제43조 제1항. 국가 및 지방자치단체, 개인정보 보호단체 및 기관, 정보주체, 개인정보처리자는 정보주체의 피해 또는 권리침해가 다수의 정보주체에게 같거나 비슷한 유형으로 발생하는 경우로서 대통령령으로 정하는 사건에 대하여는 분쟁조정위원회에 일괄적인 분쟁조정=집단분쟁조정을 의뢰 또는 신청할 수 있다법 제49조 제1항.

넷째는 개인정보 단체소송이다. 개인정보보호법에 도입된 제도 중 주목할 만한 것 중의 하나는 객관적 소송의 하나로서 도입된 단체소송이다. 집단적인 개인정보 피해를 구제할 수 있는 소송제도로는 크게 미국식의 집단소송제도와 유럽식의 단체소송제도가 있다. 집단소송Class Action은 피해 집단에 속해 있는 개인에게 당사자 적격을 인정하여 그로 하여금 집단구성원 전원을 위하여 소송을 수행할 수 있게 하는 제도이고, 단체소송Verbandsklage은 일정한 자격을 갖춘 단체로 하여금 전체 피해자들의 이익을 위해 소송을 제기할 수 있는 권한을 부여하는 제도이다. 즉 단체소송은 법률상 일정한 요건을 갖춘 단체가 자신의 직접적인 이해관계나 법률상 이익의 침해와는 관계없이 행정청 또는 제3자의 위법행위의 취소 또는 제거, 중지 등을 구하는 소송이다.

집단소송은 주로 소액·다수의 피해구제를 위한 손해배상청구소송으로 그 장점을 발휘해 왔고, 단체소송은 사업자들의 위법행위를 금지·중단시키기 위한 금지·중지청구소송제도로 발전해 왔다. 그러나 최근에는 단체소송에서도 손해배상청구를 허용하는 등 두 제도의 차이가 좁혀지고 있다. 개인정보보호법은 유럽식의 단체소송제도를 도입하여 일정한 자격요건을 갖춘 단체에게만 개인정보 단체소송을 제기할 권한을 부여하고 있으며 단체소송의 청구범위도 권리침해행위의 금지·중지에 한정하고 있다. 즉 단체소송은 일정한 법률상 자격을 가진 단체공정거래위원회에 등록한 소비자단체, 비영리민간단체로서 일정한 요건을 갖춘 단체가 개인정보처리자를 대상으로 그가 집단분쟁 조정을 거부하거나 조정결과를 거부하는 경우에 권리침해행위의 금지 또는 중지를 구하는 소송이다.

법원은 ① 개인정보처리자가 분쟁조정위원회의 조정을 거부하거나 조정결과를 수락하지 아니하였을 것 ② 제54조에 따른 소송허가신청서의 기재사항에 흠결이 없을 것 등의 요건을 모두 갖춘 경우에 한하여 결정으로 단체소송을 허가한다법 제55조 제1항.

개인정보 오남용 피해방지를 위한 10계명

개인정보보호종합포털www.privacy.go.kr/에서는 개개인의 개인정보 보안관리를 위한 「개인정보 오남용 피해방지를 위한 10계명」을 아래와 같이 권고하고 있다.

① 회원가입을 하거나 개인정보를 제공할 때에는 개인정보처리방침 및 약관을 꼼꼼히 살펴야 한다.

② 회원가입시 비밀번호를 타인이 유추하기 어렵도록 영문·숫자 등을 조합해 8자리 이상으로 설정한다.

③ 자신이 가입한 사이트에 타인이 자신인 것처럼 로그인하기 어렵도록 비밀번호를 주기적으로 변경한다. 권장하는 패스워드 변경주기는 6개월이다.

④ 가급적 안전성이 높은 주민번호 대체수단아이핀으로 회원가입을 하고, 꼭 필요하지 않은 개인정보는 입력하지 않는다. 아이핀i-PIN은 인터넷상 개인식별번호로써, 대면확인이 어려운 온라인에서 본인확인을 할 수 있는 수단의 하나이다.

⑤ 타인이 자신의 명의로 신규 회원가입시 즉각 차단하고, 이를 통지받을 수 있도록 명의도용 확인서비스를 이용한다.

⑥ 자신의 아이디와 비밀번호, 주민번호 등 개인정보가 공개되지 않도록 주의해 관리하며 친구나 다른 사람에게 알려주지 않는다.

⑦ 인터넷에 올리는 데이터에 개인정보가 포함되지 않도록 하며, P2P로 제공하는 자신의 공유폴더에 개인정보 파일이 저장되지 않도록 한다.

⑧ 금융거래시 신용카드 번호와 같은 금융정보 등을 저장할 경우 암호화해 저장하고 되도록 PC방 등 개방 환경을 이용하지 않는다.

⑨ 인터넷에서 아무 자료나 함부로 다운로드하지 않는다.

⑩ 개인정보가 유출된 경우 해당 사이트 관리자에게 삭제를 요청하고 처리되지 않는 경우 즉시 개인정보 침해신고를 한다.

05
중랑천의 눈물,
그린벨트에 내리는 비

국가배상: 중랑천의 눈물

과거 군주국가에서는 "왕은 잘못을 행할 수 없다The King can do no wrong"라는 원칙에 따라 국가무책임의 원칙이 지배하였다. 그러나 근대 법치국가 하에서는 국가무책임의 특권은 인정될 수 없다. 따라서 오늘날에는 국가무책임의 특권이 부인되고 국가배상책임의 원칙이 인정된다.

우리나라에서 국가무책임의 특권이 부인되고 국가배상책임이 일반적으로 인정되게 된 것은 1948년 제정된 제헌헌법 제27조 제 2 항에서이다. 이 헌법규정에 근거하여 1951년 9월 8일 국가배상법이 제정되었다.

행정상 손해배상이란 행정권의 행사에 따라 우연히 발생한 손해에 대한 국가등의 배상책임을 말한다. 행정상 손해배상은 국가배상이라고도한다. 전통적으로 행정상 손해배상은 위법한 국가작용으로 인하여 발생한 손해의 배상을 가리킨다.

국가의 과실책임의 직접적 근거는 과실책임의 원칙에 있다. 보다 정확히 말하면 행정주체는 공무수행상 일정한 주의의무를 준수하여야 하는데 이를 준수하지 않음으로써 국민에게 손해를 발생시켰다면 과실로 손해를 발생시킨 행정주체가 그 손해에 대한 배상책임을 져야 한다는 것이다.

헌법 제29조 제 1 항은 "공무원의 직무상 불법행위로 손해를 받은 국민은 법률이 정하는 바에 의하여 국가 또는 공공단체에 정당한 배상을 청구할 수 있다"라고 규정하고 있다. 이 헌법규정은 국가무책임의 특권의 부인을 명시적으로 선언하고 공무원의 직무상 불법행위로 인한 손해에 대한 국가의 배상책임의 원칙을 선언하고, 국가배상청구권을 인정한다. 국가배상법은 국가와 지방자치단체의 과실책임^{제2조} 및 영조물책임^{제 5조}을 규정하고 있다.

서울의 중랑천^{中浪川} 수해사건을 통해 국가배상문제를 생각해 보기로 하자. 중랑천은 경기도 양주시에서 발원하여 의정부를 지나 남류하여 한강으로 흘러드는 하천이다. 「한국향토문화전자대전」에 따르면, "경기도와 서울의 경계 부분은 서원천^{書院川}이라 하고, 도봉구 창동 부근에서는 한천^{漢川} 또는 한내라고 부른다. 「신증동국여지승람^{新增東國輿地勝覽}」에 따르면 "중량포^{中梁浦}는 속계^{涑溪}라고도 부른다"는 기록이 있고, 「대동지지 大東地志」에 따르면 "일명 속계라고도 하는 송계천^{松溪川}이 양주 남쪽 40리

▲ 범람 직전의 중랑구 이화교에서 바라본 중랑천 둔치
2013년 7월 14일 서울에 246mm의 폭우가 쏟아지면서
중랑천 범람가능성이 제기되었다.   출처: 뉴시스

부근에서 두험천^{豆驗川}·독두천의 두 개천과 합류하여 속계·중량포·전곶평^{箭串坪} 등을 경유하여 한강^{漢江}으로 유입된다"는 기록이 있다. 하천 일대는 도봉산의 산줄기와 봉화산이 만나는 지점으로 대나무의

잎과 가지가 바람에 흔들리는 것을 물결에 비유한 '죽랑^{竹浪}'을 소리나는 대로 '중랑'이라 쓰게 되었다고 전해진다. 또 이 하천이 '새내' 또는 '샛강'으로 불리기도 하였는데, 이는 봉황새가 있는 냇물이란 뜻으로 이해되기도 한다. 「지명총람^{地名總覽}」에는 "중랑포를 중랑개라고도 부른다"고 기록되어 있다고 한다.

1998년 8월 6일 오전 2~8시 사이 의정부에 340㎜, 오전 5~8시 사이 도봉구에 168㎜, 강북구에 134㎜ 등 게릴라성 폭우로 중랑천이 범람해 공릉 1, 3동 지역이 최고 1.5m까지 침수됐다. 수해를 당한 피해자는 1천350가구였지만 실제로 소송에 참가한 주민은 110명이다.

2000년 9월 6일 서울지법 민사합의25부는 중랑천 인근 서울시 노원구 공릉 1, 3동 주민 110명이 "1998년 중랑천 범람 사태는 정부가 수방대책을 소홀히 했기 때문"이라며 국가와 서울시, 노원구를 상대로 낸 53억2700여만원의 손해배상 청구소송에서 "국가와 서울시는 원고들에게 각각 300만~500만원을 지급하라"고 원고 일부승소 판결했다. 재판부는 "국가와 서울시의 제방관리에 하자가 있던 점은 인정되지만 당시 내린 비가 600년만의 호우라는 점을 감안, 30%의 배상책임이 있다"고 밝혔다. 이 사건 1심과 항소심 재판부는 건교부 하천시설기준상 지자체가 계획홍수위보다 최소 1m 이상 여유높이를 확보해 둑을 건설해야 할 책임이 있는데도 이 지역 둑이 계획홍수위보다 불과 30㎝ 높게 지은 점 등을 들어 서울시의 배상책임을 인정했다. 재판부는 그러나 노원구에 대해서는 "중랑천 관리 관청이 아니다"며 원고청구를 기각했다.

한편 대법원은 2003년 10월 23일 "100년 발생빈도의 강우량을 기준으로 책정된 계획홍수위를 초과하여 600년 또는 1,000년 발생빈도의 강우량에 의한 하천의 범람은 예측가능성 및 회피가능성이 없는 불가항력적인 재해로서 그 영조물의 관리청에게 책임을 물을 수 없다"고 판시하였다_{대판 2003. 10. 23, 2001다48057<중랑천 수해사건>}. 즉 국가와 서울시의 책임을 부인한 것이다. 대법원은 사건을 고법으로 되돌려 보냈다.

이에 따라 서울고법 민사 4부는 2004년 8월 26일 중랑천 범람으로 수해를 당한 서울시 노원구 공릉 1,3동 주민 110명이 국가와 서울시를 상대로 낸 손해배상 청구소송 파기환송심에서 원고들의 청구를 기각하고 "1심

▲ 고요히 흐르는 중랑천   출처: 한국향토문화전자대전

판결 후 받은 18억4000여만원을 반환하라"고 판결했다. 재판부는 "수해 당시 중랑천 상류지역인 의정부에는 6시간 동안 무려 340㎜가 내렸는데, 이는 1,000년 만에 한번 올 법한 불가항력적 재해로 봐야 한다"고 밝혔다. 재판부는 "수해 지역 제방이 건설교통부가 책정한 계획홍수위보다 높았고 상습 침수지역이 아니었던 만큼 서울시가 별도로 수해방지시설 등을 설치할 의무가 있다고 보기 어렵다"고 덧붙였다. 1심과 항소심에서는 제방 관리 소홀 등 국가와 서울시의 책임을 30% 인정한 뒤 배상금을 가지급하도록 했으나 위에 언급한 2003년 10월 23일 대법원에서 "불가항력적인 재해로 봐야 한다"며 원심을 깨고 사건을 고법으로 돌려보냈고, 서울고법은 주민들이 배상금을 받은 지 3년여가 지나 뒤늦게 "배상금을 반환하라"고 판결하기에 이르렀다. 주민들이 배상금을 받은 것은 2000년 10월~2001년 8월이다. 통상 재판이 모두 끝난 후 배상금을 받는 게 원칙이지만 당시 피해 복구비용이 급했던 주민들은 재판부의 판결대로 1인당 평균 1,670여만원을 미리 받았다. 주민들은 "피해 복구비용으로 이미 다 써버린 돈을 무슨 수로 마련합니까?"라고 강하게 반발하였다. 한편 서울지방법원의 한 부장판사는 "현실적으로 침수피해의 정도와 국가의 관리소홀을 입증하기가 쉽지 않다"며 "만만치 않은 감정비용도 피해자들을 곤란케 하는 한 원인"이라고 말하고 있다.

이런 사정을 아는지 모르는지 오늘도 중랑천은 무심히 흐르고 있다.

참고로 하천홍수위는 홍수시 하천의 제방이 지탱할 수 있을 것으로 계획된 최대유량^{제방의 높이}을 말한다. 하천에 제방이 축조될 때에는 하천 홍수위를 정하는데, 기존의 강우량을 견딜 수 있는 제방의 수위^{하천홍수위}를 정하고 여유고를 더하여 하천제방의 높이가 결정된다. 하천홍수위^{계획고수량}가 적정하게 책정되지 않은 경우에는 하천의 설치상 하자가 있다고 할 수 있다. 하천홍수위가 적정하게 책정된 제방에서 하천이 범람한 경우에는 불가항력으로 볼 수 있다. 또한, 하천홍수위보다 낮은 강우량에 하천제방이 붕괴한 경우에는 하천의 설치·관리상 하자가 있는 것으로 추정된다. 불가항력^{不可抗力}은 천재지변과 같이 인간의 능력으로는 예견할 수 없거나, 예견할 수 있어도 회피할 수 없는 외부의 힘 때문에 손해가 발생한 경우를 말하며 면책사유가 된다.

행정상 손실보상: 그린벨트에 내리는 비

행정상 손실보상과 관련한 판례^{특히 헌법재판소}의 형성에는 독일 연방헌법 재판소의 판례가 결정적인 역할을 하였다. 그 이유는 독일의 판례이론이 오랜 역사적 경험에 바탕을 두고 매우 정치하게 발달하였으며, 무엇보다도 재산권보장 및 공용수용의 근거조항인 「독일기본법」 제14조가 우리 헌법 제23조와 구조적으로 매우 유사하기 때문이다. 한편 미국의 수용제도는 대륙법계와 달리 매우 독특한 역사적 배경과 사상적 기원을 두고 탄생하였다고 한다. 「수용^{Takings}」을 저술한 엡스타인^{Epstein} 교수는 토마스 홉스와 존 로크의 이론을 통해 수용이론의 연원을 설명하고 있는데, 궁극적으로 로크의 이론이 미국헌법에 수용되었다고 보고 있다^{정남철, 「행정구제의 기본원리」, 203~205쪽 참조}.

현대 국가는 공공의 복리를 달성하고 사회전체의 이익을 실현하기 위하여 개인의 재산권에 대한 다양한 공용침해행위를 하게 되는데, 이는 헌법상 사회국가원리로부터 요청된다. 그러나 이는 개인의 재산권 등 기본권보장원리를 비롯한 법치주의원리에 따른 제한을 받는다. 그것은 정당한 보상으로 나타나며 이는 법치국가원리에 근거한 것이다.김성수, 「일반 행정법」, 696~697쪽.

손실보상의 이론적 근거는 특별희생설 또는 재산권 보장과 공적부담 앞의 평등원칙이라고 보는 것이 타당하다. 프랑스에서는 1789년의 인권선언 제13조에 근거를 둔 '공적부담 앞의 평등'을 들었다. 독일에서는 근대초에는 자연법적인 기득권의 관념에 근거를 두어 공공필요에 의한 기득권의 침해에 대하여는 그 경제적 가치에 따라 보상하여야 한다고 하였고, 그 뒤 그것과 평등원칙을 결합하여 평등부담의 원칙을 근거로 하게 되었으며, 오토 마이어는 이를 더욱 발전시켜 희생설 내지는 특별희생설을 발전시켰는데, 이 이론은 바이마르헌법 이래 판례상으로 손실보상의 근거로 인정되어 왔다.

헌법 제23조 제3항은 "공공필요에 의한 재산권에 대한 수용·사용·제한 및 그에 대한 보상은 법률로써 하되, 정당한 보상을 지급하여야 한다"라고 규정하고 있다. ① 우선 이 규정은 재산권의 수용은 공공필요가 있는 경우에 한하며 또한 법률에 근거가 있는 경우에만 가능하도록 하고 있다. ② 다음으로 공공필요를 위한 재산권 침해의 근거를 법률로 정하는 경우에 입법자는 반드시 보상에 관한 사항도 법률로 규정하도록 하고 있다. ③ 또한 입법권은 손실보상에 관한 규정을 제정함에 있어서 무한정의 재량을 갖는 것이 아니라 정당한 보상이 되도록 규정하여야 한다는 것을 분명히 하고 있다.

▪ 제9차 헌법 개정시 '보상법률주의'의 관철에 관한 입법비사

당시 법제처 차장으로 국회 헌법개정특별위원회 자문위원으로 활약한 박윤흔 교수님전 경희대 법대 교수, 한국공법학회 회장, 환경처 장관, 대구대 총장 역임의 회고에 따르면, 「현행 헌법1987년의 제9차 개정헌법의 개정시에 "정당한 보상을 지급하여야 한다"는 이른바 정당보상조항을 명문화하자는 것은 당시 강하게 주장된 민주화의 요청의 하나를 받아들인 것이나, 실질적으로는 커다란 의미를 갖는 것은 아니라고 할 것이다…단순히 정당보상조항만 두었던 제3공화국헌법의 보상조항 때문에 발생한 커다란 문제점과 그러한 문제점 때문에 제7차 개정헌법과 제8차 개정헌법에서는 정당보상조항이 빠지고 보상은 법률로 정한다는 조항이 들어간 것을 잘 알고 있었기 때문에, 현행 헌법의 개정안에 정당보상조항이 명문화되는 것은 당시의 민주화의 욕구 때문에 불가피하다고 하더라도 "보상은 법률로 정한다"는 조항은 어떻게 하든지 그대로 두어야 한다고 생각하고 여러 관계자 등을 설득하였다. 그런데 "보상은 법률로 정한다"는 조항이 두드러지게 규정되면 정당보상조항을 크게 수정하는 것으로 오해하여 거부반응이 클 것으로 예상하여 당시 국회 특별위원회안으로 채택되어 있던, "공공필요에 의한 재산권의 수용, 사용 또는 제한은 법률로써 하되, 정당한 보상을 지급하여야 한다"는 규정의 중간의 "제한" 다음에 "및 그에 대한 보상"의 문구를 넣어 "공공필요에 의한 재산권의 수용, 사용 또는 제한 및 그에 대한 보상은 법률로써 하되, 정당한 보상을 지급하여야 한다"로 하도록 마치 얼른 보기에는 단순한 자구수정을 한 것처럼 문장까지 만들어 설득하여 결국 그대로 헌법개정안이 확정되었다고 한다박윤흔, "박윤흔 교수의 생애와 법학: 현실행정을 개선하는 제도를 연구·도입하여 실용학문을 행하다"「공법학 원로와의 대화」(한국공법학회, 2015), 34~35쪽 참조.

「공익사업을 위한 토지 등의 취득 및 보상에 관한 법률」'토지보상법'은 헌법 제23조 제3항을 토지수용의 분야에서 구체화하는 법률이다. 즉 토지보상법은 공공필요를 위한 토지수용의 근거 및 보상의 기준과 절차 등을 규정하고 있다. 토지보상법 이외에 하천법 등 개별법에서 공공필요에 의한 재산권침해에 대한 보상이 규정되고 있다.

행정상 손실보상이 인정되기 위하여는 적법한 공용침해로 손실이 발생하였고, 그 손실이 특별한 손해희생에 해당하여야 한다. 공공필요를 위한 재산권의 침해가 있는 경우에 손실보상이 되기 위하여는 그 침해로 인한 손실이 '특별한 희생손해'에 해당하여야 한다. 그 손해가 '재산권에 내재하는 사회적 제약'에 불과한 경우에는 재산권자가 수인하여야 한다고 보고 있다. 이러한 해결은 재산권의 공공성의 관념에 기초하고 있고, 이 관념의 헌법적 근거는 헌법 제23조 제 2 항이다. 그런데 실제에 있어서 어떠한 손해가 '특별한 손해'인지 아니면 '재산권에 내재하는 사회적 제약'인지 불명확한 경우가 많다. 이 문제는 주로 재산권이 박탈되는 수용의 경우가 아니라 재산권의 사용 또는 수익이 제한되는 공용침해, 즉 공용제한의 경우에 주로 제기된다.

대표적인 예가 도시지역에서의 개발제한구역Green Belt의 지정으로 인하여 그 안에 있는 토지소유자가 받는 손실이다. 오른쪽 사진은 경기도 양평 두물머리의 느티나무와 황포 돛단배를 찍은 것이다. 두물머리는 금강산에서 흘러내린 북한강과 강원도 금대봉 기슭 검룡소에서 발원한 남한강의 두 물이 합쳐지는 곳

▲ 그린벨트로 묶여 있는 양평 두물머리 지역
출처: 세계일보

이라는 의미로 한자로는 양수리兩水里라고 하는 곳이다. 예전에는 번창하였으나 팔당댐이 완공되고 일대가 그린벨트로 지정이 되자 어로행위와 선박건조가 금지되면서 나루터의 기능이 사라져버렸다. 사진에 보이는 느티나무는 수령은 400년이 넘었고 세 그루의 느티나무가 한 그루처럼 우산형의 수관樹冠을 형성하고 있는 두물머리마을의 정자목이다. 두물머리마을에는 원래 도당할아버지와 도당할머니로 부르는 두 나무가 나란히 서 있었으나 팔당댐 완공 이후 도당할머니 나무는 수몰되었다고 한다. 마을 사람들은 마을의 안녕과 가정의 평안을 위하여 지금도 나무에 제를 올리고 있다두산백과 참조.

헌법재판소는 개발제한구역의 지정으로 토지소유자에게 사회적 제약의 범위를 넘는 가혹한 부담이 발생하는 예외적인 경우에 대하여 보상규정을 두지 않은 것은 위헌헌법불합치이라고 결정했다헌재 1998. 12. 24, 89헌마214등. 이

에 따라 개별법에 매수청구권이 도입되었다.

현행 「개발제한구역의 지정 및 관리에 관한 특별조치법」에서는 매수대상토지를 "기존 용도대로 사용할 수 없어 효용이 현저히 감소한 토지 또는 토지 사용 및 수익이 사실상 불가능한 땅"으로 정하고 구체적인 판정기준은 시행령으로 정하도록 하고 있다. 그러나 토지매수청구제도는 보상과는 다른 제도이므로 (경계이론에 따르면) 여전히 개발제한구역 지정으로 인하여 법상 토지를 종래의 목적으로 사용할 수 없거나 종래의 용법대로 사용할 수 없게 된 경우에는 보상규정이 흠결된 경우에 해당한다. 권리침해를 당한 자는 매수청구를 하거나 손실보상을 청구할 수 있다직접효력설에 따르는 경우. 이에 대하여 토지매수청구제도가 실질적으로는 보상제도라고 보는 견해도 있는데, 이 견해에 따르면 토지매수청구를 하여야 한다. 그런데 토지매수청구를 하지 않고 계속 토지를 보유하고자 하는 경우 권리구제가 어렵고, 매수시까지 입은 손실이 보상되지 않는다는 문제가 있다.

영국에서 그린벨트가 구체화된 것은 1935년부터이지만, 도시의 시가지 확산을 방지하면서 인구를 유지하기 위한 정책으로 그린벨트 개념이 처음 사용된 것은 1946년 영국 런던의 인구분산을 위해 뉴타운 건설을 제안한 런던대학의 애버크롬비 교수1879~1857의 '大런던계획Greater London Plan' 이다. 이 제도는 일본, 오스트리아, 호주, 뉴질랜드, 프랑스 등 세계 각국으로 확산됐다. 우리나라의 경우 그린벨트는 서울시의 무제한 팽창을 방지하기 위해 도시계획법현재: 개발제한구역의 지정 및 관리에 관한 특별조치법에 따라 1971년 7월 30일 처음 시행됐으며, 그 이후 수도권을 포함해 대도시권으로 넓혀갔다. 이 때문에 해당 지역 내 토지 소유자는 건축·신축 등 재산권 행사에 상당한 제약을 받는 문제를 지니고 있다. 즉 지정 이후 40여년이 지나면서 개발제한구역 내의 인구감소, 농축산업의 경쟁력 저하를 가져왔고 개발제한구역을 둘러싼 국토정책 여건이 크게 변했으나 개발제한구역 관련정책은 중앙정부 차원의 대량 택지공급 등 국책사업과 대규모 지역현안사업을 위해 해제에 중점을 두고 활용·관리해 왔다. 그러다보니 주민들의 생활불편 해소와 소득증대사업의 지원 등이 어려운 실정이고, 개발제한구역을 해제하는 경우에도 중앙정부 주도로 심의 절차가 진행되는 문제점을 안고 있다신성호, "그린벨트, 어떻게 활용할 것인가," 대전일보 2016년 5월 23일자 칼럼 참조.

영국과 한국이 비슷한 제도로 운영했지만 나타난 결과는 다르다. 영국에서 그린벨트는 초기에는 개발을 억제하고 토지를 보존하는데 초점을 두었으나 점차 효율적 이용이 강조되고 있다. 그린벨트에 거주하는 주민은 대부분 중산층으로 공원, 녹지, 체육시설 등이 풍부한 환경에 만족하고 있다. 영국의 지방자치단체와 주민들은 그린벨트를 쾌적한 생활환경과 여가공간으로 활용해왔다. 중앙정부는 저소득층의 주거지 확보와 지역경제 활성화 등을 위해 그린벨트를 일부 해제해 활용하기도 한다. 그러나 그린벨트 보존에 대한 사회적 합의가 공고하고 개발압력도 상대적으로 낮아 영국 그린벨트제도에 대한 국민들의 지지는 여전히 높다. 영국 그린벨트제도를 지탱하는 요인을 다시 짚어볼 필요가 있다. 영국의 도시계획제도는 우리와 같은 용도지역제가 아닌 '원칙적 금지, 예외적 허용'의 포지티브 규제 방식인 개발행위 허가제로 운영되고 있다. 그린벨트 지역과 외부의 규제 강도 차이가 우리만큼 크지 않다는 뜻이다. 이 때문에 그린벨트 안과 밖의 토지가격 차이가 거의 없고, 오히려 그린벨트 안의 땅값이 더 높은 지역도 있다. 반면 한국은 강력한 규제로 인해 개발제한구역이라 하면 산과 논·밭만 있는 곳으로 여겨질 정도다유일호, "그린벨트, 주민이 살고 싶어 하는 곳으로 만든다," 한국경제신문 2016년 2015년 5월 22일자 칼럼 참조.

그린벨트 지정 및 해제에 있어서의 공익과 사익의 적절한 조화 및 균형을 도모하여야 한다. 참고로 영국에서는 그린벨트 지정 및 관리과정에서 중앙정부와 자치단체 사이에 발생하는 갈등을 중립적인 제3자인 '조정자제도'라는 독특한 제도를 통하여 해결하고 있다백기영, "그린벨트제도, 새로운 시각이 필요하다," 동양일보 2016년 4월 7일자 칼럼 참조.

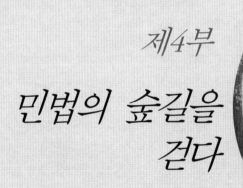

제4부

민법의 숲길을
걷다

01
법의 천재,
로마인 이야기

 우리는 그리스라고 하면 곧 철학과 예술을 연상하게 한다. 이와 마찬가지로 로마라고 하면 법을 머리에 그리게 된다. 로마인이 세계를 세 번 정복했다는 말은 잘 알고 있을 것이다. 첫 번째는 무력으로, 두 번째는 법률로, 세 번째는 종교를 통해서. 그리스인의 교과서가 호메로스라면 로마인의 교과서는 「12표법」이다. 그만큼 로마법이 끼친 영향이 크다는 얘기이다.

 사실 로마민족은 법의 세계에서 천재적 역량을 발휘하였으며, 그 문화적 유산은 로마의 몰락 후에도 줄곧 유럽을 지배하여 왔을 뿐만 아니라, 지금까지도 우리의 법생활에 지대한 영향을 끼치고 있다. 이렇게 볼 때 로마법은 로마민족이 짊어졌던 세계사적 사명의 소산이라고 말할 수

▲ 유스티니아누스황제
출처: 학문명백과 사회과학

있다현승종, 「로마법」, 1쪽.

　로마는 기원전 753년에 건국되어 395년 동·서 로마로 분리된 뒤, 서
로마는 476년에 멸망하고, 동로마는 1453년까지 존속하였다. 로마법의
역사는 크게 셋으로 나눌 수 있다.

　원래 ius civile시민법는 로마의 시민권을 가진 자에게만 적용되는 법체
계이다. 대부분 관습법으로 되어 있었고 친족법·상속법을 내용으로 하였
으며 매우 엄격한 형식주의가 지배하고 있었다. 따라서 로마의 시민권이
없는 자와의 법률관계를 규율하는 법체계인 ius gentium만민법과 대립하
게 된다. 로마가 지중해 연안을 지배하는 상업국가로 발돋움하게 되면서
로마에서는 상인들의 활동으로 상거래에 관한 관습이 발달하여 시민법과
다른 거래법이 형성되었는데 그것을 만민법이라고 한다. 만민법은 자유롭
고 비형식적인 일반법이었다송덕수, 「민법총칙」(제3판), 44~45쪽. 만민법의 영향 아
래 신의의 원칙은 일종의 '세속화' 절차를 밟는다. 만민법의 등장으로 로
마인과 비로마인 사이에 합의로 성립된 최초의 계약들이 생겨났기 때문
이다. 국제무역은 이미 신뢰를 기반으로 시장이 형성되어 있었고, 나아가
보복에 대한 두려움을 기저에 깔고 있었기 때문에, 이 분야에서는 형식에
치우친 거추장스러운 법제 따위에 연연해하지 않았다알랭 쉬피오(박제성·배영란
역), 「법률적 인간의 출현」, 160~161쪽. 그 후 ius civile의 적용범위는 확대일로의
길을 밟게 된다. A.D. 212년에는 제국 내의 모든 자유인에게 시민권이
부여되자, ius civile는 모든 국민에게 적용되는 법체계가 된다. 그러나
그 내용은 로마의 법학자들이 이른바 ius privatum사법 私法이라고 하는
것에 제한된 것이다.

　기원후 6세기 중엽에 동로마의 황제의 지위에 오른 유스티니아누스
Flavius Petrus Sabbatius Iustinianus, 482~565는 법무장관 트리보니아누스Tribonianus를 중심
으로 그때까지 로마에서 생성·발전한 법을 총망라하여 획기적인 방대한
법전을 편찬하였다. 이렇게 편찬된 「학설휘찬」, 「(개정) 칙법휘찬」, 「법학
제요」, 「신칙법」을 통틀어서 「유스티니아누스 법전」 또는 「로마법대전」

이라고 한다. 이 법전은 로마법을 온전한 모습으로 후세에 전해 주었으며, 그 중에서도 특히 「학설휘찬」이 중심적인 역할을 하였다. 「학설휘찬」은 로마의 법학자들의 저서에서 학설을 발췌하여 저자와 출처를 명시하여 정리한 것이다. 그리고 「법학제요」는 법학을 처음 배우는 학생을 위한 교과서로서 오늘날의 법학개론에 해당한다^{송덕수, 46쪽}. 법전편찬은 당시의 혼란한 법을 통일·정비하고 아울러 고전시대의 문화를 재현하려는 이유에서였다.

■ 대단히 공처가였던 유스티니아누스

동로마제국의 황제^{재위 527~565}. 뛰어난 통솔력으로 옛 로마 서방의 영토 재정복의 꿈을 실현시키고, 「로마법대전」을 완성하였다. 아시아경제 이현우 기자의 유스티니아누스황제에 대한 얘기를 통해 그의 진면목을 확인하도록 하자. "그는 서양사에서 보기 드물게 대단히 공처가였던 황제로도 유명하다. 그의 부인인 테오도라^{Theodora} 황후는 원래 서커스단원의 딸로 태어났는데, 아버지는 곰 조련사였다고 하며, 어머니는 댄서였고, 테오도라 자신은 스트립댄서로 당시에도 창부^{娼婦}라고 놀림을 받았다고 한다. 유스티니아누스가 황위에 오르기 전에 그녀의 미모와 총명함에 반해 결혼하고자 했지만 당시 로마법에서는 귀족과 천민의 결혼을 금지했다. 이에 유스티니아누스는 황제이자 삼촌인 유스티누스 1세를 움직여 귀족과 천민이 결혼할 수 있도록 법을 고쳤으며, 두 사람은 525년 정식으로 결혼했다… 테오도라는 527년 남편과 함께 공동지도자로서 대관식을 가진 뒤 단순한 황후가 아니라 공동통치자로 군림했다고 알려져 있다.…위기상황에서도 유스티니아누스는 황후에게 상당히 의존했다고 한다. 532년 반란에 직면하여 놀란 유스티니아누스는 도주하려 했는데 그의 앞을 가로막은 것이 테오도라였다. 테오도라는 '로마황실의 자줏빛 옷은 가장 고귀한 수의' 라며 죽을 각오로 반란을 정면 돌파하라고 질책했다. 이 말을 듣고 정신을 차린 황제는 반격의 기회를 잡았고 반란을 진압할 수 있었다고 한다.…하지만 그녀에 대한 의존도가 컸던 유스티니아누스의 정치력은 그녀가 암으로 먼저 죽고 나서 완전히 무너져버렸다"고 한다^{이현우기자, "[동서고금 남편傳] 서양의 공처가 황제, 유스티니아누스 1세" 아시아경제 2017년 3월 27일자 칼럼 참조}. 위대한 황제로만 알고 있었던 유스티니아누스 1세가 서양사에서 보기드문 공처가였다니 놀랍기 그지없다. 이 일화는 이 세상의 공처가들의 기를 확실히 살려줄 것 같다.

로마법은 그것이 현대의 법 특히 사법, 그 중에서도 민법의 모법^{母法}이 되어 있다는 점에서 그 연구는 중요한 뜻을 가지고 있다.

법의 천재였던 로마인은 그 뛰어난 법적 사고와 법적 기술을 발휘하여 많은 법을 만들었고 법상의 원칙이나 개념을 정립하였으며 조직화하였다. 현승종 선생님은 로마법은 로마인 자신의 생활을 규율하기 위하여 만들어진 것이지만, 그것이 지니는 높은 가치는 로마인을 초월하여 보편성을 지니는 객관적 정신으로서의 존재를 차지했다고 평가하고 있다^{현승종, 「로마법」, 3쪽}.

우리가 '계약'이라는 개념을 갖게 된 건 바로 로마법을 통해서였으며, '물적' 대상과 '인적' 대상의 구분이 명확해진 것도 로마법 덕분이었다. 이러한 구분이 확실해지기까지는 로마법 내에서도 상당한 시간이 소요됐다. 가령 채무자의 인격 자체를 담보로 하는 대여인 '넥슘 nexum'에서 관계의 의무적 성격이 생겨나는 원천은 ^{채무자가 잠정적으로 예속된 신분으로 바뀔 수 있는} 지위 변화의 가능성이며, 채무자의 빚이 완전히 변제될 때까지 채무자의 손에는 독이 든 선물인 청동괴가 주어지기 때문이다. 계약의 대상물이 채무자에게로 인도되면 실제 계약의 구속력이 생겨났으며, 선서나 서약과 마찬가지로 문답계약의 구속력 또한 종교적 뿌리를 갖고 있다. 사물에 깃든 영^靈이나 신들의 영혼은 이렇듯 인간들 사이의 관계 형성에서 계속적으로 떠나지 않고 남아 있기 때문이다^{알랭 쉬피오, 159~160쪽}.

로마법은 독일과 프랑스 등 유럽에 지대한 영향을 미쳤는데, 그것이 유명한 '로마법의 계수^{繼受}'이다. 법의 계수란 다른 국가나 민족의 법률제도를 수입하여 자기 나라의 제도로 채택하는 것을 말한다. 로마법의 재발견은 주로 신성로마제국으로 불린 독일이 주도하였다. 독일황제는 신성로마제국 황제로서 과거 로마황제의 후예라는 인식이 강했다. 이러한 인식은 독일제국 내의 모든 법원에서 로마법을 적용해야 하고, 법률가들은 로마법을 배워야 한다는 의식으로 연결된다.

사비니와 같은 역사법학파에 의하여 로마법이 독일의 역사 속에서 발견되는 고유의 법이라는 인식이 생겨났다.

근대에 들어와 「독일민법전」·「프랑스민법전」·「스위스민법전」이 제정된다. 「프랑스민법전 Code Civil」은 국사원의 한 위원회가 기초하였으며, 나폴레옹 자신이 여러 차례 그 회의에 참석하여 회의를 주재하였다고 한다찰스 E. 프리드먼(양승두 역), 「프랑스행정법 서설」, 12쪽.

▲ 프리드리히 카를 폰 사비니
출처: 학문명백과—사회과학

「프랑스민법전」은 프랑스혁명의 이념자유와 평등을 반영한 가장 전형적인 시민법전으로 평가된다. 그 소재가 된 것은 로마법과 프랑스관습법이었고, 이 점에서 주로 로마법에 기초를 두었던 「독일민법전」과는 차이가 있다. 법전의 체계는 인스티투치오네스식이며, 법 일반에 관한 장에 이어, 제1편은 사람에 관한 법으로서 친족법을 포함하고 있으며, 제2편은 재산과 소유권 및 용익물권을, 제3편은 재산권을 취득하는 방법으로서 채권법과 상속법이 주된 내용을 이루어, 인격·소유권·계약이라는 근대법의 기본적인 틀을 반영하고 있다김준호, 「민법강의」(제22판), 17쪽. 이 법전의 공식 명칭은 제정 당시에는 「프랑스인의 민법전」이었는데, 1807년에 「나폴레옹법전」으로 바뀌었고, 그것을 다시 「프랑스인의 민법전」이라고 하였다가 또 「나폴레옹법전」이라고 하였다. 그리하여 오늘날 이 법전의 공식 명칭은 「나폴레옹법전」이다. 그런데 오늘날에는 보통 「민법전 Code Civil」이라고 한다송덕수, 49쪽.

한편 「독일민법전」은 1871년의 독일제국이 통일된 후 1887년 「민법제1초안」이 이유서와 함께 공표되고, 그 후 제1초안에 대한 수정으로서

「민법 제2초안」이 1895년 제국의회에서 승인되어, 1896년 공포되고 1900년 1월 1일부터 시행되었다. 법전의 체계는 판덱텐식이며, 제1편 총칙, 제2편 채무편, 제3편 물권법, 제4편 친족법, 제5편 상속법으로 이루어져 있고, 일반적인 것에서 개별적인 것으로 배열되어 있는 점, 즉 총칙에서 각칙으로 구성되어 있는 점에 특색이 있다.

김상용 교수는 게르만법학자들에 의한 게르만 고유법에 대한 학문적 연구와 체계화는 로마법에 대한 연구와 체계화에 비하면 시간적으로는 크게 뒤졌지만, 아주 철저히 연구되었을 뿐만 아니라, 독일인의 강한 민족의식이 있었기 때문에, 오늘날에 이르기까지 지속적으로 고유법의 현대화와 입법화가 계속되고 있다고 한다_{김상용, 「서양법사와 법정책」, 352쪽}.

「독일민법전」·「프랑스민법전」은 다른 나라에 미친 영향이 대단하다. 우리 「민법전」도 재산법에 관한 한 「일본민법전」을 통하여 「독일민법전」을 모범으로 하여 제정된 것이다. 다만, 친족법과 상속법은 우리의 전통적인 윤리관이 많이 반영되어 있다는 평가를 받는다. 우리가 쓰고 있는 민법이라는 말은 일본인이 ius civile의 和蘭語 Burgerlyk Regt를 번역한 말이라고 한다.

우리나라는 조선시대까지만 하여도 사법私法에 관한 한 불문법국가였다. 조선조에 여러 법전이 제정되었지만 내용은 대개 공법이었고 사법규정은 단편적으로 흩어져 있었다.

순전히 법률적인 차원에만 국한되어 있던 조선조에서는 행정법과 형법이 모두 존재했으나, 서구문명의 기초가 된 민법의 개념은 발달되지 않았다. 유교적 전통에 따라 '문명화된' 인간_{즉 로마제국에서 시민권을 부여받은 시민과 같음}, 개화된 교양으로서 '군자'는 별도의 규율이나 규칙을 필요로 하지 않는다. 함께 살아가는 모든 기술_{예절}을 몸소 체득하고 실천하기 때문이다_{알랭 쉬피오, 97쪽 참조}.

민법은 실질적으로 '개인의 사적 활동에 따른 실체적 권리관계를 규율하는 일반법'이라는 의미를 갖는다. 반면 형식적 의미로는 1958년 5월

22일에 법률 제471호로 공포되어 1960년 1월 1일부터 시행된 '민법'만을 의미하는 것으로 민법전民法典을 뜻한다. 즉 실질적 의미의 민법은 민법전뿐 아니라 「가등기담보에 관한 법률」, 「주택임대차 보호법」 등 민사에 관한 실체적 규정을 담고 있는 법령을 포함한다.

우리 「민법전」 제정과정에 나타난 특징으로 ① 「일본민법전」과는 크게 다른 「민법전」을 만든다는 의식이 박약했다는 점 ② 「민법전」의 제정과정에서 볼 수 있는 견해의 대립은 거의 가족편의 제도에 관한 것이라는 점 ③ 입법자료의 빈약 ④ 「민법전」에 어울리지 않을 만큼 서둘러서 제정되었다는 점 ⑤ 「민법전」은 실무가에 의해 기초되었다는 점 ⑥ 반일감정에서 비롯된 「민법전」 제정의 동기 등 여섯 가지를 들고 있다정종휴, "한국민법전의 제정과정," 1~37쪽 참조.

우리 「민법전」의 기틀은 「일본민법전」에서 마련되었는데, 「일본민법전」은 1804년의 「프랑스민법전」과 1887년에 공표된 「독일민법 제1초안」을 모범으로 하여 제정된 것이다. 따라서 우리 「민법전」의 계보를 거슬러 올라가게 되면 프랑스와 독일의 민법사에까지 연결된다.

그러한 근대민법들은 로마법에까지 거슬러 올라가는 특별한 역사적 배경 아래서 성립하였다. 그러므로 우리 「민법전」의 성격을 제대로 이해하고 그것을 올바르게 해석하려면 근대민법들의 성립과정을 알 필요가 있는 것이다송덕수, 44쪽.

우리 「민법전」의 역사적인 성격은 계수법이라는 관점에서 찾아볼 수 있는데, 이에 대해 우리 「민법전」의 계수법적 성격을 ① 「민법전」의 편찬을 계기로 단숨에 계수한 것이라는 점 ② 우리 「민법전」은 어느 하나의 외국의 민법전을 그대로 모방한 것이 아니라, 유럽 대륙의 유력한 여러 나라의 민법전으로부터 여러 제도를 혼합계수한 것이라는 점 ③ 그러한 유럽 대륙법은 일본민법 또는 일본민법학에 의해 여과되고 가공되었으며, 우리 「민법전」은 이것을 받아들인 2차적인 계수라는 점 등으로 특징짓는 견해가 있다김준호, 21쪽.

민법전은 총칙·물권·채권·친족·상속의 다섯 편으로 분류하여 규정하고 있는데, 이는 대륙법체계 중 판덱텐체계Pandektensystem를 취한 것이다. 판덱텐체계는 총칙을 앞에 두어 전체 민법규정의 기초적인 법원칙을 먼저 규정하고 그 다음에 각칙을 규정한 것이 특색이다.

민법은 총칙·재산법·가족법의 세 영역으로 나누어진다. 총칙은 재산법과 가족법 모두에 공통되는 기본원칙을 정해놓은 것이다. 민법총칙 규정 중에는 재산법을 전제로 하여 가족법에 적용되지 않는 경우도 많다. 재산법은 물권법과 채권법의 두 대립적 영역으로 나누어진다. 물권법이 재화의 소유와 그 밖의 배타적인 물적 지배를 대상으로 하는 반면, 채권법은 재화의 교환, 즉 거래를 규율한다. 가족법은 국민들의 건전한 가족생활을 영위할 수 있도록 정형적 가족제도를 확립하는 역할을 하며 가족적 공동사회를 규율한다.

민법은 제1조에서 "민사에 관하여 법률에 규정이 없으면 관습법에 의하고 관습법이 없으면 조리에 의한다"고 규정하고 있다. 여기서 민사는 사법관계를, 법률은 형식적 의미의 법률만을 가리키는 것이 아니고 모든 성문법제정법을 뜻한다고 보아야 한다.

02
남폿불 아래서
「독일사법사」를 쓰다

⋮ **남폿불 아래서 「독일사법사」를 쓰는 까닭**

아래 글은 故 김증한 교수님^{1920~1988}께서 남폿불 아래서 「독일사법사」를 집필한 가슴뭉클한 사연을 소개한 것이다. 故 김증한 교수님^{1920~1988}은 서울대학교 법대 교수로 재직하였고 문교부 차관을 거쳐, 법무부의 1981년 민법개정심의위원장을 역임하였으며 1987년 학술원 회장^{법학}을 역임하였다. 해방 후 한국의 법질서를 학문적으로 기초를 세우는 교두보의 역할을 한 일생이고, 선생님의 한 평생은 곧 현대 한국법학의 역사 그 자체라는 평가를 받고 있다. 주요 저서에 「민법총칙」, 「물권법」, 「서양법제사」, 「법학통론」, 「채권총론」, 「채권각론」 등이 있다^{안이준 편, 「고 김증한 교수 유고집 한국법학의 증언」(교육과학사, 1989) 참조}. 해방 후 법학의 불모지^{不毛地}에서 법학의 선구자들이 고군분투하며 법학연구를 하며 비록 척박한 땅에서나마 '법씨'를 뿌리는 당시 법학자의 뜨거운 학문적 열정을 확인할 수 있으리라 본다.

남폿불 아래서 「독일사법사」를 쓰다

" … 강의안을 차근차근 계속해서 써 가지고 법무부에 이야기하여 법무자료로 「독일사법사」라는 이름으로 내기로 했다. 이 원고를 쓰는 기간 동안 서울은 전기불 구경을 할 수 없는 시대이었다. 불은 「남폿」불로 원고를 썼다. 낮에는 남포의 호야를 닦는 것이 일이었다. 그리고 그을음이 적게 나는 질 좋은 석유를 산다는 일도 매우 중요한 일이었다. 내 「독일사법사」는 평화당인쇄주식회사에서 조판을 했는데평화당은 일어나 영어의 자모를 많이 가지고 있었기 때문에 법무부는 법무자료의 조판을 평화당에 맡겼었다, 조판이 완료되어 교정을 보고 있었던 날1950년 6월 25일에 6·25동란이 발발한 것이다. 이 책이 나오면 서양법제사의 강의 때문에 절절 매는 것을 면하게 되겠다고 생각하고 있었는데 그것이 햇빛을 보지 못한 채 6·25가 난 것이다. … 누군가가 서울에 가서아직 수복전이었기 때문에 공적으로는 서울왕래가 불가능했지만 「독일사법사」의 조판했던 것을 찾아 보니 망실된 부분은 불과 100페이지 정도이고 나머지는 그대로 남아 있더라는 것이다. 그래서 그 망실된 부분만 새로 조판하여 그것이 결국 법무자료 제20집 「독일사법사」로 책이 나

▲ 남폿불
출처: 일러스트레이션 김수진 기자 soojin@donga.com

왔다. 그래서 서울법대에서는 이것을 텍스트로 삼아 강의를 하였다안이준 편, 앞의 책, 158~159쪽. 참고로 여기서 남포는 석유를 넣어 불을 켜는 등으로서, 영어의 lamp에서 유래된 말을 이른다. 그리고 호야는 남포등을 이르는 일본식 말이다.

민법의 기본원리의 정립과 수정

민법의 기본원리는 민법이 어떤 원리에 입각하여 만들어졌는가의 문제이다. 민법을 올바르게 이해하고 타당한 해석을 하려면 그 기본원리를

파악한다는 것이 필요하다. 민법 해석의 나침반이자 길잡이가 되기 때문이다.

중세의 봉건사회를 무너뜨리고 성립한 근대사회는 개인의 자유와 평등을 기본이념으로 하였다. 근대민법전은 자유인격의 원칙을 기본으로 하여, 사유재산권 존중의 원칙, 사적 자치의 원칙, 과실책임의 원칙 등 세 가지 원칙을 인정한다. 우리 민법의 모범은 근대민법전이다.

우리 민법의 기본원리에 대해서는 다양한 견해가 제시되고 있다. ① 전통적인 입장은 이른바 근대민법의 3대 원칙이 공공복리의 원칙을 실현하기 위하여 수정되었다고 한다_{곽윤직}. ② 최근에는 근대민법과 현대민법의 구별을 부정하고, 사적 자치를 민법의 최고원리로 파악하는 견해가 늘고 있다. 이 견해에서는 사적 자치의 구체적인 내용으로 계약자유의 원칙, 소유권존중의 원칙, 과실책임의 원칙 등이 도출된다고 한다. 그리고 사회적 형평의 고려 또는 거래의 안전 보호를 그에 대한 수정원리로서 제시한다_{지원림, 「민법강의」(제14판), 16쪽; 김준호, 26~28쪽}. ③ 3대 원리로 사유재산권 존중의 원칙, 사적 자치의 원칙, 과실책임의 원칙을 제시하고 그에 대한 제약원리로 사회적 조정의 원칙을 제시하는 견해도 있다_{송덕수, 67~68쪽}.

민법의 기본원리를 살펴보도록 하자.

첫째, 사적 자치의 원칙이란 개인 간의 법률관계는 당사자의 자율적인 결정에 기초하여 체결·내용형성·소멸하도록 하는 법이념을 말한다. 이 원칙은 정치적으로는 국민에 대한 국가의 간섭을 최소화하는 자유주의에 바탕을 두고, 경제적으로는 개인의 재산소유와 경제활동의 자유를 인정하는 자유시장경제를 기초로 한다. 사회적으로는 집단이 아닌 개인의 의사를 존중하는 개인주의에 입각하고 있다. 사적 자치는 헌법 제10조와 제37조 제1항에 따라 헌법상 보장되며, 개별적인 기본권 규정들에 의해 보충된다_{헌법 제23조·제15조·제21조 제1항·제119조 등}. 헌법재판소는 이 원칙의 헌법적 근거에 대해 "이는 헌법상의 행복추구권 속에 함축된 일반적 행동자유권으로부터 파생되는 것"이라고 한다_{헌재 전원재판부 1991. 6. 3, 89헌마204}.

그리고 법률행위의 당사자가 법령 중의 선량한 풍속 기타 사회질서에 관계없는 규정과 다른 의사를 표시한 때에는 그 의사에 따른다는 민법 제105조가 사적 자치를 간접적으로 규정하고 있으며, 선량한 풍속 기타 사회질서에 위반한 사항을 내용으로 하는 법률행위는 무효로 한다는 제103조, 당사자의 궁박, 경솔 또는 무경험으로 인하여 현저하게 공정을 잃은 법률행위는 무효로 한다는 제104조 등은 사적 자치를 전제로 하는 규정이다. 사적 자치의 원칙은 3대 원리 중에서도 가장 핵심적인 원칙이다. 사적 자치의 원칙은 채권법, 특히 계약법에서 두드러지게 작용한다.

둘째, 사유재산권 존중의 원칙은 소유자가 자신의 소유물을 자유롭게 사용·수익·처분할 수 있음을 의미한다. 이는 개인의 사유재산제를 전제로 하여 국가는 개인의 소유권에 대하여 간섭하거나 침해할 수 없다는 뜻을 내포한다. 사유재산제도, 사적 소유권은 인류에게 책임감을 가르치고 성실함의 동기를 제공하며 생각할 여가와 자유를 제공해 준 강력한 도구이다러셀 커크, 「보수의 정신·버크에서 엘리엇까지」. 민법 제211조에서 사유재산권을 보장한다. 그러나 사유재산권 존중의 원칙도 공공복리를 위하여 제한되거나 박탈될 수 있으며 소유권 행사에는 타인의 이익을 배려하여야 한다.

셋째, 과실책임의 원칙은 개인은 자신의 고의나 과실로 인하여 발생한 결과에 대해서만 민사책임을 지며 불가항력이나 타인의 과실 등으로 인한 결과에 대해서는 책임을 지지 않는다는 원칙을 말한다. 과실책임의 원칙은 민사책임의 양대 체계인 불법행위책임과 채무불이행책임의 기본 원칙으로 적용된다. 그러나 현대에는 자신의 고의나 과실이 없더라도 자신의 기업행위나 소유물이 위험성을 갖고 있어서 타인에게 손해를 야기하면 그 위험야기에 따른 손해배상책임을 질 것이 요구된다. 이러한 주장은 위험책임 또는 무과실책임의 법리로 발전되어 온 것이다.

넷째, 사회적 형평의 고려란 민법의 기본은 개인을 중심으로 그의 권리를 보장하는 것인데, 개인도 사회의 일원이기 때문에 개인의 권리도 다른 사람의 권리와 조화를 이루어야 한다는 것을 말한다. 유의할 것은 민법의 기본이 되는 것은 사적 자치의 원칙과 그 파생원리이고, 사회적 형평의 고려는 사적 자치의 원칙보다 앞서거나 대등할 수는 없는 것으로서, 소극적·제한적인 것에 그친다고 한다김준호, 28쪽. 그리고 사회적 조정의 원칙이란 민법의 3대 기본원리인 사유재산권 존중의 원칙, 사적 자치의 원칙, 과실책임의 원칙을 일반적으로양 당사자에 대하여 또는 내부적으로우월한 일방 당사자에 대하여만 제약하는 원리를 말한다. 그 구체적인 예로는 신의칙제2조 제1항, 권리남용제2조 제2항, 사회질서제103조, 폭리행위 금지제104조, 제607조·제608조, 임대차에 있어서의 강행규정제652조 참조, 제761조정당방위·긴급피난, 유류분제도제1112조 이하 등을 든다송덕수, 「민법강의」, 22쪽.

·
·
·
계약의 자유

위대한 자유의 길의 동반자 - 계약

위대한 프랑스 민법학자인 루이 조스랑Louis Josserand은 "계약의 구속력은 공동체 사람의 기반 그 자체다. 예로부터 한번 내뱉어진 말을 지키는 것은 자연법에서 출발하여 모든 법제를 관통하는 기본 전제 중 하나로 여겨져 왔다"고 말한다.

법의 생리에 대해 주의 깊게 살펴온 학자들은 19세기에 이미 계약이란 영속적인 범주가 아니라 문명의 역사 속에 포함되는 것이라는 점을 간파했다. 영국의 법학자 헨리 섬너 메인Sir Henry Sumner Maine경은 그의 유명한 저서를 통해 서양에서 법의 역사는 법적 관계의 요체로서 법적 지위가 계약으로 이행해가는 역사라고 해석하기도 했다. 프랑스 법학자 레옹 부르주아Léon Bourgeois 역시 계약이 "인간의 법에 있어 확고한 기반"이 되었다는 것을 근대사회의 특징으로 꼽았다. 이들은 계약을 플라톤의 이데아계에 속하는 영원한 추상적 대상으로 보지 않았으며, 그보다는 인간이 신분의 예속으로부터 벗어나 자유의 길로 다가가는 역사적 진보의 귀결점이라고 생각했다알랭 쉬피오, 143~144쪽.

계약자유의 성립 배경

근대적 의미의 계약 및 계약자유사상은 18세기 유럽에서 형성된다. 근대의 정치적·경제적 기반 위에서 형성된 거래자율화 요청이 자연법사상의 이론적 기초 위에 계약자유의 원칙을 탄생시킨 것이다.

근대에 있어서 개인의 자유는 각 개인의 국가권력으로부터의 자유와 각 개인의 국가권력에 대한 평등을 의미한다. 이는 나아가서 사인 상호간의 관계에 있어서의 자유와 평등도 요구한다.

계약자유의 원칙을 확립시키는 데에 가장 큰 작용을 한 것은 당시의 경제적 요청이다. 근대의 경제질서는 고전파 경제학에 의한 자유방임주의인데, 이는 사유재산제에 기초한 자유경쟁원리를 취하고, 국가의 간섭을 배제한 완전경쟁의 모델 위에 시장 스스로의 자율적 조정기능에 따른 시장질서의 확립을 요구한다. 자유방임경제는 그 법적 표현으로서 소유의 자유와 계약자유를 요구하고, 나아가 소유권절대와 계약만능을 초래한다.

자연법사상은 각자의 결정에 따라 자유롭게 계약이 체결됨이 인간의 이성에 기초한 자연법의 제도적 표현이라고 믿는다. 그리하여 계약에 따른 구속은 각자의 자유로운 선택의 결과라고 본다.

계약자유의 원칙

계약자유란 당사자가 자유로이 선택한 상대방과 그 법률관계의 내용을 자유로이 합의하고 법이 그 합의에 법적 구속력을 주는 것으로 승인하는 것이다. 계약자유의 원칙은 개인주의 사상을 배경으로 하며 자본주의경제체제의 기초가 된다. 계약자유의 원칙의 내용은 계약체결의 자유,

상대방선택의 자유, 계약의 내용결정의 자유, 계약방식의 자유 등이다. 그러나 이 원칙은 두 가지 제한조건을 가진다. 하나는 계약이 공공질서, 선량한 풍속에 반해서는 안 된다는 것이고, 다른 하나는 계약이 강행법규에 반해서는 안 된다는 것이다.

계약자유시대에 전성기를 이룬 계약은 20세기에 들어서서 쇠퇴일로를 걷는다. 그것은 사회에서 계약의 역할이 감소하고 있는 점, 법적 권리의무의 발생원으로서의 자유선택의 가치가 감소하고 반대로 임의적이 아닌 권리의무관계의 중요성이 커지게 된 점, 계약의 기능이 위험배분기능에서 교환적 기능으로 옮겨가고 있는 점에 기인한다.

계약의 강제이행

계약은 양 당사자채권자·채무자의 대립관계이다. 예를 들면 매매에서 매도인은 목적물의 인도에 있어서는 채무자가 되고, 동시에 대금지불에 있어서는 채권자가 된다. 매수인은 반대의 입장이 된다. 이러한 관계에 있어서 일방이 채무를 이행하고 타방이 이행하지 않으면 법은 어떠한 방법으로든 그 채권의 내용의 실현을 보장하지 않으면 안 된다. 그것이 계약의 보호이다. 고대에는 채무불이행시에는 채무자를 추방하든가, 채권자가 채무자를 노예로 삼거나, 구금하기도 하였다. 그 후 개인의 인격존중의 의사가 발전하게 되어 채무자의 재산을 직접 집행하는 방법 또는 그것에 대신하여 금전에 의해 배상하는 방법으로 옮겨지게 된다.

계약이 이행되지 않으면 채권자는 재판상의 절차에 의해 강제적으로 채무의 내용을 실현한다. 직접강제, 대체집행, 간접강제가 그 실현방법이다.

첫째, 직접강제는 국가기관이 유형적 실력을 행사해서 채무자의 의사여하에 불구하고 채권의 내용을 실현하는 방법이다. 물건의 인도채무에 있어서 목적물의 점유를 채무자로부터 빼앗아서 채권자에게 교부하거나 또는 금전채무에 있어서 채무자의 재산을 경매 또는 입찰의 방법으로 환가하여 그 대금을 채권자에게 배당하는 것과 같다.

둘째, 대체집행은 채무자로부터 비용을 추심해서 이 비용으로 채권자 또는 제삼자로 하여금 채무자에 갈음하여 채권의 내용을 실현케 하는 방법이다. 건물 그 밖의 공작물을 철거하여야 할 채무나, 담을 쌓아야 할 채무 등에 있어서 채무자가 임의로 이를 이행하지 않는 경우에 채무자로부터 추심한 비용으로 인부를 고용해서 채권의 내용을 실현하는 것이다.

셋째, 간접강제는 손해배상의 지급을 명하고 벌금을 과하거나 또는 채무자를 구금하는 등의 수단을 써서 채무자를 심리적으로 압박해서 채권내용을 실현시키는 방법이다. 어떤 물건을 제작하는 채무에 관하여 일정한 기간 내에 이행하지 않으면 지체기간에 따라 지연배상금을 지급할 것을 명하는 것과 같다.

꿀처럼 달콤하나 벌에 쏘일 수 있는 부동산 이중매매

부동산의 이중매매란 동일한 부동산에 관하여 둘 이상의 매수인에게 이중으로 매매계약을 체결하는 것으로 민법이 물권변동에 관해 형식주의를 취하므로 가능한 현상을 말한다.

현행 민법체계의 계약자유 또는 사적 자치의 원칙상 비록 이중으로 행해진 매매계약이라도 적법하게 성립하는 것이 원칙이다.

그러나 민법은 선량한 풍속, 그 밖의 사회질서에 위반한 사항을 내용으로 하는 법률행위는 무효로 한다고 규정하고 있다. 판례에 따르면, 제2양수인이 목적 부동산을 타인에게 양도하였다는 사실을 알면서 매도인의 배임행위에 적극 가담하여 매수를 한 경우에는 그 계약은 사회질서에 반한 것으로 절대적 무효이다_{대판 1969. 11. 25, 65다1565; 대판 1970. 10. 23, 70다2038; 대판 1977. 1. 11, 76다2083; 대판 1983. 4. 26, 83다카57; 대판 1991. 11. 22, 91다28740; 대판 2009. 9. 10, 2009다23283 등}.

03
권리,
법철학의 근본과제

권리의 주체

근대에 이르러 개인의 권리에 대한 의식이 강하게 표출된 결과 개인의 천부적 권리를 보장하고 권리의 침해를 구제하는 일이 법의 임무가 된다.

그리하여 학자들은 사법의 중심개념은 권리라고 믿어 개념의 본질을 밝히는 데 노력을 기울였지만 권리중심의 태도에 대한 비판의 목소리가 높아지자, 권리에 갈음하는 사법의 중심적·핵심적 개념을 찾으려는 노력의 성과로 나타난 것이 법률관계론이다. 권리는 법률관계의 핵심개념이다.

권리의 본질에 관한 문제는 일찍이 학자들의 논의의 대상이 된다. 학설로는 ① 법에 의해 부여된 힘이라는 의사설 ② 법적으로 보호되는 이익이라는 이익설 ③ 권리자와 의무자 사이의 법규범이라고 파악하는 규범설 ④ 권리를 일정한 이익을 향수케 하기 위하여 법이 인정하는 힘으로 보는 권리법력설 등이 주장된다. 그러나 아직도 보편타당하다고 인정되는 견해가 없는 실정이다.

권리라는 개념은 당연히 법적 힘이 부여되는 주체를 전제로 한다. 법질서에 의하여 법적 힘이 부여되는 자, 즉 권리의 귀속자가 권리의 주체이고, 법률상 권리의 주체^{Rechtssubjekte}를 人이라 한다. 人에는 자연인^{natürliche Person}과 법인^{juristische Person}이 있다.

사람은 생존한 동안 권리와 의무의 주체가 된다^{민법 제3조}. 사람이기만 하면 누구든지 연령·성별·신분·직업·종교 등에 관계없이 권리능력을 가지며 권리능력의 범위도 차등이 없다. 그러나 권리능력 평등의 원칙이 확립되기까지 오랜 시간이 걸렸다.

고대의 대가족제도하에서는 가장^{家長}만이 완전한 권리능력을 가지고, 처자^{妻子}나 그 밖의 가족원은 가장의 권력에 복종하여 권리능력이 크게 제한되었다. 노예제사회에서 노예는 법적 인격이 전혀 인정되지 않으며 마치 물건과 같은 소유권의 객체였다. 중세봉건사회에서는 신분·직업·성 등에 따라 권리능력이 차별된다. 만인평등의 권리능력이 실현된 것은 개인의 존엄을 바탕으로 하는 자연권을 강조한 17·18세기의 자연법사상의 영향과 그 후의 프랑스혁명을 계기로 근대사회가 확립된 때에 이르러서이다.

권리능력의 시기에 관해서는 학설의 대립이 있으나, "태아가 모체로부터 전부 분리된 후 자신의 폐로 독립하여 호흡하게 된 때"를 출생의 시기로 보는 전부노출설이 통설이다. 태아는 원칙적으로 권리능력을 가질 수 없다. 다만 불법행위에 따른 손해배상청구권^{제762조}, 재산상속^{제1000조 제3항}, 대습상속^{제1001조}, 유증^{제1064조}, 사인증여^{제562조}에서는 이미 출생한 것으로 보아 보호된다.

자연인 이외에 법률에 따라 권리능력이 인정된 단체를 법인이라 한다. 법인의 설립은 법률에 따른다^{제31조}. 법인은 공법인과 사법인으로 나뉜다.

공법인이란 국가, 지방자치단체 등을 말한다. 사법인에는 사원의 유무에 따라 사단법인과 재단법인, 목적에 따라 영리법인과 비영리법인으로 구별된다. 사단은 일정한 목적을 위하여 결합한 사람의 단체이다. 법인격을 부여받은 사단을 사단법인이라 하고, 사법상 사단법인에는 공익을 궁극적 목적으로 설립된 비영리법인과 그의 구성원의 이익획득을 적극적인 목적으로 설립된 영리사단법인, 즉 회사의 두 종류가 있다.

법인에 대한 법률의 태도, 즉 입법정책은 고래古來로 큰 변천을 겪었으며 그 변천은 사단법인과 재단법인에 있어서 동일하지 아니하다. 프랑스혁명 전후의 개인주의·자유주의를 최고로 주장한 시대에는, 사단은 개인의 자유를 구속하는 것이라 하여 그 설립을 원칙적으로 부인하고, 개인 이외의 권리주체로서 국가만을 인정한다. 이러한 사단부인社團否認의 입법태도는 당시 아직도 경제적 세력을 가지고 있던 동업조합·상사조합 등의 개인의 경제적 활동을 저지하던 봉건적인 여러 단체를 파괴하고 개인의 능력을 자유로이 발휘시키는 데 큰 도움이 된다. 또한 그것은 노동자의 단결을 금지함으로써 신흥상공업자의 이익을 위하여 훌륭한 역할을 한다. 법인의제설法人擬制說: 자연인인 개인만이 본래의 법적 주체이며 법인은 법률이 자연인에 의제한 것에 지나지 않는다고 보는 법인이론은 이러한 시대배경하에 주장된 것이며 특허에 의해서 법인의 설립을 인정하는 입법정책에 이론적 근거를 주게 된다. 19세기에 와서 회사설립과 동시에 이 태도가 변경된다. 대체로 시민법전통大陸法系 국가들은 회사나 비영리법인에 대해 준칙주의를 채택한다. 재단도 비슷한 경로를 거치게 된다.

권리의 행사: 신의성실과 권리남용금지

권리의 행사와 의무의 이행은 신의에 좇아 성실히 하여야 한다제2조 제1항.

이를 신의성실의 원칙이라 한다. 그 기원은 로마법이다. 존 로크는 "성실과 신의는 인간 자체가 본질적으로 지닌 것이지 결코 사회의 일원으로서의 인간에게 속하는 것이 아니다"라고 말한다. 존 로크는 1632년에 잉글랜드왕국에서 태어난 철학자로, 미국독립선언과 프랑스 인권선언에 지대한 영향을 끼쳤다. 대법원에 따르면, "신의성실의 원칙에 반하는 것 또는 권리남용은 강행규정에 위배되는 것이므로 당사자의 주장이 없더라도 법원은 직권으로 판단할 수 있다대판 1995. 12. 22, 94다42129." 여기서 강행규정이란 당사자의 의사 여하에 불구하고 강제적으로 적용되는 규정을 말한다. 강행법규를 위반한 법률행위는 공공질서에 반하므로 무효이다.

민법상 신의성실의 원칙은 법률관계의 당사자는 상대방의 이익을 배려하여 형평에 어긋나거나, 신뢰를 저버리는 내용 또는 방법으로 권리를 행사하거나 의무를 이행하여서는 아니된다는 추상적 규범으로서, 신의성실의 원칙에 위배된다는 이유로 그 권리의 행사를 부정하기 위하여는 상대방에게 신의를 공여하였다거나, 객관적으로 보아 상대방이 신의를 가짐이 정당한 상태에 있어야 하고, 이러한 상대방의 신의에 반하여 권리를 행사하는 것이 정의관념에 비추어 용인될 수 없는 정도의 상태에 이르러야 한다대판 2003. 8. 22, 2003다19961; 대판 2011. 2. 10, 2009다68941 등 참조.

로마법이나 근대 초기에는 권리행사의 자유가 인정되었다. 그런데 프랑스에서 먼저 이에 대한 반성이 일어나, 권리남용금지의 원칙이 판례를 통하여 형성된다. 그리고 독일민법은 "권리의 행사는 타인에게 손해를 가할 목적만을 가질 때에는 허용되지 않는다"는 시카네금지Schicanevervot를 명문화한다제226조. 시카네금지는 가해목적이라는 주관적 요건을 필요로 하므로 권리남용금지의 원칙에 비해 적용범위가 매우 좁은 문제점을 가진다. 그 후 스위스민법은 처음으로 권리자의 가해목적이라는 주관적 요소를 요건으로 하지 않고 완전히 객관적인 모습으로 권리남용 금지를 규정하게 된다제2조 제2항. 즉 동법은 "권리의 명백한 남용은 법의 보호를 받지 못한다"고 규정한다. 우리 민법 제2조 제2항권리는 남용하지 못한다은 스위스민법을 본받은 것이다.

 권리남용금지의 원칙이란 권리행사가 신의칙에 반하는 경우에는 권리 남용이 되어 정당한 권리의 행사로서 인정되지 않는다는 원칙이다. "권리행사가 권리의 남용에 해당한다고 할 수 있으려면, 주관적으로 그 권리행사의 목적이 오직 상대방에게 고통을 주고 손해를 입히려는데 있을 뿐 행사하는 사람에게 아무런 이익이 없는 경우이어야 하고, 객관적으로는 그 권리행사가 사회질서에 위반된다고 볼 수 있어야 하는 것이며, 이와 같은 경우에 해당하지 않는 한 비록 그 권리의 행사에 의하여 권리행사자가 얻은 이익보다 상대방이 잃을 손해가 현저히 크다 하여도 그러한 사정만으로는 이를 권리남용이라 할 수 없고, 어느 권리행사가 권리남용이 되는가의 여부는 각 개별적이고 구체적인 사안에 따라 판단되어야 한다_{대판 2003. 2. 14, 2002다62319·326}.

권리의 소멸

 권리는 사망으로 소멸한다. 사망은 권리능력의 유일한 소멸사유이며 동시에 상속의 개시, 유언의 효력발생, 잔존배우자의 재혼, 보험금청구권의 발생, 연금 등 여러 가지 법률효과를 가져온다.

 사망의 시점에 대하여 종래에는 심장기능의 정지를 사망으로 본다. 그런데 「장기 등 이식에 관한 법률」이 제정되어 뇌사를 사망의 판단기준으로 인정한다. 뇌사의 인정배경에는 현대의학의 발전이 있다. 과거와 같이 사망을 어떤 특정시점에 일어나는 사건으로 보지 않고, 사망을 하나의 절차로 파악한 것이다. 따라서 혈액순환과 호흡의 정지가 사망이라는 절차의 종점은 아니라고 보고, 종래의 기준에 갈음하여 뇌사^{Hirntod}를 기준으로 한다. 뇌사는 장기이식과 깊은 관련을 맺는다.

권리가 침해된 경우에는 구제가 필요하다. 그 구제방법으로는 국가구제가 원칙인데, 재판제도와 조정제도가 있다. 예외적으로 사력구제가 인정된다. 정당방위·긴급피난·자력구제 등이 그것이다. 이 중에서 민법은 자력구제에 관하여는 점유의 침탈이 있는 경우에 대해서만 규정을 둔다제209조.

04
반려동물은
생명인가 물건인가

법률행위

법률행위의 요건

현대의 사법제도는 개인 상호 간의 법률관계는 원칙적으로 개인 스스로 그가 원하는 데 따라 결정하고 자유로이 형성케 하는 것이 합목적적이라는 자유주의적·개인주의적 기초 위에 세워져 있다. 즉 사적 자치가 인정된다.

법률행위는 의사표시를 요소로 하는 사법상의 법률요건으로서 행위자의 의사에 상응하는 법률효과의 발생을 목적으로 하는 적법행위를 말한다. 지하철을 타는 것·책을 사는 것·강의를 받는 것·취직하는 것 등 법률행위가 아닌 것이 없다.

법률행위가 완전하게 법률효과를 발생하기 위해서는 일정한 요건을 충족하지 않으면 안 된다. 성립요건과 효력요건이 그 요건이다.

법률행위의 성립요건에는 세 가지가 있다. 당사자·목적·의사표시가 그것이다. 법률행위의 당사자가 객관적으로 식별될 수 있어야 한다. 법률행위의 내용이 식별되어야 한다. 매매계약에서는 매매목적물이 무엇인가가 확정 가능해야 하고, 임대차계약에서는 임대목적물이 무엇인가가 확정 가능해야 한다. 의사의 표시로 볼 수 있는 행위가 식별되어야 한다. 청약과 승낙의 의사표시가 객관적으로 합치되어야 한다.

모든 법률행위에 요구되는 일반적 효력요건은 다음과 같다. ① 당사자의 권리능력·행위능력·의사능력의 존재 ② 법률행위 목적의 확정성·가능성·사회적 타당성의 존재 ③ 의사표시에 관하여 의사와 표시가 일치하고 의사표시에 하자가 없을 것.

일정한 법률행위에는 특별한 효력요건이 갖추어져야 한다. 특별효력요건에는 법률의 규정에 의한 것과 특약에 의한 것이 있다. 대리행위에 있어서의 대리권의 존재^{제114조~제136조}, 조건부·기한부 법률행위에 있어서의 조건의 성취 또는 기한의 도래^{제147조~제154조}, 유언에 있어서 유언자의 사망^{제1073조}, 수증자의 생존^{제1089조} 등이다.

이 중에서 일반적 효력요건 중 '사회적 타당성'을 살펴보자. 민법은 "선량한 풍속 그 밖의 사회질서에 위반한 사항을 내용으로 하는 법률행위는 무효로 한다"라고 규정하고 있다^{제103조}. 여기서 "선량한 풍속 그 밖의 사회질서"는 강행법규와 더불어 사적 자치의 한계를 이루고 있다. 나아가 제103조는 헌법의 기본권 규정이 그것을 통하여 사법관계에도 효력을 미치게 하는 규정이기도 하다. 선량한 풍속이란 모든 국민에게 지킬 것이 요구되는 최소한도의 도덕률을 말한다. 사회질서는 국가·사회의 공공적 질서를 말한다.

사회질서 위반행위의 유형은 다음과 같다. 일반적으로 사회질서의 위반의 모습에 따라서 ① 법률행위의 목적이 사회질서에 위반하는 경우^{예: 첩계약, 살인계약} ② 어떤 사항 자체가 사회질서에 반하지는 않으나 그것이 법률적으로 강제됨으로써 사회질서에 반하는 것^{예: 과도한 위약금의 약정} ③ 그 사항 자체는 사회질서에 반하지 않으나 금전적 이익과 결부됨으로써 사회질서에 반하는 것예: 소송에서 사실대로 증언해 줄 것을 조건으로 통상적인 수준을 넘는 급부를 약정한 경우, 사기성이 있는 부동산 이중매매 계약 ④ 사회질서에 반하는 것을 조건으로 하는 것예: 살인을 조건으로 한 증여계약 ⑤ 동기가 불법한 것예: 살인을 위한 흉기 매매 등으로 나눈다.

반려동물은 생명인가 물건인가

권리의 객체는 물건이다. 물건이란 유체물과 전기 그 밖의 관리할 수 있는 자연력을 말한다제98조. 권리의 객체로 인정되어야 소유할 수 있고, 매매할 수 있으며, 타인의 침해를 배제할 수 있다.

> **물건物件에는 왜 소 우牛가 들어 있을까?**
> "왜 한자권의 옛 사람들은 마음에 떠오르는 이미지를 '코끼리'라는 말心象로 표현했을까? 옛 중국이나 한국이나 일본 사람들이 코끼리를 본 적은 거의 없었을 것이다. 그러나 코끼리라는 코가 긴 커다란 동물이 있다는 것은 들어보았을 것이다. 이에 반하여 한자에서 눈에 만만히 보이는 것은 소 우牛자로 표현했다. 물건이라고 할 때 물物과 건件, 두 자에 모두 소 우牛 자가 들어간다. 주변에서 쉽게 보이는 개념에는 소 우牛 자를 넣고, 반면 포착하기 어려운 이미지에는 코끼리 상象 자를 넣은 것이다김홍근, 「마음이 단순해지는 선화(禪畵)」(마음산책, 2006), 148~149쪽 참조.

사람을 권리의 주체로, 사람 외의 물건을 권리의 객체로 분류하는 우리 민법상 동물은 물건에 해당하여 권리의 객체로 취급받는다. 동물은 ① 반려동물개·고양이 등 ② 산업동물소·돼지 등 ③ 야생동물로 분류된다. 이른바 '동물권'과 관련하여 문제되는 것이 반려동물이다. 2017년 5월 동물을 '물건'으로 보고 있는 민법 제98조에 대한 문제를 제기하기 위해 광주지방법원에 위헌법률심판 제청을 한 사례도 있다.

우리나라는 동물보호의식이 높아져 가던 세계적인 추세에 따라 1990년 초반 동물에 대한 학대행위의 방지 등 동물을 적정하게 보호·관리하기 위하여 필요한 사항을 규정함으로써 동물의 생명보호, 안전 보장 및 복지 증진을 꾀하고, 동물의 생명 존중 등 국민의 정서를 함양하는 데에 이바지함을 목적으로 동물보호법을 제정하여 동물 일반에 대한 보호를 강화해 왔지만 다른 한편 동물로부터 인간을 보호하기 위한 동물에 대한 규제 또한 강화해 왔다. 그리하여 최근까지는 동물에 대한 공법적인 규제가 중심을 이루었고 민사법 체계 내에서는 특별히 반려동물의 보호를 위한 법적 변화가 생긴 것은 아니었다. 그리하여 현행 민사법에서는 반려동물을 여전히 통상적인 물건으로 보는 전통적 입장을 견지하고 있다. 즉 반려동물이 생명이라는 인식이 배제되어 있는 것이 문제점으로 지적되고 있다.

반려동물을 그동안 단순한 물건으로 보던 시각을 뛰어넘어 이제는 단순한 물건이 아닌 생명체로서 가족과 같은 존재로 그 인식이 변함에 따라 이러한 민법의 체계 속에서는 현재 반려동물이 타인에 의해 다치거나 죽은 경우 소유자가 갖는 손해배상의 범위의 확대 및 위자료청구권의 인정, 죽음을 앞둔 반려동물의 소유자가 자신의 사후 자식처럼 돌보아왔던 반려동물의 장래의 생활 유지 및 돌봄을 위한 조치로서의 상속 내지 유증 그리고 소유자로서 가장 가슴 아픈 문제인 이에 대한 강제집행이 시급히 해결되어야 할 문제로 대두되고 있다.김상훈, "현행 민사법 하에서의 반려동물의 보호가능성"「홍익법학」제16권 제1호(2015. 2) 국문초록 참조.

▲ 국내에서 많이 키우는 견종인 푸들(왼쪽부터), 프렌치불독, 포메라니안, 시추와 혼종견
사진: 게티이미지뱅크, 카라 출처: 한국일보

■ **동물은 자신이 받은 고통에 대해 보상을 받을 수 있을까?**

2009년 A씨는 자신이 키우던 2마리의 개를 B협회에 위탁했다. 이 과정에서 A씨는 매월 14만원씩 22개월간 총 308만원의 위탁료를 납부하던 중이었다. 그런데 B협회는 A씨의 개 2마리를 유기견으로 오인, 안락사시켰다. A씨는 B협회를 대상으로 본인의 *정신적 고통에 대한 위자료2000만원와 별도로 죽은 애완견 2마리마리당 200만원의 '정신적 고통'에 대한 위자료도 함께 청구했다. 대법원은 2013년 4월 판결을 통해 "동물보호법의 입법취지나 그 규정 내용 등을 고려하더라도 민법이나 그 밖의 법률에 동물에 대해 권리능력을 인정하는 규정이 없고 이를 인정하는 관습법도 없다"며 "애완견 등 이른바 반려동물이라고 하더라도 동물 자체가 위자료 청구권의 귀속주체가 된다고 할 수 없다"고 판시했다. 또 안락사당한 개 2마리의 위자료 청구를 배척하는 대신 이같은 사정을 A씨 위자료 산정시 참작한 원심의 조치는 타당하다고 강조했다.

이에 대해 숭실대 법대 윤철홍 교수는 "애완견은 물론이고 반려동물 등은 단순한 물건이 아니기 때문에 생명이 없는 일반물건과 달리 취급돼야 한다"며 "오스트리아 민법전과 독일·스위스 민법전 등은 '동물은 물건이 아니다'라고 선언했다"고 설명했다. 또 "(유럽민법전에서의 선언이) 기존 2000여년간 확고히 자리잡았던 권리주체로서의 인간과 객체로서의 물건이라는 이분법적 사고에서 권리주체인 인간과 객체로서 물건 사이의 중간물로서 '생명', 즉 희로애락을 느끼는 감정을 가진 생명체로서 동물을 인정하는 3원적 체계로 변모했다는 것은 아주 중요한 변화"라고 평가했다황국상 기자, "[theL동동法] 반려동물은 '물건'일까 아닐까" 머니투데이 2016년 11월 21일자 기사 참조.

일본 「에도 막부」 5대 쇼군 도쿠가와 쓰나요시와 동물보호법

몇 년 전 일본 여성지 여론조사 결과, 일본 역사상 끔찍한 악당 3위에 「에도 막부」 5대 쇼군 도쿠가와 쓰나요시가 뽑힌 일이 있었다고 한다. 그 이유는 동물보호법 때문이라고 하는데 사연을 들어보자. "임진왜란 이후의 일본 중흥기 겐로쿠元禄 시대1688~1703를 이끈 통치자가 악당이 된 이유는 그가 만든 동물보호법 때문이다. 독실한 불교신자였던 그는 40세가 넘어도 아들을 얻지 못하자 살아 있는 생명에 자비를 베풀면 후사를 얻으리라 믿고 동물 보호에 집착했다. 1687년 '생류연령生類憐令: 살아 있는 것을 가엽게 여기라는 법령'을 시행했는데 동물 특히 개에게 상처를 주거나 학대하는 것을 엄벌하는 법률이었다. 개를 때리거나 죽이는 건 당연히 금지됐고 물고기·뱀·쥐 등에 상처를 입혀도 처벌했다. 닭·조개·새우 요리까지 금하더니 급기야 어떤 생물이든 다치게 하면 처벌하게 됐다. 자식의 병을 고치려고 제비를 잡아 먹인 아비가 처형되고 개나 고양이를 죽였다가 도망가거나 처형된 사람이 1만명에 이르렀다니 백성들의 고초는 이루 형언할 수 없었을 것이다. 동물은 불쌍하게 여겼지만 인간을 연민하지 못한 쓰나요시는 결국 아들을 두지 못한 채 폭군으로 죽었고 이 법도 곧 폐지됐다"최재경, "동물 보호와 아동 학대," 「시사 저널」 1381호(2016. 3. 31) 기사 참조.

우리나라는 애견인구가 1,000만 명을 넘어섰을 만큼 애완동물을 키우는 가정이 크게 증가하고 있지만, 반려동물companion animal에 대한 인식이나 제도는 아직까지 미비하다. 「두산백과」에 따르면 반려동물은 사람과 더불어 사는 동물로 동물이 인간에게 주는 여러 혜택을 존중하여 애완동물을 사람의 장난감이 아니라는 뜻에서 더불어 살아가는 동물로 개칭하였는데 1983년 10월 27~28일 오스트리아 빈에서 열린 인간과 애완동물의 관계를 주제로 하는 국제 심포지엄에서 처음으로 제안되었다고 한다.

핵가족화와 1인 가구 증가 등으로 반려동물을 키우는 가정이 늘면서 국내 반려동물이 1,000만 마리를 넘는 것으로 파악되고 있다. 국민 5명 중 1명 꼴로 반려동물을 키우는 셈이다. 현재 반려동물과 관련한 민간자격검정은 반려동물관리사, 반려동물장례지도사, 펫아로마상담사, 펫케어상담사, 교배사 등 다양하며 반려동물 관련 학과를 운영 중인 대학도 10여 곳이 되는데, 수의간호, 애견미용, 동물사육, 매개치료, 곤충사육, 애견훈련, 반려동물 교배 등 세분화되고 전문화된 교육을 통해 전문 인력을 양성하고 있다고 한다.

2018년 4월 한국은행 경제통계시스템에 따르면, 2017년 동물병원에서 사용된 카드결제액이 9,140억원에 이르러 2010년 사용금액인 3116억9500만원에 비해 7년 만에 무려 3배가 늘었다. 이러한 반려동물 가정의 증가로 보험업계에서는 '애견의료보험'이 출시했다.

니덤이 전하고 있는 이야기에 따르면, 1474년 바젤에서 알을 낳은 수탉 한 마리가 "자연에 반하는 극악무도한 죄"를 지었다는 이유로 산 채로 불에 태워지는 형벌^{화형}에 처해졌다고 한다^{알랭 쉬피오, 105쪽}. 19세기까지도 유럽에서는 법정에서 동물에게 사형선고가 내려졌다고 한다. 갓난아이를 죽인 돼지나 곡식이나 과일을 먹어치운 쥐, 또는 메뚜기 등을 재판했는데 쥐나 메뚜기 등 해충의 국선변호인에게 가장 큰 어려움은 이 작은 피조물들을 법정으로 데려오는 일이었다. 교회 법정에서는 초원의 소유자가 인간인지 곤충인지가 다투어졌고, 배추를 파먹은 애벌레에게도 생명과 자유를 인정하기도 했다^{이주흥, "동물재판에서 반려견까지," 파이낸셜뉴스 2015년 6월 2일자 칼럼 참조}.

05
혼인,
사랑과 전쟁

⋮

가족법: 가족생활을 비춰주는 거울

비록 때때로 금이 가고 비틀린 거울이긴 하지만, 법은 생활을 비춰주는 거울이다. 가족법 또한 가족생활을 비춰주는 거울이다. 20세기에 가족생활은 여러 측면에서 변화하였고, 그 중 몇 가지는 상당히 극적이다. 점차 여성이 일터로 진입하게 된다. 여성은 2차 대전 직후에 참정권을 획득하게 되고, 여성이 변호사도 되고 판사도 된다. 이 시대는 피임의 세기, 이른바 성혁명의 세기이다. 사람들의 수명은 연장되고, 보다 많은 부를 보유하게 된다. 수백만명이 도시에서 교외로 이주한다. 라디오, 다음에는 텔레비전, 그 다음에는 인터넷이 가정에 침입하게 된다. 20세기에 발생한 모든 사건, 위기, 발전은 가족생활과 가족법에 깊은 영향을 남겼다로렌스 M. 프리드먼(안경환 역), 『미국법의 역사』, 940쪽 참조.

가족법은 종족을 생산·재생산하는 가족적·친족적 공동생활을 규율한

▲ 장욱진 화백의 「가족」　　　장욱진미술문화재단

다. 가족법관계는 숙명적으로 정해진다. 혼인·친자·가족의 법률관계는 현시대의 우리 사회가 결정하는 방식에 따라 조직에 개인이 들어감으로써 법률의 내용에 따라 형성된다. 가족법의 규율대상은 가족생활 자체를 목적으로 하는 공동체 사회이다. 그러나 이러한 협동체적 특색은 점차 약화되어 가고 있는게 현실이다. 가족법은 전통과 습속을 존중하는 보수성을 갖는다. 사회적인 지지기반이 없는 가족법의 개정은 실효를 거두기 어렵다.

■ 남녀 1000명에게 가족의 의미를 물었더니

"여론조사기업 엠브레인에 의뢰해 만 14~59세 남녀 1000명에게 가족의 의미에 대해 물었다. 설문조사는 2017년 5월 18~21일 진행했다.

○ 응답자들은 '가족이 되기 위한 우선 순위 요건'으로 '혈연관계'79.1%를 가장 많이 꼽아 여전히 전통적 의미의 가족을 중시했다. 심리적 지지12.4%, 동거 여부5.6%, 법적 의무2.3%, 경제 공동체0.6% 순이었다.

○ '가족이라고 인식하는 범위'중복 응답를 물었을 때 '함께 살고 있는 동물'21.4%의 비중이 적지 않은 점이 눈에 띈다. 친구7.9%, 함께 살고 있는 비(非)혈연자5.6% 직장동료2.3%를 가족으로 인식하는 응답자도 있었다. 전통 가족의 경우 부모 및 형제93.1%, 배우자81.5%, 자녀77.7% 순으로 응답률이 높았다.

○ 사실혼 등 다양한 가족 형태와 관련된 용어에 대해 긍정 또는 부정적으로 인식하는 정도를 물었을 때 '사실혼'60.1%과 '한부모 가정'60.0%, '딩크족'무자녀 부부·56.7%의 용어를 긍정적으로 인식한다는 답변이 과반을 넘었다. 최근 급증하는 '1인 가구'와 '반려동물' 형태에 대해서도 53.5%가 우호적으로 생각했다.

○ '결혼을 하지 않고 독신으로 살아도 괜찮다'는 문장에는 69.3%가 '동의

한다'고 답해 비혼非婚 추세를 반영했다.

○ '결혼을 하더라도 반드시 아이를 가질 필요는 없다'는 문장도 동의한다 58.3%는 답변이 동의하지 않는 비율16.4%을 압도했다. 동의한다는 답변이 가장 많았던 문장은 '한부모 가족도 양부모 가족과 동일하게 자녀를 잘 키울 수 있다'76.0%였다.

○ '다양한 가족들이 조화롭게 살기 위해 우선적으로 추진돼야 할 정책'에는 '다양한 가족 형태에 대한 사회적 인식 전환'46.7%이 꼽혔다. 새로운 가족 형태에 대한 법적·제도적 지원27.2%, 양성평등 정책18.7%이 필요하다는 응답이 이어졌다.

김현예·이유정 기자, 조민아 멀티미디어 담당, 정유정 인턴기자, 중앙일보 2017년 8월 9일자 "1000명에게 물어보니 21% 반려동물도 가족" 기사 참조.

혼인의 성립: 사랑의 시작

혼인의 성립

약혼은 한 남자와 한 여자가 장차 혼인하기로 하는 합의이다. 즉 약혼은 혼인예약이다. 대법원은 "일반적으로 약혼은 특별한 형식을 거칠 필요 없이 장차 혼인을 체결하려는 당사자 사이에 합의가 있으면 성립하는데 비하여, 사실혼事實婚은 혼인의 의사가 있고 또 객관적으로는 사회통념상 가족질서의 면에서 부부공동생활을 인정할 만한 실체가 있는 경우에 성립한다"고 판시하고 있다대판 1998. 12. 8, 98므961.

혼인이란 법률적으로 승인된 남녀의 생활공동체적 결합관계를 말한다. 연혁적으로는 그 결합형식에 있어서 잡혼·단체혼·일처다부형·일부다처형·일부일처형 등이 있고, 그 성립형식에는 약탈혼·매매혼·증여혼 등이 있다고 전해진다.

혼인은 계약으로서의 성질을 가진다. 그런데 미국에서는 혼인에 계약으로서의 성질을 인정할 것인가에 관하여 논쟁이 있다고 한다. 전통적인 견해는 혼인에 따른 권리와 의무 등은 국가의 법률에 의하여 규정되고 당사자들에 의하여 발생되는 것은 아니므로 혼인은 계약contract이라기보다는 신분status이라고 한다. 이 견해는 혼인으로 인한 당사자의 의무를 특정할 수 없다는 것을 강조한다. 최근에는 혼인을 계약으로 파악하는 것은 혼인 당사자, 특히 여성의 보호에 불충분하다거나, 자녀에게 불리한 결과가 생길 수 있다는 주장이 있다. 그러나 이러한 점이 혼인을 계약으로 파악하는데 장애가 되는 것은 아니라고 한다. 독일에서도 1900년에 시행된 독일민법에서는 혼인을 당사자의 의사와는 독립된 강행적 도덕질서라고 파악하였으나, 몇 차례의 법 개정을 거치면서 현재에는 이를 계약으로 파악하는데 별다른 논란이 없다고 한다윤진수, 「민법논고 Ⅶ」, 129~130쪽.

■ **결혼할 만한 남자**

"미국엔 결혼할 만한 남성marriageable men이라는 통계가 있다. 사회학자 윌리엄 윌슨이 1980년대에 내놓은 것으로, 직업·수입이 있어 가정을 부양할 수 있는 남성의 숫자를 제공한다. 브루킹스연구소는 2015년 이 개념을 바탕으로 결혼할 만한 남자의 부족현상을 분석하는 보고서를 내기도 했다. 흑인과 백인 모두 유독 고학력에게서 부족현상이 두드러졌다. 자연성비는 여성보다 남성이 많지만 결혼할 만한 남자라는 개념에 대입하면 여성 100명당 85명 수준으로 떨어지고, 고학력일수록 부족현상은 더 심했다. 교육 수준이 높아진 여자들이 눈높이를 낮춰 남편을 찾으니 차라리 결혼을 하지 않기에 혼인율은 떨어질 수밖에 없다. 미국이나 한국이나 여성들의 교육 수준이 높아지면서 결혼할 만한 남성 부족에 시달리고 한국에선 그게 저출산으로까지 이어지는 셈이다. 청년 실업률이 치솟는 마당에 여자가 애 낳기 위해 '결혼할 만한 남자'가 되라고 남자들을 윽박지른다면 얼마나 기가 막힐까. 여자들 심정도 딱 그렇다"안혜리 기자, "결혼할 만한 남자" 중앙일보 2017년 1월 11일자 칼럼 참조.

혼인의 성립요건에는 실질적 요건과 형식적 요건이 있다. 실질적 요건으로는 첫째, 당사자한 남자와 한 여자 간에 혼인의사의 합치가 있어야 한다.

따라서 동성同性의 사람의 의사표시는 여기의 합의로 인정되지 않는다. 성전환자性轉換者는 법적으로 전환된 성으로 인정되는 경우에는 다른 성의 사람과 혼인을 할 수 있다. 둘째, 만 18세의 혼인연령에 달하여야 한다제807조. 이 연령에 미달한 자의 혼인신고는 가족관계 등록사무 담당공무원이 수리하지 않아야 한다제813조. 그러나 그럼에도 불구하고 신고가 수리되었으면 혼인은 성립하되, 그 취소를 청구할 수 있다제816조 제1호·제817조. 셋째, 미성년자의 경우 부모나 미성년후견인의 동의를 얻어야 하고, 피성년후견인의 경우 부모나 성년후견인의 동의를 얻어야 한다제808조. 넷째, 중혼重婚이 아니어야 한다제810조. 다섯째, 근친혼近親婚이 아니어야 한다제809조: ① 8촌 이내의 혈족 사이의 혼인제809조 제1항 ② 양친자의 입양 전에 8촌 이내의 혈족이었던 자 사이의 혼인제809조 제2항 ③ 일정범위의 인척이거나 인척이었던 자 사이의 혼인제809조 제2항: 6촌 이내의 혈족의 배우자, 배우자의 6촌 이내의 혈족, 배우자의 4촌 이내의 혈족의 배우자 등 ④ 6촌 이내의 양부모계의 혈족이었던 자와 4촌 이내의 양부모계의 인척이었던 자 사이의 혼인제809조 제3항.

> **■ 결혼식에서 신부가 부케를 던지는 이유**
>
> "오래전, 신부는 축복의 상징이었다. 결혼을 하고, 혼자 쓸쓸히 죽지 않을 것이므로 무척 '행복한 존재'였다. 지금은 혼자서도 인생을 즐겁게 사는 사람이 많지만, 그땐 독신이 터부시되던 시대였다. 따라서 몇백 년 전의 사람들은 신부를 만지면 행운이 온다고 믿었다. 특히 웨딩드레스나 베일 등 신부의 소지품을 갖는 건 더 큰 행운의 상징이었다. 이 때문에 결혼식 날이면 신부는 자신을 만지려 귀찮게 구는 하객들을 피해 다니기 바빴다. 아름다운 웨딩드레스를 망치거나, 불쾌한 신체 접촉을 당하는 것을 피하고자 신부들은 묘안을 생각해냈다. 바로 부케를 던지는 것이다. 부케는 신부의 축복이 스며든 성물처럼 대접 됐다"나연희, "결혼식에서 신부가 부케를 던지는 이유," 세계일보 2016년 5월 2일자 기사 참조.

한편 형식적 요건으로는 「가족관계의 등록 등에 관한 법률」이 정하는 바에 따라 신고함으로써 성립한다제812조 제1항. 신고절차는 당사자 쌍방과 성년자인 증인 2인이 연서하고, 본인^{당사자}의 본적지 또는 주소지나 현재지에서 신고하면 된다. 구술신고로서 당사자가 시·읍·면의 사무소에 출석하여 기재사항을 진술하고 서명날인하는 방법도 가능하다「가족관계의 등록 등에 관한 법률」제31조. 외국에 있는 본국인 사이의 혼인은 그 외국에 주재하는 대사, 공사 또는 영사에게 신고할 수 있다민법 제814조 제1항. 신고는 호적공무원이 수리함으로써 완료된다. 즉 수리되면 어떤 사정으로 호적부에 기재되지 않더라도 혼인은 성립한다대판 1981. 10. 15, 81스21. 호적공무원은 형식적 심사권을 가질 뿐 실질적 심사권을 갖지 않는다.

■ 사랑의 유효기간

"미국 코넬대 인간행동연구소에서 2년간 5000명의 미국인을 대상으로 사랑의 유효기간에 대해 조사했다고 한다. 연구팀은 18개월에서 30개월이면 뜨겁던 사랑이 식는다는 사실을 발견했는데, 사랑의 감정은 사랑에 빠진 1년 후 50%가 사라지며, 이후 계속 낮아진다고 한다. 통계적으로 결혼 4년째 이혼할 확률이 가장 높다고 한다. 사랑의 감소현상이 도파민 때문이라는 연구결과도 있다. 사랑에 빠지면 뇌의 미상핵 부위에서 도파민이 쏟아져 눈에 콩깍지를 씌우는 데 시간이 지나면서 도파민 분비가 줄기 때문이라고 한다"백영옥 소설가, "[백영옥의 말과 글] (32) 사랑의 유효기간은 3년?" 조선일보 2018년 1월 27일자 칼럼 참조.

아래 글은 세계일보 배연국 수석논설위원의 칼럼에 있는 얘기이다. 사랑, 결혼 및 이혼의 본질에 대해 품격과 유머를 아울러 담고 있는 참으로 좋은 글이다. 가정폭력 상담기관인 '한국 남성의 전화'에 따르면 아내에게 폭행을 당했다며 도움을 요청한 사례는 2015년 1,394건으로 2년 전보다 71% 늘었다고 한다. 퇴직한 50~60대 남성들이 주된 타깃이다. 남편을 가정에서 왕따시키거나 목을 조르는 아내도 있다. 가정폭력의 가해자가 남편에서 아내로 점차 바뀌는 양상이다. 물론 최근까지도 대부분의 폭력이 남편이 아내에게 가하는 것임을 감안하면 격세지감이 있는 셈이다. 아내의 남편에 대한 폭력의 근본 원인을 배 수석논설위원은 남편이 조기 퇴직으로 경제적인 지위를 잃은 것보다는 '사랑의 결핍'에서 찾고 있다. 이는 일반적인 상식과는 다른 견해로 황혼이혼 등 심각한 부부 문제 해결의 실마리를 제공해 주는 탁견卓見이라고 본다.

01 결혼이야기

"남편이 미울 때마다 아내는 나무에 못을 박았다. 바람을 피우거나 술을 먹고 행패를 부릴 때엔 대못을 쾅쾅 소리 나게 박았다. 나무에 박힌 못은 그렇게 늘어갔다. 어느 날 아내가 남편을 불렀다. "보세요. 당신이 잘못할 때마다 하나씩 박은 못이예요." 남편은 나무를 끌어안고 밤새 울었다. 그의 행동이 몰라보게 달라지기 시작했다. 몇 달이 지나 아내가 다시 남편을 불렀다. "당신이 고마울 때마다 못을 하나씩 뺐더니 이제는 하나도 없어요." 그러자 남편이 말했다. "여보! 아직 멀었소. 못은 없어졌지만 못자국은 그대로 남아 있지 않소." 아내의 뺨에 뜨거운 눈물이 흘러내렸다"배연국, "부부싸움," 세계일보 2013년 4월 29일자 기사 참조.

02 퇴계선생의 부덕夫德

"대유학자 퇴계 이황의 '부덕夫德'을 떠올려본다. 첫 부인과 사별한 퇴계가 재혼한 아내는 지적장애인이었다. 그는 결혼 후에 아내가 자주 실수를 하자 사랑으로 포용했다. 어느 날 제사를 차리는 도중에 상 위에서 배가 떨어지자 아내가 그것을 치마 속에 감추었다. 그것을 보고 형수가 나무라자 퇴계는 대신 사과한 뒤 아내에게 배를 깎아 주었다. 아내가 흰 두루마기를 붉은 천으로 꿰매자 "붉은색은 잡귀를 쫓는 것"이라며 그대로 입고 외출했다. 아내가 세상을 뜬 후에는 묘소 곁에 1년 넘게 움막을 짓고 살았다. 퇴계가 떠난 지 400년이 지났지만 부부 사랑의 향기가 가시지 않는다"배연국, "[설왕설래] 매 맞는 남편," 세계일보 2016년. 1월 21일자 기사 참조.

혼인의 효과는 친족관계의 발생, 호적의 변동, 동거·부양·협조의 의무제826조 제1항, 미성년자의 성년의제제826조의2 등이다. 이 중 동거의무를 살펴보자. 민법 제826조 제1항은 부부의 동거의무를 규정하고 있다. 부부의 일방이, 정당한 이유 없이 동거에 응하지 않는 경우에는 다른 일방은 동거에 관한 심판을 청구할 수 있으나, 동거를 명하는 심판에 대하여는 직접강제는 물론이고 간접강제도 허용되지 않는다고 보는 것이 일반적인 견해이다. 뿐만 아니라 실제로 동거를 명하는 심판이 청구되는 경우도 거의 없다고 한다윤진수, 22쪽.

부부별산제, 공동생활비용의 부담, 일상가사대리권과 일상가사비용의 연대책임 등이 발생한다.

부부 사이의 이타주의를 호혜적 이타주의reciprocal altruism의 이론에 따라 설명하는 견해가 있다. "호혜적 이타주의는 한 사람이 다른 사람을 도우면 나중에 도움을 받은 사람이 도움을 준 사람을 도울 수 있고, 따라서 처음에 도움을 준 사람도 나중에 도움을 받은 사람으로부터 도움을 받을 수 있다는 것을 예상하면서 도움을 준다는 것이다 … 이러한 호혜적 이타주의의 특징은 도움을 받아야 할 처지에 있는 상대방으로부터 도움을 기대할 수 없으면 도움이 주어지지 않는다는 것이다. 날로 늘어나는 이혼은 이러한 관점에서 설명할 수 있을 것이다"윤진수, 10쪽. 부부관계에도 이기적인 요소가 분명히 존재하지만 정상적인 부부관계의 경우에는 이기적인 요소보다는 이타적인 요소가 더 중요한 것으로 보고 있다.

■ 새로운 부부풍속도 – 졸혼卒婚 이야기

"'졸혼'은 일본 작가 스기야마 유미코杉山由美子가 2004년 출간한 「졸혼을 권함卒婚のススメ」에서 처음 사용한 단어다. 졸혼은 '결혼을 졸업하는 것'을 뜻한다. 부부가 이혼하지 않고 혼인관계를 유지하면서 서로 간섭하지 않고 자유롭게 독립적으로 사는 것이다. 졸혼은 결혼의 의무에서 벗어나지만, 부부관계는 유지한다는 점에서 이혼, 별거와 구별된다.…졸혼에 대해 부정적인 시선이 주조主潮인 미디어와 달리 대중은 졸혼을 긍정적으로 바라보고 있다. 결혼정보업체 가연이 2016년 회원 548명남 320명, 여 228명을 대상으로 설문조사한 결과, 57%가 졸혼 문화가 긍정적이라고 답했다. 독일 철학자 프리드리히 엥겔스가 '가족, 사유재산, 국가의 기원'에서 밝혔듯 가족은 능동적으로 변화한다. 가족 형태, 가족 구성원의 역할, 부부 생활 스타일 등은 사회·경제적 변화에 따라 변모한다. 졸혼은 구조조정 등으로 짧아지는 은

퇴 나이와 100세 수명 시대가 초래한 부부 생활의 한 형태다"배국남, "[배국남의 직격탄] 졸혼, 문제 부부의 잘못된 문화인가" 이투데이 2017년 3월 30일자 칼럼 참조.

스기야마 유미코가 위의 책에서 말하는 졸혼의 성립요건유지조건은 ① 자신의 영역에 무리하게 상대를 끌어들이지 않는다. ② 상대가 하고 싶은 것을 존중한다. ③ 배우자 없이도 자립할 수 있는 능력을 갖는다. ④ 고독에 견디는 힘을 갖는다. ⑤ 스스로 자신을 즐겁게 하는 힘을 갖는다. ⑥ 금전적인 부분은 서로 양해할 수 있는 범위를 지킨다. ⑦ 배우자에게 곤란한 일이 생기면 힘껏 도와준다. ⑧ 주위의 시선에 크게 신경쓰지 않는다 등이다.

■ 도종환 시인의 시 「목백일홍」

"피어서 열흘 아름다운 꽃이 없고 / 살면서 끝없이 사랑받는 사람 없다고 / 사람들은 그렇게 말을 하는데 // 한여름부터 초가을까지 / 석달 열흘을 피어 있는 꽃도 있고 / 살면서 늘 사랑스러운 사람도 없는 게 아니어 // 함께 있다 돌아서면 / 돌아서며 다시 그리워지는 꽃 같은 사람 없는 게 아니어 / 가만히 들여다보니 // 한 꽃이 백 일을 아름답게 피어 있는 게 아니다 / 수없는 꽃이 지면서 다시 피고 / 떨어지면 또 새 꽃봉오릴 피워올려 / 목백일홍나무는 환한 것이다 / 꽃은 져도 나무는 여전히 꽃으로 아름다운 것이다 // 제 안에 소리 없이 꽃잎 시들어가는 걸 알면서 / 온몸 다해 다시 꽃을 피워내며 / 아무도 모르게 거듭나고 거듭나는 것이다."

국민가수 양희은의 노래 「사랑 그 쓸쓸함에 대하여」

꽃은 져도 나무는 여전히 꽃으로 아름다운 것이다. 우리의 사랑도 이와 달라야 할 이유가 있는 걸까? 국민가수 양희은은 노래 「사랑 그 쓸쓸함에 대하여」에서 "사람을 사랑한다는 그일 / 참 쓸쓸한 일인 것 같아"라고 노래한다. 눈을 감고 조용히 들어보자. "다시 또 누군가를 만나서 사랑을 하게 될 수 있을까 / 그럴 수는 없을 것 같아 / 도무지 알 수 없는 한 가지 / 사람을 사랑하게 되는 일 / 참 쓸쓸한 일인 것 같아 // 사랑이 끝나고 난 뒤에는 이세상도 끝나고 / 날 위해 빛나던 모든 것도 그 빛을 잃어버려 // 누구나 사는 동안에 한번 / 잊지 못할 사람을 만나고 / 잊지 못할 이별도 하지 / 도무지 알 수 없는 한 가지 / 사람을 사랑한다는 그일 / 참 쓸쓸한 일인 것 같아".

혼인의 하자와 종말

혼인의 무효

혼인의 무효는 당사자 사이에 혼인의 합의가 없는 때이다제815조 제1호. 본인의 혼인의사가 전혀 없음에도 다른 사람이 무단으로 혼인신고를 한 경우에 혼인은 무효이다. 그리고 실질적인 혼인의 의사가 없이 부부의 외양을 다른 목적으로 이용하려는 가장혼인은 통정의 허위표시에 의한 의사표시로서 진정한 혼인합의가 없으므로 무효이다실질의사설. 그리고 8촌 이내의 혈족인 때동조 제2호와 당사자 간에 직계인척관계가 있거나 있었던 때동조 제3호, 당사자 간에 양부모와의 직계혈족관계가 있었던 때동조 제4호는 무효이다.

혼인의 취소

취소사유가 있는 혼인은 혼인신고가 수리된 이상 취소되기 전까지 유효하다. 혼인의 취소는 취소의 청구자격을 갖춘 자가 가정법원에 청구하여 조정이나 판결을 통해 확정된다. 혼인취소의 효과는 소급되지 않는다. 혼인의 취소는 ① 만 18세의 혼인적령에 미달된 경우제807조 ② 미성년자가 결혼시 부모의 동의를 받아야 하는데 그러하지 못한 경우, 피성년후견인이 부모나 성년후견인의 동의를 받지 못한 경우제808조 ③ 중혼아내나 남편이 있는 사람이 다른 사람과 다시 혼인함인 경우제810조 ④ 혼인 당시 당사자 일방에 부부생활을 계속할 수 없는 악질惡疾; 고치기 힘든 병 그 밖의 중대한 사유가 있는 혼인제816조 제2호 ⑤ 사기·강박으로 인한 혼인제816조 제3호 등이다. 사기·강박으로 인한 혼인은 사기를 안 날 또는 강박을 면한 날로부터 3월을 경과한 때에는 그 취소를 청구하지 못한다제823조.

혼인의 해소

혼인의 해소에는 ① 사망에 따른 혼인의 해소 ② 실종선고에 따른 혼인의 해소 ③ 이혼에 따른 혼인의 해소_{협의 이혼과 재판상 이혼이 있음} 등이 있다.

■ 이혼을 부르는 말, 행복을 키우는 말

「결혼에 대해 47년간 3000쌍을 연구해 온 부부관계의 세계 최고 전문가인 존 가트맨 박사의 연구에 따르면, 이혼은 성격 차이나 부부싸움의 내용과 무관하다고 합니다. 불행과 이해의 가장 큰 원인은 서로 소통하는 방식, 즉 대화하는 방식 때문이라고 합니다…카트맨 박사는 행복한 부부와 이혼하는 부부의 가장 큰 차이는 평소에 얼마나 서로 정서적 소통을 잘하는가, 갈등이 있을 때 얼마나 문제를 조심스럽고 부드럽게 다루는가에 달렸다고 합니다. 기본적으로 부부의 대화는 다음 3가지의 유형이 있습니다. 첫째, 서로 원수되는 대화입니다. 아내가 "여보, 오늘 미세먼지가 심하다는데 마스크 하고 나가세요?"라고 말했을 때, 남편이 "잔소리 좀 그만해! 내가 알아서 할 테니"라고 말하는 경우입니다. 둘째, '멀어지는 대화'입니다. 남편이 아내에게 "어, 배고프다. 먹을 것 좀 없나?"라고 말하는데, 아내가 "이번 주 조카 결혼식 가는 것 잊지 마세요"라며 전혀 상관 없는 말을 하는 경우이다. 셋째, '다가가는 대화'입니다. 아내가 "여보, 운동하러 나갈까?" 할 때, "좋지, 나도 운동하고 싶었는데"라며 호응하는 경우입니다.

그리고 이혼을 초래하는 4가지 '독'_{비난, 방어, 경멸, 담쌓기}에 대해서도 얘기하고 있습니다. ▲ 당신은 도대체 어떻게 된 사람이야?(비난)/▲ 당신은 지금까지 항상, 한번도, 결코, 절대로, 늘…(비난)/▲ 난아무 잘못 없는데 왜 만날 나보고 뭐라고 해?(방어)/▲ 우리 집은 너만 고치면 돼!(방어)/▲ 어쭈?!(경멸)/▲ 주제 파악이나 하시오!(경멸)/▲ 복에 겨운 줄 알아!(경멸)/▲눈을 흘기거나 피식 비웃음(경멸)/▲ 침묵속으로 '또 시작이군!(담쌓기)/▲ 침묵속으로 '제발 그만 좀 해'(담쌓기)/▲ 침묵속으로는 '차라리 나가는게 낫겠어'(담쌓기) 등이 그것입니다」최성애 박사(국제 가트맨 부부치료사), "이혼을 부르는 말, 행복을 키우는 말", BROVO 2018sus 7월 16일자 칼럼 참조.

재판상 이혼사유로는 ① 배우자에 부정不貞한 행위가 있는 때 ② 배우자가 악의惡意로 다른 일방을 유기한 때 ③ 배우자 또는 그 직계존속으로부터 심히 부당한 대우를 받았을 때 ④ 자기의 직계존속이 배우자로부터 심히 부당한 대우를 받았을 때 ⑤ 배우자의 생사가 3년 이상 분명하지 아니한 때 ⑥ 그 밖에 혼인을 계속하기 어려운 중대한 사유가 있는 때 등이다.

이혼의 효과는 일반적 효과와 자子에 대한 효과 및 재산분할청구권 등으로 나타난다. 첫째, 일반적 효과로는 ① 부부관계 소멸 ② 인척관계의 소멸제775조 제1항 등이 발생한다.

■ 이혼이야기

잦은 싸움으로 별거 중인 부부가 있었다. 며칠 후면 이혼 도장을 찍어야 했다. 이대로는 끝날 수 없다고 생각한 남편은 간절한 심정으로 아내를 찾아갔다. 남편은 처음 사랑을 약속한 해변으로 아내를 데리고 갔다. 둘은 말 없이 해변을 걸었다. 그런데 결혼반지를 빼서 만지작거리던 아내가 밀려오는 파도를 피하려다 그만 반지를 잃고 말았다. "아깝지만 이젠 필요 없잖아요. 곧 헤어질텐데…." 그 말에 남편은 자기 손가락에 끼고 있던 반지를 빼더니 바다로 던졌다. 의아해하는 아내에게 남편이 말했다. "당신 반지가 혼자 얼마나 외롭겠소." 아내는 감동했다. 둘은 서로에게 다시 한번 기회를 주기로 했다배연국, "부부싸움," 세계일보 2013년 4월 29일자 27면 기사 참조.

■ 이혼일기

"이혼은 중대한 삶의 변화이자 결정이지만, 무작정 애도의 표현을 받아야만 하는 일은 아니다. 이혼했다고 해서 이전의 결혼생활이 모두 실패나 불행이라는 표식을 달아야 할 이유도 없다. 남편이 개자식이어서 아내가 쌍년이어서 맞이하는 파경은 생각보다 드물다. 우리의 경우, 살다보니 함께 하는 생활이 더 이상 즐겁지 않아졌고 마침내 그것을 넘어서 커다란 고통이 되었기에 내린 결정이었다. 오히려 이혼을 받아들이게 되자 차라리 해방감을 느꼈다. 이혼은 어쩌면, 고통에의 출구이기도 했다"이서희, 「이혼일기」, 아토포스, 2017, 212쪽.

둘째, 子에 대한 효과는 자의 양육문제와 친권자결정문제가 있는바, 일차적으로는 협의를^{제837조 제1항}, 이차적으로는 법원의 결정에 따른다^{동조 제4항}. 면접교섭권은 양육권을 갖지 않은 아버지나 어머니가 다른 사람이 보호·양육하고 있는 미성년자인 자녀를 만나고 교류를 가질 권리이다. 민법은 이혼의 효과로서 "자를 직접 양육하지 않는 부모 중 일방과 자는 면접교섭권을 가진다"고 규정한다^{제837조의2 제1항}.

셋째, 재산분할청구권은 이혼을 한 당사자의 일방이 다른 일방에 대하여 재산분할을 청구할 수 있는 법적 이익이다. 이 제도의 의의는 헌법의 양성평등의 이념을 구체화하여 아내의 가사노동의 가치를 평가해주고 그에 상응하는 재산취득을 인정한다는 점과 고유재산 외의 부부가 협력하여 취득한 재산은 부부의 공동재산으로서 귀속시킨다는 점, 이혼의 자유를 실질적으로 보장한다는 점 등이다. 이 청구권은 이혼한 날로부터 2년이 경과하면 소멸한다^{제839조의2 제3항, 제843조 참조}.

혼인과 자녀

혼인 중의 출생자와 혼인외의 출생자

법률혼의 부부 사이에서 잉태하여 출생하였다고 법률이 인정하는 자를 '혼인 중의 출생자'라 한다.

친생자로 추정받기 위한 요건으로는 ① 아이의 어머니가 혼인관계에 있거나 있었던 처이어야 한다. ② 어머니가 혼인 중에 포태해야 한다^{제844조 제1항}. 혼인성립의 날로부터 이백일 후 또는 혼인관계종료의 날로부터 삼백일 내에 출생한 子는 혼인 중에 포태한 것으로 추정한다^{제844조 제2항}. ③ 이 기간 동안 부부가 장기간 동거하지 못할 사정이 있어 상식적으로 포태가 불가능하다고 여겨지는 경우^{예: 실종, 해외체류, 교도소 수감 등}에는 추정이

깨진다대판 1983. 7. 12, 82므59. 친생자추정의 효과로서 일반적으로 일반적인 권리추정과 다른 강력한 추정력이 발생한다. 한편 혼인 외의 출생자가 혼인 중의 출생자로 지위변동을 가져오는 법률요건을 준정準正이라고 한다. 혼인 외의 출생자는 준정에 따라 부모가 혼인한 때로부터 혼인 중의 출생자로 된다.

아이의 부모가 법률혼의 부부가 아닌 경우 그 아이를 '혼인 외의 子'라고 한다. 사실혼 부부 사이에서 태어난 아이도 혼인 외 출생자가 된다. 부를 알 수 없는 子는 모의 성과 본을 따른다제781조 제3항.

부모를 알 수 없는 子는 법원의 허가를 얻어 성과 본을 창설한다제781조 제4항 본문. 성과 본을 창설한 후 부 또는 모를 알게 된 때에는 부 또는 모의 성과 본을 따를 수 있다제781조 제4항 단서.

인지

인지란 ① 혼인 외의 子에 대하여 생부 또는 생모가 자기의 아이라고 인정하거나임의인지 ② 재판에 따라 부 또는 모를 확인하는 것강제인지을 말한다. 임의인지의 경우에는 인지의사와 신고를 필요로 하며 어느 하나가 흠결된 경우에는 무효이다. 인지를 유언으로도 할 수 있는데, 이 경우 유언집행자가 신고해야 하며 효력은 인지자가 사망한 때에 발생한다제859조 제2항. 그러나 사기, 강박 또는 중대한 착오로 인하여 인지를 한 때에는 사기나 착오를 안 날로부터 또는 강박을 면한 날로부터 6월 내에 가정법원에 그 취소를 청구할 수 있다제861조. 민법은 그 밖의 이해관계인모, 생부라고 주장하는 사람 등 제한 없음. 다만, 인지자 제외은 인지의 신고 있음을 안 날로부터 1년 내에 인지에 관한 이의의 소를 제기할 수 있다제862조고 규정하고 있다.

한편 부 또는 모가 임의로 인지하지 않은 경우에 子나 그 직계비속 또는 그 법정대리인이 부 또는 모를 상대로 인지청구의 소를 제기할 수 있다제863조. 부 또는 모가 사망한 때에는 그 사망을 안 날로부터 2년 내에 검사를 상대로 인지에 대한 이의 또는 인지청구의 소를 제기할 수 있다제864조.

임의인지든 강제인지든 인지는 혼인 외의 子와 생부 사이에 친자관계를 발생시켜 친권, 부양, 상속 등의 법률관계가 생긴다. 그 친자관계는 아이의 출생일로부터 있는 것으로 취급된다.

양친자관계

양자제도는 인류의 제도로서 매우 오랜 역사를 가진다. 양친이 될 자와 양자가 될 자와의 사이에 입양성립으로 양친자관계가 생긴다. 입양이 성립하기 위해서는 실질적 요건과 형식적 요건이 구비되어야 한다. 실질적 요건으로는 ① 당사자 사이에 입양의 합의가 있을 것제883조 제1호 ② 양친은 성년자일 것제866조 ③ 양자로 되는 자가 13세 이상의 미성년자인 경우에는 법정대리인의 동의를 받아 입양의 승낙을 할 것과 양자가 될 사람이 13세 미만의 경우에는 법정대리인의 입양승낙이 있을 것제869조 제1항 ④ 양자가 될 미성년자는 부모의 동의를 얻을 것제870조 제1항 ⑤ 양자가 될 자가 성년에 달하지 못한 경우에 부모 또는 다른 직계존속이 없으면 후견인의 동의를 얻을 것제871조 ⑥ 배우자 있는 자는 공동으로 입양하여야 하며, 다른 일방의 동의를 얻을 것제874조 ⑦ 양자는 양친의 존속 또는 연장자가 아닐 것제877조 제1항 등이다.

한편 입양은 「가족관계의 등록 등에 관한 법률」에 정한 바에 따라 신고함으로써 그 효력이 생긴다제878조 제1항. 입양의 효과로는 ① 입양신고에 따라 양부모와 양자 사이에 양친자관계가 창설된다. 양자는 양부모 및 그 혈족, 인척 사이의 친계와 촌수는 입양한 때로부터 혼인 중의 출생자와 동일한 것으로 본다제772조 제1항. ② 양자가 입양으로 양부의 성을 따르게 되는가에 대해서는 민법상 규정이 없어 학설이 대립되어 있으나 입양에 따라 양자는 자신의 성을 버리지 않는다고 해석하는 견해가 다수설이다.

친권과 후견

부모는 미성년의 子를 보호하고 가르쳐야 하는 관계에 있는데, 이 지위를 친권이라 한다. 친권은 부모가 공동으로 행사한다. 양자는 양친의 친권에 복종해야 한다. 부모가 이혼하는 경우에는 일방을 친권자로 하고, 혼인 외의 출생자의 경우에는 모가 친권을 행사한다.

후견이란 친권자가 없거나 그 밖의 사유로 친권에 의해 보호받지 못하는 미성년자, 피성년후견인^{법개정 전의 금치산자}, 피한정후견인^{법개정 전의 한정치산자}을 보호하기 위해 마련된 제도이다. 친권자는 子를 보호하고 교양할 권리·의무를 진다^{제913조}. 친권자가 미성년자인 子를 충분히 보호하고 가르칠 수 있도록 子는 친권자가 지정한 장소에 거주하여야 한다^{제914조}.

친권자는 子를 징계할 수 있다. 징계의 방법에는 두 가지가 있는데, 그 하나는 필요한 징계를 친권자 자신이 하는 것이고, 다른 하나는 가정법원의 허가를 얻어 감화 또는 교정기관에 위탁하는 것이다^{민법 제915조}. 친권자는 법정대리인으로서 미성년자에게 특정한 영업을 허락할 수 있다^{제8조 제1항}. 친권자는 미성년자인 子의 법정대리인으로서^{제911조}, 子의 재산관리와 子의 재산상의 법률행위를 대리한다.

부양

일정한 범위의 가족과 친족은 생활공동체를 구성하여 상호부조할 의무와 권리를 갖는다. 일차적 부양관계로서 부모와 자식 간의 친자부양과 혼인한 배우자 간의 부부부양이 요청되고, 이차적 부양관계로서 일정범위의 친족 사이의 친족부양이 요망된다.

부양청구권은 부양권리자와 부양의무자의 가족관계, 경제사정 등을 고려하여 부양의 필요성과 가능성의 두 요건이 충족된 때에 한하여 성립한다. 부양의 내용은 반드시 경제적인 보조만이 아니며, 필요에 따라 동거, 양육, 간호, 장례에 이르기까지 포괄적인 부조행위를 의미한다고 해석하는 것이 타당하다.

아래 사진은 저자의 부모님이다. 대학원 학위수여식 때 찍은 사진이다. 아버지김용동 金龍東. 1934~2004는 2004년에 돌아가셨고, 어머니최일매 崔一梅, 1938~2018 홀로 아버지가 심어놓은 향나무 네 그루와 함께 고향집을 지키시다 2018년 6월에 돌아가셨다. 멀리 떠나 있는 관계로 자식으로서의 부양의무를 다하지 못하는 불효를 범하였다. 아버지는 생전에 이런 말씀을 자주 들려주곤 하셨다. '男兒立志 出鄕關 學若不成 死不還남아입지 출향관 학약불성 사불환: 사나이 대장부가 뜻을 세워 고향을 떠남에 만약 학문을 이루지 못하면 죽어도 돌아오지 않으리라'. 이 책을 최초로 구상한 것도 아버지가 돌아가시고 난 뒤이다.

결국 이 책을 있게 한 것도 아버지인 셈이다. 돌아가신 아버지가 살아 있는 자식을 가르친 것이다. 아직도 학문의 길은 멀기만 한데 서산에 해가 뉘엿뉘엿 지고 있음을 어이하랴! 촌음寸陰을 아껴 쉬지 않고 정진해야 할 것이다.

▲ 저자의 부모님

06
불효소송,
권리를 위한 부모의 투쟁

재산을 남기려는 이유

　상속제도는 시대와 민족에 따라서 많은 변천을 거듭해 왔다. 상속제도는 사유재산제도의 반영이고, 그런 의미에서 상속은 사유재산제 자체와 그 근거를 같이 한다. 상속은 피상속인이 사망함으로써 그가 가지고 있던 재산에 관한 권리·의무를 일정범위의 혈족과 배우자에게 포괄적으로 승계해 주는 재산이전을 말한다.

　왜 피상속인이 자신의 혈족 및 배우자에게 재산을 남기려고 하는가. 이에 대해 혈족 선택 및 호혜적 이타주의에 따라 설명하는 견해가 있다. 즉 "인간은 자신과 공통의 유전자를 가지는 친족에게 재산을 남겨 줌으로써 그 유전자가 후대에 전해질 확률을 높이고, 배우자에 대하여는 배우자로부터 받은 도움에 대한 대가로서 재산을 남긴다는 것이다"윤진수, 28쪽.

　상속능력은 상속인이 될 수 있는 능력을 말한다. 상속인이 피상속인의 재산상의 권리의무를 승계받기 위해서는 권리의무의 주체가 될 수 있는 능력인 권리능력을 갖추고 있어야 한다. 민법은 상속인을 피상속인의 일정한 친족에 한정하고 있으므로제1000조·제1003조 자연인만이 상속인이 될 수 있고 법인은 상속인이 될 수 없다다만 법인은 포괄적 유증을 받음으로써 실질적으로 상속을 받은 것과 같이 된다.

상속인은 법률이 정하는 일정범위의 친족과 배우자이다. 즉 피상속인의 직계비속제1순위, 직계존속제2순위, 형제자매제3순위, 4촌 이내의 방계혈족제4순위에 한정된다. 피상속인의 배우자는 피상속인의 직계비속이나 피상속인의 직계존속이 있는 그 상속인과 공동상속인이 되고, 그 상속인이 없는 때에는 단독상속인이 된다제1003조 제1항. 현행법상 법률상 배우자이면 사실상 이혼한 경우에도 상속권을 가지게 되나, 그 경우에는 상속권 주장이 권리남용인지가 문제가 될 수 있다.

민법은 피상속인에 대한 부도덕한 행위나 유언에 대한 부정행위를 응징하기 위해 법률이 정하는 결격사유가 있는 경우에는 상속인의 자격을 박탈한다.

■ **상속인의 자격박탈사유**

① 고의로 직계존속, 피상속인, 그 배우자 또는 상속의 선순위나 동순위에 있는 자를 살해하거나 살해하려 한 자 ② 고의로 직계존속, 피상속인과 그 배우자에게 상해를 가하여 사망에 이르게 한 자 ③ 사기 또는 강박으로 피상속인의 상속에 관한 유언 또는 유언의 철회를 방해한 자 ④ 사기 또는 강박으로 피상속인의 상속에 관한 유언을 하게 한 자 ⑤ 피상속인의 상속에 관한 유언서를 위조, 변조, 파기 또는 은닉한 자제1004조 제1호~제5호. 결격사유가 있는 자는 상속을 받을 자격을 상실한다.

상속분

상속분은 여러 가지 의미를 가진다. ① 각 공동상속인이 상속재산에 대하여 가지는 권리·의무의 비율 ② 각 공동상속인이 승계할 상속재산의 가액 ③ 상속재산 분할 전의 각 공동상속인의 지위 등이 그것이다. 이들 가운데 보통 상속분이라고 하면 ①을 가리킨다.

상속분이란 각 공동상속인이 승계받게 되는 권리의무의 양을 전체 상속재산에 대하여 차지하는 비율로 표시한 것이다. 동순위의 상속인이 여러 명인 때에는 그 상속분은 균분으로 한다제1009조 제1항.

피상속인의 배우자의 상속분은 직계비속과 공동으로 상속하는 때에는 직계비속의 상속분의 5할을 가산하고, 직계존속과 공동으로 상속하는 때에는 직계존속의 상속분의 5할을 가산한다제1009조 제2항.

> **피상속인의 배우자의 상속분**
>
> 예를 들어 남편이 두 자녀를 두고 사망한 경우에는 아내 : 아들 : 딸이 1.5 : 1.0 : 1.0의 비율로 법정상속을 받게 되어 피상속인의 전체 재산에 각각 3/7, 2/7, 2/7의 비율로 지분을 갖게 된다. 피상속인에게 배우자만 있고 직계비속도, 직계존속도 없는 때에는 배우자가 단독으로 상속한다 제1003조 제1항.

상속의 승인 및 포기

민법은 한편으로는 상속에 따른 권리·의무의 당연승계를 인정하면서 제1005조 본문, 다른 한편으로는 이를 승인하거나 포기할 수 있도록 하고 있다 제1019조 이하. 상속인에게 권리취득 또는 불이익부담채무가 적극재산보다 많은 경우을 강요하지 않기 때문이다. 이것이 상속의 승인·포기의 자유이다.

상속인은 상속개시 있음을 안 날로부터 3월 내에 단순승인이나 한정승인 또는 포기를 할 수 있다제1019조 제1항. 단순승인이란 상속인이 제한 없이 피상속인의 권리의무를 승계하는 것을 말하며제1025조, 한정승인이란 상속인이 상속으로 인하여 취득할 재산의 한도에서 피상속인의 채무와 유증을 변제할 것을 조건으로 상속을 승인하는 것을 말한다제1028조. 한정승인의 경우, 상속인이 한정승인을 함에는 상속개시 있음을 안 날로부터 3월 내에 상속재산의 목록을 첨부하여 법원에 한정승인의 신고를 하여야 하며제1030조 제1항, 한정승인자는 한정승인을 한 날로부터 5일 내에 일반상속채권자와 유증받은 자에게 대하여 한정승인의 사실과 일정한 기간 내에 그 채권 또는 수증을 신고할 것을 2개월 이상 공고하여야 한다제1032조 제1항. 그리고 상속의 포기는 상속인이 상속을 포기하는 것을 말한다제1041조. 상속의 승인·포기는 포괄적으로 하여야 하고 특정재산에 대하여 선택적으로 할 수 없다. 그리고 조건이나 기한을 붙이지도 못한다. 승인·포기를 할 수 있는 권리는 행사상의 일신전속권이므로 채권자대위권의 목적이 될 수 없으며, 채권자취소권의 목적도 될 수 없다.

상속인이 승인이나 포기를 하고 나면 고려기간 내에도 이를 철회하지 못한다. 이는 이해관계인의 신뢰를 보호하기 위한 것이다. 고려기간 내에 한정승인 또는 포기가 없어서 단순승인으로 의제되는 경우에는 그 단순승인은 의사표시가 아니기 때문에 취소할 수 없다.

아래 사례는 상속포기를 잘못한 경우 낭패를 당한 사례에 해당한다. 상속의 법률관계는 단순하지 않기 때문에 주의하여야 한다.

■ 상속포기 덜컥 했다간 낭패

"상속을 포기할 때 조심할 점이 있다. 실제 있었던 사건을 통해 알아보자. 갑은 2010년 8월 6일 사망했고, 사망 당시 유족으로 배우자인 을, 자녀인 병·정, 손자녀인 A·B·C가 있었다. 을·병·정은 갑의 채무가 많아 상속을 포기했다. 그러자 갑의 채권자가 손자녀인 A·B·C를 상대로, 그들이 갑의 상속인임을 이유로 채무변제를 구하는 소송을 제기했다. 적법하게 상속을 포기함으로써 갑의 채무로부터 벗어났다고 생각한 을·병·정으로 서는 자신들의 자녀를 상대로 한 소송 제기에 크게 당황했다. 채권자의 이러한 소제기는 정당한가. … 민법의 법리를 위 사례에 적용하면, 갑의 사망시 상속 1순위자는 직계비속인 자녀 병·정, 손자녀 A·B·C가 되나, 병·정이 A·B·C 보다 갑의 근친자이므로 이들이 갑의 배우자인 을과 함께 상속을 받게 된다. 그런데 선순위인 을·병·정이 상속을 포기했으므로 차순위자인 A·B·C가 공동으로 상속인이 된다. 이에 이 소송은 정당한 것이다. 그러므로 을·병·정은 자신들만 상속을 포기할 것이 아니라, 차순위자인 자녀 A·B·C도 함께 상속포기를 하게 했어야만 하는 것이다"변환철, "[변환철의 법률이야기] 상속포기 덜컥 했다간 낭패," 세계일보 2016년 5월 4일자 기사.

문정희 시인의 시 '유산 상속'

「문정희 시인은 1947년 5월 25일 전남 보성 태생으로, 진명여고를 거쳐 동국대 국문과 및 동 대학원을 졸업하였다. 고려대학교 문예창작학과 교수를 거쳐 현재는 동국대학교 문예창작학부 석좌교수이다. 제40대 한국시인협회 회장을 지냈다. 진명여고 재학시설, 동국대 문예백일장 심사를 맡았던 미당 서정주의 눈에 띄어 발탁되기에 이르렀다. 미당은 문정희시인의 국어선생에게 "어쩌문 이리 잘 쓰는 아그가 있냐 이?" 하면서, 그네가 동국대에 꼭 왔으면 좋겠다는 내용의 편지를 보내왔다. 그리하여 문정희 시인은 동국대 국문과에 갔고, 미당이 작고할 때까지 인연을 이어갔다고 한다」조용호기자, "[조용호의 길 위에서 읽는 시] <19>문정희 '물을 만드는 여자' 세계일보 2009년 11월 18일자 칼럼 참조.

「시인을 끔찍이 사랑했던 아버지는 소녀 시절에 먼저 세상을 떴다. 문정희 시인은 "아버지에게서 받은 유산 가운데 나는 무엇보다 슬픔과 광기와 폐허를 먼저 떠올린다"면서 "이것이야말로 내 문학의 귀중한 자산이라고 늘 생각하고 있다"고 썼다. 아버지에게서 받은 자산을 그녀는 '유산 상속'에 이렇게 풀어놓았다」조용호기자, "낯선 이가 일깨운 '예술혼' … 산문으로 읊은 시" 세계일보 2016년 11월 11일자 칼럼 참조. 2016년 11월에는 산문집 「치명적 사랑을 못한 열등감」문예중앙을 펴냈다. 오늘날 유산을 말하면 대개 물질적인 재산을 얘기하지만 아래 시 —「유산 상속」— 처럼 정신적인 것도 있음을 기억하자!

몇 년 전 문학예술에 관심이 많은 분들과 함께 문시인님을 만났을 때, 저자가 쓴 시 몇 편을 보여드린 적이 있었다. 시인님은 덕담을 하시면서도 시가 너무 얌전하고 규범적이니 보다 많은 은유를 활용하면 좋겠다는 평을 하셨다. 이 평에 대하여 법률가인 참석자 한분이 시는 자신의 마음을 솔직하게 표현하면 되는 것이지 굳이 규범적이지 않을 이유가 있느냐고 반론을 해서 자리가 뜨겁게 달궈진 일이 새삼 기억난다. 문시인님의 시를 함께 읊어보자.

"비밀이지만 아버지가 남긴 / 폐허 수만 평 / 아직 잘 지키고 있다 / 나무 한 그루 없는 척박한 그 땅에 / 태풍 불고 토사가 생겨 / 때때로 남모르는 세금을 물었을 뿐 / 광기와 슬픔의 매장량은 여전히 풍부하다 / 열 다섯 살의 입술로 마지막 불러본 / 아버지! 어느 토지대장에도 번지가 없는 / 폐허 수만 평을 유산으로 남기고 / 빈 술병들 가득 야적해 두고 / 홀연 사라졌다 / 열대와 빙하가 교차하는 계절풍 속에 / 할 수 없이 시인이 된 딸이 / 평생을 쓰고도 남을 / 외로움과 슬픔의 양식 / 이렇듯 풍부하게 물려주고 / 그는 지금 어디에서 / 홀로 술잔을 들고 있을까."

유류분: 가족의 전쟁

대법원에 따르면 2005년부터 2015년까지 법원에 접수된 유류분반환청구 소송접수 건수는 총 5,184건민사본안 제1심 기준으로, 2005년 158건에 불과했던 사건수가 2015년에는 무려 5.8배나 늘어난 911건에 달했다고 한다.

유류분은 법률상 상속인에게 귀속되는 것이 보장되는 상속재산에 대한 일정비율을 가리키며 민법은 일정한 범위의 상속인에게 이러한 유류분을 인정하고 있다. 유류분제도란 피상속인의 유언에 따른 재산처분의 자유를 제한함으로써 상속인에게 법정상속분에 대한 일정비율의 상속재산을 확보해 주기 위한 제도이다. 유류분의 범위는 각 상속인에 따라 다르다. 직계비속과 배우자는 각각 자기의 법정상속분의 1/2씩의 유류분권을 가지며, 직계존속과 형제자매는 각각 자기의 법정상속분의 1/3분씩의 유류분권을 갖는다제1112조.

한국경제신문 한용섭 기자는 유류분 관련 주요 판례를 7가지 이슈별로 유형화하여 설명하고 있다. 여기에서는 7가지 이슈에 대해서만 소개하기로 한다. ① 유류분 재산 평가 ② 생명보험금 유류분 산정 ③ 손자 사전증여 ④ 기여분 vs 유류분 ⑤ 제3자 증여분 반환 ⑥ 평생 배우자 사전증여 ⑦ 유류분반환청구 등이 그것이다한용섭 기자, "[BIG STORY] 유류분 소송 '7가지 쟁점'," 한국경제신문 2016년 3월 8일자 기사 참조.

중앙일보가 2012년 1월부터 2013년 3월까지 서울 소재 법원의 유류분 반환청구소송 67건의 판결문을 입수해 분석한 결과, 원고의 절반을 웃도는 51.6%가 딸이고 아들은 25.2%이다. 피상속인상속재산의 원소유주의 아내는 3.8%, 나머지 19.5%는 피상속인의 형제자매 및 사망한 상속인의 유족이다. 소송을 당하는 피고는 아들이 49.6%로 가장 많고 딸은 18.8%에 불과하다. 전체 피고에 장남이 포함된 건 61.2%, 장남이 원고에 포함된 사건은 4.5%라고 한다.

유류분 반환청구소송은 부모의 불공평한 생전증여가 가장 큰 원인으로 나타났다. 생전증여는 '특별수익'으로 불린다. 이게 문제되는 건 대법원 판례 때문이다. 원래 민법에는 상속 개시 1년 이내에 증여한 경우에만 유류분 산정을 위한 기초재산에 산입한다고 규정돼 있다. 하지만 대법원은 1996년 "공동상속인 중에 피상속인으로부터 재산을 받아 특별수익을 얻은 자가 있는 경우는 이 조항을 배제한다"고 판시했다. 즉 아들·딸, 혼외 자식 등 공동상속인 중 일부에게만 부모가 재산을 생전에 나눠줬다면 기간에 상관없이 유류분 청구가 가능하다고 본 것이다. 그래서 결혼할 때 준 전세자금, 유학비용 등 부모가 생전에 일부 자식에게만 준 재산은 모두 특별수익으로 소송대상이 되는 셈이다. 유류분 반환청구소송의 끝은 대부분 가족관계 파탄이다.

유언

유언이란 유언자가 자기를 둘러싼 재산관계나 가족관계에 관한 어떤 법률효과를 사망 이후에 발생시키려는 일정한 방식에 의한 상대방 없는 단독행위이다. 민법은 의사표시의 존재를 명확히 하기 위해 유언의 방식을 제한하는 요식주의를 취한다제1060조. 유언자는 자기가 한 유언을 언제든지 철회할 수 있다제1108조. 유언자는 유언의 의사표시를 할 때에 유언능력을 갖추고 있어야 한다. 유언적령은 만 17세이다제1061조.

유언장과 관련해서는 민법 제1066조가 규정한다. 자필증서에 의한 유언은 유언자가 그 전문과 연월일, 주소, 성명을 자서하고 날인하여야 한다제1항. 전항의 증서에 문자의 삽입, 삭제 또는 변경을 함에 있에는 유언자가 이를 자서하고 날인하여야 한다제2항.

01 휴지조각된 '150억 상속' 유언장

수백억원대 자산가 사망 후 한 장의 유언장을 놓고 벌어진 자녀들 간의 법정 다툼이 3년 만에 대법원에서 '무효'로 결론났다. 유언장 내용에 주소가 포함돼 있지만 별도로 적지 않은 탓에 모든 상속재산은 유언 내용과 관계없이 법정상속분에 따라 균등 분배되게 됐다. 즉 대법원은 "법적 요건을 갖추지 못한 유언장은 그것이 유언자의 진정한 의사와 일치하더라도 무효"라며 "직접 쓴 주소가 존재하지 않는다고 본 원심의 판단은 정당하다"고 말했다"중앙일보 2015년 5월 6일자 "주소 썼지만 … 휴지조각 된 '150억 상속' 유언장" 기사 참조.

02 자필 유언장, 효력 인정받으려면

① 내용은 자유롭게 쓸 수 있다. ② 전부 자필로 기재해야 한다. ③ 연월일, 주소, 성명, 날인 모두 써야 한다. ④ 번지수를 포함한 세부 주소까지 적어야 한다. ⑤ 내용을 수정할 때는 자필로 고치고 날인해야 한다.

불효소송: 권리를 위한 부모의 투쟁

기족관계에서 사람들이 이타적으로 행동하는 이유에 대해 매우 설득력 있는 견해를 소개하기로 한다. "혈족 사이의 이타주의는 우선적으로 혈족 선택kin selection의 이론에 의하여 설명될 수 있다. 이 이론에 따르면 자신과 공통의 유전자를 가진 사람친족에 대하여 도움을 주면 그 유전자가 후대에 전해질 확률이 높아지기 때문에 그처럼 도움을 주게 되는 이타적 성향이 진화하게 되었다고 설명한다"윤진수, 6~9쪽 참조. 부모가 자신의 목숨을 희생하면서까지 자녀의 목숨을 구한다거나 이른바 자녀의 교육을 위해 자신을 희생하는 '기러기아빠'도 그러한 예에 해당하는 것이다. 최근 이러한 이타적 가족관계에 금이 가고 있는 사례가 많이 발생하고 있다. 대표적으로 '불효소송'이 바로 그것이다.

불효소송이란 부모가 자신에 대한 부양을 조건으로 재산을 자식에게 미리 상속했지만 자식들이 부양의무를 다하지 않은 경우에 상속했던 재산을 다시 돌려달라고 자식을 상대로 벌이는 소송을 이른다. 이는 물론 법률용어는 아니지만 우리의 세태를 정확히 반영하는 용어이기도 하다.

2014년 8월 16일부터 2015년 2월 15일까지 방영된 KBS 2TV 주말연속극인 「가족끼리 왜 이래」는 불효소송을 다루고 있다. 자식들만을 바라보며 살아온 '자식 바보' 아빠가 이기적인 자식들을 개조하기 위해 고육지책苦肉之策으로 내놓은 '불효소송'을 중심으로 가족이기에 당연하게 여겼던 고마움과 미안함을 전하는 휴먼 가족드라마이다. 경제 위기와 노인 빈곤 문제가 불효소송 증가의 원인으로 꼽힌다.

보건복지부에 따르면 재산을 물려준 자녀를 상대로 한 부양료 청구소송은 2014년 262건으로 10년 전인 2004년 135건에서 2배 가까이 늘었다. 2014년 한해에 발생한 노인 학대 사건은 5,772건에 달한다고 한다.

법원은 통상적으로 '부담부 증여상대방에게 부담이 있는 증여'라는 점이 입증

될 경우에만 부모의 주장을 받아들였다. 즉 부모를 봉양하겠다는 자녀의 약속을 믿고 재산을 주었는데 자녀가 부모봉양의 약속을 지키지 않았기 때문에 부모로부터 받은 재산을 돌려 주어야 한다는 대법원 판결이 그것이다. 이 사건에서는 부모가 자녀에게 효도각서를 받았다고 한다. 그러나 효도각서를 받지 아니한 사례에서는 부모가 패소한 것으로 나타났다.

여론조사 전문기관 리얼미터가 2015년 12월 28일 전국 19세 이상 567명을 대상으로 설문조사한 결과, 효도계약에 대해 '필요하다'는 응답이 77.3%로 조사됐다. '필요없다'는 응답은 14.7%, '잘 모른다'는 대답은 8.0%였다.

'효도계약'이 필요하다는 응답률을 지역별로 보면 대구·경북92.8%이 가장 높았고, 부산·경남·울산85.8%, 수도권73.2%, 대전·충청·세종71.6%, 광주·전라65.8% 순이다.

연령대별 찬성률은 50대가 87.0%, 30대가 80.5%, 60대 이상이 79.6%, 40대는 73.2%였지만 20대는 64.7%로 비교적 낮았다.

맹자는 그가 살던 전국시대戰國時代의 가장 큰 문제가 관계의 해체, 구체적으로는 가족의 붕괴라고 보았다. 맹자는 가족 해체 현상이 지속된다면 문명사회는커녕 짐승들보다 못한 야만상태로 추락할 것을 우려하였다. 여기서 맹자는 '차마 하지 못하는 마음'이 '차마 하지 못하는 정치'로 접속될 수 있는, '차마 하지 못하는 마음'을 형성하고 연마하며 또 실천하는 마당으로서 '가족'에 주목한다. 맹자는 가족관계 속에 존재하는 사랑, 즉 부모가 자식을 아끼는 '자애慈愛'와 자식이 부모를 섬기는 '효심孝心'을 인간문명을 재건할 핵심요소로 보고 이를 '어떻게 배양할 것인가'라는 전략적 사유를 전개하였다배병삼, "「맹자」 나의 고전읽기", 100쪽 참조.

아래 사례는 불효소송을 통해 재판에서는 이겼지만 가족 간 갈등의 골이 깊게 패인 것을 보여주고 있다.

불효 못참아

"올해 83세인 A씨는 2013년 8월 손자 명의로 3개의 정기예금 계좌를 만들고 거기에 5,000만원을 넣어줬다. 며느리 명의로도 계좌를 개설해 5,000만원을 예치했다. A씨는 총 1억원을 며느리와 손자에게 물려줬다. 대신 각 예금에서 매달 발생하는 이자는 A씨가 생활비로 쓰기로 했다. 며느리와 손자도 만기일인 2033년까지 동의없이 예금을 해지하거나 인출하지 않기로 A씨와 약속했다. 하지만 1년 만에 약속은 깨졌다. 며느리가 갑자기 본인과 손자의 계좌를 모두 해지하고 돈을 챙겨간 것이다. 은행 직원의 연락을 받고 이 사실을 안 A씨는 곧바로 법원에 각 계좌의 예탁자명의를 자신으로 바꿔 달라며 소송을 제기했다. A씨는 "손자와 며느리에게 재산을 물려준 건 단순 증여가 아니라 받는 사람이 약속된 의무를 이행해야 하는 부담부 증여"라고 주장했다. 소송 과정에서 손자는 부담부증여가 아니라고 항변했다. 2015년 12월 대구지법 서부지원은 "손자는 예탁자 명의를 할아버지에게 돌려주라"고 판결하면서 A씨는 물려줬던 재산을 다시 돌려받게 됐다"헤럴드경제 2016년 1월 4일자 "[100세 시대 판결] '불효 못참아' 재산 줬다 뺏는 소송 급증" 기사 참조.

제5부

형법의 숲길을 걷다

01
베카리아와
죄형법정주의

체사레 베카리아의 「범죄와 형벌」

시민혁명이 시민법전통의 모든 부분에 심대한 영향을 미쳤으나 그 영향이 가장 뚜렷하게 나타난 곳은 공법분야이다. 공법분야 내에서도 구제도ancien regime에 대한 타파 요구가 가장 절실했던 형사소송절차에 집중된다. 이 분야에서 가장 중요한 해설자는 체사레 베카리아Cesare Beccaria Bonesana, Marquis of Beccaria, 1738~1794로 26세 때 펴낸 「범죄와 형벌」은 1764년 유럽무대에 등장한 서양 역사상 형사소송에 관한 가장 영향력 있는 저서이다.

그런데 그가 살아 있었을 당시 세계최고의 지성으로 가득 차 있다고 찬사와 갈채를 받았던 그의 논문에 관하여 조금이라도 암시가 될 만한 실마리를 그의 소년시절이나 사춘기에서 찾아 보려고 한다면 그것은 쓸데 없는 일이다. 그는 학문적 연구에 그다지 흥미를 느끼는 일도 없었고 또한 관심도 가지지 않았기 때문이다. 그러나 확실히 수학에 대해서는 상당한 재질을 보여주었다고 한다민건식 편저, 『형사학의 선구자』, 39쪽.

　그래서 한국경제신문 허원순 논설위원은 "형벌의 진화"2015. 2. 2라는 칼럼에서 밀라노 귀족가문 출신의 베카리아를 경제분석에 처음으로 수학을 이용한 저술가로 평가한다. 「범죄와 형벌」은 국가적 형벌시스템에서 근대 이전과 근대를 나누는 저작으로 꼽히며, 전통의 종교로부터 세속법률 체계를 해방시켰다는 평가를 받는다. 즉 사회계약에 포함되지 않은 형벌은 부당한 것이고, 형벌은 입법자에 의해 법률로 규정돼야 한다는 원리를 설파한 저술이기 때문이라고 한다. "'네 죄를 네가 알렸다!', '매우 쳐라!' 이 땅에서는 어쩌면 이 두 마디면 족했을 원님재판이 횡행하던 시절, 그는 주관적 형법이 아닌 객관적 형법사상을 확립했다. 서구의 이런 자유주의적, 인도주의적 형법이론이 없었다면 근대는 없었거나 한참 늦었을 것이다. 사회계약설에 의한 국가형벌권, 죄형법정주의 같은 주요 법원리가 250년 전 베카리아의 책에 가닿는다."

　베카리아는 "법률이 없으면 범죄 없고 법률이 없으면 형벌 없다nullum crimen sine lege and nulla poena sine lege"는 죄형법정주의 원리를 확립한다. 베카리아의 주장에는 실증주의, 합리주의 그리고 자연법학파가 내세우는 인권사상이 스며 있다. 이는 전제적專制的 형사사법에 대한 반동反動으로서 시민의 자유와 권리를 수호하기 위한 정치적 요청에 따라 이루어진 근세 자연권적 인권사상 또는 계몽주의 국법

▲ 베카리아　　출처: 위키백과

학의 산물이다. 그 사상적 기초는 모든 사람의 자연적이고 불가침적 자유권을 보장하고 법적 안정성과 예측가능성을 유지하기 위해서는 모든 사람을 구속하는 이성理性을 법률에 규정하고, 국가적 자의恣意를 이성에 반하는 장애로서 제거해야 한다는 것이다.

　베카리아의 저작과 사상이 독일에 채 알려지기도 전에 독일에서 계몽

주의사상을 형법학에 수용·발전시킨 사람은 라이프찌히 대학교수 홈멜Karl Ferdinand Hommel, 1722~1781이다. 그는 프랑스의 계몽사상가 몽테스키외와 볼테르Voltaire, 1694~1778의 영향 아래 범죄의 사회적 원인에 관한 상세한 연구를 바탕으로 형법영역에서 모든 낡은 신정주의적 사고를 축출할 것을 주장한다. 그리하여 사회적 유해성과 관련 없는 여러 가지 낡은 법률의 폐지, 형벌의 감경, 범죄와 형벌 사이의 합리적 균형, 사형의 최대한의 제한 등을 골자로 하는 형법개혁을 요구한다.

베카리아가 주장하던 것과 유사한 원리들이 동시에 보통법전통의 형사 절차 발전에도 영향을 미친다. 한 가지 차이는 프랑스혁명의 결과 유럽에서 죄형법정주의의 시민법전통에 미친 영향을 지나치게 과장한 점이다. 그 결과 오늘날에도 시민법전통은 모든 범죄와 형벌은 입법부가 제정한 법률로 규정되어야 한다는 원리를 지나치게 강조하는 경향이 있다.

죄형법정주의 원리에 대한 강조는 합리적인 체계의 일부로서 시민이 읽을 수 있는 용어로 쓰인 법률을 가지고자 하는 욕구와 함께 형법의 법전화를 가져오게 한 점은 분명하다.

▲ 판테옹
판테옹은 국가를 빛낸 인물을 기리는 사당으로 볼테르도 여기에 묻혀 있다.　출처: 두산백과

죄형법정주의의 내용

예링Rudolf von Jhering, 1818~1892은 형법에 대해 "국민성 전체, 그 사상과 감정, 그 정서와 열정, 그 교양과 무교양이 형법에 나타나 있다. 한마디로 말하여 형법 속에 국민정신이 반영되어 있는 것이다. 즉 형법은 국민 그

자체이며 모든 국민의 형법사는 인류심리학의 일부분인 것이다"라고 갈 파하였다민건식 편저, 『형사학의 선구자』, 100쪽.

각 사회는 저마다 어떤 행위에 범죄라는 이름을 붙일 수 있는가를 정 의한다. 어떤 의미에서는 사회는 명백히 원하는 범죄의 양을 스스로 결 정한다. 법이 일정한 행위가 범죄라고 선언할 때 그 행위를 행하는 사람 은 범죄자가 되는 것이다.

■ 다산 정약용의 흠흠신서欽欽新書 이야기

흠흠신서는 조선 후기 실학자 정약용丁若鏞이 저술한 형법서이다. 30권 10 책. 508권의 정약용 저서 가운데 「경세유표經世遺表」·「목민심서牧民心書」와 함께 1표表 2서書라고 일컬어지는 대표적 저서이다. 정약용은 살인사건의 조사·심리·처형 과정이 매우 형식적이고 무성의하게 진행되는 것은 사건 을 다루는 관료 사대부들이 율문律文에 밝지 못하고 사실을 올바르게 판단 하는 기술이 미약하기 때문이라고 여겼다. 이에 따라 생명존중 사상이 무 디어져가는 것을 개탄하였다. 이를 바로잡고 계몽할 필요성을 느껴 책의 집필에 착수한 것이고, 1819년순조 19에 완성 1822년에 간행되었다. 내용은 경사요의經史要義 3권, 비상전초批詳雋抄 5권, 의율차례擬律差例 4권, 상형추 의詳刑追議 15권, 전발무사剪跋蕪詞 3권으로 구성되어 있다. 이 중 <경사요 의>에는 당시 범죄인에게 적용하던 「대명률」과 「경국대전」 형벌 규정의 기본 원리와 지도이념이 되는 유교경전 가운데 중요 부분을 요약, 논술하 였다. 그리고 중국과 조선의 사서 중에서 참고될 만한 선례를 뽑아서 요약 하였다. 또 중국 79건, 조선 36건 등 도합 115건의 판례가 분류, 소개되어 있다출처: 한국민족문화대백과, 한국학중앙연구원.

하버드대 로스쿨 석지영 교수는 "형법은 더욱 확장되고 있다. 예전에 는 형법상 규제되지 않았던 삶의 부분들을 형법의 테두리 안에 가두기 위해서, 특히 책무를 지닐 새로운 형법의 대상자를 좀 더 찾아가며 확장 을 하는 것이다. 이러한 확장은 외부적 뿐만 아니라 내부적으로도 이루 어지고 있다. 전통적으로 형법은 가정의 보호구역, 친밀한 가족 공간 내 로 들어올 수 없었다. 형법은 전통적으로 개인 공간에 관여하는 것을 꺼려 왔고, 바로 이러한 망설임이 여성 폭력에 대한 정부의 묵인을 가능하도록 해 준 요소로 해석될 수 있다. 가정 프라이버시에 대한 도전과 가정폭력의 형법화가 바로 법적 페미니즘의 특정적 목적이다"라고 평가한다석지영(김하나 역),「법의 재발견」, 33~34쪽.

헌법은 형사상의 근본원칙으로 "누구든지 법률에 의하지 아니하고는 체포·구속·압수·수색 또는 심문을 받지 아니하며, 법률과 적법한 절차에 의하지 아니하고는 처벌·보안처분 또는 강제노역을 받지 아니한다"제12조고 규정한다. 또한 형법은 "범죄의 성립과 처벌은 행위 시의 법률에 의한다"제1조고 규정한다. 즉 무엇을 범죄로 하고 그에 대해 형벌을 과하는 것은 사전에 제정한 법률에 따라 결정되어야 한다. 다시 말하면 "법률 없으면 형벌 없다." 이것을 죄형법정주의라고 한다. 이 사상은 죄의 판정·형의 양정에 관한 권력집행자의 자의恣意를 허용하지 않고, 형벌의 집행은 객관적인 준칙法에 따라야 한다는 것이다. 죄형법정주의는 국가형벌권의 확장과 자의적 행사로부터 시민의 자유를 보장하기 위한 형법의 최고원리이다.

현대적 의의의 죄형법정주의는 단순히 "법률 없으면 범죄 없고 형벌 없다"는 원칙에 그치는 것이 아니라 그 내용이 실질적 정의에 합치하는 "적정한 법률 없으면 범죄 없고 형벌 없다"는 원칙을 의미한다. 이러한 의미에서 현대적 의미의 죄형법정주의는 법관의 자의恣意로부터 국민의 자유를 보호할 뿐 아니라 입법권의 자의로부터도 국민의 자유를 보호하는 기능을 가진다.

죄형법정주의에는 법률주의관습형법금지의 원칙, 소급효금지의 원칙, 명확성의 원칙, 유추해석금지의 원칙, 적정성의 원칙 등이 내포되어 있다.

첫째, 법률주의는 형법을 국회에서 입법절차에 따라 제정해야 한다는 대의민주주의 사상에 그 근거를 둔다. 법률주의는 관습형법의 금지를 그 내용으로 하며 관습형법금지의 원칙은 처벌하거나 형을 가중하는 관습법의 금지를 의미한다. 따라서 관습법을 근거로 새로운 범죄구성요건을 만들거나 기존의 구성요건을 가중처벌하는 것은 허용되지 않는다. 그러나 관습법은 간접적으로 형법의 해석에 영향을 미친다. 이를 보충적 관습법이라 한다.

둘째, 소급효금지의 원칙이란 법적 안정성과 법률에 대한 예측가능성을 담보하는 법치국가이념에 그 근거를 둔다. 형벌법규는 그 시행 이후에 이루어진 행위에 대하여만 적용되고 시행 이전의 행위에까지 소급하여 적용될 수 없다는 원칙을 말한다. 소급효금지의 원칙도 행위자에게 불이익한 소급효를 금지하는 데 의의가 있다. 따라서 소급효금지의 원칙은 사후입법으로 새로운 구성요건을 제정하거나 이미 존재하는 구성요건에 새로운 행위를 포함하는 경우에 적용된다. 즉 행위시에 죄가 되지 아니하는 행위는 사후입법事後立法에 의하여 처벌받지 아니한다.

셋째, 명확성의 원칙은 법률에 범죄와 형벌을 가능한 한 명확하게 확정하여야 법관의 자의를 방지할 수 있고, 국민으로서도 어떤 행위가 형법에서 금지되고 그 행위에 대하여 어떤 형벌이 과하여지는가를 예측하게 되어 규범의 의사결정효력을 담보할 수 있다는 것이다. 예를 들어 '행실이 불량한 자는 사형에 처한다'는 구성요건이 있는 경우에 이러한 구성요건은 명확성이 없기 때문에 죄형법정주의에 반하는 법률이 된다. 형벌이 명확하여야 한다는 요청과 관련하여 문제되는 것이 부정기형不定期刑이다. 부정기형이란 형의 선고시에 기간을 특정하지 않고 그 기간이 형의 집행단계에서 결정되는 것이다. 부정기형에는 형의 장·단기가 전혀 특정되지 아니하는 절대적 부정기형과 장기와 단기 또는 그 장기가 법정되어 있는 상대적 부정기형이 있다. 형벌의 명확성의 요청에 반하는 것은 절대적 부정기형이다. 소년법은 소년형에 대하여 상대적 부정기형을 인정한다.

넷째, 유추해석금지의 원칙에서 유추해석은 법률에 규정이 없는 사항에 대하여 그것과 유사한 성질을 가지는 사항에 관한 법률을 적용하는 것이다. 죄형법정주의는 유추해석에 의하여 새로운 구성요건을 만들거나 기존의 구성요건에 대한 형을 가중할 수 없도록 요구한다. 가령 전화를 거는 것을 주거침입에 해당한다고 해석하는 것이 좋은 예이다.

다섯째, 적정성의 원칙은 형벌법규 적용의 필요성과 죄형의 균형을 그 내용으로 한다. 어떤 행위를 처벌할 필요성이 있느냐 없느냐를 결정함에 있어서는 과연 사회보호가 필요불가결한 것인가에 대한 적정한 교량과 보편타당한 인식에 기초를 두어야 한다. 그리고 형벌법규의 내용에 있어서 범죄와 형벌 사이에는 적정한 균형이 유지되어야 하고 잔혹한 형벌은 금지되어야 한다.

채근담菜根譚 **한마디**

18. 蓋世功勞, 當不得一箇矜字개세공로 당부득일개긍자. 彌天罪過, 當不得一箇悔字미천죄과 당부득일개회자. 온 세상에 알려질 만큼 큰 공로를 세웠다고 할지라도 스스로 그 일을 자랑한다면 아무런 가치가 없을 것이며, 하늘에 가득 찰 만큼 큰 죄를 지었더라도 진심으로 깊이 뉘우친다면 그 죄는 용서받을 수 있을 것이다.

肝受病, 則目不能視. 腎受病, 則耳不能聽간수병, 즉목불능시. 신수병 즉이불능청. 病受於人所不見, 必發於人所共見병수어인소불견, 필발어인소공견. 故君子欲無得罪於昭昭, 先無得罪於冥冥고군자욕무득죄어소소, 선무득죄어명명. 간이 병들면 눈이 보이지 않고 콩팥이 병들면 귀가 들리지 않는다. 병은 남들이 보지 못하는 곳에 들지만 반드시 남들이 모두 다 볼 수 있는 곳에 나타난다. 그러므로 참된 사람은 밝은 곳에서 죄를 얻지 않으려면 먼저 어두운 곳에서 죄를 짓지 말아야 할 것임을 안다.

고종황제: 「형법대전」을 제정하다

다음 사진은 「형법대전 刑法大全」이다. 국한문 혼용체로 5편 17장 680조로 구성되어 있다. 1905년 5월 29일에 반포하였다. 갑오개혁 당시의 신식법률반포新式法律頒布의 예고에 유래한 것이며, 1895년고종 32년 2월 17일 국민에게 선포한 「홍범십사조洪範十四條」 속의 '민법·형법 엄명제정嚴明制定'의 구체화 작업이다.

▲ 형법대전
1905년에 공포된 조선 말기
의 법전
〈연세대학교 도서관〉 소장

「형법대전」은 종래의 법전편찬 형식이었던 육분주의六分主義, 즉 육조六曹 관부官府의 소관사항을 기준으로 한 분류방식을 탈퇴하고, 근대법 이론상의 편찬형식, 즉 단일법전 안에 범죄의 성립 및 형식의 종류에 관한 총칙적 규정을 두고, 그에 기초하여 각 범죄에 대한 형벌규정을 전개하는 형식을 취하였다. 「형법대전」의 구성 내용은 법례法例·죄례罪例·형례刑例 및 율례律例 상하上下의 5편으로 나누어져 있고, 각 편은 다시 장章·절節로 세분되어 있다. 이 법전의 제정에는 1901년 5월 법부대신 유기환兪箕煥의 명령으로 형법교정관刑法校正官들이 기초하고, 1900년에 내한한 법부고문 크레마지Cremazy, L., 金雅始도 참여하였다고 한다.

일제강점기 「조선형사령 朝鮮刑事令」1912년 시행에 의하여 폐지된다. 「형법대전」의 적용기간은 8년에 지나지 않지만, 한국법의 근대화 과정에서 가지는 의의는 매우 크다. 서양의 형법이 계수되기 시작한 것은 1911년의 조선형사령朝鮮刑事令 이후부터이다. 이는 독일형법을 모방한 일본형법을 그대로 의용依用한 것이다. 김상용 교수는 일제강점기 법은 인류보편적인 가치와 사상에 기초한 자연법이 아니라, 식민정치의 수단으로서 지극히 법실증주의적인 법으로 악법이라고 평가한다김상용,「한국법사와 법정책」, 185쪽.

8·15광복 후에도 군정법령軍政法令에 의하여 그대로 의용하다가, 1953년 9월 18일 법률 제293호로 형법이 공포되어 같은 해 10월 3일부터 시행되었다.

02
안락사, 죽음에 대한 선택

안락사란 회복할 수 없는 결정적인 죽음의 단계에 들어선 중환자에게 고통을 덜어주기 위해 그 생명의 종기를 인위적으로 앞당기거나 그 가능한 생명연장조치를 중단해버리는 경우를 말한다. 즉 현대의학상 불치의 병 또는 사고로 사경을 헤매는 환자에 대하여 그 자신의 자결권에 따라 또는 자신의 견해표명이 불가능한 경우에는 보호자의 진지한 뜻에 따라 그가 인간다운 죽음을 맞이할 수 있도록 그의 생명을 인위적으로 단축케 하는 조치이다. Euthanasia는 그리스어인 Euthanatos선량하고 사랑스럽고 고통 없는 죽음로부터 유래한다.

안락사 중에서도 진정제 투여 등 적극적인 개입을 통해 죽음을 앞당기는 경우를 '적극적 안락사', 이미 죽음의 위기에 달한 환자의 연명치료를 중단해 사망하게 하면 '소극적 안락사'라 부른다. '존엄사'라는 명칭도 소극적 안락사와 같은 의미로 널리 사용된다.

구별이 필요한 개념은 안락자살과 호스피스이다.

첫째, 안락자살은 말기환자들의 고통경감이라는 목적과 이를 위해 환자가 죽음을 선택한다는 점에서는 안락사와 같지만 최후에 이르게 하는 약품을 몸에 투여하는 사람이 누구인가 하는 점에서 큰 차이가 난다. 안락사에서는 의사가 말기환자에게 극약을 직접 주사해 사망케 하지만 안락자살은 의사가 약을 처방만 할 뿐 환자가 이를 몸에 투여하는 과정에는 전혀 개입하지 않는다는 점에서 다르다. 안락자살은 의사가 처방해 준 극약을 환자가 남의 손을 전혀 빌리지 않고 자기 손으로 복용해 사망에 이르는 것이다.

둘째, 호스피스는 말기환자들이 편안하게 죽음을 받아들일 수 있도록 도와주는 적극적인 의료행위이다. 즉 환자의 통증조절과 정신적 지지에 역점을 두고 극심한 육체적 고통과 죽음 이후의 상태에 대한 불안감을 극복하도록 하는 진료형태이다. 그러므로 일부러 환자의 죽음을 재촉하는 안락사와는 다른 개념이다. 치료수단이 없는 말기환자들이라면 누구나 호스피스대상이 된다. 진정한 호스피스는 불필요한 모든 치료를 배제하고 말 그대로 환자를 편하고 자유롭게 해주는 것이다. 호스피스 치료에 있어서 모르핀 등 마약은 치료의 핵심이 된다.

안락사는 1997년 미국 오리건주가 허용한 데 이어, 유럽에서는 2001년 세계 최초로 안락사를 법으로 허용한 네덜란드를 시작으로 2002년 벨기에, 2004년 룩셈부르크 등지에선 허용되거나 기소대상에서 제외되는 형태로 사실상 합법화된 국가들이 적지 않다.

▮ 췌장암으로 6개월 시한부 선고를 받은 스티브 잡스의 마지막 연설

2011년 세상을 떠난 스티브 잡스Steve Jobs, 1955~2011는 췌장암으로 6개월밖에는 더 살 수 없다는 것을 알고 모교인 스탠퍼드 대학 연설에서 이렇게 말한다. "17세 때 다음과 같은 글을 읽었습니다. "매일을 인생의 마지막 날처럼 살아간다면 당신이 분명히 올바르게 살았다는 것을 알게 될 것이다". 이 글은 내게 감동을 줬습니다. 그 뒤로 33년을 살아오는 동안 저는 매일 거울을 보면서 스스로 물었습니다. 오늘이 내 인생의 마지막 날이라면?…곧 죽으리라는 것을 생각하는 것은, 내가 인생에서 큰 결정들을 내리는 데 도움을 준 가장 중요한 도구였습니다.…죽음은 새로운 것이 옛것을 대체할 수 있도록 해주는, 삶이 만드는 최고의 발명입니다"박용현 교수 "[그린리더스 칼럼] 웰다잉(well-dying)의 시대. 스티브 잡스 "죽음은 최고의 발명이다"," 환경TV 2015년 12월 15일자 칼럼 참조. 스티브 잡스는 미국의 기업가이며 애플의 창업자이다. 애플 CEO로 활동하며 아이폰, 아이패

▲ 스티브 잡스 출처: 두산백과

드를 출시, IT업계에 새로운 바람을 불러일으켰다. 그는 불교의 선禪과 테크놀로지에 대한 이해가 깊었다고 한다. 내면 깊은 곳에 몽상가적 기질을 품고 있었으며 대단한 것을 발명하지는 않았지만 자기만의 독특한 규칙을 고집하는 보스였다. 우리 삶의 방식을 혁신적으로 바꿔낸 사람으로서 새파랗게 젊은 나이에 허름한 집 차고에서 시작한 작은 사업을 세계 최고의 기업으로 성장시킨 신화의 주인공이다. 잡스는 출생 직후 친부모로부터 버림받아 자녀가 없던 폴 잡스 부부에게 입양됐다. 양부모의 사랑을 받으며 성장했고 1972년 가을 오리건주 포틀랜드에 있는 리드대학교에 입학했다. 아버지 폴 잡스는 넉넉한 살림이 아니었지만 "아들을 반드시 대학에 보내겠다"고 신에게 서약했다고 한다. 대학 시절 선불교에 대한 심취는 젊은 시절 한 때의 취미가 아니라 선불교의 수행을 통해 얻은 미니멀리즘적 미학과 강렬한 집중은 그의 일생에 걸쳐 나타났다고 한다. "인생에 집중하라"는 그의 주장처럼 평소 뜨거운 혁신의 열정으로 여러 신제품을 내놓음으로써 세계 IT업계를 주름잡던 그에게도 끝은 있었다. 2011년 새해 잡스는 또다시 몸에 이상을 느껴 병가를 냈다. 이후 그는 치열하게 회복을 위해 노력했으나 신은 더 이상의 시간을 허락하지 않았다. 잡스는 그해 8월 애플사의 최고경영자에서 물러나자마자 불과 석달 뒤 눈을 감았다장석주, "[장석주의 인류의 '등대'를 찾아서 ⑨] IT산업의 '영웅' 스티브 잡스" 「월간중앙」 (2016. 10. 10) 참조. 12세기 선승 원오 극근圓悟 克勤은 그의 어록에서 다음과 같은 말을 하고 있다. "생야전기현生也全機現, 사야전기현死也全機現". 이 말은 "살 때는 삶에 철저하여 그 전부를 살아야 하고, 죽을 때는 죽음에 철저하여 그 전부를 죽어야 한다"는 뜻이다. 스티브 잡스에 어울리는 말이

다. 만년晩年의 아인슈타인은 죽음에 대해 어떻게 생각하느냐는 질문에 "더 이상 모차르트를 들을 수 없는 것"이라 답했다고 한다피천득·김재순·법정·최인호, 「대화」, 65쪽.

우리나라에서도 2016년 2월 3일 이른바 「웰다잉법」으로 불리는 「호스피스·완화의료 및 임종 과정에 있는 환자의 연명의료 결정에 관한 법률」이 제정됐다2017. 8. 4. 시행.

세계 각국의 안락사 입법 동향

유럽

유럽에서는 ① 2001년 네덜란드가 세계 최초로 안락사를 법으로 허용한 데 이어 ② 2002년 벨기에2013년 한해 1,800건의 안락사가 시행됐다고 한다. 이들 대부분은 암환자이다. 안락사는 벨기에 전체 사망의 약 1%를 차지한다 ③ 2004년 룩셈부르크가 이에 동참한다. ④ 스위스의 경우 직접 안락사를 시키는 것은 여전히 불법이지만 안락사를 돕는 이른바 조력자살은 허용된다. ⑤ 프랑스도 2016년 1월 27일 의사가 환자에게 무의미한 연명치료를 중단하고, 진정제를 투여함으로써 안락사시킬 수 있게끔 허용하는 법안을 통과시켰다. ⑥ 독일은 1993년 병원이 식물인간인 환자의 연명치료를 중단한 것은 무죄라는 판례를 바탕으로 존엄사를 인정하고 있다.

세계 최초로 안락사를 법으로 허용한 네덜란드의 관용성

이에 대해 분석한 책러셀 쇼토 저(허영은 역), 「세상에서 가장 자유로운 도시 암스테르담」, 책세상, 2016을 소개하고자 한다. 지은이 러셀 쇼토는 미국 역사학자이자 저널리스트로 2008~2013년 암스테르담의 존 애덤스 연구소장을 지낸 학자이다. 네덜란드의 세계 최초 기록은 ① 세계 최초로 중독성과 부작용이 약한 대마 허용 ② 1984년 낙태 세계 최초로 합법화 ③ 1988년 성매매

구역을 정하여 성매매 양성화 ④ 1811년 동성애 허용법을 제정하여 성적 소수자 권리 보호 ⑤ 2001년 동성결혼 세계 최초 인정 ⑥ 2001년 말기환자에 대한 안락사 세계 최초로 허용 ⑦ 1971년에는 1년 이상 비어 있는 건물에는 누구나 들어가 거주할

▲ 네덜란드 암스테르담 중앙역출처: 두산백과

수 있는 법 제정 ⑧ 2018년 처음으로 남녀 아닌 '제3의 성性' 인정2018. 5. 28. 림뷔르흐 지방법원 판결 등이다. 하나같이 충격적이고 법적으로 민감한 사안이 아닐 수 없다. 네델란드는 국토의 4분의 1이 해수면과 같거나 낮아 국토의 많은 부분이 제방과 방조제에 의해 홍수나 물의 범람으로부터 보호되고 있으며, 또한 국토의 많은 부분이 바다의 매립을 통해 형성되었다. 이렇게 축복받지 못한 조건을 가진 네델란드의 관용정신의 뿌리는 ① '어차피 벌어질 일이라면 금지보다 통제가 낫다'라는 실용정신 ② 에라스무스1466~1536의 종교관용의 정신 ③ 인간의 자유의지에 대한 신뢰 ④ 척박한 자연환경 등에서 찾을 수 있다고 한다. 우리에게도 시사점을 주는 통찰이 아닐 수 없다최인택 기자, "[책 속으로] 성매매·안락사 … 네델란드는 왜 관대할까," 중앙일보 2016년 3월 5일자 기사 참조. 「도시는 왜 불평등한가」의 저자 리처드 플로리다는 기술Technology, 인재Talent와 함께 관용Tolrerence을 성장에 필요한 3T로 꼽았다. 무엇이든 자유롭게 말할 수 있고, 그래서 다양한 생각과 지식, 정보가 막힘 없이 유통될 수 있기 때문이다. 그런 점에서 관용의 힘은 위대하다.

프랑스의 프랑수아 올랑드 前 대통령은 안락사 허용을 대선 공약으로 내걸어 당선됐다. 파리5대학교 의학과 디디에 시카르 교수팀은 5개월의 연구와 10여 차례의 토론회 등을 거쳐 죽음을 앞둔 환자들의 고통을 단축시키는 방안에 관한 '생의 종말'이라는 보고서를 작성, 2012년 12월 18일 올랑드 대통령에게 제출했다. 이 보고서는 '안락사'라는 표현을 사용하지는 않고 있지만 죽음을 앞둔 환자들의 고통을 단축시키기 위해 죽음을

더 빨리 맞는 방안들을 제시하고 있다. 보고서가 내놓은 방안은 안락사와 진정사, 의료지원 자살 등 3가지이다. 안락사는 모든 치료를 중단하고 진통제를 복용한 다음 처방받은 링거 주사를 맞고 죽음을 맞는 것이고, 진정사는 의식을 잃게 만드는 약을 먹고 순간적으로 죽거나 오랫동안 잠을 자면서 서서히 죽음을 맞는 것이다. 의료지원 자살은 환자가 의사로부터 처방받은 약을 스스로 복용해 죽음을 맞는 방식이다.

프랑스 상하원은 2016년 1월 27일 의사가 환자에게 무의미한 연명치료를 중단하고, 진정제를 투여함으로써 안락사시킬 수 있게끔 허용하는 법안을 통과시켰다. 이는 다만 주사를 맞고 바로 사망하는 안락사와 달리 음식 투여를 중단하고 진정제를 맞으며 죽음을 기다리게 하는 것이다. 법

■ 뱅상 랑베르사건

프랑스에서 안락사문제가 전면적으로 등장한 것은 뱅상 랑베르사건 때문이다. 랑베르는 2008년 오토바이 사고로 뇌에 손상을 입고 7년간 식물인간 상태로 입원해 있다. 랑베르는 최소한의 의식만 있을뿐 고통조차 느끼지 못하며 눈도 움직이지 못하는 상태이다. 랑베르 부인과 조카 등 일부 가족은 그동안 회복가능성이 없다고 보고 인위적으로 제공하는 음식과 물을 끊어야 한다고 주장해 왔다. 랑베르도 사고 전에 연명 치료에 반대한다는 뜻을 여러 차례 분명하게 밝혔다고 한다. 그러나 독실한 가톨릭 신자인 랑베르 부모와 다른 가족은 이에 반대하며 법적 공방을 벌여왔다. 샬롱앙상파뉴 행정법원은 2015년 10월 9일 랑베르의 연명 치료를 중단해 달라는 랑베르 조카의 요청을 받아들이지 않았다. 법원은 "랑베르 담당 의사들이 연명 치료를 중단할 수 있다는 앞선 판결을 따르지 않은 것은 직업적, 도덕적 독립에 기초해 권한을 행사한 것"이라고 이유를 밝혔다SBS 뉴스 2015년 10월 10일자 "프랑스 법원, 7년 식물인간 연명 치료 중단 요청 기각" 기사 참조. 앞서 2014년 6월 프랑스 최고 행정재판소인 국사원과 유럽인권재판소는 랑베르의 연명치료 중단이 인권 위반이 아니라면서 숨질 수 있도록 해야 한다는 결정을 내렸다. 프랑스에서는 2005년부터 말기 환자에 한해 본인의 의지에 따라 치료를 중단할 권리를 부여하고 있으나 약물 투입으로 목숨을 끊는 안락사는 여전히 불법이다연합뉴스 2015년 10월 9일자 "프랑스 법원, 7년 식물인간 연명 치료 중단 요청 기각" 기사 참조.

안은 환자가 죽음을 거의 앞두고 있는 경우에만 한정해 허용된다. 자신의 의사를 표현할 수 없는 환자의 경우 가족들과의 협의를 거쳐야 한다.

아시아

호주에서는 1996년 7월 1일 연방직할지구 Nothern Territory 주에서 세계 최초의 「안락사법」이 발효되었으나 이 법은 1998년 의회에 의해 불법화된다. 참고로 이 법에서는 안락사의 허용요건과 실시방법을 다음과 같이 규정하였다.

01 호주의 안락사 허용요건

① 18세 이상의 환자를 대상으로 말기단계의 질환으로 인한 견딜 수 없는 고통을 겪고 있어야 하며 ② 환자가 요청하여야 하며 ③ 환자의 담당 의사가 안락사의 요건을 구비했다고 인정되면 의료전문가와 정신병 전문가로부터 승인을 받아야 하며 ④ 승인을 얻은 후 7일간의 준비기간을 두어야 하고 이 기간이 지나면 다시 한 번 안락사의 요구를 하여야 하며 48시간을 기다려야 하며 ⑤ 당국의 동의를 얻어야 한다.

02 안락사의 실시방법

안락사를 희망하는 환자는 랩톱화면에 떠오른 "'예'라고 입력하시면 30초 안에 치명적인 약물이 주입되어 사망에 이르게 됩니다. 계속하시겠습니까"라는 글을 읽고 '예'라고 입력하기만 하면, 의사가 환자의 팔뚝에 연결해놓은 정맥 주사선을 따라 최면제 바르비투르산염과 근육이완제로 혼합된 극약이 환자의 체내에 주입되고 환자는 이내 잠에 곯아떨어지고 근육활동이 정지되면서 호흡이 정지하게 된다.

일본에서는 무로마치實町시대 이후 무사武士가 전장에서 부상을 입거나, 죄로 인하여 할복자살割腹自殺하는 때에 죽음의 고통을 덜어주기 위하여 개입한 것이 시초이다. 명치 39년 교토대학 市村光惠 교수가 안락사를 긍정적인 시각에서 거론한 이후 학계에서는 긍정설이 유력하다.

판례는 1950년 동경지방법원의 판결에서 안락사에 대하여 위법성조각

사유로 인정할 가능성을 열었으며 1962년 나고야 고등법원은 안락사 허용요건으로서 6개의 조건을 제시한다.

■ **일본의 안락사 허용요건**
① 환자가 불치의 병으로 사기에 임박하여야 하고 ② 환자의 육체적 고통이 차마 볼 수 없을 정도로 극심해야 하며 ③ 환자의 고통을 완화하기 위한 목적으로 행해져야 하며 ④ 환자의 의식이 명료한 때 본인의 진지한 촉탁 또는 승낙이 있어야 하며 ⑤ 의사에 의하여 시행되어야 하며 ⑥ 방법이 윤리적으로 타당하다고 인정될 수 있을 것.

1995년 요코하마 법원의 판결 이후 안락사가 사회적으로 용인되고 있다. 당시 요코하마 법원은 ① 환자가 참기 힘든 고통 ② 죽음의 임박성 ③ 본인의 의사 ④ 고통제거수단의 유무 등을 기준으로 안락사를 허용할 수 있다는 판결을 내렸다.

미국과 캐나다

1994년 11월 8일 미국 오리건 주는 「존엄하게 죽을 권리법」^{존엄사법}을 주민투표 51대 49로 통과시킨다. 이 법은 '죽음의 권리'라는 시민단체가 앞장서 주민입법청원을 하면서 마련된 것이다. '죽음의 권리'는 부인이 암으로 극심하게 고통을 겪다 사망하는 모습을 지켜본 앨 시나드라는 시민운동가가 말기환자가 존엄하게 죽을 수 있는 권리를 주장하며 1993년 7월 결성한 것이다. 이 법에는 환자의 서면동의서와 의사의 상태확인서를 첨부하여 주 당국에 사전신고하여야 하며 해당 의사는 처방은 하되 직접 간여하지는 못한다는 전제조건이 붙어 있다. 2006년 1월 17일 미국 연방대법원이 미국에서 유일하게 안락사를 인정한 오리건 주의 「존엄사법」이 정당하다고 판결한다.

■ **존엄사 택한 환자들이 말하는 고통은?**

1998~2015년에 존엄사를 택한 오리건주의 주민 991명에게 "존엄사 택한 환자들이 말하는 고통은?"이란 주제로 설문을 하였다복수응답 가능. 그 결과는 다음과 같다. ① 독자적 의사결정력 상실(903) ② 일상생활이 지루하고 재미없다(885) ③ 존엄성 상실(677) ④ 신체기능 통제력 상실(474) ⑤ 가족·친구에게 부담돼(405) ⑥ 통증이 심해서(248) ⑦ 치료비 부담(30) 등으로 나타났다중앙일보 2017년 4월 24일자 "떠나기전 마음 보듬어줄 전문가, 호스피스에 없어도 된다?" 기사 참조).

워싱턴 주에서 2009년 3월 5일부터 「안락사법」이 발효되었다. 이로써 워싱턴 주가 오리건 주에 이어 미국에서 안락사를 인정한 두 번째 주가 된 것이다. 이는 2008년 11월 불치병 환자에 극약을 처방해 죽음에 이르게 하는 안락사Assisted Suicide를 인정하는 내용의 '워싱턴 이니셔티브 1000' 법안이 주 유권자 60%의 지지를 얻어 통과된 것에 따른 것이다. 워싱턴 주의 「안락사법」은 엄격한 조건을 명시하고 있다. ① 환자는 18세 이상의 워싱턴 주민이어야 하며 6개월 이내의 회생불가 진단을 받아야만 한다. ② 자격 조건이 '충족'되는 환자는 구두로 의사에게 안락사를 요청한 뒤 15일의 숙고기간 후 2명의 증인이 지켜보는 가운데 서면으로 안락사 신청을 제출해야 한다. 증인 가운데 한 명은 환자의 친·인척이나 상속인, 주치의, 거주지 근처 의료시설 관계자가 아니어야 한다. ③ 안락사 요청을 받으면 2명의 의사는 환자가 6개월 이하의 시한부 인생을 살고 있음을 확인해야 하고 호스피스나 고통완화 치료 등과 같은 차선책도 있음을 고지해야 한다. ④ 환자에게 정신적인 문제가 있다고 여겨지면 상담 치료를 권유해야 한다세계일보 2009년 3월 2일자 "미 워싱턴 주도 '안락사' 인정 … 오리건 주 이어 두 번째" 기사 참조.

현재 안락사를 허용하고 있는 오리건 주와 워싱턴 주에서 안락사로 생을 마친 사람들을 조사한 결과 생애 마지막 기간 동안 치료와 간병을 받기 어려운 가난한 계층이 많이 선택할 것이라는 애초 예상과 매우 다른 결과가 나왔다고 한다. 안락사를 선택한 이유는 병에 따른 고통이 아니라 죽음에 대한 선택권을 갖기를 원했기 때문이라고 한다.

▲ 미국 국회의사당
출처: 두산백과

한편 캐나다 정부는 2016년 4월 14일 환자가 다른 사람의 도움을 받아 스스로 목숨을 끊을 수 있는 새 법률안을 도입했다. 2016년 6월 17일 캐나다 상원이 안락사요건을 죽음을 앞둔 말기환자로 정한 정부 입법안을 표결에 부쳐 찬성 44표, 반대 28표로 가결했다. 이로써 2015년 2월 대법원이 안락사를 금지한 형법이 국민 기본권을 침해한 위헌이라고 결정한 이후 1년 4개월 만에 안락사법 제정이 완료되었다연합뉴스 2016년 6월 17일자 "캐나다 '죽음 앞둔 말기 환자' 안락사법 제정 … '역사적 입법'" 기사 참조. 안락사법은 캐나다 국적자와 내국인에게만 적용된다. 이는 "참기 어려운 통증을 겪고 있으며 죽음이 '합리적으로 예견되는' 어른을 대상으로 하고 있으며 이 법의 혜택을 받으려면 캐나다의 의료서비스를 받을 자격에 합당해야만 한다. 안락사법의 적용을 받으려면 정신적으로 온전한 19세 이상의 성인으로 중증 또는 불치의 질병이나 장애로 회복 불가능한 마지막 단계에 와 있는 사람이어야 한다. 환자 또는 환자가 의사표시를 하기 힘든 경우 지정된 후견인이 신청서를 미리 내야만 하며 2명의 증인의 서명이 필요하다. 이후 2명의 내과의사 또는 자격을 가진 간호사가 이를 평가한 뒤 죽음이 임박했는지 여부를 가리기 위해 15일의 유예기간이 지난 뒤에 시술을 할 수 있다뉴시스, "캐나다 새 안락사 허용법 도입, 외국인엔 적용 안돼," 2016년 4월 15일자 기사 참조.

우리나라의 안락사 입법 동향

2016년 웰다잉법의 제정

2016년 2월 3일 이른바 "웰다잉법 또는 호스피스법"으로 불리는 「호스피스·완화의료 및 임종 과정에 있는 환자의 연명의료 결정에 관한 법률약칭: 연명의료결정법」이 제정되었다. 웰다잉Well Dying은 살아온 날을 정리하고 죽음을 준비하는 행위를 말한다. 2009년 식물인간인 김 할머니 보호자 측의 연명의료 중단요구를 대법원이 받아들이면서 논의가 시작돼 이번에 결실을 본 것이다. 핵심은 임종과정에 있는 환자의 연명의료결정을 제도화함으로써 환자의 자기결정을 존중하고 환자의 존엄을 보장하는 것이다. 호스피스분야는 2017년 8월 4일부터 시행되고 있다. 연명의료분야는 2018년 2월 4일부터 시행됐다.

2017년 8월 시행된 「연명의료결정법」의 의무 인력기준에는 의사＋간호사＋사회복지사만 포함되어 있고 환자＋가족 영적돌봄전문가는 빠져 있는 문제가 있다. 여기서 영적돌봄이란 말기 환자의 존재감 상실같은 정신적·심리적 문제, 가족들의 갈등 등을 깊이 상담하면서 문제를 풀어주고 어루만져 주는 것을 말한다. 전문가들은 '호스피스 완화 돌봄팀의 모델'로 ① 의사＋ ② 간호사 ＋ ③ 사회봉사자 ＋ ④ 자원봉사자 ＋ ⑤ 영적돌봄전문가를 들고 있다. 입법적 대응이 필요하다중앙일보 2017년 4월 24일자 "떠나기전 마음 보듬어줄 전문가, 호스피스에 없어도 된다?" 기사 참조.

(1) 「연명의료결정법」의 주요 용어를 보면 다음과 같다. "임종과정"이란 회생의 가능성이 없고, 치료에도 불구하고 회복되지 아니하며, 급속도로 증상이 악화되어 사망에 임박한 상태를 말한다제2조 제1호. "임종과정에 있는 환자"란 제16조에 따라 담당의사와 해당 분야의 전문의 1명으로부터 임종과정에 있다는 의학적 판단을 받은 자를 말한다제2조 제2호. "말기환자未期患者"란 적극적인 치료에도 불구하고 근원적인 회복의 가능

성이 없고 점차 증상이 악화되어 보건복지부령으로 정하는 절차와 기준에 따라 담당의사와 해당 분야의 전문의 1명으로부터 수개월 이내에 사망할 것으로 예상되는 진단을 받은 환자를 말한다제2조 제3호. "연명의료"란 임종과정에 있는 환자에게 하는 심폐소생술, 혈액 투석, 항암제 투여, 인공호흡기 착용의 의학적 시술로서 치료효과 없이 임종과정의 기간만을 연장하는 것을 말한다제2조 제4호. "연명의료중단등결정"이란 임종과정에 있는 환자에 대한 연명의료를 시행하지 아니하거나 중단하기로 하는 결정을 말한다제2조 제5호. "호스피스·완화의료"이하 "호스피스"라 한다란 가. 암, 나. 후천성면역결핍증, 다. 만성 폐쇄성 호흡기질환, 라. 만성 간경화, 마. 그 밖에 보건복지부령으로 정하는 질환으로 말기환자로 진단을 받은 환자 또는 임종과정에 있는 환자이하 "호스피스대상자"라 한다와 그 가족에게 통증과 증상의 완화 등을 포함한 신체적, 심리사회적, 영적 영역에 대한 종합적인 평가와 치료를 목적으로 하는 의료를 말한다제2조 제6호.

둘째, 호스피스와 연명의료 및 연명의료중단등결정의 기본 원칙은 다음과 같다. ① 호스피스와 연명의료 및 연명의료중단등결정에 관한 모든 행위는 환자의 인간으로서의 존엄과 가치를 침해하여서는 아니 된다제3조 제1항. ② 모든 환자는 최선의 치료를 받으며, 자신이 앓고 있는 상병傷病의 상태와 예후 및 향후 본인에게 시행될 의료행위에 대하여 분명히 알고 스스로 결정할 권리가 있다제2항. ③ 「의료법」에 따른 의료인이하 "의료인"이라 한다은 환자에게 최선의 치료를 제공하고, 호스피스와 연명의료 및 연명의료중단등결정에 관하여 정확하고 자세하게 설명하며, 그에 따른 환자의 결정을 존중하여야 한다제3항.

셋째, 연명의료를 시행하지 않거나 중단할 수 있는 요건은 다음과 같다. ① 회생 가능성이 없고 ② 급속도로 증상이 악화돼 사망에 임박해 있고 ③ 치료해도 회복되지 않는 환자를 대상으로 심폐소생술과 혈액투석, 항암제 투여, 인공호흡기 착용과 같은 의학적 시술을 의료진의 의학적 판단과 환자 본인 및 가족의 의사에 따라 연명의료를 시행하지 않거나 중단할 수 있도록 한다제2조 제1호, 제4호, 제5호 및 제19조 제1항. 다만 통증 완화를 위한 의료행위와 영양분 공급, 물 공급, 산소의 단순 공급을 보류하거나 중단하는 행위는 금지된다제19조 제2항.

넷째, 연명의료결정 이행 단계에서의 절차는 다음과 같다. 연명의료결정 이행 단계에서는 환자의 의사에 따라 담당의사가 작성한 연명의료계획서와 19세 이상인 환자가 작성해 둔 사전의료의향서 등을 통해 환자의 의사를 확인하고, 연명의료계획서나 사전연명의료의향서가 없는 경우에는 환자 가족 2명 이상의 일치하는 진술과 담당의사 등의 확인을 거쳐 연명의료에 대한 환자의 뜻을 확인한다제10조, 제12조, 제17조.

다섯째, 임종단계 환자에 대한 의료 및 간호 행위를 뜻하는 호스피스 서비스 대상을 현행 암환자에서 후천성면역결핍증, 만성 폐쇄성 호흡기 질환, 만성 간경화 등으로 확대했다제2조 제3호, 제28조.

2018년 12월 11일에 법률이 일부개정되었다. 현행법제18조에 임종과정에 있는 환자의 의사를 확인할 수 없고 환자가 의사표현을 할 수 없는 의학적 상태일 때 환자가족 전원의 합의가 있어야 연명의료를 중단할 수 있도록 되어 있다. 이것을 연명의료 중단에 관한 환자의 의사를 확인할 수 없는 경우 합의가 필요한 환자가족의 범위를 배우자 및 1촌 이내의 직계존비속 등으로 조정해 환자의 존엄한 임종을 돕고 의료현실에서 발생하는 어려움을 해소하고자 하였다2019. 3. 28. 시행.

안락사의 헌법위반문제

안락사에 대해서는 헌법위반설과 헌법합치설이 대립하고 있다. 헌법위반설은 안락사가 합법적 살인으로서 헌법상 생명권을 침해하므로 허용될 수 없다는 견해이다. 헌법합치설은 단순히 고통만을 제거하는 것은 의사의 생명보호의무에 위반한 것이 아니므로 헌법정신에 위배되는 것은 아니라는 견해이다.

생명을 단축하지 않고 오로지 고통을 제거하거나 감경할 뿐인 경우에는 형법상 살인죄의 구성요건해당성이 없다고 할 것이므로 여기서는 생명을 단축시키는 안락사가 허용될 수 있느냐만 문제된다.

종래 통설은 극히 제한된 조건하에서 사회상규에 반하지 아니하는 정당행위로서 위법성이 조각된다고 해석하였다. 그런데 형법에서 자살방조를 처벌하므로 형평성에 문제가 있다. 한편 고통을 제거하기 위해 직접 사람을 살해하는 적극적 안락사는 인간의 생명권을 적극적으로 침해한다는 점에서 허용될 수 없다.

대법원은 인공호흡기의 도움으로 생명을 연장하고 있는 의식불명의 지속적 식물인간 상태인 환자의 의사에 대한 인공호흡기제거 청구를 인용하였다대판 2009. 5. 21, 2009다17417.

> **연명치료 중단의 요건으로서 환자가 회복불가능한 사망의 단계에 진입하였고 연명치료 중단을 구하는 환자의 의사를 추정할 수 있는가?**
>
> [3] 담당 주치의, 진료기록 감정의, 신체 감정의 등의 견해에 따르면 환자는 현재 지속적 식물인간상태로서 자발호흡이 없어 인공호흡기에 의하여 생명이 유지되는 상태로서 회복불가능한 사망의 단계에 진입하였고, 환자의 일상생활에서의 대화 및 현 상태 등에 비추어 볼 때 환자가 현재의 상황에 관한 정보를 충분히 제공받았을 경우 현재 시행되고 있는 연명치료를 중단하고자 하는 의사를 추정할 수 있다대판 2009. 5. 21, 2009다17417.

안락사에 대한 여론조사 결과

안락사에 대한 여론조사 결과는 다음과 같다. 2000년, 2008년, 2016년의 국민들의 법의식을 살펴보자.

> **01 중앙일보 2000년 2월 7일자 조사결과**
>
> "안락사 허용해야 하나?"에 대한 의견은 찬성 쪽이 압도적으로 많은 것으로 나타났다. 여론조사 참가자 108명 가운데 찬성이 70%, 반대가 30%를 차지했다. 찬성론자들은 말기환자들의 고통을 집중적으로 거론하면서 누

구나 편안한 죽음을 맞을 권리가 있다는 주장을 펼쳤다. 반대론자들은 안락사의 합법화가 가져올 생명경시 가능성을 경고하면서 종교적·윤리적 측면의 문제점을 폭넓게 거론했다.

02 SBS시사토론 2008년 12월 5일자 조사결과

SBS시사토론이 2008년 12월 5일 여론조사 전문기관 리얼미터에 의뢰한 조사에서 응답자의 71.2%가 존엄사에 대해 인지하고 있는 것으로 나타났고 법원의 존엄사 판결에 대해서는 찬성이 80.1%로 반대의견11.4%에 비해 압도적으로 높게 나타났다. 한편 회복가능성이 없는 말기암환자의 요청에 따라 의사의 약물투여 등 인위적 조치로 생명을 단축시키는 '적극적 안락사'에 대해서는 응답자의 66.7%가 찬성해 존엄사에 비해서는 반대가 높게 나타났다크리스천투데이 2008년 12월 5일자 "국내 첫 존엄사 판결, 국민 80% 찬성" 기사 참조.

03 한국법제연구원 2016년 2월 조사결과

한국법제연구원이 2016년 2월 실시한 안락사존엄사에 대한 설문조사결과에 따르면 국민 75.9%가 '안락사를 허용해야 한다'고 응답했다. 안락사에 반대하는 의견은 22.3%에 그쳤다. 특히 40대가 80.2%의 찬성률을 보이며 전 연령대 가운데 가장 높은 것으로 조사돼 눈길을 끌었다. 이번 설문조사는 지난해 5월 28일부터 31일간에 걸쳐 전국 만 19세 이상 성인 남녀 3,000명을 대상으로 실시됐다. 한국법제연구원은 "여론조사 전문기관인 아시아리서치센터와 닐슨코리아에 의뢰해, 기존의 종이설문지 대신 노트북 컴퓨터를 가지고 조사원이 가구마다 방문해 직접 면담하는 방법으로 실시했다"고 말했다헤럴드경제 2016년 2월 10일자 [국민 법의식 조사 ①] 국민 65% '사형제 폐지 반대, 유지해야" 기사 참조.

적극적 안락사 및 소극적 안락사 사례

적극적 안락사 사례

적극적^{능동적} 안락사는 행위자가 불치의 병에 걸린 환자나 빈사의 환자에게 애당초 생명단축을 목적으로 그 생명을 단절시켜 버림으로써 그 환자로 하여금 사망의 고통에서 벗어나게 하는 경우이다. 예컨대 중환자에게 치명적인 독약을 투여함으로써 그를 살해하는 경우이다.

적극적 안락사는 살해 그 자체를 목적으로 하는 행위이므로 환자의 진지한 촉탁승낙이 있고 고통을 면제시켜 주려는 행위자의 자비로운 동기가 있더라도 타인의 사망에 직접 관여해서는 안 된다는 살해금지요구를 직접 침해했기 때문에 살인죄 또는 자살교사·방조죄의 죄책을 면할 수 없다.

어떤 사람이 진실로 죽고 싶은지의 여부는 그 사람의 촉탁승낙을 통한 언어에 의해 단정적으로 표현되는 것이 아니라 오로지 자신의 행동에 의해서만 표현될 수 있다는 의미에서 자살이 아닌 타살에 해당하는 적극적 안락사는 정당화될 수 없다.

적극적 안락사의 사례는 다음과 같다.

① 미국의 센더 박사 사례

1949년 뉴햄프셔 주의 의사 샌더^{Dr. Sander}는 말기암환자인 59세 여성의 정맥에 10cc의 공기를 4회 주입시켜 사망케 하였는데, 사후에 발각되어 살인죄로 기소되었으나 배심에 의해 무죄 평결을 받았다.

② 미국의 워스킨 사례

1967년 8월 23세의 대학생 워스킨^{Warskin}은 말기의 백혈병으로 고통받고 있던 어머니의 간청에 의하여 어머니의 머리 부분에 3발의 권총을 발사하여 어머니를 사망케 하여 살인죄로 기소되어 1969년 1월 배심에 의해 일시적인 정신이상^{insanity}인 상태에서 범행했다는 이유로 무죄 평결을 받았다.

③ 독일의 학케탈 사례

환자인 E부인은 1977년 이래 말기암 상태인데, 안면에 종창이 생겨 15회의 수술을 받는 등 육체적 고통에 시달리고 있었다. 환자의 가정의 家庭醫로부터 환자가 죽을 의사意思가 있음을 전해 받은 학케탈Hackethal 교수는 망설이다가 청산가리를 선택하여 1984년 8월 18일 다른 의사를 통해 독물을 종이컵에 담아 전달하였던바, 환자가 스스로 마시고 고통 없이 사망하였다. 1985년 12월 23일 검찰은 학케탈 교수를 촉탁살인죄로 기소하였으나 트라운슈타인Traunstein 지방법원은 공판불개시결정을 내림에 따라 검찰이 뮌헨상급법원에 항고하였고 동 법원은 E부인이 죽음에 이르를 의사를 지배하고 있었으므로 학케탈 교수는 불가벌적 자살방조에 해당하며, 양심적 결정은 책임조각사유가 된다고 결정함으로써, 검찰의 항고를 기각하였다.

④ 미국의 케보키언 박사 사건

'죽음의 의사 또는 죽이는 의사terminator' 케보키언Jack kevokian, 1928~2011은 안락사논쟁의 한 가운데 위치한 인물이다. 한편에선 시한부 환자들의 고통을 덜어주는 "구원의 천사"로 추앙받는 반면, 다른 한편에선 "살인기계"라는 혹평을 받고 있다. 케보키언은 학창시절부터 죽음에 관심을 둔 것으로 알려졌다. 미시간대 의대 재학 시절 사형수들에게 마취제로 사형당할 수 있는 선택권을 줘서 이들의 시신을 의료해부용으로 사용하고 장기를 활용하자는 제안을 하기도 했다고 한다. 1976년 캘리포니아 롱비치로 거주지를 옮긴 케보키언은 그림, 글쓰기, 영화 등 예술 생활에 몰두하던 중 1984년 미국에서 사형집행이 늘어나자 사형수들에게 죽을 방법을 선택할 수 있는 권리를 줘야 한다고 다시 주장했고 1987년에는 네델란드로 건너가 안락사에 대해 연구했다. 1년 후 미시간으로 돌아온 케보키언은 환자와 환자의 가족들에게 죽음에 대한 상담을 해주는 것이 필요하다며 이를 지역신문을 통해 알리기 시작했다조성민, "죽음의 의사, '자비의 의사", 세계일보 2016년 10월 9일자 칼럼 참조.

1990년 6월 케보키언 박사는 회생가능성이 없는 한 알츠하이머병 여성환자로부터 편안히 죽게 해달라는 요청을 받고 안락사처벌법이 없는 미시간 주에서 만나 처음으로 환자를 안락사시켰다. 당시 그는 버튼을 누르면 독극물이 환자의 신체에 자동주입되는 일명 '자살기계'를 스스로 개발, 승합차에 설치해놓고 죽음을 도왔다. 이후 그는 130여 명을 죽음으로 안내하였다. 루게릭병 시한부환자였던 토마스 유튼52세을 안락사시킨 후 그 과정을 담은 비디오테이프를 1998년 11월 CBS방송 시사프로 '60분'을 통해 공개, 살인죄로 기소되었고, 검찰은 비디오테이프를 증거로 그를 기소했고 2급살인죄로 유죄평결을 이끌어 내었다. 미국 미시간 주 오클랜드법원의 제시카 쿠퍼 판사는 그에게 2급살인죄를 인정, 10~25년의 징역형을 선고하였다. 선고공판에서 판사는 "이 재판은 안락사가 아닌 피고의 무법성에 관한 것"이라며 "피고는 안락사행위를 전국적으로 방영되는 TV를 통해 보여줌으로써 감히 법제도에 도전했다"고 일침을 가한 뒤, "어느 누구도 법을 어겨서는 안 된다"고 판시하였다. 이번 유죄판결의 증거는 토마스 유크에게 주사를 직접 주입, 안락사시키는 장면을 담은 비디오테이프였다. 1991년 안락사와 관련돼 의사자격을 박탈당한 사람이 함부로 약물을 사용한 것은 명백한 불법이며 또 그런 불법행위를 담은 테이프를 방송을 통해 공개한 것도 "법을 조롱했다"는 차원에서 실형선고의 근거로 작용하였다. 유크의 부인 멜로디는 "케보키언이 유죄인 이유는 안락사가 불법이기 때문"이라며 안락사의 합법화를 요구했다. 케보키언은 죽음을 도울 때마다 환자가족의 동의를 구했으며 자신의 행위를 공개해 왔다. 지금까지 네 차례나 살인혐의로 기소됐지만 번번이 증거불충분으로 풀려났다. 구치소에 수감될 때마다 항의표시로 단식투쟁을 벌여온 그는 "나는 인간의 존엄성을 위해 나의 일생을 바쳤다"며 자신의 행위가 신념에 바탕을 둔 정당한 행위임을 주장하고 있다. 이날 수갑을 찬 채 법정을 나서던 그는 친구를 향해 쓴웃음을 지으며 한마디 던졌다. "이것이 과연 정의인가?"

케보키언은 2011년 간암 판정을 받고 미시간주 버몬트 병원에서 8일 만에 숨을 거뒀다. 그는 입원 후에도 생명유지장치를 시도하지 않고 고통 없이 편안하게 죽었다고 알려졌다.

> 미CBS방송이 시민 1,156명을 대상으로 한 케보키언 사건에 대한 여론조사를 보면, 19%는 살인죄로 처벌을, 27%는 살인죄가 아닌 가벼운 처벌을, 39%는 어떤 처벌에도 반대한다는 입장을 나타내어 케보키언의 행위에 대해 비교적 호의적인 태도를 보이고 있는 것으로 평가된다.

소극적 안락사 사례

소극적^{수동적} 안락사는 환자가 불치 또는 난치의 병으로 결정적인 죽음의 단계에 들었을 때 의사가 그 진행을 일시적 또는 잠정적으로 저지·지연시킴으로써 생명연장의 가능성이 확실히 존재함에도 불구하고 환자의 죽음의 고통이 오래 계속되지 않도록 생명연장의 적극적 수단을 취하지 않고 도리어 부작위로 나아가 그 환자로 하여금 죽음에 빨리 이르도록 방치하는 경우이다. 예컨대 중병의 기형신생아를 수술하지 않고 방치하여 사망하게 하는 경우, 수혈을 하면 일시 연명이 가능하지만 죽음이 임박하고 있어 오히려 그것으로써는 사망의 고통만 가중시킬 염려가 있을 때 수혈을 하지 않아 일찍 죽음에 이르도록 방치하는 경우 등이다.

환자의 의사에 반해서 생명연장의 조치를 취할 의무가 의사에게 있는 것은 아니다. 따라서 환자가 더 이상의 생명연장을 위한 적극적 조치를 분명히 거부한 때에는 의사가 부작위로 나갔더라도 촉탁살인죄의 구성요건에 해당하지 않는다. 그러나 만약 환자가 죽음의 연기를 원한다면 의사는 환자의 의사에 따라 생명연장을 위한 가능한 조치를 취해야 하며, 이를 행하지 않을 때 부작위에 의한 살인죄의 죄책을 면할 수 없을 것이다.

소극적 안락사의 사례는 다음과 같다.

① 카렌 사례

1975년 4월 15일 미국의 카렌Karen이라는 당시 21세 된 여성이 파티석상에서 음료수를 마시고 의식불명과 호흡정지상태가 야기되었는데, 그 후 인공호흡기에 의해 생명을 유지하고 있었다. 양부모는 법원에 인공호흡을 차단하도록 하는 권한을 부여해줄 것을 청구하였으나 뉴저지 주 고등법원은 인공호흡기의 차단은 살인행위라며 거부하여 상고한바, 상고심인 뉴저지 주 대법원은 1976년 3월 이를 허용하는 판결을 내렸다. 그런데 카렌은 호흡기를 제거하였으나 호흡기능이 회복되어 8년간을 더 생존하였다.

② 미국의 크루잔 사례

1983년 1월 11일 크루잔Cruzan은 미주리 주의 제스퍼 카운티Jasper County에 있는 엘름 로드Elm Road에서 운전미숙으로 인한 교통사고로 식물인간이 되었다. 그녀의 부모가 법원에 생명유지장치 제거를 청구하여 지방법원이 허가하였으나 병원 측이 이에 불복하여 상고한바, 주대법원은 생명의 보호에 무게를 실어 병원 측의 청구를 인용하였고, 연방대법원도 5 : 4로 주대법원의 견해를 지지하였다.

③ 독일의 비티히 사례

76세의 미망인 U는 심한 동맥경화증과 관절염증세로 보행이 곤란한 상태에 있었는데, 모르핀과 수면제를 과다복용하여 자살을 기도하였다. 이에 의사 비티히Wittig는 환자를 구출하는 것을 포기하고 사망시까지 지켜봄으로써 검찰에 의해 촉탁살인죄로 기소되었으나 크레펠트Krefeld 지방법원은 비티히의 구조하지 않은 행위가 환자의 죽음을 초래한 것은 아니라고 하여 무죄선고를 하였다. 이에 검찰이 불복하여 상고한바, 상고심은 자살자에게도 자기결정권의 연장으로서 자살의사가 존중되어야 한다고 하여 무죄선고를 확정하였다.

④ 미국의 셜리 이건 사례

미국 마이애미 주 조지트 스미스42세 여인은 남편과 이혼한 뒤 동거남과 함께 어머니셜리 이건(68세)를 모시고 살았다. 하지만 노환으로 거동이 불편해 휠체어에 의존해야 하고 한쪽 눈마저 실명한 어머니를 모시는 게 쉬운 일만은 아니었다. 어머니는 딸이 자신을 양로원에 보내는 문제를 놓고 동거남과 나누는 대화를 엿들었다. 격노한 어머니는 흥분해 총을 발사했고 총알은 공교롭게도 딸의 목을 관통, 척추뼈를 부러뜨렸다. 그리하여 스미스는 전신마비상태에 빠졌다. 한두 마디의 말만 가능했고 식사도 호스에 의존해야 했다. 폐렴·위궤양·욕창 등 후유증이 겹쳤다. 고통스럽게 삶을 영위해온 스미스는 법원에 안락사를 요청했고 플로리다 주 법원도 본인의 희망을 받아들여 생명보조장치를 제거할 것을 허락했다. 하지만 어머니의 변호인이 반대하고 나섰다. 지금까지의 1급살인미수혐의가 형량이 더욱 무거운 1급살인혐의로 바뀌기 때문이다. 어머니의 변호사는 사건을 단순한 '우발적 사고'로 주장해왔다. 어머니는 "화가 나 겁을 줄 작정으로 머리 위를 겨냥해 총을 쐈을 뿐"이라고 증언했다. 그러나 어머니는 딸을 면회한 뒤 "딸이 더 이상 힘든 나날을 보내는 걸 원치 않는다"며 변호인의 반대를 물리쳤다. 스미스는 1999년 5월 19일 올랜도 메디컬 센터에서 자신의 목숨을 이어주던 인공호흡기를 제거함으로써 생을 마감했다.

03
'낙태 판사',
블랙먼 대법관

낙태죄란 무엇인가?

낙태임신중절문제는 서구에서 이미 오래전부터 논쟁의 대상이 되어 왔다. 전통적으로 낙태 금지론자들은 그들 주장의 근거로 우선 기술적 측면에서 낙태 시술에 따르는 위험성을 지적한다. 다음으로 그들은 윤리적 측면에서, 태아fetus도 인간이기 때문에 고의적인 낙태는 일종의 살인행위라고 주장한다. 그러나 금세기에 들어 비약적으로 발전한 의술 덕택에 정상적인 낙태수술은 출산보다도 안전한 것이 된다. 따라서 낙태금지 논쟁의 초점은 이제 모체의 안전문제로부터 태아의 생명에 대한 가치문제로 옮겨지게 된다.

태아가 어느 정도 성장했을 때까지 낙태가 용납될 수 있을까? 그리고 무슨 근거에 의해 낙태행위가 정당화될 수 있을까? 두 물음에 대해 다양한 답변이 주어질 수 있으며 다시 그 답변들이 얽혀서 낙태문제에 대한 각양각색의 입장이 생겨나게 된다.

■ 낙태죄의 연혁

고대에는 낙태가 일반화되지 않고 영아살해嬰兒殺害가 보편화되었다. 고대
로마의 경우에는 낙태불처벌을 원칙으로 하였는데, 이는 태아가 모체의
일부분으로 간주되었기 때문이다. 서기 200년경 시베루스Severus 황제 때에
이르러 낙태는 처벌되는데, 그 이유는 낙태행위가 남성의 자녀에 대한
희망을 파괴하는 행위로 여겨졌기 때문이다. 낙태죄가 태아의 생명을 살
해하는 것을 내용으로 하는 범죄로 처벌된 것은 중세 교회법과 독일법에
서부터이다. 1532년 「카롤리나 형법」은 생명 있는 태아와 생명 없는 태
아를 구별하여, 생명 있는 태아를 낙태한 때에는 이를 살인죄로 처벌하
였다. 생명 있는 태아와 생명 없는 태아를 구별하지 않고 태아의 생명 자
체를 보호법익으로 파악하여 낙태죄를 처벌한 것은 19세기 이후의 일이
며, 그 효시를 이룬 것이 1813년의 바이에른 형법과 1851년의 프로이센
형법이다.

낙태abortion는 인공임신중절로 태아를 살해하는 행위이다. 인공임신중절
수술은 태아가 모체 밖에서 생명을 유지할 수 없는 시기에 태아와 그 부
속물을 인공적으로 모체 외부에 배출시키는 수술이다. 태아는 수태시受胎
時로부터 출생완료시까지의 '전 단계 자연인'인 셈이다.

종교적인 관점에서는 생명의 시기를 영혼이 창조되는 시점으로 본다.
그러나 이 시점에 대해서는 견해가 통일되어 있지 못하므로 법제정의
기초로 사용하는 것은 불가하다.

■ 철학적인 관점에서 생명의 시기에 대해서는 ① 일정 수준의 의식이 있을

때 ② 어느 정도 수준의 욕구가 있을 때 ③ 어느 정도 인간화되고 문화에
적응할 때 등 다양한 견해들이 제시된다. 1981년 미상원상원법안 제158조의
「인간생명법Human Life Bill」 제정을 위한 청문회에서 일부학자콜로라도대학의
W. Bowes 교수 및 하버드대학의 M. Mattews-Roth 교수 등들은 생명의 시기를 수정
fertilization으로 보았는데, 이는 수태conception를 의미한다. 또 다른 일부학자

Leon Rosenberg 박사 등들은 생명의 시기에 대해 과학적인 증거가 없다고 주장하기도 하였다. 1982년 '인간생명법안보고서'에서는 생명의 시기를 수태시로 보았는데, 수태란 정자와 난자가 결합하는 때를 의미한다.

우리나라 헌법학자들의 다수는 생명의 시기를 수태시受胎時로 보고 있으며 독일연방헌법재판소는 수태 후 14일이 지나 착상된 때로부터 생명이 성립한다고 본다BVerGE 39.

형법상 낙태죄의 종류와 처벌

부녀가 약물 그 밖의 방법으로 낙태하는 때에는 1년 이하의 징역 또는 200만 원 이하의 벌금에 처한다. 이를 자기낙태죄라 한다제269조 제1항. 부녀의 촉탁 또는 승낙을 받아 낙태하게 한 자는 1년 이하의 징역 또는 200만 원 이하의 벌금에 처한다. 이를 동의낙태죄라 한다제269조 제2항. 본죄의 주체는 형법 제270조 제1항에 규정된 자 이외의 자이다.

의사·한의사·조산사·약제사 또는 약종상이 부녀의 촉탁 또는 승낙을 받아 낙태하게 한 때에는 2년 이하의 징역에 처한다. 이를 업무상낙태죄라 한다제270조 제1항. 7년 이하의 자격정지를 병과한다제4항. 의사·한의사·조산사·약제사 또는 약종상은 모두 면허를 가진 자에 제한된다. 부녀의 촉탁 또는 승낙 없이 낙태한 자는 3년 이하의 징역에 처한다제270조 제2항. 7년 이하의 자격정지를 병과한다제4항.

낙태치사상죄는 동의낙태죄 및 업무상 낙태죄, 부동의낙태죄에 대한 결과적 가중범이다. 결과적 가중범에 대한 일반원리에 따라 결과에 대한 인과관계와 예견가능성과실이 있어야 한다.

모자보건법상 낙태허용사유

모자보건법상 낙태허용사유제14조는 다음과 같다. 의사는 ① 본인이나 배우자가 대통령령으로 정하는 우생학적優生學的 또는 유전학적 정신장애나 신체질환이 있는 경우 ② 본인이나 배우자가 대통령령으로 정하는 전염성 질환이 있는 경우 ③ 강간 또는 준강간準强姦에 의하여 임신된 경우 ④ 법률상 혼인할 수 없는 혈족 또는 인척간에 임신된 경우 ⑤ 임신의 지속이 보건의학적 이유로 모체의 건강을 심각하게 해치고 있거나 해칠 우려가 있는 경우에만 본인과 배우자사실상의 혼인관계에 있는 사람을 포함의 동의를 받아 인공임신중절수술을 할 수 있다모자보건법 제14조 제1항. 배우자의 사망·실종·행방불명, 그 밖에 부득이한 사유로 동의를 받을 수 없으면 본인의 동의만으로 그 수술을 할 수 있다제2항. 본인이나 배우자가 심신장애로 의사표시를 할 수 없을 때에는 그 친권자나 후견인의 동의로, 친권자나 후견인이 없을 때에는 부양의무자의 동의로 각각 그 동의를 갈음할 수 있다제3항.

일반적 요건으로는 ① 의사에 의해 ② 본인과 배우자사실상의 혼인관계에 있는 자 포함의 동의가 있어야 하고, 임신 24주일 이내인 사람만 하여야 한다모자보건법 제14조; 시행령 제15조 제1항. 독일 형법이 적용요건에 따라 기간에 차이를 두고 있는 것윤리적 적용은 12주, 상담을 거친 의학적 적용은 22주과 다르다.

개별적 적용요건과 관련하여 모자보건법에 따라 적법한 중절수술이 되기 위해서는 위의 일반적 요건 이외에 동조 제1호~제5호의 어느 하나에 해당하지 않으면 아니 된다. 이것이 바로 낙태가 허용될 수 있는 의학적·우생학적·윤리적 적응을 규정한 것이다.

▪ 낙태가 허용될 수 있는 의학적·우생학적·윤리적 적응

첫째, 의학적 적응이란 임신의 지속이 보건의학적 이유로 모체의 건강을 심각하게 해치고 있거나 해칠 우려가 있는 경우_{동조 제5호}를 말한다.

둘째, 우생학적 적응이란 태아가 출생한 후에 유전적 소질이나 임신 중의 충격으로 그 건강이 심히 침해되었을 때에 임부에게 그 출생을 요구할 수 없다는 고려에 근거하고 있다. 따라서 출생할 아이에 대한 손상은 정신적인 것뿐만 아니라 육체적 손상_{예컨대, 불구·기형}을 포함하며, 그 원인은 유전적 소질 이외에 임신 중에 있었던 약물복용·x선 촬영·질병 등에 의한 경우까지도 포함하는 것이 당연하다. 그러나 모자보건법은 ① 본인이나 배우자가 대통령령으로 정하는 우생학적^{優生學的} 또는 유전학적 정신장애나 신체질환이 있는 경우_{동조 제14조 제1호} ② 본인이나 배우자가 대통령령으로 정하는 전염성 질환이 있는 경우_{동조 제2호}에만 중절수술을 허용하고 있다. 임신 중에 일어난 충격으로 인한 손상이 포함되지 않는 결과 그 범위는 제한되지 않을 수 없다.

셋째, 윤리적 적응이란 부녀가 강간 등의 범죄행위로 인하여 임신이 강요된 경우에 임신의 계속을 요구하는 것은 법질서에 반하는 것이므로 이때에도 낙태를 허용할 필요가 있다. 모자보건법은 윤리적 적응의 예로서 ① 강간 또는 준강간^{準強姦}에 의하여 임신된 경우_{동조 제3호} ② 법률상 혼인할 수 없는 혈족 또는 인척간에 임신된 경우_{동조 제4호}만을 규정하고 있다. 따라서 강제추행죄, 미성년자간음죄, 업무상 위력 등에 의한 간음죄 등에 의하여 임신된 경우는 여기에 해당할 수 없게 된다. 모자보건법상의 윤리적 적응도 또한 그 범위가 지나치게 엄격하다고 볼 수 있다.

낙태죄의 헌법적 문제: 낙태죄의 위헌성 여부

위헌설의 논거는 다음과 같다. 첫째, 임부의 자기결정권 존중이다. 자기결정권은 타인에게 위해를 미치지 않는 범위 내에서 자유로운 의사와 성숙한 판단능력을 기초로 자신이 하고자 하는 것을 결정할 수 있는 권리_{예: 복장, 성행위, 흡연, 출산권과 피임의 자유, 낙태, 자살}이다. 둘째, 원하지 않은 임신 출산의 부당성이다. 아동학대로 연결될 가능성이 있다. 셋째, 모체생명의 위험방지이다.

합헌설의 논거는 다음과 같다. 첫째, 종교적 입장에서 창조주의 뜻에 위배된다. 둘째, 산아제한으로 인한 국력의 저하가 문제된다. 셋째, 건전한 성윤리를 보호하기 위해서이다.

헌법재판소가 2012년 8월 낙태죄에 대해 4:4로 합헌결정을 내린 후 2017년 11월까지 5년간 전국 법원에서 이뤄진 낙태 관련 판결 80건 중 실형이 선고된 사례는 단 1건뿐이다. 보건사회연구원 실태조사에 따르면 한국 여성 4명 중 3명[75.4%]은 현재 헌법소원이 제기된 낙태죄[형법 제269조와 제270조]를 개정해야 한다는 입장이다[중앙일보 2018년 2월 15일자 기사 참조]. 헌법재판소는 2019년 4월 11일 "형법 제269조(낙태) 제1항, 제270조(의사 등의 낙태, 보동의낙태) 제1항 중 '의사'에 관한 부분은 모두 헌법에 합치되지 아니한다. 위 조항들은 2020. 12. 31.을 시한으로 입법자가 개정할 때까지 계속 적용된다"고 헌법불합치결정을 하였다[헌재 2019. 4. 11, 2017헌바127].

외국의 낙태 판결

미국의 낙태 판결

지난 수십년 동안 미국사회에서 가장 중요한 문제는 여성의 프라이버시 내지는 자기결정권으로서의 '낙태의 자유'이다. 여성의 사회적 활동과 지위의 문제와 직결되어 있기 때문이다.

미국 연방대법원은 1973년의 Roe v. Wade 판결에서 "주정부는 임신 6개월 이내의 여성이 낙태를 할 수 있는 권리를 뺏을 수 없다. … 임신 첫 3개월 이내의 낙태는 의사와 임부의 결정에 일임하고, 3개월에서 6개월까지는 각 주가 임신부의 건강을 보호하기 위한 규제조치를 가하여야 하고, 그 이후 기간에는 태아의 생명을 보호하기 위한 조치를 취하여

야 한다"라고 판시한다. 이 판결 당시
뉴욕, 워싱턴, 알래스카, 하와이 등 4
개 주는 면허증이 있는 의사에 의해
특정 임신기간 이내에 시술된 낙태에
대한 모든 형사처분을 폐지하였다.
그 밖의 13개 주는 "개선reform" 법령
을 통과시켜 낙태 허용범위를 확대하

▲ 미국 연방대법원 건물　출처: 한겨레신문

였다. 그러나 32개 주는 여전히 거의 모든 상황에서의 낙태를 불법으로
규정하였다. 이런 주 가운데 다수는 변화할 가능성이 거의 없었다. 낙태
찬성론자들은 사법체계로 눈을 돌려 논쟁을 연방대법원으로 가져가려
했다. Roe v. Wade 사건은 텍사스주법에 대한 도전이다. 텍사스주법은
19세기 후반 '낙태를 범죄로 규정하는 운동텍사스 주는 1854년 이 운동에 합류했음'
이 전국을 휩쓸면서 대부분의 주에서 제정한 법안의 전형적인 예다.

　당시 대부분의 사람들은 신뢰할 만한 피임수단을 구하기가 매우 힘들
어 특히 미혼여성에게 흔하게 임신이 발생하였다. 임신의 절반 이상이
의도하지 않은 임신이었고, 연간 약 백만 명의 여성이 원하지 않는 임신
을 종료하기 위해 영구불임이나 죽음을 각오해야 했다. 법원에 상정된
법은 1911년에 약간의 수정을 거친 것으로 "산모의 생명을 구할 목적"
을 제외한 의사의 낙태시술을 범죄로 규정하고, 2~5년의 징역형을 부과
한다. 텍사스 주의 연방지방법원은 주법이 비헌법적으로 모호할 뿐만 아
니라 "자녀를 둘지 여부를 결정할 수 있는 미혼여성과 기혼자의 본질적
인 권리"를 침해한다고 선언한다. 그리고 연방대법원은 위와 같은 Roe
v. Wade 판결을 선언한다.

　1973년의 연방대법원의 Roe v. Wade 판결의 주심 대법관인 해리 블맥먼
　판사Harry Andrew Blackmun, 1908~1999가 이 사건에 관해 간략하게 정리한 개요
　서를 보면 다음과 같다1973년의 연방대법원의 Roe v. Wade 판결에 대해서는, 린다 그린
　하우스 저(안기순 역), 「블랙먼, 판사가 되다」 참조.

▲ 해리 블랙먼 대법관
출처: 위키백과

A. 본질적인 사적 사유, 즉 의학적인 치료를 받을 권리의 문제이다. 물론 피임법에 관한 권리를 말하는 것이 아니라, 임신 후에 조치를 취할 권리를 말하는 것이다. 대답이 어떤 것이든 본질적인 법익이 관련되어 있다.

B. 그리스월드 사건 등 많은 판례가 있다.

C. 주정부의 이해관계에 대한 논리적 근거

  1. 미혼과 기혼 사이의 구분이 없다.

  2. 사적인 성행위에 관한 규정이 아니다.

  3. 임신을 비행으로 처벌할 입법의도가 아니다.

  4. 텍사스 주는 태아에 대한 입장에 일관성이 없다.

    a. 여성은 범죄의 공범자가 아니다.

    b. 여성은 처벌이 없는 다른 곳으로 자유롭게 갈 수 있다.

    c. 스스로 시행한 낙태는 범죄가 아니다.

    d. 태아 살해는 살인이 아니다.

    e. 태아는 독립된 개인적 권리를 가지지 않는다.

  5. 역사적으로 아무런 장애물도 없다. 그러므로 주는 전통적인 권리를 가지지 않는다.

그 후에도 연방대법원은 1976년 7월 1일의 Planned Parenthood of Cent. Mo. v. Danforth 사건에서 임신 12주 이내의 낙태에 대하여 배우자의 동의를 요구하는 것은 위헌이라고 판시하였고Planned Parenthood of Central Missouri. v. Danforth, 428 US. 52(1976), 1979년 9월 2일의 Belloti v. Baird 사건에서는 미성년자도 단독으로 낙태를 결정할 수 있는 헌법상의 권리를 가진다고 하여 낙태를 결정하는 것은 privacy의 권리라는 태도를 일관하고 있다Belloti v. Baird, 443 US. 622(1979).

블랙먼, 판사가 되다

1959년 드와이트 데이비드 아이젠하워 대통령에 의해 미합중국 제8순회 법원 항소심 판사가 되었다. 1970년 에이브 포터스 대법관의 퇴임 후 리처드 밀하우스 닉슨 대통령에 의해 대법관으로 선출되어 1970년 6월 9일 취임하였다. 대법관이 된 후 자신의 주장과 신념을 과단성 있게 밀고나가 <로 대 웨이드 판결>을 내린 이후에는 수천 통의 협박 편지를 받기도 하였다. 억압당하는 가난한 사람들의 옹호자로서 점차 자유주의적 성향이 강해졌으며, 민권사건에서는 소수의견을 내는 경우가 많았다. <캘리포니아대학교 이사회 대 바키 판결>[1978]에서는 적극행동차별철폐조치: 미국에서 차별의 구제와 예방을 목적으로 인종·성별·국적을 고려하는 적극적인 노력을 지지하였으며, <바우어스 대 하드윅 판결>[1986]에서 사생활의 권리는 동성애까지 포괄한다는 소수의견을 통해 동성애 권리를 옹호하였다. 퇴임 직전에는 사형에 대한 반대 입장을 표명하였으며, 무작위적이고 자의적인 사형 적용 방식을 비판하였다. 그는 대법원에서 헌법에 기초한 미국민의 권리를 해석하고 사회적 갈등을 법으로 해결하기 위해 도덕, 사생활, 사회문제, 경제적 이해관계, 소수민족 갈등, 여성평등 문제 등에 깊이 관여하였다. 1999년 3월 4일 운명하였고, 3월 9일 꽃샘추위로 인해 워싱턴에 눈이 내려 사방이 꽁꽁 얼어붙은 가운데 그의 장례식이 거행되었다. 그는 자신에게 주어진 법적 유산을 지키면서 자신만의 법적 유산을 창조하였다. 그리고 그는 해리 블랙먼 판사가 되었다[린다 그린하우스 저(안기순 역), 「블랙먼, 판사가 되다」; 두산백과; 위키백과 참조].

독일의 낙태 판결

독일 형법은 1974년 6월 18일 제5차 형법개정법률에 의하여 기한방식을 도입하여 낙태의 절대적 자유화를 채택한다. 즉 동법 제218조의a는 낙태가 임신 12주 이내에 임부의 동의를 얻어 의사에 의하여 행하여질 때에는 처벌되지 않는다. 그러나 이 규정은 1975년 2월 25일 연방헌법재판소에 의하여 위헌판결을 받게 된다[BVerGE 39, 1].

■ 독일 연방헌법재판소의 판결

▲ 독일 연방헌법재판소
http://de.wikipedia.org

"모체 안에서 자라고 있는 생명은 독립된 법익으로서 헌법의 보호를 받는다. 태아의 생명에 대한 국가의 보호의무는 국가에 의한 직접적인 침해를 금지할 뿐만 아니라 국가에게 그 생명을 보호할 것을 요구한다. 태아의 생명을 보호할 국가의 의무는 임부에 대하여도 존재한다. 태아의 생명보호는 원칙적으로 임신의 전 기간에 걸쳐 임부의 자기결정권에 우선하며 그 기간에 따라 문제되는 것이 아니다"라고 판시하였다[BVerGE 39, 1]. 여기서 독일 형법 제218조의a는 1976년 5월 18일 제15차 형법개정법률에 의하여 적응규정에 의한 제한적 자유화의 길을 택할 수밖에 없었다. 독일통일 후 1992년 7월 27일 독일 연방의회는 오랫동안의 논의 끝에 임신 초기에 상담의무와 결합하여 기한방식을 채택한 「임부 및 가정 보호 법률」을 통과시켰다. 그러나 연방헌법재판소는 1993년 5월 28일 이 법률에 대하여도 다시 위헌이라는 판결을 선고하였다[BVerGE 88, 21].

그런데 이 판결은 기한방식과 상담제도의 결합가능성을 인정한다. 1995년 8월 21일 국회를 통과한 낙태에 관한 형법규정이 9월 1일부터 시행됨으로써 독일에서의 낙태죄에 대한 논쟁은 일단락되었다.

이에 따르면 임신 12주 이내에 임부가 낙태를 요구하고, 적어도 낙태시술 3일 전에 상담을 한 후 상담증명서를 받고, 의사가 낙태시술을 한 때에는 낙태가 허용된다[제218조의a 제1항]. 또 임부의 현재와 장래의 생활관계를 고려할 때 임부의 생명의 위험 또는 육체적·정신적 건강상태의 중대한 위험을 제거하기 위하여 낙태 이외에 다른 방법이 없는 때에는 임부의 동의를 얻어 의사가 시술하는 낙태는 허용된다[제2항].

04 사형제도의 어제와 오늘

사형이란 무엇인가?

공자BC 551년~BC 479년, 유가의 시조가 말하기를 "법제로써 다스리고 형벌로써 질서를 유지하면 백성들이 형벌을 면하는 것을 수치로 생각하지 않을 것이다. 그러나 덕으로써 다스리고 예로써 질서를 유지하면 잘못을 수치로 알고 바르게 될 것이다"子曰, 道之以政하고 齊之以刑이면 民免而無恥니라 道之以德하고 齊之以禮하면 有恥且格이니라.

형벌은 국가가 범죄에 대한 법률상의 효과로서 범죄자에 대하여 과하는 법익의 박탈이다. 형법이 정하는 형의 종류에는 사형, 징역, 금고, 자격상실, 자격정지, 벌금, 구류, 과료, 몰수의 9종이 있다형법 제41조. 형벌에 따라 박탈되는 법익의 종류에 따라 이를 분류하면 생명형·자유형·재산형 및 명예형의 4종이 된다. 형법이 규정하고 있는 형벌 중 사형은 생명형이고, 징역·금고·구류는 자유형이며, 자격상실·자격정지는 명예형이고, 벌금·과료·몰수는 재산형이다.

사형은 수형자의 생명을 박탈하는 것을 내용으로 하는 형벌을 말한다.

CHAPTER 4
사형제도의 어제와 오늘

생명의 박탈을 내용으로 한다는 점에서 생명형^{生命刑}이라고도 하며, 형법이 규정하고 있는 형벌 가운데 가장 중한 형벌이라는 의미에서 극형^{極刑}이라고도 한다. 사형은 오랜 역사를 가지고 있는 형벌이며, 형벌의 역사는 사형의 역사라고도 할 수 있다. 특히 근대 이전의 위하형^{威嚇刑}시대에 있어서는 살인죄뿐만 아니라 개인과 국가 또는 재산에 대한 범죄에 이르기까지 널리 사형이 인정되었고, 사형의 집행도 잔인한 방법에 의하여 행해졌다. 사형의 역사에 비추어 볼 때 살인에 의하여 피살된 사람보다 법관에 의하여 살해된 사람의 수가 많다는 얘기도 있다. 그러나 18세기 이래 계몽주의 사상가들에 의하여 등장한 합리주의는 개인의 인권을 헌법의 기초로 삼고 기본적 인권의 핵심이 생명권에 있음을 갈파하였고, 특히 베카리아에 의하여 사형폐지론이 주장된 이래 사형을 제한 또는 폐지해야 한다는 논의가 활발히 전개되고 있다.

우리나라 형법이 법정형으로 사형을 규정하고 있는 범죄에는 내란죄, 내란목적살인죄, 외환유치죄, 여적죄, 살인죄 등이 있다. 또한 특별법상 사형범죄의 범위도 확대되고 있다.

대법원과 헌법재판소는 사형의 합헌성은 인정하되, 극형^{極刑}이 불가피한 경우에 한하여 허용되어야 한다는 입장을 견지하고 있다. 따라서 피해자의 생명을 침해하는 범죄에 대하여 법정형으로서 사형을 두는 것은 불가피하다고 본다.

한편 2016년 2월 21일 바티칸 성 베드로 광장에서 프란치스코 교황이 일요 삼종기도를 집도하면서 십계명 중 하나인 "살인을 하지 말라"는 계명은 죄를 지은 자와 죄 짓지 않은 자 모두에게 유효하다고 말하며 전 세계적으로 사형제도를 금지할 것을 촉구한 바 있다.

사형제도의 기원 및 사형범죄의 심리적 기초

사형은 인간사회에 적용된 가장 오래된 형벌이다. 원시시대의 인간이 갖고 있던 세계관은 애니미즘에 기초한다. 프로이드Sigmund Freud, 1856~1939: 오스트리아의 신경과의사, 정신분석의 창시자에 따르면, 애니미즘은 인간이 세계를 전체로서 이해하려는 최초의 중요한 시도이다. 애니미즘적인 발상에 따르면 외계의 사물은 모두 살아있는 사물이거나 아니면 영적인 것이 깃들어 있다. 이 영적인 것이 운명의 힘인데, 이 힘에서 악령이나 신이 태어나고, 이 힘은 인간을 불행하게 하거나 말살시킨다고 믿었다. 원시시대의 인간은 영혼불멸을 믿었기 때문에 육체가 죽은 후에 영혼은 악령이 되어 생존자를 쫓아다니며 저승으로 끌고 가려 한다고 믿었다. 따라서 죽은 자의 영혼은 운명의 힘에 합세하여 인간을 괴롭힌다고 생각하였다. 이러한 운명의 힘에 대처하는 방법 중의 하나가 터부Taboo의 체계이다. 이것은 수없이 많은 금기로 형성된 금욕행위이며 사형을 요구하는 소리의 직접적인 전제가 된다. 즉 터부의 위반으로 인해 사회질서는 문란해지고 인간의 행동규범에 관한 권위가 흔들려 사회는 무정부상태가 된다. 터부의 위반자는 금욕의 강제에서 빠져나갈 수 있다고 믿은 데 대한 응분의 대가를 지불해야 한다. 따라서 터부의 위반에 대한 즉각적인 보복이 행해지지 않고, 운명의 힘마저 그 자를 불행하게 하는 벌을 잊고 있는 경우, 결국은 사회구성원 자신이 위반자를 처벌할 수밖에 없다. 즉 사회가 존립하기 위해서는 법규를 위반한 자를 반드시 처벌해야 한다. 그 수단은 위반자를 사회에서 영원히 격리하거나 추방하는 것이다. 이러한 전제에서 출발하면 결국엔 사형을 요구하지 않을 수 없게 된다.

사형의 원초기에 해당하는 신성한 법이 지배하는 시대에는 사형에 처해지는 불법행위가 다섯 가지가 있다. 첫째가 터부의 위반이며 나머지는 근친상간, 마법과 요술, 독신瀆神 및 반역이다. 현대에서는 가장 파렴치한

범행인 살인이 여기에 포함되지 않은 것은 이것이 당시에 '피의 복수'로
대신되었기 때문이다.

사형집행방법

근대 이전에는 물에 빠뜨려 죽이는 형, 창으로 찔러 죽이는 형, 돌로
쳐 죽이는 형, 수레로 찢어 죽이는 형, 산채로 매장하는 형, 말벌로 쏘아
죽이는 형, 화형, 참수, 교살, 독살 등이 있었다.

근대 이후에는 사형집행방법이 다양하다. 앵글로색슨 시대의 Saxon과
Danisch왕 아래서는 교수형이 사형집행의 가장 일반적인 형태이다. 런
던의 교수대는 오늘날의 하이드파크에 해당하는 타이번에 있었는데, 이
곳은 12세기 이후의 처형장이다. 도로 좌우에는 관람석이 설치되어 있어

▲ 루앙대성당 출처: 두산백과

유명인이 처형될 경우에는 좌석 값이 비쌌다고
한다. 중대범인으로 간주된 자는 그 시체를 뜨거
운 피치나 타르에 담가두었다가 사슬로 매달아
방치해놓았는데, 이것은 사람들의 두려움을 이
용해 범죄를 방지하자는 계산에서 나온 것이다.
화형火刑, 익사형溺死刑, 교수형絞首刑, 총살형銃殺刑,
참수형斬首刑, 전기살電氣殺, 가스살殺, 투석살投石殺
등 사형집행방법은 각 국가마다 다양하다.

루앙대성당Cathédrale Notre-Dame de Rouen은 프랑스 노
르망디 지역의 루앙에 있는 고딕 양식의 대성당이다. 프랑스의 인상파
화가 클로드 모네가 「루앙대성당」을 그리기도 하였다. 잔 다르크1412~1431
가 마녀재판에 몰려 루앙대성당 앞에서 화형에 처해진 것은 유명한 얘
기다. 그녀 나이 겨우 열아홉 살 때이다.

사형 그 자체도 교수형을 대신해서 1888년 뉴욕주에서 이른바 '전기의자'가 등장하여 교수형의 올가미를 대체하였을 때 어느 정도 현대화된다. 이는 어떤 의미에서는 19세기 초에 시작된, 공개처형에 대한 반대 여정의 종착점이다. 공개광장에서의 교수형이 도덕을 고양시키거나 생생한 교육의 수단이 된다고 보는 견해는 더 이상 없다. 몹시 혼잡한 19세기의 도시에서의 '대중'들의 흥분이 자극될지 모른다는 두려움이 있고, 이런 광경

▲ 열 아홉살에 화형당한 잔 다르크

은 피를 갈망하는 하층민의 욕구에 영합하는 야만적인 것이라는 비판이 제기된다로렌스 M. 프리드먼 저, 「미국법역사」, 746~747쪽 참조.

우리 형법은 사형은 교도소에서 교수하여 집행한다고 규정하여제66조 교수형을 채택하고 있으며, 군형법은 총살형을 채택하고 있다군형법 제3조.

외국 사형제도의 역사

탈리온에서 마녀사냥까지

고대에는 엄격한 탈리온Talion의 사상에 원초적인 복수관념까지 겹쳐서 사형이 적용되는 범죄는 살인죄 이외에 광범하게 확산되었으며 사형의 방법도 다양하여 여러 잔인한 수단들이 사용된다.

함무라비법전은 서구에서 가장 오래된 법전으로 평가되는데, 이 법전의 형법에 관한 규정 가운데서 사형은 어림잡아 37개조에 해당하는 범죄에 과해진다. 가령 제1조에는 살인·강도·강간·절도·방화·노예은닉·위증범죄에 대해 사형을 부과한다.

성서적 관념에서 법은 곧 하느님의 뜻이요 명령을 뜻한다. 따라서 법

의 위반행위는 하느님의 명령에 대한 반역행위로 간주된다. 그러므로 범법자의 처벌은 신의 정의로운 속성을 나타낸다열왕기 I 8:32. 구약시대의 유대민족들은 동형복수同形復讐를 허용하고 보장함으로써 살인자에 대한 보복을 후습징계後習懲戒로 강행했다. 본격적인 형벌규정이 나타난 것은 출애굽 후 가나안 정착까지 40년 동안의 광야생활 중에 모세가 시나이 산에서 십계명을 수여받은 후이다. 사형에 처해지는 범죄는 異神숭배, 살인죄, 마술, 마법, 우상숭배, 간음, 수간, 존속상해, 중대사실에 대한 허위증언 등이다출애굽기 20:16, 23:1. 신명기 19:16~21. 이러한 것들을 중죄로 규정하고 사형으로 다스린 의도는 백성들에게 경각심을 불러일으키고 후습징계와 교훈으로 삼아 해이해진 정신을 신앙에 집중시키고 같은 죄의 재발을 방지하려는 데 있다. 주목할 것은 모세율법에서는 잘못된 사형을 방지하기 위한 여러 가지 절차적 보호장치가 있다는 점이다. 즉 사형을 과함에 있어서는 반드시 2명 이상의 증인이 필요하고, 사형범죄의 위증은 사형에 처했으며, 정황증거는 유대법정에서 유효한 증거가 아니고, 고발된 사람을 위해 제출할 수 있는 증거는 모두 제출되며, 법정은 그런 증거를 수집하기 위해 하루 종일 개정되었다고 한다.

고대 로마의 사형제도를 알 수 있는 자료로서 대표적인 것은 「12표법」이다. 사형에 처해지는 범죄로서는 모반, 살인, 저주, 방화, 위증, 심판인 및 중재인이 매수되는 경우, 야간에 타인의 경작지에 방목하여 목초를 먹게 하는 행위 등이 있다. 사형을 과하는 절차를 보면 국가 및 공공의 안녕질서를 해치는 행위에 대해서 정무관이 행위자에게 사형을 선고하고 이 선고를 받은 자는 민회에 제소하여 민회가 사형의 가부可否를 결정한다.

전체적으로 보아 중세에는 인류역사상 사형의 전성기라 할 만큼 많은 사형이 행해졌고, 그 방법도 잔인의 극에 달했다. 그리하여 어떤 이는 이 시기를 "서구문명에서 인간을 죽이는 새로운 방법을 가장 강렬하게 개발한 시대"라고 표현하기도 한다.

영국의 헨리 8세 치하[1509~1547]에서는 약 72,000명이 사형에 처해지며, 엘리자베스여왕 치하[1558~1603]에서는 약 89,000명이 사형에 처해지고, 심지어 1실링의 토끼 한 마리 절도사건도 사형이 과해지고, 1629년에는 세 명의 소년이 구두를 절도하였다는 죄명으로, 또 8세 된 아동이 농산물창고에 방화했다는 죄명으로 사형에 처해진다. 1279년에는 280명의 유대인들이 동전을 잘라낸 듯이 교수형에 처해지기도 한다.

독일에서도 약 35,000명의 인구에 불과한 뉘른베르크에서 1501~1525년 사이에 시민의 ⅓인 10,500명이 사형에 처해지고, 17세기 독일형법학계를 지배한 라이프치히대학 교수이며 법관이던 베네딕크 카루푸쓰는 그의 법관재직 40년간[1620~1660년]에 2,000여 명에게 사형선고를 하였음을 자랑했다고 하니 당시의 상황을 짐작할 수 있다.

프랑스에서는 오랜 종교투쟁 끝에 聖도르토로마이 축일 밤[1572. 8. 24] 대학살이 자행되는데 이때의 희생자가 5,000명에서 10,000명 정도였다고 한다.

중세에 특히 주목해야 할 참혹한 현상이 있다면 마녀망상에 의한 무고한 여자들의 죽음이다. 불행한 자연현상이 발생할 때마다 재앙을 가져오게 한 원인자로서 마녀나 요술사가 지목된다. 이러한 태도는 애니미즘적인 사고에 입각한 것인데, 계몽시대가 시작될 때까지 재앙이나 불행에 책임을 짊어져 줄 마녀에 대한 수요는 전혀 줄지 않는다. 마녀망상은 프랑스나 이탈리아에서는 이미 14세기에 나타난다. 가령 프랑스의 카르카손에서는 1320년부터 1350년에 걸쳐 200명 이상의 마녀나 요술사가 사형에 처해지고, 1357년에만도 31건의 처형이 있는가 하면, 툴루즈에서는 30년 동안 이러한 죄상에 대

▲ 프랑스의 기요틴(단두대)
프랑스혁명 당시 죄수의 목을 자르는 형벌을 가할 때 사용한 사형기구
출처: 시사상식사전

한 판결이 600건이나 있었다고 한다. 독일에서는 16세기 말엽에 와서 마녀박해가 망상의 형태를 띠며 마치 역병疫病: 유행병과 같이 번지게 된다. 가령 남부 독일의 웰덴페르스 지방에서 1590년과 1591년 사이에 마녀로서 화형에 처해진 여자가 49명이고 숀가우에서는 1589년에 63명의 여자가 화형에 처해진다. 1542년 제네바에 페스트가 유행했을 때 2월부터 5월에 걸쳐 34명이 페스트를 발병시킨 마녀의 혐의로 처형된다. 스웨덴에서는 1669년 84명의 성인과 15명의 아이가 악마와 사이좋게 지냈다는 마녀혐의로 화형에 처해진다.

「주홍글씨 The Scarlet Letter[1850]」로 유명한 너대니얼 호손Nathaniel Hawthone, 1804~1864의 조상인 잔인한 존 호손 대령은 세일럼의 마녀재판 때 판사였고, 마녀로 지목된 새러 굿이 심판관에게 "당신이 마법사가 아니듯이 나도 마녀가 아닙니다. 만일 당신이 내 목숨을 빼앗는다면 하느님이 당신에게 피의 잔을 마시게 할 것입니다"라고 소리칠 때 법정 의자에 앉아 있었다. 이러한 사실이 너대니얼 호손의 소설「일곱 박공의 집The House of the Seven Gables(1851)」에서는 매튜 몰이 마법행위를 했다고 단죄하고 그의 재산을 압수한 핀천 대령에게 "하느님이 당신에게 피의 잔을 마시게 할 거요!"라고 소리치는 것으로 표현된다J.D. 매클라치, 「걸작의 공간」(마음산책, 2011), 151쪽.

> ■ 한 독일작가는 1845년에 "15세기부터 18세기 초까지 수천 명의 불쌍한 마술사들이 불에 타 죽고 그들 자신의 자백 모두는 언제나 고문에 의해 얻어졌다"라고 서술하고 있다. 19세기 미국의 역사가인 W. F. Poole은 그의 책「Salem Witchcraft」에서 유럽에서 16~17세기 동안에 마녀망상에 의한 사상자 수는 20여만 명이라고 쓰고 있다.

프랑스에서는 1791년에 사형에 해당하는 범죄가 32종으로 감소하고, 1810년에 27종으로 감소되고, 1832년엔 16종으로 급격히 감소한다. 사형폐지운동의 결과로 1848년엔 정치범에 대해서는 사형을 폐지하였고 1981년에는 일반범죄에 대해 사형을 폐지한다. 그러나 1956년의 사형존

폐에 관한 여론조사에서는 사형존치가 압도적이고, 다수의 프랑스 국민은 범죄 격증을 이유로 사형폐지에 반대하는 것으로 나타났다.

1863년 독일법조회의에서 최초로 다수가 사형을 반대하면서 사형폐지 운동이 전개되지만, 1870년 제3회의의 의결에서는 사형존치를 주장하는 다수 귀족들의 반대로 사형폐지에 실패한다. 1931년 국제형사학협회의 독일부회에 있어서도 사형폐지가 결의되나 실제상의 폐지에는 이르지 못한다. 1933년 나치정권이 수립되어서는 사형적용이 상당히 확대되는 경향을 보이다가 1949년 독일 「연방기본법」이 성립되어 사형폐지가 실현된다. 그 후 1955년 중범죄사건 등을 계기로 부활론이 대두되었으나 형법개정위원회의 심의 결과 부활반대의견의 다수로 성공하지 못한다. 다만 1961년 여론조사에 따르면 사형부활에 대한 찬성이 53.5%로 나타났다.

영국의 경우 헨리 8세 치하에서는 거의 모든 범죄에 대해 사형이 인정되었고, 19세기 초엔 사형에 처하는 범죄가 약 230개로 확대되었다. 이에 대한 비판이 강력히 제기되어 1837년에는 15건으로 축소시키는 데 성공하며, 1861년엔 반역죄와 모살죄에 대해서만 절대적 사형을 인정한다. 그 후 사형폐지안이 의회에 제출되다가 1969년에 사형영구폐지법안이 통과되어 사형제도는 폐지된다. 북아일랜드에서의 아일랜드공화국국군IRA에 의한 정치살인, 그 밖에 강력살인사건의 속출로 사형부활론이 고개를 들기 시작하여 대처내각 때에 이르러 의회에 사형제도 부활법안이 제출되었으나 부결된다.

미국 사형제도의 역사

미국의 초기 식민주의자들은 그들의 모국인 영국의 극단적인 형벌을 그대로 수용하여 시행하지는 않았다. 그리하여 사형에 해당하는 범죄의 숫자가 점점 더 감소되었고, 사형집행방법도 상당히 완화되었다. 1636년 매사추세츠 베이Bay식민단에 의한 가장 초기의 기록인 「The Capital Laws of New-England」는 사형을 선고받을 만한 것으로 우상숭배, 마법, 모독, 살인, 폭행, 강간, 협박, 수간, 남색, 간통, 인신절도, 중대한 재판에서의 위증, 반역을 열거하였다. 그리고 펜실베이니아 주를 비롯한 몇몇 주에서는 반역죄와 살인자에 대해서만 사형을 부과했으나, 18세기에는 왕의 직접적인 명령에 따라 모든 식민지가 엄격한 형법을 채택한다. 1838년 테네시 주에서 사형선고는 자유재량적인 것으로 되고, 1846년 미시간 주에서는 반역죄를 제외한 모든 범죄에 대해 사형을 폐지한다. 20세기 초에 약 20개 주가 사형을 강제적인 것으로부터 자유재량적인 것으로 바꾸게 된다. 1907년에서 1917년 사이에 9개 주에서 사형을 폐지한다. 그러나 제1차 세계대전이 일어남으로써 50여 년 동안의 이런 추세는 역전된다.

1890년대 전기의자는 전국적으로 일반화되고, 1921년 네바다 주에서는 가스살을 도입하였고, 다수 주가 질식사를 채택했다. 현재 사형집행 방법으로서도 여전히 교수, 총살, 전기살, 가스살, 주사살의 5가지 방법이 사용된다.

2017년 11월 현재 미국에서 총 18개 주와 컬럼비아 특별구에서 사형제도를 폐지했다.

미국에 있어서는 주로 사형이 수정헌법 제8조의 '잔혹하고 이상한 형벌cruel and unusual punishment'에 해당하는가 여부와 수정헌법 제14조 제1항의 적법절차due process of law 위반이 아닌가 여부를 중심으로 논의된다. 미연방 대법원은 1972년 Furman v. Georgia 사건에서 사형제도는 위헌이라는 판결을 한다.

■ **Furman v. Georgia 사건**

흑인 3인이 각기 독립된 범죄에 대하여 사형선고를 받았는데 본 판결에서 사건을 종합하여 다루어 사형제도 자체가 위헌이라고 하였다. ① Jackson은 당시 21세인데 백인 부인을 강간한 혐의로 조지아 주 대법원에서 사형이 선고되었다. 그는 남편이 출근한 뒤에 침입하여 부인을 위협하면서 돈을 요구하였으나 부인이 돈을 찾아내지 못하자 강간을 하였다.

정신과 의사들이 감정한 결과 정신상태는 별로 이상이 없었다. 그는 야간 절도, 자동차절취, 폭행 등의 전과자였다. ② Furman은 야간에 타인의 집에 침입하다가 문 밖에서 집주인을 사살하였다. 처음에는 정신에 이상이 있다는 감정이었으나, 뒤에 가서 변호인과 같이 재판을 받을 수 있다 하여 재판 끝에 조지아 주 대법원에서 사형이 선고되었다. 그는 초등학교 6년의 교육을 받았을 뿐이었다. ③ Branch는 65세 된 백인 과부집에 침입하여 강간하고 돈을 요구하였으나 돈을 얻지 못하고 이 사실을 제3자에게 알리면 되돌아와서 죽이겠다고 위협하였다. 백인 과부는 크게 부상하였다는 기록은 없다. 그는 5년 반의 초등학교 교육을 받았으나 지능이 발달되어 있지 않았으며, 중절도죄의 전과가 있었다. 그는 텍사스 주 대법원에서 사형이 선고되었다. 이상의 세 사건은 조지아 주 및 텍사스 주 대법원에서 각기 사형이 확정되어 연방대법원에 이심신청을 해왔는데, 연방대법원은 사형의 선고와 그 집행이 수정헌법 제14조를 통하여 주에도 적용되는 수정헌법 제8조에서 금지하고 있는 '참혹하고 이상한 형벌'에 해당되느냐라는 문제에 국한하여 이심을 허용하였다. 9명의 대법관 전원이 각자의 찬반의견을 피력하면서 5 : 4의 다수로 사형은 위헌이라 판결하였다.Furman v. Georgia, 408 U.S. 238(1972).

이 판결은 대단히 큰 충격을 주게 된다. 이 판결로 미국에는 사형이 위헌이 되고, 이미 사형선고를 받고 사형집행이 행하여지지 않은 수인囚人들이 살아나게 된다. 그러나 이 판결에 대해 반대의견이 많고 여러 주는 이 판결에 따라 주 형법을 개정한다. 그러나 많은 주들이 사형제도 자체를 아주 없애버리지 않고 주 형법을 개정하여 극악무도한 살인행위에 대하여는 사형을 과하는 것이 타당하다고 주장한다. 플로리다, 조지아, 텍사스 주 등의 개정형법이 대표적이며, 이에 반하여 살인에 대하여 무조건 사형이라는 형법을 가진 노스캐롤라이나와 오하이오 주 형법 등은 위헌이라는 판결을 받게 된다.

4년 후에 미연방대법원은 Gregg v. Georgia 사건에서 살인자의 살인행위를 엄밀히 검토하여 극악한 살인자에게만 사형을 과할 수 있다고 하여 사형제도를 합헌이라 판결하였다. 7명의 대법관이 지지하였고 브레

넌 대법관과 마셜 대법관만이 반대의사를 표명하였다. 이 판결의 태도는
그 후의 일련의 판례에서도 유지되고 있다.

■ Gregg v. Georgia 사건

강도·살인으로 사형선고를 할 수 있는 조지아 주 형법도 Furman 사건
이후 개정되어 그 잔혹성을 구체적으로 열거하고 있으며 이에 따라 배심
에서 충분히 검토해서 사형을 평결한 것은 합헌이다$^{\text{Gregg v. Georgia, 428 U.S.}}$
$^{\text{153(1976)}}$.

■ 2015년 사형선고 현황

2015년 미국에서 사형을 선고받은 피고인은 49명으로, 1970년 초 이후 가
장 낮은 수준을 기록했다. USA투데이는 12월 16일 사형정보센터가 전날
발표한 자료를 인용해 2014년 73건에 달했던 사형선고가 올해는 49건으로
33%나 줄었으며 사형집행도 28명으로 1991년 이후로 최저를 기록했다고
보도했다. 사형을 집행한 주도 1992년 이후 가장 적은 6개 주에 불과했는
데, 그나마도 3개 주에 몰려 있다. 조지아 주는 남편 살해범 켈리 지샌데
너, 정신질환자 워렌 힐 등 5명을 처형했다. 2015년 12월 현재 조지아 주
사형수는 70여명이다. 나머지 2개주는 텍사스와 미주리 주였다. 사형집행
을 가장 많이 한 주는 텍사스로, 총 13명을 처형했다. 미주리 주는 6명을
처형했다. 이같이 사형집행 건수가 줄어든 것은 올해 사형을 외면하는 주
가 속출했기 때문이다. 펜실베이니아는 사형 중단을 선언했고, 코네티컷
최고법원은 위헌 결정을 내렸으며, 네브래스카 주의회는 사형법을 폐지한
데 이어 2016년에 주민투표를 실시한다. 한편 1973년 이후 사형을 선고받
았던 피고인 중 150명이 무죄를 입증해 사형 집행이 취소됐다. 2015년에
도 6명의 사형수가 무죄 입증으로 석방됐다$^{\text{애틀란타 중앙일보 2015년 12월 16일자}}$
$^{\text{"올해 사형 선고 줄었다" 기사 참조}}$.

우리나라 사형제도의 역사

8조법금에서 사형을 규정한 까닭

우리나라의 고대법 중 최고의 형률인 고조선의 8조법금 가운데서 현재 전해 내려오고 있는 3개조에 "상살相殺 이당시상살以當時相殺, 상상相傷 이곡상以穀償, 상도남몰입위가노相盜男沒入爲家奴 여자위비女子爲婢 욕자속자인慾者贖者人 입오십만入五十萬"이라고 기록되어 있듯이, 사람을 죽인 자는 사형에 처한다. 부여의 형사제도에 있어서 살인자는 모두 사형에 처하고 그 가족을 노비로 삼으며, 남녀음란자와 질투를 한 부인은 모두 사형에 처한다. 한편 동예의 형사제도도 살인자에 대하여는 사형에 처한다.

고구려는 소수림왕 3년에 율령을 공포하는데 현재 전해지고 있지 아니하나 진율晉律을 계수한 것으로 추정된다. 당서唐書에 따르면 모반자는 나무로 된 기둥에 잡아놓고 많은 사람들이 횃불을 들고 그슬려 태운 후에 목을 베어 죽였다는 기록이 있다. 사형에 해당하는 범죄로 엿볼 수 있는 모반죄 등이 있고, 사형방법으로는 참형斬刑 등이 있다. 백제의 형사제도를 보면 모반, 퇴군, 살인자는 참형에 처하며, 사면제도가 있었던 것으로 보인다. 신라시대의 형사제도를 보면 「증보문헌비고」增補文獻備考에 따르면 제13대 미추왕 5년에 시모媤母가 자부子婦를 치사하였는데, 이에 대하여 왕이 명을 내려 "존속이 비속을 때리는 것은 싸움으로 볼 수 없으니 그 죄를 감하여 사형에 처하지 말라"고 한 것으로 미루어 보아 그 당시 살인죄는 사형에 처했음을 알 수 있다. 사형집행방법으로 참형, 차열형車裂型, 사지해형四支解刑 등이 있다.

고려사 제84권에 기록된 고려의 형률은 범죄의 종류 및 형의 종류를 세분하여 규정하고 있다. 사형에 해당하는 범죄는 교형絞刑과 참형에 처했으나 동 일백근贖銅一白斤으로 대신할 수 있다.

친부모를 구타하면 참하고 백숙부모, 외조부모를 절상折傷하면 교絞,

사死에 이르게 하면 참하고, 친형제를 절지折枝하면 교絞, 사死에 이르게 하면 참한다. 지아비로서 처를 구타하여 죽음에 이르게 하면 교絞, 고살故殺일 경우에는 참한다. 고려사 제85권에는 사람의 재물을 20필 이상 취한 수괴는 사형을 과하며, 고의로 방화한 자도 일정한 조건하에서 사형을 과한다. 그 밖에도 간비奸非라 하여 도덕적 청결을 해하는 경우도 엄격하게 취급하여 사형에 처하는 경우가 많았다.

조선시대의 형법전은 「경국대전」, 「대전회통」 등을 들 수 있으며, 사형이 과해진 범죄유형으로는 먼저 왕권에 대한 도전 또는 침해를 들 수 있다. 왕권에 대한 도전은 예외 없이 사형으로 처형된다. 모반대역죄는 주범과 종범을 불문하고 능지처참하고, 형벌도 범죄자 일신에 전속하지 않고 범죄자의 부 또는 자도 일정한 연령16세 이상이면 교살형에 처하고, 때로는 삼족을 멸할 정도로 가혹하다.

그 외에 간접적인 왕권의 권위훼손에 대하여도 사형이 부과되고, 허가 없이 월경하여 외국에 가는 행위, 성명을 변역變易하고 표한인漂漢人: 표류해 온 중국인을 사칭하는 행위도 모두 왕권의 권위에 대한 중대한 침해로 간주하여 참형에 처한다. 관리의 범죄에 대해서는 신민을 보호한다는 측면에서 관리가 사원私怨으로 무고한 자를 수금囚禁하여 치사致死시킨 행위에 대해서는 교형絞刑에 처하고, 관리에 대한 범죄에 대하여는 치상致傷의 정도에 이르면 참형斬刑 또는 교형에 처한다.

그리고 강간, 일정 신분에 있는 가정의 양처良妻와의 간음, 비부婢夫의 상전에 대한 간음, 사족士族에 속하는 여인에 대한 간음미수와 관녀官女의 간통 등도 모두 극형에 처하고, 부모나 조부모에 대한 폭언, 노비의 상전에 대한 폭언 등도 극형에 처한다. 강도, 절도의 삼범三犯, 국경 외에서의 절도 등도 사형에 처한다.

부권우월의 사회체제로 말미암아 처가 지아비를 구타하는 행위에는 사형을 과했으나, 지아비가 처를 구타하는 경우에는 처의 경우보다 형이 경하였다. 조선시대의 사형방법은 주로 교수형과 참수형이고, 특수형태의 사형집행방법으로는 능지처사陵遲處死와 효수梟首 및 기시棄市: 공개장소에서 참수·교수형을 집행하여 시체를 길거리에 버리는 형벌가 있다. 조선 말기인 1894년에 이르러 능지처사형과 참형을 폐지하고, 법무의 행형에 있어서 교형絞刑, 군율에는 포형砲刑: 총살형으로 정한다. 그리고 1905년광무 9년의 「형법대전」 제94조에는 사형은 교형으로 한다고 규정하였다.

■ 강직한 선비의 길을 걷다 훈구파에게 억울하게 능지처사 당한 문민공 김일손

1498년연산군 4 조선시대 최초의 사화士禍인 무오사화가 일어났다. 김일손의 스승인 김종직의 「조의제문弔義帝文: 숙부인 서초패왕 항우에 시해당한 초나라 의제義帝를 추모하는 형식을 빌려 조카 단종을 죽인 세조수양대군의 왕위 찬탈을 풍자한 글」을 사초에 실었던 것이 발단이었다. 사초에 실은 이는 영남사림파의 중심이자 정 6품의 사관史官으로 있던 김일손金馹孫. 1464~1498. 사림파를 제거할 수 있는 절호의 기회로 활용한 훈구파세조의 집권을 도운 이극돈, 윤필상, 유자광 등의 정치공작으로 모친상을 마치고 풍질風疾로 요양하고 있던 신진 사림 김일손은 연산군에 의해 능지처사陵遲處死-산 채로 온몸을 도막내고 칼로 썰어 천천히 죽이는 형벌에 처해졌고, 그의 스승인 김종직마저도 부관참시剖棺斬屍-죽은 사람의 관을 갈라[剖] 시체를 꺼내 목을 베는 형벌를 당했다.

김일손은 1464년 경상도 청도에서 태어났으며 본관은 김해, 호는 탁영濯纓, 사림의 종장인 점필재 김종직에게서 학문을 배웠다. 김일손의 조부인 김극일벼슬은 사헌부 지평. 효행이 지극하여 정려(旌閭)로 표창은 고려 충신 야은 갈재에게 학문을 배웠으며, 부친 김맹벼슬은 사헌부 집의, 후에 이조참판 추증 역시 가학을 계승하고 김종직의 부친인 김숙자에게 학문을 배웠다. 큰형 김준손벼슬은 직제학, 작은 형 김기손벼슬은 이조정랑 등 3형제가 모두 과거에 급제하는 등 김일손 가문은 정통 영남사림파의 학맥을 계승하였다. 김일손은 훈구파와 절대 타협하지 않는 강직한 성품을 지니고 있었고 학문과 문장이 뛰어났을뿐만 아니라 현실에 대한 개혁책 제시에도 적극적이었다. 단종의 어머니인 현덕왕후의 능인 소릉昭陵의 복구를 건의하고, 노산군 입후立後: 양자를 세우는 것를 최초로 거론한 것, 무오사화의 빌미가 된 훈구파인 이극돈의 비행을 고발하고, 스승인 김종직의 「조의제문」을 사초에 올린 것 등이 대표적이다. 무오사화의 칼끝은 '미래의 영의정'으로 촉망받던 35세의 젊은 나이의 김일손의 생을 마감하게 했다. 김일손이 능지처사를 당할 때

고향 냇물이 별안간 붉은 빛으로 변해 3일간을 흘렀다고 해서 '자계^{紫溪·붉}은 시냇물'라는 이름이 붙었으며 그를 배향한 서원도 자계서원이다. 김일손의 사림파정신은 조카 삼족당 김대유^{벼슬은 호조좌랑, 칠원현감}를 거쳐 남명 조식으로 이어지면서 영남사림파의 학맥에 큰 분수령을 이루었다. 남명 조식은 김일손에 대해 "살아서는 서리를 업신여길 절개^{凌霜之節}가 있었고, 죽어서는 하늘에 통하는 원통함이 있었다"고 하면서 그의 죽음을 안타까워했다. 김일손의 죽음은 김해김씨 일족뿐만아니라 지역 사림들에게 많은 영향을 끼쳐 청도지역에 16세기 이후 은거^{隱居}의 풍토가 유행하는 직접적 계기가 되었다고 한다.

김일손처럼 행동하는 사림파의 모습은 훗날 정암 조광조에게로 이어졌고, 결국에는 네 번의 사화라는 대탄압에도 불구하고 사림파가 궁극적으로 역사의 승리자가 될 수 있는 기반을 마련해 주었다. 김일손에게는 중종 때 문민^{文愍}이라는 시호가 내려졌으며, 중종 때 직제학, 현종 때 도승지, 순조 때 이조판서로 추증되었다. 그의 거문고^{탁영금·灌纓琴}는 보물 제957호로 지정되어 있다. 옛 선비들의 애완품으로 사용된 악기로는 유일하게 국가문화재로 지정되었다^{인물한국사, 김일손 - 직필(直筆)의 사관(史官), 사화(士禍)로 희생되다 - 등 참조}.

현재 우리나라에서는 형법, 군형법, 국가보안법, 문화재보호법, 마약법 등에서 비교적 넓게 사형을 규정하고 있다.

형사소송법상 사형은 법원 판결이 확정된 날로부터 6개월 이내에 법무부 장관이 명령하면 이로부터 5일 내에 집행하도록 돼 있다. 하지만 우리나라는 1997년 사형수 23명의 형을 집행한 이후 2015년까지 18년 간 추가 집행을 하지 않고 있다. 사실상 준^準 사형제도폐지국이다.

사형제도에 관한 판례

우리나라의 대법원과 헌법재판소의 판례는 사형의 합헌성은 인정하되, 극형이 불가피한 경우에 한하여 허용되어야 한다는 입장을 견지하고 있다.

한국천주교 주교회의는 2019년 A씨와 함께 이번에 헌법소원을 청구했다. 당시 A씨는 존속살해 등 혐의로 1심에서 무기징역을 선고받은 뒤,

2심과 대법원에서도 각각 항소와 상고가 기각돼 사형을 선고받지는 않았다. 반면 보조참가인으로 이름을 올린 정모씨는 2000년 7월 '삼척 신혼부부 엽총 살해사건'으로 사형을 선고받았다. 정씨는 1999년 강원 삼척시의 한 도로에서 20대 신혼부부를 살해한 혐의로 재판에 넘겨졌다. 그는 신혼부부가 자신을 추월했다는 이유로 꿩 사냥을 위해 들고 온 엽총을 쏴 살해한 것으로 조사됐다. 정씨는 1심과 2심에 이어 대법원에서 모두 사형을 선고받았다. A씨는 생명권을 박탈하는 사형제도는 헌법에 근거가 없다는 입장이다. 사형제도가 범죄를 억제한다는 것을 입증할 연구결과도 없고, 집행되면 되돌리기 힘들다는 점도 강조하고 있다. 반면, 법무부는 헌법이 사형을 명시적으로 금지하지 않았다는 것에 주목한다. 또 사형제도는 생명에 대한 인간의 본능과 밀접한 관련이 있어 범죄예방에 효과가 있으며, 흉악범 등 엄격한 요건에 따라 사형이 선고·집행돼 우려가 적다고 주장한다세계일보 2022년 7월 14일자 "세 번째 헌재 심판대 오른 '사형제도' ⋯ 종교계 '폐지 염원'" 기사 참조.

01 대법원의 판례

종래 1963. 2. 28. 판결 및 1967. 9. 19. 판결에서 "현재 우리나라의 실정과 국민의 도덕적 감정을 고려하여 국가의 형사상 정책으로서 질서유지와 공공복리를 위하여 사형을 규정하였다 하여도 헌법에 위반하였다고 볼 수 없다"고 판시하였다. 1983. 3. 8. 판결 및 1987. 6. 12. 판결에서 대법원은 "범죄로 인하여 침해되는 또 다른 존귀한 생명을 외면할 수 없고, 또 사회공공의 안녕과 질서를 위하여 생명형의 존치를 이해하지 못할 바가 아니라"고 판시하였다.

02 헌법재판소의 판례

헌법재판소는 "형법 제250조 제1항이 규정하고 있는 살인의 죄는 인간생명을 부정하는 범죄행위의 전형이고 이러한 범죄에는 그 행위의 태양이나 결과의 중대성으로 미루어 보아 반인륜적 범죄라고 규정지어질 수 있는 극악한 유형의 것들도 포함되어 있을 수 있는 것이다. 따라서 사형을 형벌의 한 종류로서 합헌이라고 보는 한, 그와 같이 타인의 생명을 부정하는 범죄행위에 대하여 행위자의 생명을 부정하는 사형을 그 불법효과의 하나로서 규정한 것은 행위자의 생명과 그 가치가 동일한 하나의 또는 다수의 생명을 보호하기 위한 불가피한 수단의 선택이라고 볼 수밖에 없으므로, 이를 가리켜 비례의 원칙에 반한다고 할 수 없어 헌법에 위반되는 것이 아니"라고 하여 합헌으로 판결하였다헌재 1996. 11. 28, 95헌바1. 이후 2010년 형법 제41조 제1호와 관련해 5합헌 대 4위헌 의견으로 다시 한번 합헌을 결정한 바 있다.

사형제도에 대한 국민법의식 조사

사형제도에 대한 국민법의식 조사결과는 다음과 같다. 1984년 한국갤럽조사연구소 사형제도에 대한 국민법의식 조사결과부터 2016년 한국법제연구원의 사형제도에 대한 국민법의식 조사결과를 소개하였는데, 국민들의 사형제도에 대한 법의식 변화를 확인할 수 있을 것이다.

■ 01 1984년 한국갤럽조사연구소 사형제도에 대한 국민법의식 조사

1984년 한국갤럽조사연구소에서 실시한 사형에 관한 한국인의 태도에 관한 조사에 의하면 국민의 77.1%가 사형의 존속을 찬성하고 있다.

02 1992년 한국형사정책연구원의 사형제도에 대한 국민법의식 조사

한국형사정책연구원의 1992년의 조사결과에 따르면 83.5%가 사형이 유지되어야 한다는 의견을 나타냈다한국형사정책연구원, 형사정책연구소식(통권 제13호), 1992. 9, 6면.

03 1999년 국정홍보처의 사형제도에 대한 국민법의식 조사

1999년 말 국정홍보처의 전화설문조사에 따르면 한국인은 65.7%가 사형제도 폐지에 반대한 것으로 나타났다중앙일보 2000년 2월 8일자 9면. 이 조사에서 흥미로운 것은 응답자의 57.9%가 사형제도 유지가 범죄예방이나 억제효과가 없었다고 밝히면서도 사형제도 폐지에 대해서는 34.3%만이 찬성하였다는 점이다.

04 2003년 국가인권위원회의 사형제도에 대한 국민법의식 조사

2003년의 국가인권위원회의 "사형제도에 대한 국민의식조사"에서도 폐지 의견이 34.1%로 나타나 앞의 조사결과와 비슷한 경향을 보이고 있다. 최근 아동을 대상으로 한 성폭력 범죄가 증가하면서 사형제도가 논란이 되는 가운데 사형제도 존속 의견이 계속 증가세를 보이는 것으로 나타났다.

05 2012년 JTBC의 사형제도에 대한 국민법의식 조사

2012년 9월 7일 JTBC가 여론조사 전문기관 리얼미터에 의뢰한 조사결과에 따르면 사형제도가 '폐지돼야 한다'는 응답은 18.5%에 불과했다. 반면 '존속돼야 한다'는 응답은 69.6%로 집계됐다. 응답자 10명 중 7명이 사형제도 존속에 대해 찬성하는 것으로 나타난 것이다. 사형제도가 '존속돼야 한다'는 의견은 2006년 9월 조사에서 45.1%, 2008년 3월 조사에서 57.0%, 2009년 12월 조사에서 66.7%를 기록한 것과 비교할 때 해가 갈수록 사형제도 존속의견이 증가하고 있다. 연령별로는 30대가 74.1%로 '존속 의견'이 가장 높았다. 지역별로는 대전·충청 응답자들이 79.4%로 사형제도 '존속 의견'이 상대적으로 높게 집계됐다뉴시스 2012년 9월 7일자 "시민 10명 중 7명 사형제도 존속돼야 한다" 기사 참조.

06 2016년 한국법제연구원의 사형제도에 대한 국민법의식 조사

2016년 2월 10일 한국법제연구원이 발표한 '2015 국민법의식 조사'에 따르면 사형제 폐지 여부를 묻는 질문에 '찬성한다'는 응답은 34.2%에 그쳤다. 반면 사형제 폐지에 '반대한다'는 의견은 65.2%로 두 배 가까이 차이가 났다. 응답자 특성별로 살펴보면, 연령별로는 20대에서 사형제 폐지 찬성비율이 40.8%로 가장 높게 나타났다. 이와 대조적으로 60대 이상은 27.9%가 '찬성'이라고 응답해 찬성률이 가장 낮았다. 그밖에 학력이 높을수록, 이념성향이 진보적일수록 사형제 폐지를 찬성하는 의견이 높은 것으로 조사됐다. 이번 설문조사는 지난해 5월 28일부터 31일간에 걸쳐 전국 만 19세 이상 성인 남녀 3,000명을 대상으로 실시됐다헤럴드경제 2016년 2월 10일자 "국민 법의식 조사 ① 국민 65% '사형제 폐지 반대, 유지해야'" 기사 참조.

07 2018년 한국법제연구원의 국민법의식 조사

한국법제연구원이 법 전문가인 판사, 검사, 변호사 등 1012명을 대상으로 실시한 법전문가 법의식 실태조사 결과에 따르면 응답자 중 59.2%가 사형집행을 찬성한다고 응답했다. 이번 조사결과는 한국법제연구원이 2015년 일반 국민을 대상으로 실시한 법의식 조사에서 사형제도 폐지 반대^{사형제도유지 찬성} 의견이 65.2%로 나온 것과 비교했을 때보다는 낮은 수치다. 그러나 한국법제연구원은 "이번 설문이 '사형제도'의 유지나 폐지가 아닌 '사형집행' 자체에 대한 찬반을 묻고 있어 과반의 응답자가 '사형집행'에 찬성한 것은 상당히 놀랄만한 결과"라고 설명했다^{파이넨셜뉴스 2017년 8월 8일자} "법조인 59% 사형집행 찬성..법제연구원, 법의식 조사 결과" 참조.

사형존치론과 사형폐지론

사형존치론

사형폐지론이 인간의 기본적 인권과 생명권의 보장을 주장한 계몽주의에서 비롯된 것이지만 로크, 루소, 블랙스톤, 칸트, 헤겔 등의 대부분의 계몽주의사상가들은 사형제도의 폐지를 주장하지 않는다. 이들은 모든 사람은 날 때부터 생명권을 가지고 있으나 살인자는 그 권리를 침해한 자이며 따라서 범죄에 의하여 자신의 생명권을 상실당한 살인자를 처형하는 것은 당연하다고 본다. 현재에도 사형을 존치해야 한다는 주장이 강력하게 주장될 뿐만 아니라 사형을 폐지한 국가에서도 중범죄에 대한 효과적인 대책을 위해서는 사형을 부활해야 한다는 주장이 일어나고 있다.

대표적 사형존치론자는 다음과 같다. 토마스 아퀴나스^{Thomas Aquinas}는 범죄인을 악하고 유해한 자로 보고 흉악한 범죄에 대한 사형은 사회를 위해 선하고 유용한 일이라고 파악한다. 그는 법을 이성에 의한 공동선을 향한 질서로 이해하면서 법의 목적은 공공의 복지에 있으므로 인간의 법은 공동선에 적합하여야 하고 사회선을 위한 이성적 정당화가 명백히 인정되는 경우 이외에는 타인을 죽이지 못하지만 공공복지는 개인적 법익보다 우선하기 때문에 흉악한 인간의 생존이 인간사회의 공공복지를 해칠 때에는 인간사회에서 제거하여야 한다. 즉 의사가 건강이라는 목표를 추구하듯이 국가의 위정자는 국가의 평화를 추구하며 이를 위해서 악인을 사형에 처하는 것은 필요한 일로서 죄가 되지 않는 것으로 이해한다. 나아가 중세의 종교적 분위기에 힘입어 신의 이름으로 사형을 정당화하려는 시도가 행해진다. 그 대표적인 사람이 마르틴 루터^{Martin Luther,} _{1483~1546}이다. 그는 사형은 신의 명령이며 사형의 집행은 신에 대한 봉사라고 하면서 사형을 옹호한다.

루소^{Jean Jacques Rousseau, 1712~1778}는 시민의 생명을 자연의 은혜만이 아니라 국가에 의하여 조건부로 받은 선물이라고 이해하였다. 그리하여 국가가 시민에게 사형을 명하면 기꺼이 죽어야 한다고 하면서, 살인을 저지르는 경우에 사형을 받겠다고 동의하는 것은 자신이 살인자의 희생물이 되는 것을 피하려는 데에 그 목적이 있고, 범법자는 법률을 위반함으로써 구성원의 자격을 상실한다고 파악한다. 어느 누가 죄인이 되어 처형당할 때에는 시민이 아니라 적으로 간주된다고 한다.

> ### 루소
> 프랑스의 계몽사상가, 철학자, 사회학자, 미학자, 교육론자. 그의 철학적 입장은 물질과 정신은 함께 영원히 존재하는 원리라고 보는 이원론에 섰으며, 사회학적으로는 봉건적 전제 지배를 격렬하게 공격하고 부르주아 민주주의를 지지하고 시민의 자유를 강조한다.

칸트^{Immanuel Kant}는 순수한 법적 이성의 입장에서 법률 또는 형벌을 실천이성이 요구하는 지상명령, 즉 어떤 목적과도 상관없는 정의의 명령이라고 하고 범죄는 자유의사를 가진 자의 도덕률에 반한 행위이기 때문에 이에 대한 형벌은 필연적인 응보라고 이해한다. 형벌은 범죄인이나 다른 이익을 제공하기 위한 수단이 아니라 오로지 그가 죄를 범하였기 때문에 과하여지는 것이고 인간은 결코 다른 사람의 목적을 위한 수단으로서 물권법物權法의 객체가 될 수 없는 것으로 파악한다. 그리하여 그는 생명에 대하여는 어떠한 등가물等價物도 있을 수 없으므로 사람을 살해한 자는 사형에 처해야 하고 설령 지구의 종말이 도래하여 국가가 해체되는 경우에도 감옥에 있는 사형수는 한 사람도 남기지 말고 사형을 집행하여야 정의가 실현될 수 있고, 이 세상은 의미 있는 것이 된다고 한다.

▲ 헤겔   출처: 철학사전

헤겔Georg Wilhelm Friedch Hegel, 1770~1831은 변증법적 방법에 따라 형벌을 논리적 변증법적 필연이라고 설명한다. 즉 범죄는 법의 침해이므로 이러한 침해가 형벌에 의한 범죄자의 법의 침해의 침해에 의하여 회복된다는 점에 형벌의 본질이 있다고 한다正反合.

■ 헤겔과 나폴레옹

헤겔은 독일 관념론 철학을 완성시킨 근세의 철학자. 예나Jena, 하이델베르크 등에서 강의하였으며, 만년에는 베를린 대학의 교수로 활동하였다. 36세 때인 1806년 10월 13일, 예나가 프랑스군에 점령되었는데, 도시를 말을 타고 유유히 순시하는 나폴레옹을 보고 헤겔은 세계를 지배하는 개인, '세계정신'을 보았다고 편지에 썼다. 그날밤 헤겔은 포화를 멀리 바라보면서 「정신현상학」을 탈고하였다고 한다. 헤겔은 1831년 11월 14일 콜레라로 급서하였고61세 생전의 희망대로 피히테의 묘 옆에 매장된다. 그가 글로 남긴 최후의 말은 "오직 사유하기만 하는 인식의 열정 없는 고요함"에 대한 것이었다. 헤겔은 "미네르바의 부엉이는 저물어 오는 황혼과 더불어 비로소 날기 시작한다"는 유명한 말을 남겼다.

형벌의 본질은 침해된 법, 즉 국가존립에 필연적인 이성의 회복에 있고, 복수에 의한 정의가 아닌 형벌에 따른 정의를 요구하면서 범죄인 역시 이성을 가진 책임 있는 자이며 범죄인에게 가하여지는 침해형벌는 그 자체가 정당할 뿐만 아니라 그것은 범인 자신에 존재하는 의식, 즉 그의 자유의 실현, 그의 법이고, 또한 범죄인 스스로에게도 하나의 권리인 것으로 이해한다. 그는 또 범죄자를 자유로운 이성적 존재로서 취급하는 한 필연적으로 사형이 뒤따를 수밖에 없다고 한다.

■ 헤겔의 '미네르바의 부엉이'

"세계가 어떻게 있어야 할 것인가의 설교에 관해서, 한 마디 더 말한다면, 그 때문에 어찌 되었던간에 철학의 도래야말로 언제나 너무나도 늦은 것 같이 생각되는 바이다. 현실이 그 형성과정을 완료하여, 자기를 완전히 성취시킨 무렵에, 철학은 비로소 세계의 사상으로서 출현한다. 개념이 가르쳐주는바, 이것을 역사가 꼭같이 필연적으로 지시하고 있다. 즉 현실이 성숙한 때에 있어서 비로소 관념적인 것은 이 실재인 것에 대해서 나타나며, 그리고 관념적인 것은 이 실재적 세계를 그의 실체로서 파악하고, 지적 왕국의 형태로 구축한다. 철학이 그 회색을 회색으로 그릴 때, 생의 모습은 벌써 늙어 있다. 그리고 회색을 회색으로 그려봤던들, 생의 모습은 젊어오지는 않고, 다만 인식되어질 뿐이다. 미네르바의 부엉이는 저물어오는 황혼과 더불어 비로소 날기 시작한다."

사형존치론은 사형이 응보와 위하(威嚇: 위협)라는 형벌의 목적에 의하여 정당화되며, 일반의 법의식에 의하여 자명하고도 필요한 형벌로 인정된다는 점을 이론적 근거로 한다. 첫째, 사형이 위하적 효과를 가지는 것을 부정할 수는 없다. 생명은 인간이 가장 애착을 느끼는 것이므로 사형의 예고는 범죄에 대한 강력한 억제력을 가지지 않을 수 없다. 사형의 위하력은 통계에 의하여 밝혀지지 않는다고 하여 부정될 성질이 아니다. 둘째, 형벌의 본질이 응보에 있는 이상 극악한 범죄인에게는 사형을 선고하지 않을 수 없다. 즉 사형은 특히 공격적인 범죄에 대한 사회의 도덕적 분노의 표현이며 이러한 기능은 법에 의하여 지배되는 사회의 안정을 증진함에 있어서 본질적이고 중요한 역할을 수행한다. 사형에 의하여 대응하지 않을 수 없는 극악한 범죄에 대하여 사형을 과하는 것은 적절하고 필요한 형벌이며 인간의 존엄과 가치를 침해하는 것이라고 할 수 없다. 셋째, 사형의 폐지가 이상론으로는 바람직하다고 할지라도 사회의 법의식이 이를 요구할 때에는 사형은 적정하고 필요한 형벌이 된다. 그런데 사형은 수세기에 걸쳐 전통적인 형벌이 되어왔을 뿐만 아니라 국민의 법의식도 이를 자명하고 필연적인 형벌로 받아들이고 있는 것이므로 사형을 폐지하는 것은 타당하다고 할 수 없다.

사형폐지론

18세기 이래 계몽주의사상에 의하여 등장한 합리주의는 개인의 인권을 헌법의 기초로 삼고 기본적 인권의 핵심이 생명권에 있음을 갈파하였고, 특히 베카리아에 의하여 사형폐지론이 주장된 이래 사형을 제한 또는 폐지해야 한다는 논의가 활발히 전개되고 있다.

대표적 사형폐지론자는 다음과 같다. 베카리아Cesare Bonesana Marchese di Beccaria, 1738~1794는 사형은 법률적인 견지에서나 형벌의 효과상으로도 불필요한 것으로 이해하였다. 즉 사람이 사람을 죽일 수 있는 권리는 있을 수가 없고 범죄인이나 공중에게 위하가 될 수 있는 것은 형벌의 잔혹한 엄격성이 아니라 그 확실성에 있는 것으로 본다. 사형은 인간본성에 따라 곧 잊힐 것을 방지할 수 없고 위하력에 있어서도 무기형이 훨씬 크기 때문에 사형은 배척되어야 하는 것으로 파악한다. 벤담Jeremy Bentham, 1748~1832은 사형은 범죄에 대해 과도한 형벌이며 사형집행도 목적을 위하여 필요 이상의 고통을 낳기 때문에 만족스런 형벌이 되지 못하는 것으로 이해한다.

▲ 벤담   출처: 철학사전

■ 벤담

영국의 철학자이자 법학자. 인생의 목적은 '최대 다수의 최대 행복'의 실현에 있으며 쾌락을 조장하고 고통을 방지하는 능력이야말로 모든 도덕과 입법의 기초원리라고 하는 공리주의를 주장하였다. 의회의 개혁과 같은 정치활동에도 관계하였다.

하워드John Howard, 1726~1790: 영국의 감옥개량가도 저서 「감옥의 상태」의 이탈리아 편에서 사형은 감옥구금보다 일반예방적 효과가 없는 것으로 이해하면서 불필요한 고통을 부과하는 사형은 폐지하여야 한다고 주장한다.

위고Victor-Marie Hugo, 1802~1885는 「사형수 최후의 날」1829에서 "사형이란 그 자체가 공인된 사회적 범죄이며 병적 현상"이며 "사형은 법의 이름으로 사람을 죽임으로써 윤리적 타락의 근원이 된다"고 주장한다.

도스토예프스키Fyodor Mikhailovich Dostoevski, 1821~1881는 「죄와 벌」1866로 시작되는 후기의 대작에서 시대의 첨단적인 사회적·사상적·정치적 문제를 예민하게 반영시킴과 동시에, 인간존재의 근본문제를 제기하고 있다. 「죄와 벌」은 그가 단지 도박 빚을 갚기 위해 저술한 것이라고 하며 그는 죽을 때까지 가난에서 벗어나 본 적이 없다고 한다. 그는 「백치白痴」1868에서 인도주의적 근거와 사형의 잔혹성이 형벌의 균형을 초과한다는 점을 들어 사형폐지를 주장한다.

톨스토이Lev Nikolaevich Tolstoy, 1828~1910는 러시아 문학을 대표하는 작가다. 러시아어로 '숲속에 있는 빈 들판'이라는 뜻을 가진 야스나야폴랴냐의 유명한 가문에서 태어나 일찍 부모를 여의고 고모들 손에서 외롭게 자란 톨스토이는 줄기찬 창작에의 열정과 전 인류를 향한 헌신적인 박애

▲ 톨스토이 박물관 내부　출처: 두산백과

사상을 바탕으로, 평생을 자기완성을 향한 고행의 여정 속에 보낸다. 그리고 마침내 여든 두 살의 노구를 이끌고 부와 명예를 떨쳐버리고 참 진리를 찾아 표연히 길을 떠나, 눈덮힌 아스타포브의 시골 역사驛舍에서 마지막 숨을 거두었다. 톨스토

이가 평생 동안 절실히 골몰했던 주제는 '삶과 죽음'이었다. 고희가 넘어서 쓴 작품이 그의 대표작인 「부활」인데, 인간의 구원에 관한 메시지를 전해준다. 젊은 시절의 톨스토이도 방탕했다고 한다. 「부활」의 등장인물처럼 그 역시 친척 집에 놀러갔다가 그 집 하녀를 하룻밤 노리개로 삼았던 기억이 있기 때문에 그것에 대한 참회로 「부활」을 쓰게 된 것일지도 모른다고 공지영 작가는 분석하고 있다_{공지영, "전 인류를 향한 인간성 메시지 - 톨스토이 「부활」 『나의 고전읽기』, 15쪽}.

그는 「나는 침묵할 수 없다」Ich Kann nicht schweigen, 1908에서 사회 자체가 죄를 만들고 그리고서는 죽인다고 하면서 사형폐지를 주장한다. 그는 성서의 "너는 살인하지 말라Thou shalt not kill"에 기초하여 사형제도의 폐지를 주장한다.

■ **톨스토이가 모한디스 K. 간디에게 보낸 편지**

이 글은 1910년 9월 7일 남아프리카에서 인종 차별에 대항하여 외로운 투쟁을 벌이고 있던 한 인도인 변호사(=간디)에게 톨스토이가 보낸 편지의 일부이다.

"여느 이성적인 사람과 마찬가지로 그리스도는 폭력 사용이 기본적인 사랑의 법칙과 양립할 수 없음을 알고 계셨소. 기독교인들은 이 법칙을 받아들이기는 했지만 동시에 개인생활에서는 무시했소. 그러므로 기독교인들은 폭력에 기초한 모순적인 삶을 살게 되는 것이요.…(중략)…트란스발에서의 당신의 과업은 현 지구상에서 이루어지고 있는 모든 과업들 중 가장 핵심적이고 중요한 것이오. 그리고 기독교인들 뿐만아니라 모든 사람들이 필연적으로 거기에 참가하게 될 것이오. 이러한 과업이 러시아에서는 군복무를 거부하는 형태로 급속하게 확산되고 있다는 사실을 당신이 알게 되면 기뻐하리라고 생각하오." 경북대 로스쿨 김두식 교수는 "톨스토이는 간디를 낳았고, 간디는 마르틴 루터 킹을 낳았다고 할 정도로 '구원의 폭력'을 거부한 용기 있는 사람들은 시공을 초월한 연대를 형성해 왔다"고 평가하고 있다_{김두식, "구원의 폭력을 뒤엎는 단순성의 미학 「톨스토이 민화집」" 『나의 고전읽기』, 49쪽}.

01 빅토르 위고

프랑스의 낭만파 시인, 소설가 겸 극작가. 소설에는 불후의 걸작으로 꼽히고 있는 『노트르담 드 파리』가 있다.

02 도스토예프스키

톨스토이와 함께 19세기 러시아 문학을 대표하는 세계적인 문호. 『죄와 벌』, 『백치』, 『카라마조프의 형제들』 등의 작품을 남겼다.

03. 톨스토이

러시아의 시인이자 극작가, 소설가. 『전쟁과 평화』, 『이반일리이치의 죽음』, 『안나카레니나』 등의 작품을 남겼다.

▲ 알베르 카뮈

실존주의자인 알베르 카뮈A. Camus, 1913~1960는 비록 사형의 효과가 형벌의 실제적인 결과 때문일지라도 그것은 인간의 제 가치에 유해한 다른 제 결과에 의해서 상쇄되는 것으로 본다. 그 집행행위는 군중이나 집행관 및 범인 모두에게 비열한 행위이며 사형집행 요구는 오직 살인본능을 유발할 뿐이다. 더구나 사형은 결백한 사람에게 부과한 사법절차적 과오를 시정할 기회를 잃고 만다. 사형은 일종의 암살로서 오히려 살인본능을 부채질하는 역효과가 있으므로 사형 대신 무기형으로 할 것과 현실적으로 최소한 기요틴에 의한 처형방법 대신 마취약 등을 사용하여 사형집행을 할 것을 제시한다. 이렇듯 그는 사형의 위하력을 부정하고 오판의 경우를 지적함으로써 사형제도에 부정적인 입장을 표명한다.

알베르 카뮈의 생애

1931년 알제리 콩스탕틴에서 태어난 프랑스의 소설가이며 극작가인 까뮈는 귀머거리인 어머니와 조모에 의하여 빈곤 속에서 성장하였다. 대학시절에는 연극에 흥미를 가져 '작업대'를 조직하기도 하였다. 1942년 『이방인』과 에세이 『시지프의 신화』를 발표하여 칭송을 받으며 문단의 총아로 떠올랐으며 소설 『페스트』와 『전락』, 희곡 『칼리굴라』 등을 통해 세계적인 명성을 얻었다. 부조리와 저항의 작가 까뮈는 1957년에 노벨문학상을 수상하였으나 1960년 47세에 불의의 교통사고로 사망하였다.

■ 스승 장 그로니에와 카뮈의 만남

카뮈는 고등학교상급 1학년반(철학반) 때 32세의 철학교수 장 그로니에를 만난 후 평생 동안 그를 정신적 지주로 여겼고, 새로운 작품을 발표할 때마다 미리 보여주며 조언을 구했다. 카뮈는 장 그로니에의 「섬」이 재출간될 때 서문을 썼다. 장 그로니에는 프랑스의 작가이자 철학자이다. 파리에서 태어나 프랑스 북부 브르타뉴 지방에서 성장했다. 파리의 유명 출판사 갈리마르의 N.R.F.지에 기고하면서 집필활동을 시작했고, 알제대학교 철학교수를 지냈다그는 갈리마르에 잠시 근무하면서 아내가 될 마리를 만났다. 주요 작품으로 「섬」, 「알베르 카뮈에 대한 회고」 등이 있다. 그의 글은 시적 명상과 풍부한 서정이 특징이다. 첫 수업 때문에 교실에 들어간 그로니에의 시선은 "넓은 어깨에 반짝이는 눈과 결연한 표정을 한" 한 젊은이에게 쏠렸다. 그 학생에게서 풍기는 뭔가가 교사에게, 그가 장차 유별난 인물이 될 것임을 알려주고 있었다. 선생은 카뮈에게 말했다. "말 안 듣는 다른 녀석들이랑 맨 앞줄에 똑바로 앉아 있어!" 이 젊은이가 "천성적으로 규율을 받아들이지 못하는 학생"처럼 보였기 때문이었을까? 카뮈를 몇 번 가르치고 나서 그로니에는 아내에게 아주 유망한 학생이 있다는 말을 했다
허버트 R. 로트먼(한기찬 역), 「카뮈, 지상의 인간 ①」(한길사, 2007), 112~113쪽 참조.

이제 카뮈가 스승인 장 그로니에의 작품 「섬」에 대해 쓴 서문을 보자.

▲ 섬

"…내가 「섬」을 발견하던 무렵쯤에는 나도 글을 쓰고 싶어했던 것 같다. 그러나 그 막연한 생각이 진정으로 나의 결심이 된 것은 그 책을 읽고 난 뒤였다. 다른 책들도 이 같은 결심에 도움을 준 것이 사실이지만 일단 그 역할을 끝낸 다음에는 나는 그 책들을 잊어버렸다. 그와는 달리 이 책은 끊임없이 나의 내부에 살아 있었고 이십년이 넘도록 나는 이 책을 읽고 있다. 오늘에 와서도 나는 「섬」 속에, 또는 같은 저자의 다른 책들

속에 있는 말들을 마치 나 자신의 것이거나 하듯이 쓰고 말하는 일이 종종 있다. 나는 그런 일을 딱하다고 생각지 않는다. 다만 나는 나 스스로에게 온 이 같은 행운을 기뻐할 뿐이다. 그 어느 누구보다도 적절한 시기에 스스로의 마음을 경도하고 스승을 얻고, 그리하여 여러 해 작품을 통하여 그 스승을 존경할 필요를 느꼈던 나 자신에게서는 더없이 좋은 행운이었다"장 그로니에(김화영 역), 「섬」(민음사, 1993), 8~9쪽 참조.

사형폐지론은 사형이 인간의 존엄과 가치를 보장하고 있는 헌법과 일치할 수 없고, 정책적으로도 합리적인 형벌이 될 수 없다는 두 가지 측면에서 많은 학자들에 의하여 주장되고 있는바, 그 논거는 다음과 같다. 첫째, 사형은 야만적이고 잔혹한 형벌이며 인간의 존엄과 가치의 전제가 되는 생명권을 침해하는 것이므로 헌법에 반하는 형벌로 허용될 수 없다. 즉 사형은 집행방법 여하를 불문하고 잔혹한 형벌이 되지 않을 수 없으며 인간의 이성에 기인한 것이 아니라 복수심이라는 본능에 근거하고 있는 야만적 형벌이라고 한다. 뿐만 아니라 생명은 그 자체가 절대적 가치를 가지는 목적이며, 사형은 다른 자유형이나 벌금형과는 달리 범죄인의 부분적 이익을 박탈하는 것이 아니라 그 존재의 기초를 말살하고 그의 모든 이익을 박탈하는 것이므로 인간의 존엄과 가치를 인정하는 자유사회에서는 인도적으로 허용될 수 없는 형벌이라는 것이다. 둘째, 사형은 무고한 시민에 대하여 집행된 경우에는 회복될 수 없는 형벌이다. 모든 재판에는 오판이 있을 수 있다. 그러나 오판에 의하여 사형이 집행된 때에는 그 잘못을 회복할 길이 없으며, 이는 선량한 시민의 생명을 근거 없이 박탈하는 무자비한 결과를 초래한다. 셋째, 사형은 일반인이 기대하는 것처럼 위하적 효과를 가지지 못한다. 사형이 위하력을 가졌다면 사형을 폐지한 국가에서 사형에 해당하는 중범죄가 폐지 전 또는 존치하고 있는 국가나 주에 비하여 많이 발생하여야 할 것임에도 불구하고 사형을 폐지한 어떤 국가에서도 이러한 현상은 나타나지 않는다. 넷째, 형벌의 목적을 개선과 교육에 있다고 볼 때에는 사형은 전혀 이러한 목적을 달성할 수 없는 원시적이고 무의미한 형벌에 지나지 않는다. 이러한 의미에서 사형폐지론은 사형의 폐지가 인간의 요청이며 역사적 정당성과 형사정책적 결과의 반영이라고 주장한다.

05
성매매 처벌,
법과 현실의 괴리

성매매 관련 입법의 논리적 배경

성매매 관련 입법의 논리적 배경으로는 두 가지가 제시된다. 첫째는 원인론적 입장이다. 이 견해는 성매매와 관련한 입법은 성매매가 어떻게 생겨나는지, 어떠한 여성들이 성매매에 종사하게 되는지 등에 관심을 가진다고 본다. 세부적으로는 병리학적 원인론, 사회적 원인론, 경제적 원인론 등으로 나누어진다.

둘째는 여성주의적 입장이다. 이 견해는 성매매가 남성이 여성의 성을 사고 있다는 점에 초점을 맞추어 그 사회적 성의 의미파악에 초점을 두고 있다. 세부적으로는 자유주의적 여성주의 입장, 급진주의적 여성주의 입장, 포스트 모더니즘적 여성주의 입장 등으로 나누어진다.

셋째는 사회보호적 입장이다. 이 견해는 성매매 자체의 도덕적 판단보다는 성매매가 사회에 끼치는 영향에 관심을 갖는다. 세부적으로는 공중 보건 보호적 입장, 질서유지적 입장 등으로 나누어진다.

성매매 관련 입법례

각국은 성매매와 관련하여 그 역사와 현실에 맞게 다양한 체계의 법률을 가지고 있다. 성매매 관련 법률은 고전적으로 성매매에 따른 국가의 개입가능성 여부와 성매매에 대한 도덕적 비난가능성 여부를 기준으로 한다.

금지주의가 성매매를 범죄로 규정하고 인정하지 않는 반면성 판매자, 성매수자 모두 처벌대상, 규제주의와 폐지주의는 성매매를 범죄로 규정하지 않고 성매매의 여지를 남겨둔다. 금지주의와 규제주의는 성매매를 도덕적으로 나쁜 것으로 규정하고, 사회의 해악을 주는 것이라고 전제하는 반면규제주의에서는 성매매는 필요악, 폐지주의는 성매매 자체에 대한 도덕적 판단을 하지 않는다.

폐지주의에 기반한 성매매 입법례

폐지주의에 기반한 성매매 입법례로는 ① 고전적 폐지주의는 핀란드와 이탈리아를 들 수 있고 ② 급진적 여성주의의 영향을 받은 폐지주의는 스웨덴을 들 수 있다. 그리고 ③ 자유주의적 여성주의 영향을 받은 폐지주의는 스페인을 들 수 있다. 한편 ④ 질서유지적 관점의 영향을 받은 폐지주의 입법례는 영국, 아일랜드를 들 수 있다.

규제주의에 기반한 성매매 입법례

규제주의에 기반한 성매매 입법례로는 ① 고전적 규제주의는 독일, 오스트리아를 들 수 있고 ② 자유주의적 여성주의 영향을 받은 규제주의는 네덜란드를 들 수 있다.

최근 프랑스와 독일의 성매매 관련 입법동향

프랑스 헌법재판소, 성매수자 처벌조항 합헌 판결

종래 유럽 대부분의 국가에서는 국가가 성매매의 여지를 인정하고 성매매를 둘러싼 착취만을 처벌하거나 성매매를 국가가 관리하고 있다.

프랑스에서도 매춘알선, 미성년자 성매매, 영업장 운영 등은 불법이지만 매춘은 범죄가 아니었다. 프랑스 정부는 현재 프랑스에서 활동하는 매춘부를 약 2만명으로 추산하고 있다. 이 가운데 85%는 외국인으로 대부분 인신매매 피해자로 추정된다고 한다.

성매매에 관대하다는 평을 들었던 프랑스가 성매수자를 처벌하는 법안을 통과시켰다. 2016년 성 매수자에 대해 초범은 1,500유로약 197만 원, 재범은 3,750유로약 460만 원까지 벌금을 물리는 「성性매수자처벌법」을 통과시켰다. 새 법은 성 판매자인 여성은 처벌하지 않고 직업 교육과 구직 활동에 매년 480만 유로약 63억 원의 예산을 지원하는 내용을 포함하고 있다.

성을 '파는 사람'이 아닌 '사는 사람'을 처벌하는 모델은 스웨덴·노르웨이·아이슬란드 같은 북유럽 국가에서 채택해 왔다. 현재 유럽 모든 국가가 매춘 알선에 대해서는 유죄로 처벌하고 있다. 그러나 성 매수자에 대한 처벌을 정한 것은 스웨덴과 노르웨이, 아이슬란드, 영국에 이어 프랑스가 다섯 번째다.

2016년 도입된 이후에도 반대여론이 일었던 「성性매수자 처벌법」에 대해 2019년 2월 1일 프랑스 헌법재판소가 합헌 판결을 내렸다. 헌법재판소는 성매수자를 처벌하는 법조항이 성매매 종사자들의 포주와 성매수자의 착취·폭력으로부터 보호하는 효과가 있다면서 합헌이라고 결정했다. 성매수자 처벌에 반대하는 측에서는 "성매수를 불법화하는 바람에 처벌이 두려워 성매매가 더욱 은밀한 곳에서 이뤄지는 바람에 매춘여성들이 폭력의 위험에 더 노출됐다"고 주장하며 폐지를 요구했다^{연합뉴스, "프}랑스 헌법재판소, 성매수자 처벌조항 '합헌' 판결" 2019년 2월 2일자 기사 참조.

독일, 2016년 4월 강제매춘 처벌 법안 검토

독일도 강제매춘인 줄 알면서 성을 매수한 사람을 징역에 처하는 법안을 검토하기 시작했다. 독일은 2001년 성매매를 합법화했다. 성매매 노동자들의 인권을 보호하기 위한 결단이었지만, 그후 독일은 '유럽의 사창가'가 됐다는 비난에 시달렸다. 성매매가 공개적으로 가능해지면서 성매매 가격은 낮아졌고 정부가 성매매와 인신매매를 부추긴다는 비판까지 나왔다. 지금 논의중인 새 법안은 자발적으로 성매매를 할 권리는 지켜주되, 강제로 성매매에 동원된 희생자들은 보호하려는 취지이다.

독일 법안은 '노르딕 모델'과 '더치 모델'의 중간 길을 택했다는 평가를 받고 있다. '노르딕 모델'이란 스웨덴, 노르웨이, 핀란드, 북아일랜드 등에서 성판매자는 처벌하지 않고 매수자만 처벌하는 것을 말한다. 즉 성 매수자와 알선업자만 처벌한다. 1999년 스웨덴이 처음으로 이 법안을 통과시킨 뒤 북유럽 국가들이 비슷한 정책을 도입했다. 프랑스가 이번에 도입한 것도 노르딕 모델과 비슷하다. 스웨덴 정부 발표에 따르면 1998년 약 2,500명이었던 성매매 노동자가 2015년 약 1,000명으로 줄었다고 한다. 이는 스웨덴에서 사람들이 성을 매수하는 것이 굉장한 위험이라는 것을 인지하고 있음을 말해준다. 성매매를 완전히 없애는 것은 불가능할 수도 있지만, 성매수자를 처벌하는 것만으로도 분명히 감소효과가 있다는 것이다.

한편 '더치 모델'은 성매매를 합법화하고 관리하는 것을 말한다. 즉 성판매와 구매뿐 아니라 알선과 성매매업소 운영까지 모두 합법이다. 네덜란드는 성매매를 하나의 직업, 산업으로 인정하는데 네덜란드 모델을 지지하는 사람들은 "드러내놓고 관리하기 때문에 성매매 노동자들이 더 보호받을 수 있다"고 주장한다.

성매매도 직업인가?

　세계적 인권단체를 자처하는 국제앰네스티는 2015년 8월 "성매매를 범죄화하는 것에 반대한다"는 결의안을 발표했다. 이번 결정도 국제기구와 관련 단체 등의 다양한 의견을 참고하고 오랫동안 고민한 끝에 내렸다고 밝히기도 했다. 앰네스티는 인신매매를 통한 성매매에는 반대하지만 성매매 자체를 범죄로 규정할 경우 성노동자들은 자기 자신을 보호하기 위해 더 큰 위험을 감수할 수밖에 없다고 주장한다. 성을 사고 파는 행위든 알선하는 행위든 어느 쪽이라도 범죄로 처벌하기 시작하면 늘 차별과 학대와 폭력의 위험에 노출돼 있는 성노동자들의 인권이 더 나락으로 떨어진다는 것이다. 앰네스티는 성매매 노동자들을 '몸'을 파는 것이 아니라 성인 사이의 자유로운 합의에 따라 '성적 서비스'를 파는 직업인으로 인정해야 한다고 주장한다. 그러나 앰네스티의 주장에 대해서는 "누군가 자유롭게 선택한 행복한 성매매라는 건 신화에 불과하다"며 비판하는 목소리도 있다. 그리고 성매매 비범죄화는 성 구매자와 알선업자뿐 아니라 인신매매업자와 같은 범죄적 조직까지 포함하는 성매매 시스템 전체를 정당화할 우려가 있다고 비판한다.

▲ 피카소의 「아비뇽의 처녀들」
그림에는 다섯 여성의 누드가 등장하는데,
바르셀로나 아비뇽 인근 사창가 여성을
그렸다고 전해진다. 〈뉴욕 현대미술관〉 소장

우리나라 헌법재판소의 자발적 성매매 처벌 합헌결정

성매매는 사회적 악인가?

우리나라는 성매매 근절을 목표로 성매매 종사자, 매수자, 관련된 제3자들을 모두 처벌하면서 성매매의 여지를 남겨두지 않고 있다. 성매매를 도덕적으로나 법적으로 근절해야 할 '사회적 악'으로 인지하고 있기 때문이다.

2001년 한국은 美 국무부에서 실시한 인신매매 보고에서 최하등급인 3등급을 받았다. 2002년에는 군산시에서 유흥주점 출입문이 잠긴 채 성매매를 하던 여성들이 화재로 목숨을 잃는 사건이 발생했다. 이 두 가지 사건으로 국내 성매매 문제의 심각성과 성매매 여성 인권 문제가 제기됐고 이것이 「성매매 알선 등 행위의 처벌에 관한 법률」^{약칭 「성매매처벌법」} 제정의 단초가 되었다.

그러나 1961년 「윤락행위 방지법」이 제정된 때부터 형사처벌 해왔지만 성매매는 전혀 줄어들지 않고 있으며 성매매 여성들에 대한 착취 및 폭력 역시 여전히 우려할 만한 사회적 문제로 남아 있다. 강력한 금지주의적 법집행은 성매매 여성들이 생존권을 주장하며 반발하는 현상을 낳고 있다. 성매매에 대한 금지주의적 접근법이 한계점을 노출하면서 사회적 부작용을 낳고 있는 상황을 고려하여 볼 때, 성매매와 그 관련된 사회적 부작용을 해결하기 위한 새로운 법적 방안에 대한 요구가 더욱 높아지고 있다.

일곱 차례의 「성매매처벌법」에 대한 헌법소원

지금까지 「성매매처벌법」과 관련된 헌법소원은 총 일곱 차례 있었다. 모두 성구매 남성 또는 성매매 업자 또는 건물주에 의해 제기되었다. ① 2004년 한 남성이 원만하지 못한 부부생활을 근거로 「성매매특별법」이 자신의 행복추구권을 침해한다고 제기한 것이다. 이에 헌법재판소는 기본권이 침해된 것이 아니고 요건불비를 이유로 심리를 하지 않는 각하결정을 내렸다. ② 2005년에는 스포츠마사지업소 운영자가 성매매를 할 의사가 없음에도 「성매매처벌법」으로 인해 가게가 도산위기에 처했다며

▲ 헌법재판소 공개변론 장면

헌법소원을 제기했으나 역시 각하결정을 받았다. ③ 2006년 '미아리 텍사스' 집창촌 건물주와 관리자 11명이 단체로 재산권을 침해받았다며 헌법소원을 냈다. 이 때 성매매 장소 제공 역시 성매매 알선을 용이하게 해 이득을 취하는 것이기 때문에 합헌이라는 결정이 나왔지만 재산권이 침해되어 위헌이라는 하나의 소수의견도 존재했다. ④ 2008년엔 성구매 남성이 성매매 금지가 기본권 침해라고 주장했으나 헌법재판소는 이 법의 입법목적이 성매매자 처벌에 있지 않기 때문에 청구 자체가 부적법하다며 각하결정을 내렸다. ⑤ 2012년 성매매업자에게 건물과 장소를 임대한 임대업자가 처벌과 수익 몰수가 부당하다며 「성매매처벌법」의 위헌을 주장했으나 역시 합헌결정이 나왔다. ⑥ 2012년 「성매매처벌법」이 성적 자기결정권을 침해한다는 주장을 하는 헌법소원이 제기됐으나 기본권 침해가능성이 없다는 이유로 각하되었다. ⑦ 2013년엔 미혼 성인 남녀가 성매매한 것을 처벌하는 「성매매처벌법」은 기본권을 침해된다는 주장 또한 각하결정이 나왔다조선일보 뉴스큐레이션팀, "끝나지 않는 논쟁 '성매매특별법'," 2016년 4월 5일자 기사 참조.

자발적 성매매 처벌 합헌결정

서울북부지법은 2012년 성매매 혐의로 기소된 여성 A씨의 신청을 받아들여 헌재에 위헌법률심판을 제청했다. A씨 측은 "착취나 강요 없는 성매매를 처벌하는 것은 성적 자기결정권을 존중하는 변화된 사회의 가

치관을 반영하지 못한 것"이라며 "성매매 근절의 실효성이 있는지도 의문"이라는 이유 등을 들어 "성매매를 한 사람은 1년 이하의 징역이나 300만 원 이하의 벌금에 처한다"고 규정한 「성매매처벌법」 제21조 제1항이 위헌이라고 주장했다.

이에 대해 헌법재판소는 2016년 3월 31일 재판관 6대 3의 의견으로 합헌 결정했다현재 2016. 3. 31, 2013헌가2.

성매매특별법의 쟁점

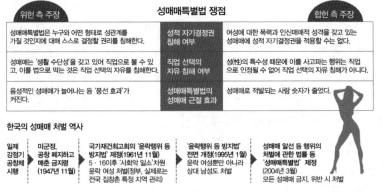

출처: 조선일보DB

모두 9명의 재판관 중 6명의 다수의견은 '합헌', 2명의 소수의견은 '일부 위헌', 한 명의 소수의견은 '위헌'으로 각각 달랐다. 합헌의견과 위헌의견을 살펴보자. 합헌의견을 낸 다수의견은 해당 조항이 성매매 당사자의 성적 자기결정권, 사생활의 비밀과 자유 및 성판매자의 직업선택의 자유를 제한하고 있다고 본다. 하지만 성행위가 외부에 표출돼 사회의 건전한 성풍속을 해칠 때에는 마땅히 법률의 규제를 받아야 한다고 본다. 이어 "성매매행위를 합법화하거나 처벌하지 않게 되면 성산업으로의 거대자금의 유입, 불법체류자의 증가, 노동시장의 기형화 등을 초래하여 국민생활의 경제적·사회적 안정을 해치고, 국민의 성도덕을 문란하게 하는 현상을 더욱 심화시킬 수 있다"고 본다. 즉 '성은 사고팔아서는 안된다'는 성도덕의 확립을 우선적 가치로 가정하고 성매매를 그 자체로 부도덕하다고 본다. 그 때문에 성매매를 불가피한 경제활동으로 인정하지 않는다. 이 입장은 성매매가 자본주의 가부장제 사회에서 보편적으로 발생하는 '부자이자 강자인 남성'에 의한 '빈자이자 약자인 여성'에 대한 구조적 폭력이라는 문제의식은 미미하다.

위헌의견에서도 입장은 나뉘었다. 일부 위헌의견을 낸 재판관은 "심판대상조항의 입법목적이 정당하고, 성구매자에 대한 처벌도 헌법에 위반되지 않는 점은 다수의견과 같지만, 성판매자에 대한 형사처벌은 과잉금지원칙에 위배되는 과도한 형벌권 행사"라고 지적한다. 그리고 "성판매자로 하여금 성매매 이탈을 촉진하고 유입을 억제하려면 형사처벌 대신, 다른 경제활동을 할 수 있는 지원과 보호를 하는 것이 바람직하다"고 본다. 이 입장은 성매매가 가진 구조적 폭력을 인정하지 않으면서 성매매 여성의 생존권을 배려하고자 하는 타협의 산물이라는 평가가 있다.

전부 위헌의견을 낸 재판관은 "성적 자기결정권과 사생활의 비밀과 자유를 침해하는 것"이라며 "성 구매자와 판매자 모두 처벌해서는 안 된다"는 의견이다. 그의 입장은 국제앰네스티식 '비범죄화'와 상당 부분 겹치는데 동시에 성매매 합법화를 주장하는 가부장적 남성들의 주장과도 일맥상통한다는 평가도 있다.

한편 자유경제원이 2016년 5월 11일 "성매매특별법 12년, 어떻게 바라보아야 하는가"라는 주제로 토론회를 개최했다. 발제를 맡은 전동욱 변호사는 「성매매처벌법」을 상징입법으로 평가하면서, 형법학자나 실무자들보다는 여성단체와 여성부가 주도하여 제정한 법률이기 때문에 성매매의 '관리'가 아닌 '근절'이라고 하는 비현실적인 목표를 설정해 놓고 매우 무거운 형벌을 규정하고 있어 문제라고 진단한다. 전변호사는 첫째, 「성매매처벌법」의 위헌성문제를 제기한다. "국가가 개입하여 성매매를 형벌의 대상으로 삼는 것은 성별·종교·사회적 신분 등에 중립적인 우리의 헌법적 가치에 명백히 배치되고 나아가 여성에 대한 낙인찍기라는 부정적 평가 및 여성의 정조라는 성차별적 사고에 기인한 것으로 남녀평등사상에 기초한 헌법정신과도 합치되지 아니한다"는 것이다. 둘째, 「성매매처벌법」이 대증요법對症療法에 기초하여 제정되었다는 형사정책적 측면에서 비판을 한다. 즉 "우리나라 성매매 특별법이 성판매자를 일종의 성매매피해자로 규정하고 있는데, 성매매피해자로 규정하는 경우 이에 따른 법적·제도적 후속조치가 있어야 함에도 이에 대한 방안은 전무하다"며 "결국 특별형법의 특성인 범죄의 근본적인 원인과 배경에 대한 깊이 있는 형사정책적 고찰보다는 순간적인 대증요법에 기초하여 제정된 것"이라고 주장한다^{미디어펜, "성매매특별법, 여성에 대한 낙인찍기 대증요법에 불과," 2016년 5월 11일자 기사 참조}.

헌법재판소 판결에 대해 "시한부 합헌"이라는 평가도 있는 듯하다. 간통죄 처벌도 다섯 번째 만에 위헌이 나왔음을 감안하면 재판부가 바뀌고 시간이 흐르면 결국 위헌 쪽으로 기울게 될 것이라고 전망하는 견해가 그것이다.

제6부

법학의 뒤안길을
걷다

01
황진이에게
법전 읽히기

왜 법전인가?

공부의 기본은 책이다. 책은 지식저장소이자 지혜의 보물창고이며 행복과 자유의 발전소이다. 나는 책 읽기를 즐겨한다. 그 속에서 행복을 느낀다. 좋은 책을 많이 읽고 싶고 많이 쓰고 싶다. 좋은 책을 쓰는 사람이 가장 부럽다. 소설가 김진명 선생님은 다음과 같이 독서에 대해 말한다. "독서는 생각하는 힘을 키우는 행위예요. 타인의 생각의 경로를 관찰해서 내 생각의 힘을 키워내는 거죠. 인간은 무언가를 '알고 깨달을 때' 진정한 행복을 느껴요. 알면 알수록 인류는 선량해집니다. 지성의 근본도 선량이에요. 그래서 지식이 늘어 가면 필연적

▲ 박연폭포
출처: 한국민족문화대백과

으로 공존과 동행의 길을 찾아요"라고 깊은 통찰을 보여준다. "동행이 극화된 마음이 희생이고요. 인간은 남을 위해 나를 희생할 때 느끼는 만족도가 가장 높아요. 인류는 그런 사람에게 경의를 표하죠. 인간에게 학점을 매긴다면 부자나 대통령에게 A＋를 줄까요? 아닙니다. 가난하지만 남에게 봉사를 한 사람에게 A＋를 주죠. 그 길을 가는데 가장 큰 무기가 '글자'예요. 글자로 지식이 전파돼야 생각의 힘이 생기니까요"라고 힘주어 말한다. "독서는 지루한 행위예요. 좋은 책일수록 지루하죠. 독서를 재미나게 느끼려면, 누군가 독서행위 자체를 칭찬해줘야 해요. 좋은 책을 지정해 주는 건 좋지 않아요. 어떤 책이든 읽는다는 게 중요합니다."[김지수의 인터스텔라] 「"설계 없이 단번에 쓴다 … 천재? 재능 1%도 없어" 김진명」, 조선일보 2019년 9월 22일자 기사 참조. 황진이에게 독서가 그러하다고 생각된다.

황진이에 관한 소설도 여러 권 출간됐다. 김탁환의 「나, 황진이」, 전경린의 「황진이(1)(2)」, 정비석의 「황진이」, 화담 서경덕에 관한 소설인 김성규의 「화담 서경덕(1)(2)(3)」 등이 그것이다. 화담선생 소설은 황진이가 화담선생의 화담산방花潭山房의 제자여서 황진이에 관한 부분도 많이 다루어져 있다. 황진이와 화담 서경덕 선생은 뗄래야 뗄 수 없는 사제지간이기 때문이다. 작가들의 상상력은 참으로 존경스럽다. 새로운 인물을 만들고 새로운 언어를 만들고 새로운 세계를 펼쳐내니 말이다.

그 중에서 김탁환 작가는 「불멸의 이순신」으로 유명하다. 치밀한 사상사적 연구가 바탕이 된 장편소설을 발표했다. 현재 KAIST 문화기술대학원 교수로 스토리텔링을 가르치고 있다.

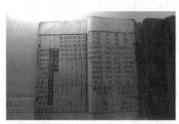
▲ 경국대전   출처: 두산백과

김탁환의 「나, 황진이」에 따르면 황진이가 재미없고 딱딱한 법전을 1년이 넘도록 읽었다고 한다. "글을 가르쳐달라는 청을 받은 외숙부도 처음에는 탐탁치 않게 여겼어요. 글을 읽는 재미를 깨우쳐주지 말라는 새끼할머니의 엄명이었을까요? 외숙부는 많고 많은 서책 중에서 「을사대전乙巳大典」과 「대명률大明律」처럼 법률 조문만 가득 든 서책을 내 앞에 펼쳤지요. 그 어려운 조문을 대하니 한 장만 넘겨도 머리가 지끈지끈 아프고 하품이 절로 나왔답니다. 새끼할머니의 강권 때문만은 아니었던 것 같습니다. 시를 읊기 전에 세상이 얼마나 단단하고 빈틈없는 곳인가를 법전을 통해 보여주었던 것이지요."

사실 당시 양반이나 일반 백성들도 잘 읽지를 않는 법전을 황진이가 읽었다는 것 자체가 흥미로운 일이다. 소설에 따르면 황진이는 '법전 읽기'에 대해 다음과 같이 술회한다. "일년이 넘도록 줄기차게 법전을 읽은 까닭은 무엇일까요? 깔끔한 문장을 익히는 즐거움도 컸지만, 한 나라를 편안하게 이끌기 위해 이렇게 많은 글이 필요하다는 사실에 놀랐기 때문이기도 합니다. 때리고 가두고 죽이겠다고 협박하지 않고는 말을 듣지 않는 짐승, 인간, 본성이 얼마나 악하면 이렇듯 복잡한 조건을 덧대는 것일까요. 이 물음 덕분에 나는 곧 기질을 제대로 다스려야 한다는 가르침의 의미를 이해할 수 있었지요. 딱딱한 법전에서 세상을 다스리는 법이 아니라 헛되이 살지 않는 법을 배웠다고나 할까요. 돌이켜 생각하건대, 나의 삶이란 공명정대한 법에 대하여, 지극히 온당하며 인간의 도리를 일깨운다는 관습과 예절에 대하여, 던지는 질문에 다름 아니었어요. 양반은 양반답고 아전은 아전다우며 기생은 기생다워야 한다는 규범을 받아들일 수 없었던 겁니다." 인상적인 것은 황진이 자신의 삶이 '법, 관습, 예절에 대한 질문'이라는 그녀의 술회이다. 법, 관습, 예절은 인간의 삶을 규율하는 핵심적인 규범들이다.

소설에서도 나와 있듯이 황진이가 법전을 읽은 것은 그녀의 강한 기질과 타고난 재예才藝와 관련이 있는 것 같다. 외숙부가 그 많은 서책 중에서 굳이 법전을 그녀에게 권한 것은 그녀의 강한 기질을 변화시키기 위해서일 것이다. 그러나 법전 읽기를 강권한 외숙부의 심정은 오죽했으랴! 법전이 말하는 "양반은 양반답고 아전은 아전다우며 기생은 기생다워야 한다"는 준엄한 명령은 아전 신분인 외숙부 그 자신에게도 독화살처럼 꽂혀 있었기 때문일 것이다. 그러나 우리의 씩씩한 황진이는 독화살에 맞아도 불멸의 자유의 전사가 되어 우리에게로 다시 돌아오고 있으니 그 얼마나 다행한 일인가.

황진이, 기생이 되다

「한국민족문화대백과」에 따르면 "황진이의 전기에 대하여 상고詳考: 자세히 참고하고 검토함할 수 있는 직접사료는 없다. 따라서 간접사료인 야사野史에 의존할 수밖에 없다. 그러나 이 계통의 자료는 비교적 많은 반면에 각양각색으로 다른 이야기를 전하고 있다. 그리고 너무나 신비화시킨 흔적이 많아서 그 허실을 가리기가 매우 어렵다. 황진이의 출생에 관하여는 황진사黃進士의 서녀庶女로 태어났다고도 하고, 맹인의 딸이었다고도 전하는데, 황진사의 서녀로 다룬 기록이 숫자적으로는 우세하지만 기생의 신분이라는 점에서 맹인의 딸로 태어났다는 설이 오히려 유력시되고 있다. 황진이가 기생이 된 동기는 15세경에 이웃 총각이 혼자 황진이를 연모하다 병으로 죽자 서둘러서 기계妓界에 투신하였다고 한다. 그러나 사실 여부는 알 수가 없다. 용모가 출중하며 뛰어난 총명과 민감한 예술적 재능을 갖추어 그에 대한 일화가 많이 전하고 있다"고 한다. 황진이 관련기록은 이덕형1566~1645의 「송도기이 松都奇異」, 허균1569~1618의 「성옹지소록 惺翁識小錄」, 김택영1850~1927의 「송도인물지 松都人物誌」, 유몽인1559~1623의 「어우야담 於于野談」 등이 있다.

황진이의 출생 사연이야 어찌되었건, 어릴 적부터 빼어난 미모와 뛰어난 예능을 가진 것은 분명해 보인다. 이웃 총각이 황진이를 연모하다 상사병에 걸려 죽은 얘기도 있고, 황진이가 죽은 뒤의 일이지만 열혈 시인

▲ 선운사 꽃무릇
꽃이 진 후에야 잎이 돋아나는 꽃무릇은 결코
만날 수 없는 애절한 사랑을 보여준다.
출처: 네이버지식백과

백호 임제白湖 林悌, 1549~1587가 남긴 일화를 통해서도 알 수 있다. 임제는 선조시대에 활약한 16세기 말 대표적인 시인이자 소설가이다. 조선 중기 남인의 거두였던 미수眉叟 허목許穆, 1595~1682의 어머니가 임제의 딸이다. 허목의 부인은 영의정 이원익의 손녀이다. 허목은 외할아버지 임제가 앞산이 와 안기는 태몽을 꾸고 태어났는데 영락없는 고양이 새끼였다고 한다. 눈썹이 고양이처럼 하얘서 외할아버지가 '눈썹 미眉' '머리 수叟' 자를 써서 호를 미수라고 했다. 허목은 서인인 송시열과 정적이었는데, 그럼에도 불구하고 그의 병을 고쳐주었다고 한다. 그는 덕원德源에 유배 중이던 송시열에 대한 처벌문제를 놓고 영의정 허적許積의 의견에 맞서 가혹하게 처벌할 것을 주장하였다淸南. 허목은 사상적으로 퇴계 이황·정구의 학통을 이어받아 성호 이익에게 연결시킴으로써 기호 남인의 선구이며 남인 실학파의 기반이 되었다. 그는 과거를 거치지 않고 진출한 산림山林 중에서 정승까지 승진한 흔하지 않은 인물이다. 그의 외할아버지 임제를 닮아서인지 많은 재미있는 일화가 전하고 있다. '조선의 장자莊子'라 불린 임제와 관련하여 현재까지 전해지는 설화만 29편이 될 정도로 기이한 행적을 살았던 인물이다. 젊어서부터 방랑과 술과 친구를 좋아하고 호협한 성격으로 유명하였다. 그가 평안도 도사로 임명되어 평양으로 부임해 가는 길에 장단 땅을 통과하게 되었는데, 그가 장단까지 와서 황진이의 무덤을 찾아보지 않을 리가 만무하였다. 그는 황진이의 무덤에 제사까지 지

▲ 황진이
출처: 네이버지식백과

내주면서 혼자 술잔을 들고 다음과 같은 유명한 추도 시조를 남긴다. 이 일 때문에 부임하자마자 파직이 된 것은 이미 다 아는 얘기이고. "청초淸草 우거진 골에 / 자는다 누웠는다 / 홍안紅顏은 어디 두고 / 백골白骨만 묻혔으니 / 잔 잡아 권할 이 없으니 / 그를 설어하노라."

황진이, 법전을 읽다

황진이의 외숙부는 신분질서로 무장되어 있는 조선사회가 얼마나 공고한가를 보여주기 위해 그녀에게 법전을 읽도록 한다. 아마도 그녀의 총명하고도 강한 기질에 그녀를 둘러싸고 있는 환경에 대한 반감이 더해짐으로 해서 평탄한 삶을 살아가지 못하면 어쩌나 하는 염려가 '황진이 법전 읽히기'로 구체화된 것이리라.

옛날부터 젊은이들에게 「노자」와 「장자」를 먼저 읽히지 않고 「논어」와 「맹자」를 먼저 읽힌 것은 질서와 규범을 체득시켜 '규범인'으로 살아가도록 하기 위해서라고 한다. 그 이유는 노장사상과 공맹사상의 본질에서 찾을 수 있다. 노장사상道家思想은 자연의 흐름에 거스르지 않는 것을 말한다無爲自然. 즉 규범을 중시하고 예절을 강조하는 유가와는 달리 현실세계를 탈피하여, 신비주의적이고 형이상학적인 특성을 가진다. 한편 공맹사상儒家思想은 인격 수양의 근본을 인仁에 둔다. 귀족이나 평민을 막론하고 모든 사람은 자기의 본분을 지켜 임금은 임금으로서, 신하는 신하로서, 아비는 아비로서, 자식은 자식으로서의 도리를 다해야 한다는 것을 강조한다. 따라서 「노자」와 「장자」를 먼저 공부하는 것은 지극히 현실적이지 않다.

「논어」와 「맹자」는 곧 법전의 본질에 다가가는 것에 다름아니다. 임금은 임금으로서, 신하는 신하로서, 아비는 아비로서, 자식은 자식으로서의 도리를 다해야 한다는 것을 전제로 하기 때문이다.

황진이가 살던 조선시대의 신분질서는 유교적 이상사회 건설이라는 이데올로기에 집착하여 그 어느 때보다도 단호하였기 때문에, 미천한 신분인 황진이가 이 세상의 실상을 법전을 통해 바라볼 수 있도록 한 것으로 생각된다. 그렇게 해야 목숨을 부지할 수 있고 평범한 자연인으로 온전히 살아갈 수 있다고 본 것인데, 가족들이 황진이에게 해 줄 수 있는 것이 무탈장수無脫長壽를 빌어주는 것 이외에 또 무엇이 있을 수 있겠는가.

사실 오늘날에도 법이란 한 국가사회를 지탱하기 위한 '규제의 총체'이다. 그렇게 본다면 엄격한 신분사회인 조선시대 초기에는 더 말해 무엇하랴. 본디 태어날 때부터 자유롭고 만인에 대해 평등하며 천부적으로 이성을 타고난 보편적 추상으로서 인간을 바라보는 서구적 관념이 확립되기까지는 고대 로마법에서 근대의 인권선언에 이르기까지 긴 역사적 여정이 필요했다알랭 쉬피오, 56쪽.

오늘날 법을 공부한 사람들이 그릇이 그다지 크지 않고 도량이 그리 넓지 않아 큰 인물이 되지 못한다는 말들을 농담반 진담반으로 하는데, 조금은 질시가 섞여 있는 말이기는 하지만 나름대로 의미가 있는 것은 아닌지. 규범준수, 질서유지, 지배복종 같은 관념이 가랑비에 옷 젖듯 서서히 물들면 큰 인물로 성장하기 어려울 것이기 때문이다.

그러면 이 '법전 읽히기'가 황진이의 그 강렬하고 열정적이며 반골적인 기질을 잠재웠는가. 황진이의 고백은 다음과 같다. "나는 곧 기질을 제대로 다스려야 한다는 가르침의 의미를 이해할 수 있었지요. 딱딱한 법전에서 세상을 다스리는 법이 아니라 헛되이 살지 않는 법을 배웠다고나 할까요." 자세히 들여다보면 어느 정도 효과가 있었던 것처럼 보인다. 그러나 그것은 어디까지나 표면적인 것에 지나지 않음을 알 수 있다. 황진이는 신분상의 운명을 택하지 않고 험난한 자유의 길을 택한다. 천하디 천한 기녀로서의 삶을 통해 사대부士大夫들의 이중성을 고발하고

세상의 조롱거리로 만들어 고
상한 왕족도, 지체 높은 양반
도, 도통한 수도자도 별다른
인간이 아니라는 것을 만천하
에 폭로하고자 한다. 당시의
우리의 황진이는 '브레이크

▲ 화담 서경덕　　　　출처: 네이버지식백과

없는 벤츠'처럼 질주한다. 그런 황진이를 "예술과 사랑, 자유를 추구한
'기인 奇人'"으로 표현한 것은 적절한 것이다.

　황진이가 법전 읽기를 통해 신분의 한계를 절감하고 현실을 그대로
받아들였다면, 오늘날 황진이에 대한 소설을 비롯한 무수한 글과 영화,
TV드라마, 대중가요 등은 만들어지지 않았을 것이다. 그렇다면 황진이
는 법전을 읽으면서 무슨 생각을 했을까? 하도 어이없어서 많이 웃었을
까? 아니면 한 국가가 지탱하기 위한 힘겨운 몸부림을 발견했을까? 소수
를 위해 다수를 희생하는 지배시스템을 핵심으로 하는 법전을 보며 아
무 생각이 없을 수는 없었을 것이다. 유교적 이상사회 건설이 필연적으
로 초래하는 다수의 부자유상태의 고착화에 한없이 절망했을 것이고 피
를 토하는 밤을 보냈으리라 생각된다. 황진이에게 있어 법전은 '절망'에
다름 아니었고, '분노' 바로 그것이었을 것이다. 그녀에겐 평생에 걸쳐
채우고 채워도 채워지지 않는 거대한 공허가 어쩌면 이 '법전 읽기'에 연
유하고 있는지도 모를 일이다.

황진이, 화담의 제자가 되다

　화담 서경덕은 조선 중기의 유학자로 평생 관직에 나가지 않고 송도에
머무르며 학문 연구와 교육에만 전념하였다. 학문 연구에서 격물格物을 통

해 스스로 터득하는 것을 중시했으며, 독창적인 기일원론氣一元論의 철학을 제창하였다. 제자로는 「토정비결土亭秘訣」을 지은 이지함李之菡, 허균許筠의 아버지인 허엽許曄, 선조 때 영의정을 지낸 박순朴淳 등이 널리 알려져 있다. 제자들 중에 빼어난 여류 시인이자 절세미인이었던 황진이가 있다.

스승에게서 황진이는 무엇을 배웠을까? 김탁환의 「나, 황진이」에 따르면, "어떤 이는 꽃못花潭을 오가며 무엇을 배웠느냐고 묻더군요. 그 많은 돈과 시간을 쏟아붓고 남은 것이 무엇이냐는 비아냥 섞인 물음입니다. 많은 것을 배웠지만 또 많은 것을 잊은 것도 사실이에요. 「주역」과 「예기」와 소옹과 두보는 잊을지언정, 박연의 폭포 아래 피어오르는 늙은 학인의 춤과 홀로 달 아래에서 현 없는 거문고를 타는 은자의 미소는 잊을 수 없지요. 우리도 그와 같이 삶의 이치를 깨닫고 기뻐할 순간을 그리며 이 어두운 시간들을 버텨내는지도 모릅니다. 스승은 늘 경박한 제자를 걱정하셨답니다. 서책은 읽되 시를 짓지는 말라 하셨고, 굳이 시를 짓겠다면 정情은 담지 말라 하셨으며, 정을 담아야 할 순간이 오더라도 거기에 온 힘을 쏟아부어 도를 배우는데 방해가 되어서는 아니 된다 하셨어요."

도보여행가이자 문화사학자인 신정일 선생님은 "황진이는 화담선생에게서 우주의 철리, 인성의 본질, 인간의 참된 삶과 사랑을 배웠다. 그래서 황진이는 그곳에서 서경덕과 영원한 스승과 제자 사이로 인연을 맺게 되었고, 그때부터 기생이 아니라 '천리를 터득한 도인'이 되었던 것이다"라고 평가한다.

황진이, 소림의 명월이 되다

황진이에게 '법전 읽히기'는 결과적으로 체제에 대한 저항과 함께 자유를 안겨주었다고 본다. 어쩌면 소극적인 '자유를 향한 저항' 또는 '권

▲ 김홍도 〈병진년화첩〉中「소림명월 疏林明月」
〈호암미술관〉 소장

리를 위한 투쟁'인지도 모르겠다. 그녀는 '법전 읽기'를 통해 그가 속한 사회의 실상을 적나라하게 목도하였고 촘촘한 그물망과 같은 강력한 규제를 결코 빠져 나갈 수가 없다는 것을 체득하였을 것이다.

황진이가 비록 방황은 하였지만 진정한 자기 자신을 찾았다고 볼 수 있다. 그에겐 기氣철학을 독자적으로 개척하였지만 평생 벼슬을 하지 않고 초야의 선비로 생을 마친 스승 화담 서경덕 선생이 있고 화담의 제자들인 허엽이나 박순, 토정 이지함과 같은 걸출한 선비인 친구들이 있었다. 허엽은 「홍길동전」을 쓴 허균의 아버지로 벼슬이 부제학正 3품에 이르렀으며, 박순은 개성부 유수였던 아버지의 임지에서 서경덕에게 나아가 수학했는데, 후에 벼슬이 영의정에 이르렀다. 이지함은 「토정비결」의 저자로 알려져 있는데, 스승 서경덕의 영향을 받아 역학·의학·수학·천문·지리 등에 해박하였다. 무엇보다도 그녀에겐 시가 있었다. 시인의 가슴은 세상 모든 희로애락喜怒哀樂을 담는 우주이다. 시인의 영혼은 탐내어 그칠 줄 모르는 욕심과 노여움과 어리석음으로부터 자유롭기 때문이다. 그녀의 삶을 빼다 닮은 그녀의 시는 서정적이면서도 열정적인 점이 있는 반면에 냉정한 이지理智와 청일淸逸하고 풍부한 인간미가 담겨져 있다. 그리하여 황진이는 화담선생, 박연폭포와 더불어 그 유명한 '송도 3절'이 되었다. 그녀는 자연을 닮고 끝내 신선이 되었다.

가족들의 '황진이 법전 읽히기'는 그녀에게 인생에서 가장 소중한 것, 즉 시, 스승, 친구 그리고 자유를 주었다. 아쉽게도 짧은 생애를 살다 갔지만 그녀는 참으로 '불행한 시대'에 어쩌면 '행복했던 한 사람'이었다고 말해도 좋으리라. 그녀의 어릴적 이름, 그리고 기생으로 살 때 사용하던 이름 그 명월처럼 영원토록 우리들 가슴에 밝은 달, 어쩌면 조금은 외로운 소림疏林의 明月로 빛나고 있으니까 말이다.

황진이의 삶에 시인 함형수1914~1946의 비명碑銘을 바치고 싶다. "나의 무덤 앞에서 그 차가운 빗돌을 세우지 말라 / 나의 무덤 주위에 그 노오란 해바라기를 심어달라 / 그리고 해바라기의 긴 줄거리 사이로 끝없는 보리밭을 보여 달라 / 노오란 해바라기는 태양같이 태양같이 하던 화려한 나의 사랑이라고 생각하라 / 푸른 보리밭 사이로 하늘을 쏘는 노고지리가 있거든 아직도 날아오르는 나의 꿈이라고 생각하라." 해바라기를 생각하면 빈센트 반 고흐의 고단한 삶이 생각난다. 극심한 고통 속에서도 800점의 주옥 같은 그림을 남기고 37세의 젊은 나이에 비극적으로 이 세상을 떠나버린 고흐의 삶은 한평생을 치열하게 살다 간 황진이의 삶과 많이 닮아 있다. 해바라기가 어쩌면 明月일지 모르겠다.

김진명 선생님은 다음과 같이 인생을 말한다. "나이드신 분들이 '내 인생이 무슨 의미가 있나' 후회하는 모습을 종종 봅니다. 그러나 삶의 의미는 뭔가를 이룩해서 얻는 것이 아닙니다. 개인의 가장 큰 공헌은 당대를 살아 다음 세대를 이어간다는 것, 그 자체예요. 위인이나 소인이나 죽음 앞에서 삶의 크기는 같아요. 크게 보면 태어나서 살다가 죽는 것만으로 다음 세대에 기여하는 거지요"[김지수의 인터스텔라]「"설계 없이 단번에 쓴다 … 천재? 재능 1%도 없어" 김진명」, 조선일보 2019년 9월 22일자 기사 참조.

2018년 11월 마흔에 「그들 뒤에 남겨진 아이들」로 세계 3대 문학상 중 하나인 공쿠르 상을 받은 니콜라 마티외는 "성공만이 가치 있는 삶은 아니기 때문에 내 소설이 암울하다고 생각하지 않는다"면서 "우리는 대부분 부모보다 조금 더 낫거나 덜한 삶을 살지만, 결코 가치 없는 삶은 아니다"라고 말한다. "소시민의 삶에도 존엄과 위엄이 있다. 사랑을 느끼는 내밀한 순간이나 하루하루 느끼는 자유와 쾌락 같은 감정도 성공 못지않게 중요하다. 순간순간을 충만하게 느낀다면 그것만으로도 존재할 가치는 충분하다"백수진, "10대에 처음 느낀 불평등-그 콤플렉스로 소설을 쓴다", 조선일보 2019년 10월 10일자 칼럼 참조. 이 소설은 1990년대 피폐한 철강도시를 배경으로 빈부 격차와 불평등, 소외를 다루고 있다. 소설의 주인공 앙토니처럼 프랑스 북부의 서민 동네에서 자란 니콜라 마티외는 그의 삶을 변화시킨 건 책과 글쓰기라고 회고한다. "어느 순간부터 내가 잘 아는 세계, 우리 가족이 살아온 세계를 쓰기로 마음먹었고 내 콤플렉스를 더 잘 이해하게 됐다"고 얘기한다.

황진이가 우리들에게 남긴 메시지도 "소시민의 삶에도 존엄과 위엄이 있다"는 것이 아닐까. 그렇다. 그녀가 그렇게 살았듯이 우리 소시민의 삶에도 존엄과 위엄이 어려 있다는 사실을 한순간도 잊지 말자. 오로지 그것만이 황진이에게 한발 더 다가가는 길일뿐이므로.

02
나의 차살이와
차독서기

    당나라 말기의 시인 노동_{盧同}이 남긴 "칠완다가_{七碗茶歌}"에는 다음과 같은 시가 있다. "첫잔을 드니 목과 입술이 부드러워지고, 둘째 잔을 드니 고독과 번민이 스러지네. 셋째 잔에 마른 창자에 담겨 있던 쓸데없는 지식이 흩어지며, 넷째 잔에 이르니 내 평생에 불평스러웠던 일들이 온 몸의 털구멍, 땀구멍을 통해 다 빠져 나간다. 다섯째 잔으로 근육과 뼈가 맑아지니, 여섯째 잔에서 선령_{仙靈}에 통한다. 일곱째 잔에서는 얻을 것이 없구나. 오직 겨드랑이에서 시원하고 맑은 바람이 나옴을 깨달을 뿐이다. 봉래산이 어디 있느냐. 이 맑음

▲ 김홍도의 포의풍류도
〈한국데이터베이스진흥원 개인〉 소장

타고 돌아가고 싶다."

이 시는 차의 효능을 노래한 것인데, 잘은 모르지만 차를 마시는 그 경지가 참으로 높고 깊은 것 같다. 차 전문가인 손성구 선생님에 따르면, 차에는 청명聽茗, 청호聽壺, 청신聽身, 청심聽心의 4가지 차원이 있다고 한다. ① 청명은 차를 마시기 전에 차 잎을 만져서 알고, 눈으로 보고 알고, 안 보고도 아는 경지다. ② 청호는 차 잎이 다로다관 안에서 우려질 때 그 우려지는 소리를 듣는 경지다. 다호 안의 상태와 차를 우리는 사람의 마음이 서로 상응하는 차원이다. ③ 청신은 차가 내 몸에서 어떻게 작용하는지를 아는 경지다. 폐를 도우는가, 아니면 간을 보강하는가 등을 아는 것이다. ④ 청심은 차를 마시면 내 마음이 어떻게 변화하는가, 슬퍼지는가, 기뻐지는가, 화평해지는가 등을 인식하는 경지다. 이중 청호의 단계가 가장 깊은 단계로 본다조용헌, 「방외지사」(정신세계원, 2006), 153~155쪽 참조.

차는 중국의 신농황제神農皇帝: BC 2700년경 때에도 있었다고 한다. 신농황제는 중국 삼황三皇: 신농, 복희(伏羲), 황제(皇帝) 또는 수인(燧人) 중의 한 사람으로 약초와 농사짓는 법을 가르친 전설적인 인물이다. 우리나라의 차는 여러 설이 있으나 가야국 시조 김수로왕金首露王의 왕비인 허황옥許黃玉. 인도 아유타국(阿踰陀國)의 공주이 서기 48년신라 유리왕 25년에 차를 가져왔다는 설이 지배적이다. 차는 처음에 약용, 의식용으로 시작하여 차츰 승려들과 귀족계급이 기호음료로 마시게 되었고, 시간이 지나면서 그 계층이 넓어지게 되었다신수길, 「차도구(茶道具) - 차생활의 모든 것」(솔과학, 2005), 14~15쪽 참조.

녹차 중에 옥로玉露와 월출선향月出禪香을 즐겨 마셨다. 월출선향은 역사의 향기 그윽한 차 재배지인 월출산에서 난 차이다. 더구나 月出禪香이라는 이름이 좀 아름다운가! 찻주전자에 담겨져 있는 월출선향의 모습은 참으로 아름다워 차를 마시는 것도 즐겁지만 찻잎을 바라보는 즐거움도 적지 아니하다. 그리고 '옥로'는 이른 봄 곡우穀雨에 갓 올라온 어린 찻잎에 일정기간 차광막을 씌워 재배遮光栽培한 것이다. 마셔보면 맛이 부드럽고 다향이 좋다. 옥로차는 부드러운 감칠맛이 느껴진다. 그러나 찻주전자에 담겨져 있는 찻잎의 모습은 차광재배한 탓으로 그다지 아름답지는 않고 고요한 모습을 보여주고 있다. 참고로 옥로차는 일본에서도 가장 좋은 차로 여겨지고 있다고 한다.

연구실에서도 틈틈이 차를 마신다. 차를 직접 우려 마시기 위해서는 조금은 부지런해야 한다. 그리고 여유를 가지고 적당히 우려질 때까지 기다릴 줄 알아야 한다. 차를 좋아하는 이유는 다기茶器들이 주는 은은하고 잔잔한 아름다움 때문이기도 하다. 가끔 인사동에 가서 다기를 구경하는 것도 내겐 큰 즐거움 중의 하나이다. 도예가들의 꿈과 혼이 담겨 있는 다기를 생각하노라면 차 마시는 일도 경건한 일이 되는 것이다. 한 가지 흥미로운 사실은 차를 만드는 사람을 '법제인'이라고 한다는 것이다. 차는 그 해 일기와 일기에 대응하는 '법제인'의 정성 여하, 대응 여하에 따라 성엽차를 만들 수 있는 상태로 자란 새 찻잎의 판단 조건이 다르고 채엽 시기와 조건에 따라 법제 방법이 달라져야 하기 때문에 고정적인 한 가지 법제만으로는 안 된다고 한다. 국책연구기관인 한국법제연구원에서 '법제연구'를 하였고 지금은 대학에서 '법학연구' 및 '법제연구'를 하고 있기 때문에 결국 '법제인'이라 할 수 있는 만큼, 명칭으로만 보면 차를 만드는 사람들과 결국 같은 직업에 종사하는 셈이 된다고 할 수 있다. 그리고 차를 법제하는 것이 법제연구와 비슷한 측면을 가지고 있음을 알 수 있다. 그런 뜻에서 법을 연구하고 법을 만드는 '법제인'들도 차를 만드는 '진짜' 법제인들 만큼 차를 이해하고 아끼고 사랑해야 하지 않을까? 하는 생각이 든다.

이렇게 차에 빠지면서 차와 관련한 서적들을 하나 둘씩 사 모으기 시작하였고 그들을 읽으면서 차에 관한 지식과 안목을 넓혀가고 있는 중이다. 2006년 말에 출간한 소설가 한승원 선생님의 에세이집 「차 한 잔의 깨달음」을 읽었다. 한선생님은 「채식주의자」로 한국인 최초로 세계적인 문학상 '맨부커 인터내셔널'상을 받은 소설가 한강의 아버지이기도

하다. 「불의 딸」, 「아제아제바라아제」, 「원효³권」 등 매우 깊이 있는 소설을 쓴 한선생님이 차이야기茶書를 쓴 것이 내겐 놀라움으로 다가왔지만, 책을 읽으면서 한선생님이 들려주는 차와 선禪, 그리고 깨달음의 이야기는 신선한 감동 그 자체였다. 한선생님이 고향 장흥에 '해산토굴海山土窟'이라 명명한 집필실을 마련하고 토굴 뒤편 뒤란 언덕에 부인과 함께 죽로차 밭을 일구며 직접 경험하고 느낀 것을 선화禪畵를 그리듯이 담담히 풀어냈기 때문이다. 토굴에 서면 종려나무가 즐비한 산책로와 고흥반도 서쪽에 있는 득량만得糧灣의 수문 구실을 하는 여닫이 해변이 한눈에 들어온다고 한다. 이 책 때문에 매우 행복했다. 한선생님은 "차는 두 가지 무기를 가지고 있는데, 그 하나는 탐욕과 오만과 미혹과 분노와 시기 질투를 그치게止 하는 것, 다른 하나는 밝고 맑은 지혜로써 세상을 깊이 멀리 높게 뚫어보게觀 하는 것이다. 술은 사람을 미망 속으로 빠져들게 하지만 차는 어둠에 갇혀 있는 사람을 깨어나게 하는 것이다"라고 말하고 있다. 한선생님은 차의 맛을 다음과 같이 말한다. "첫 번째 우린 것은 배릿한 향이 나는 십대 인생의 맛이고, 두 번째 우린 것은 혈기 방장한 이십대 맛이다. 세 번째 우린 것은 삶의 맛을 바야흐로 알기 시작하는 삼십대의 맛이고, 네 번째 우린 것은 깨달음이 보일 둥 말 둥 하는 불혹의 사십대 맛, 다섯 번째 우린 것은 부처님이 눈을 반쯤 감은 뜻을 알기 시작하는 오십대 맛이고, 여섯 번째 우린 것은 연꽃잎을 스치는 부처님 말씀을 듣기 시작하는 육십대의 맛, 일곱 번째 우린 것은 연꽃들이 다 지고 없는 연못의 황달 든 연잎에 어린 불음佛音 또는 하늘의 소리를 듣는 칠십대의 맛이다." 차를 즐겨하는 이들은 이 말이 뜻하는 바를 어렴풋이나마 알 수 있을 것이다. 앞의 노동盧同의 시와는 좀 색다른 빛깔을 보여주는 것 같다. 그리고 한선생님은 "마음을 비우고 기다리는 마음으로 차를 마셔야 한다. 사랑은 깃털처럼 가볍고 삶은 산처럼 무겁다. 흔히 깃털처럼 가벼운 사랑이 산처럼 무거운 삶을 지배한다. 무엇이 삶을 무겁게 하는가. 이리저리 얽히고설킨 인연이 삶을 무겁게 옥죄고 억

누른다. 무엇이 삶을 무겁게 억누르는가. 원한이다. 탐욕이다. 허영이다. 복수심이다. 울화이다. 인연이 한스러움과 탐욕과 허영과 복수심과 울화를 만들고 그 울화증이 나를 천천히 죽어가게 한다"고 말하고 있다. 깊이 새겨야 할 인생의 철리哲理가 아닐 수 없다.

그리고 최성민 선생님이 엮은 「차 만드는 사람들 - 진득한 차 살이 이야기 -」는 "차 만드는 사람들과 차살이의 품격을 높여 주는 도우미들"로 구성하여 현장답사를 통한 차살이와 찻그릇, 찻상, 다포, 다식판과 다과,

▲ 쌍계사 차나무 시배지 출처: 한국향토문화전자대전

차시찻수저, 다기함, 찻장, 차실 등에 대해 매우 구체적으로 얘기를 풀어가고 있는 것이 특징이다. 최선생님은 이 책을 두고 "신비화된 왜색 다도의 베일을 벗기고 밥처럼 친숙한 우리 차문화를 복원하기 위해 전국의 차인茶人들을 찾아 떠돌았다"고 말한다. 이 책에서는 '한국차 시배지始培地'에 관한 논란에 대해서도 언급하고 있어 흥미롭다. 논란이 되고 있는 시배지로는 경남 하동군 화개면 쌍계사 옆 대밭 일대라는 설과 전남 구례군 화엄사 장죽전長竹田이라는 설로 나누어져 있다. 최선생님은 현장탐사를 통해 전라남도와 경상남도 일대 모두에 많은 야생 차밭이 산재해 있다는 입장에서, 시배지 논란이 그다지 큰 의미가 없다는 결론을 내리고 있다.

아울러 문경요의 도천陶泉 천한봉, 칠산 임재영, 주흘요의 월파月波 이정환, 우송又松 움막의 김대희, 김치준의 다기茶器에 대해 간략하게 소개하고 있다. 이 중에서 도천陶泉을 '조선 찻그릇 빚기의 살아 있는 역사'로 매우 높게 평가하고 있으며, 칠산에 대해서는 '세계 유일의 칠채 다기 창시자'로 세계적으로 독창성을 인정하고 있다는 점을, 월파月波에 대해서는 '자연감이 두드러진 예술성'이 뛰어난 점을, 우송又松에 대해서는

'어울림의 미학'이 뛰어나다는 점을, 김치준에 대해서는 '자연주의 도예가'로 평가하고 있다.

 '설록차'로 잘 알려진, 태평양그룹을 창업한 장원粧源 서성환 회장의 차 대중화 관련 얘기를 흥미롭게 풀어쓴 한미자 선생님의 「아름다운 집념－오, 설록 이야기－」도 차에 관한 많은 얘기를 들려주고 있다. 거의 60여 년간 우리나라 화장품산업을 이끌어온 대표적인 기업인 장원粧源은 1970년대 후반부터 다원茶園 개간을 통한 녹차사업을 시작하였다. 그의 헌신적인 노력으로 전라도와 제주도의 척박한 불모의 땅이 초록의 다원으로 변화하였는데, 이로써 차문화가 정착되고 확산되게 되었다. 재미있는 사실은 제주도 한남다원의 경우에 다원 개간에 있어서 법률과 현장 사이의 간극 때문에 많은 문제가 발생하였다는 점이다. 개발에 따른 자연파괴를 우려하는 환경감시관들의 감시를 받아야 했고, 까다로운 환경영향평가를 받아야 했는데, 특히 오름 훼손에 따른 실정법 위반, 초지전용에 따른 문제로 인해 벌금을 물고 미허가 면적만큼의 땅에 나무를 심어 원상복구하는 등의 우여곡절을 거치면서 훌륭한 다원으로 거듭났다고 한다.

 그리고 김대성 선생님이 엮은 「초의선사의 東茶頌」은 차문화를 중흥시킨 茶僧 초의선사가 쓴 동다송東茶頌을 전문 해석한 것이다. 김대성 선생님은 '사단법인 차인연합회 고문'으로 차 문화의 뿌리를 찾아 연구하는데 평생을 바친 차학자로 잘 알려져 있는 분이다. 초의스님은 시서화詩書畵 삼절三絶로, 다산 정약용으로부터 유학과 시학을 배웠고, 추사 김정희와는 30세부터 시작되어 추사가 72세로 세상을 떠난 뒤까지도 이어진 평생 친구였으며, 추사와 더불어 화가 소치小癡 허련의 스승이기도 하다. 특히 추사와의 우정과 관련한 일화를 위의 한미자 선생님의 책에서 보면, 추사는 제주도에 귀양 가있을

▲ 초의선사
　출처: 차생활문화대전

때에 한 해도 거르지 않고 초의가 손수 만들어 보내주는 차가 떨어지면 다시 초의에게 차를 보내달라며 투정어린 서신을 띄우기도 했고 "어느 겨를에 햇차를 천리마의 꼬리에 달아서 다다르게 할 텐가. 만약 그대의 게으름 탓이라면 마조의 고함(喝)과 덕산의 방망이(棒)로 그 버릇을 응징하여 그 근원을 징계할 터이니 깊이깊이 삼가게나", 초의는 이런 추사에게 또다시 차를 보내주어 다정茶情을 나누었다. 그러면 추사는 거기 괸 알뜰한 정에 겨워 산골의 벗을 생각하며 고마운 마음을 얹어 글씨를 써 보내곤 했는데, 오늘날 추사 글씨의 명품으로 손꼽히는 「반야심경」이나 「명선茗禪」이 모두 이렇게 해서 탄생하였다고 한다200-201쪽.

그리고 추사가 초의스님을 위하여 써준 시가 있다. "고요히 앉아 선정禪定에 들었을 때는 차의 배릿하고 고소한 첫 향기 같고, 어떤 일인가를 할 때는 순리에 따르고 우주에 장식되는 꽃으로 피려 하네." 초의가 남긴 차와 관련한 저술로는 「동다송」 외에 「茶神傳」이 있다. 「동다송」의 시작은 다음과 같다. "하느님이 신령스러운 나무를 귤나무의 덕과 짝지었으니 천명대로 옮기지 않고 남쪽에서만 자란다네 / 우거진 잎, 모진 추위와 싸우며 겨우내 푸르고 서리에 씻겨 가을 정취풍기는 하얀 꽃 / 고야선녀의 흰 살결처럼 고우며 염부단금같은 황금꽃술 맺혔네." 고야선녀란 장자莊子의 소요유逍遙遊 편에 나오는 "막고야 산에는 신인이 산다. 살결은 얼음과 눈과 같고 부드럽기는 처녀와 같다"에서 나온 말이다. 그리고 염부단금閻浮檀金은 염부나무 사이를 흐르는 강에서 나오는 사금砂金 또는 염부나무 밑에 있다고 하는 금덩어리를 말한다.

중국에는 세계에서 가장 오래된 2700년생 차나무가 운남성 사모지구 진원현 애뢰산에 있다고 한다. 글쓴 이는 "매서운 눈보라에도 굴하지 않고 늘 푸른 것에서 선비의 충절을, 또 모진 추위에도 끄덕 않는 흰 꽃은 강인한 순결과 백의

▲ 추사의 「명선」
출처: 차생활문화대전

민족을 암시한다"고 설명하고 있다. 참고로 초의스님에 대한 소설로는 한승원 선생님의 「초의」가 있다. 이 소설을 읽어보면 초의스님을 아는 동시에 차에 대해서도 알게 된다. 한선생님의 「원효」, 「초의」 등을 읽어 본 사람이라면 그의 소설을 읽는 것이, 그가 소설가인 것이, 그와 동시대를 살고 있다는 것이 얼마나 큰 행운인가를 실감할 수 있을 것이다.

그리고 박홍관 선생님의 「찻잔이야기」는 신정희, 백산白山 김정옥, 도천陶泉 천한봉, 토우土偶 김종희, 도암陶庵 지순택, 토정土丁 홍재표, 길 성, 지헌知軒 김기철, 우송又松 김대희 등 기라성 같은 57명의 도예가와 그들의 대표적인 찻잔을 소개하고 있는 점이 특징이다. 그리고 정동주 작가님의 「우리 시대 찻그릇은 무엇인가?」는 아름다운 도예작가 14명을 담고 있다. 우송又松 김대희, 연파 신현철, 월파 이정환, 김지선, 임만재, 홍성선, 우동진, 서영기, 유태근, 여상명, 김성철, 김갑순, 이일파, 김종훈 등이 그들이다. 구성은 박홍관 선생님의 「찻잔이야기」와 비슷하나, 여기에 그릇과 찻그릇의 역사에 대해 개관하고 있다는 점과 도예작가들의 작품세계에 대해서 매우 깊이 있는 취재와 분석을 하고 있는 점이 특징이랄 수 있다.

그리고 정찬주 작가님의 「정찬주의 다인기행」은 고운 최치원에서부터 초의선사를 거쳐 춘원 이광수에 이르기까지 50명의 다인들의 이야기를 다루고 있다. 차숲이나 다사茶寺 같은 차 유적지나, 절창의 다시茶詩나 차에 관한 산문을 남긴 다인들을 우선 선정한 특색을 가지고 있으며, 유동영 사진작가의 빼어난 사진솜씨가 책의 향기로움을 더욱 선명하게 해주고 있다. 그는 성철 스님의 일대기를 쓴 장편소설 「산은 산 물은 물」, 법정 스님의 전기를 쓴 장편소설 「무소유」, 산문집으로 「암자로 가는 길」, 「선방가는 길」 등을 통해 폭넓은 독자를 확보하고 있는 작가이다. 그는 법정 스님으로부터 무염無染이라는 법호를 받은 재가제자이기도 하다. 지금 전남 화순 쌍봉사 위 숲 속에 '이불재'라는 집을 짓고 농사일과 집필에 전념하고 있다고 한다. 앞에 든 그의 소설과 산문집은 나의 애독서이기도 한데, 소설은 철저한 수행으로 일관된 삶을 살다 열반하신 성철 스님과 무소유의 철학으로 평생 정진하신 법정 스님의 삶을 그리고 있고, 산문집은 산사山寺와 선방禪房을 사진과 그림을 통해 그려냄으로써 한국 산사의 아름다움과 선의 본질을 보여주고 있다. 그는 "소박한 산중 생활 속에서도 봄이 되면 가장 기다려지는 일 중의 하나가 차 나들이"라고 한다.

그리고 장미향 선생님의 「아홉 번 덖고 아홉 번 말리고」는 동서양의 차 문화를 종합한 책으로 평가되고 있다. 그리고 글쓴 이 자신이 오래된 차나무를 심고 차밭을 손수 가꾸면서 본인이 직접 꽃잎을 덖고 말리는 동작을 아홉 번 되풀이하여 '명차부초차茗茶釜炒茶'를 만들어내고 있다. 소제 박춘묵 선생님의 그림과 김상민 작가님의 사진이 이 책의 특징을 두드러지게 하고 있으며 부록에서 "실용다법의 행다순서(전차)(말차)"를 화보를 통해 보여줌으로써 이해를 도우고 있다.

그리고 차만 마시며 그림을 그리는 화가 담원 김창배 선생님의 「차 한 잔의 인연」은 오랜 기간 동안 다인茶人으로서 차살이를 해온 화가의 솔직한 자기고백이라고 볼 수 있다. 그는 "나는 그림 그리는 일을 천직으로 삼고, 붓과 먹을 통해 깨달음을 얻고자 살아왔다. 오도悟道의 길을 걸으며 세속에 물들지 않으려고 노력했고, 마음속에 부처를 세워 끝없이 수행과 정진을 해왔다. 붓 끝에 내 삶과 정신을 담고자 그저 무심하기만 한 외로움과 싸우고 있는 것이다"라고 토로하고 있다. 그리고 "늘 여백을 아름답게 채우며 선현들의 기품을 따르고 소중한 차를 마시며 그림 속에 맑은 향기를 담을 수 있었던 것을 언제나 청복淸福으로 생각하고 있다. 차와 그림은 나의 전부이다. 잠결에 찻잔 마시며 그림을 그리는 화가라는 말을 듣곤 한다"고 전해주고 있다. 이 책은 다시茶詩 산책, 茶詩 완상, 茶詩 마을 등 茶詩에 대한 사항을 자세하게 소개하고 있어 차와 시에 관심을 가지고 있는 이들에게 많은 흥미를 줄 수 있을 것이다. 특히 책을 빈틈없이 채우고 있는 화가의 그림은 차살이의 행복과 즐거움을 저절로 느끼게 해 줄 것이다. 화가가 지은 또 다른 책 「茶 한잔의 풍경」은 앞서의 책과 달리 茶詩와 찻잔에 대해 매우 구체적으로 서술하고 있다는 점에서 차이를 보이고 있다. 이 책 또한 화가의 그림을 보노라면 선禪이 저절로 느껴질 정도로 깊이와 철학을 지니고 있다.

마지막으로 이기윤 선생님의 「다도」는 茶道와 차살이와 관련한 내용들로 구성되어 있는 점이 특징이다. 다도를 사진을 통해 전해 주고 있으며 '차 우리기'에 대해서도 구체적으로 설명해 주고 있어 초심자들이 읽기에 편할 것 같다. '차 우리기'와 관련하여 다구茶具를 보면, 다기茶器 한 벌은 보통 찻주전자, 귀때그릇, 찻잔 다섯 개, 찻잔 받침, 개수그릇 한 개로 되어 있다. 이것은 찻잔 다섯 개가 말해 주듯 5인용이다. 현대 차살이에서 많이 이용하는 기본적인 도구는 다음과 같다. ① 끓인 물을 담는 주전자인 물주전자 ② 잎차와 더운 물을 함께 넣어 차를 우려내는 찻주전자 ③ 차를 넣어 두는 작은 항아리인 차호茶壺 ④ 물을 식히는데 사용하는 그릇인 귀때그릇 ⑤ 차를 낼 때 예열을 위해 사용한 물이나 첫탕에서 차를 씻어낸 물을 담는 그릇인 개수그릇 ⑥ 찻주전자에서 잘 우러난 차를 담아 마시는 찻잔 ⑦ 찻잔받침 ⑧ 차호에 담긴 차를 찻주전자에 옮긴 때에 사용하는 차시茶匙 ⑨ 다구의 청결을 위해 사용하는 찻수건 ⑩ 찻주전자를 받쳐 놓는 받침인 주전자받침 ⑪ 다구들을 올려놓는 상인 찻상 등이다.

이 책에 나오는 사진 속의 다인茶人들을 보면 너무 경건하고 엄숙한 것 같은데, 이는 아마도 차살이를 다도로 체화하였기 때문이 아닌가 한다. 재미있는 것은 커피를 마실 때 편안하고 그저 즐겁게 마시는 것과는 상당한 차이를 보인다는 점이다. 그리고 일본의 다도는 전통적으로 매우 엄격한 형식을 보인다고 하는데, 최근에 들어와서 우리나라의 경우에도

▲ 초의선사와 다산선생이 차를 마셨던 수종사 삼정헌 무인찻집의 다구 　　　　　　　출처: 동아일보

일본의 영향을 받아 엄격한 형식을 보이는 경향이 있다고 전해진다.

차살이를 하면서 특히 흥미를 가진 것은 많은 다인茶人들이 차에 관한 시와 그림을 남기고 있다는 점이다. 다인이면서 차에 대한 그림을 즐겨 그리는 화가들로는 담원 김창배, 백순실, 김선두 등을 들 수 있다. 이 중에서 백순실 선생님은 20년 가까이 계속해 온 초의스님의 「동다송」과 「다신전」을 주제로 차를 노래하고 형상화해 왔으며 향 맑은 그림을 그려온 한국화가이다. 그리고 담원 김창배 선생님은 조선의 유명한 화가인 단원 김홍도의 후예인데, 특히 차와 관련한 그림을 많이 그리고 있다. 그의 차그림은 그가 쓴 「차 한 잔의 인연」과 「茶 한잔의 풍경」에 하나 가득 놓여 있다.

그리고 김선두 선생님은 한국영화의 거장 임권택감독의 영화 '취화선'에서 조선조 천재 화가 장승업의 그림 그리는 모습을 대역하였고 영화 '천년학'의 배경이 되는 구불구불한 황토빛 남도길을 화폭에 담은 화가로서, 주로 우리의 전통과 선禪의 요소가 가득한 이미지들을 간략한 선과 담백한 색채로 표현하는데, 그가 그린 성남 오야동에 있는 차실 "새소리 물소리"는 다선일미茶禪一味의 깊은 맛을 느끼게 한다.

나는 차를 사랑한다. 차의 그윽한 향내음과 담담한 빛깔을 좋아한다. 차를 마시기 위해 들이는 그 정성과 집중을 귀하게 여긴다. 그리고 차에 관한 책이랑 그림이랑 시랑 얘기들을 듣고 보고 읽는 것을 좋아한다. 나의 차살이는 다산 정약용, 추사 김정희, 초의선사 그리고 수많은 도예가들의 비원悲願과 정관靜觀과 초극超克을 담고 있다. 차를 마시는 것은 그들의 정신을 들여다 보는 것이며 그들의 치열한 삶과 함께 하는 것이다. 내가 거기에 있고 그들이 여기에 있다. 이것이 나의 '차살이'며 나의 '차독서기'이다.

▲ 다산초당　　　　　출처: 네이버지식백과

03
학도암 가는 길

　예전에 서울시 노원구와 경기도 남양주시에 걸쳐 있는 불암산은 그 이름 때문에 인기 탤런트인 최불암 선생님의 산이 아닌가? 라는 농담섞인 질문을 몇몇 싱거운 친구들에게서 받기도 하였는데, 농담조로 '그렇다'고 대답한 적이 있었다. 그런데 이름이 같다는 것이 계기가 되어 2009년 노원구청이 그를 명예산주로 위촉하고 최선생님이 불암산에 시비詩碑를 세움으로써 실제로 인연因緣이 맺어지게 된다. 세상사 참으로 기묘한 일이 아닐 수 없다. 여기에 최선생님의 시비에 있는 시 「불암산佛岩山 이여!」를 소개한다. 노자「老子」의 도덕경 제45장에 나오는 대교약졸大巧若拙: 큰 기교는 서툰 듯 보인다이란 말이 실감나는 시이다. 불암산을 오르면서 자주 대하다 보면 묘한 끌림이 있다. 최선생님이 진행하는 KBS의 「한국인의 밥상」을 즐겨 시청하고 있다. 주름진 이마와 거친 손으로 인고忍苦의 세월을 견뎌온 촌부村婦와 촌로村老 분들이 만들어내는 한끼 밥상은 민초民草들의 삶의 애환과 눈물과 정한情恨이 오롯이 담겨져 있다. 그들과 함께 어울려 막걸리 한 사발을 나누며 희로애락하는 최선생님이야말로 우리가 꿈꾸어온 '한국인의 표상'이 아닐까하는 그런 생각을 해보는데, 문득 너새니얼 호손의 소설「큰바위얼굴」이 생각난다.「큰바위얼굴」은 뉴 잉글랜드에 정착한 이민자들이 겸허한 마음으로 인간의 형상을 닮은 바위를 바라보며 삶의 의미와 관대함을 배워간다는 내용으로, 위대한 인간의 가치는 돈이나 명예나 권력 등의 세속적인 것에 있는 것이 아니라 끊임없는 자기 탐구를 거쳐 얻어진 말과 사상과 생활의 일치에 있다는 것을 보여주는 소설이다^{두산백과}.「불암산이여」를 함께 읊어보자.

"이름이 너무 커서 어머니도 한번 불러보지 못한 채 / 내가 광대의 길을 들어서서 염치^{廉恥}없이 사용한 / 죄스러움의 세월^{歲月} 영욕^{榮辱}의 세월 / 그 웅장^{雄壯}함과 은둔^{隱遁}을 감히 모른 채 / 그 그늘에 몸을 붙여 살아왔습니다 // 수천만대를 거쳐 노원^{蘆原}을 안고 지켜온 / 큰 웅지^{雄志}의 품을 넘보아가며 / 터무니 없이 불암산^{佛岩山}을 빌려 살아왔습니다 / 용서^{容恕}하십시오"

불암산은 거대한 암석덩어리로 이루어진 바위산이다. 그리하여 기^氣가 보통이 아니다. 멀리서 보면 산세가 웅장하면서도 부드럽고 아름답다. 한번쯤은 오르고 싶은 마음을 자아내고 오르고 나면 자꾸 오르고 싶어지는 그런 산이다. 강하게 보이지만 부드럽고 부드럽게 보이면서도 내공^{內攻}이 만만치 않은 산이다. 고전에 이르기를 '배우는 것은 산에 오르는 것과 같다^{學者如登山}'고 한다. 예전에는 불암산이 집에서 10분 거리에 있어 늦잠을 자지 않으면 대개 아침 6시에 일어나 1시간 정도 산책을 하기도 하고, 주말이면 가족과 함께 산에 자주 올랐다. 요즘은 주말에 둘레길을 걷는다.

▲ 불암산　　　출처: 한국민족문화대백과

불암산은 바위산이라 바위들이 곳곳에 포진해 있다. 여기에 재미를 붙여서 그런지 바위 없는 산에 가면 산에 오르는 흥취를 많이 잃고 만다. 바위도 모양새가 반듯하고 명상하기 좋은 자리에 그늘을 간직하고 있어 정이 저절로 가게 된다. 불암산에 오르면서 바위를 유심히 보는 습관을 들였다. 바위 하면 청마靑馬 유치환 시인1908~1967의 시詩 「바위」가 생각나는데, 시에서 바위는 자연물에 그치는 것이 아니라 인간 자신의 강하고 질긴 생명을 표상하는 상관물로 나타나고 있다. 이 시에서 바위는 화자話者가 목표를 향해 꿋꿋이 매진하겠다는 자신과의 약속을 드러내는 매개체 역할을 한다. 한번 낭송해 보자. "내 죽으면 한 개 바위가 되리라 / 아예 애련愛憐에 물들지 않고 / 희로喜怒에 움직이지 않고 / 비와 바람에 깎이는대로 / 억년億年 비정의 함묵緘默에 / 안으로 안으로만 채찍질하여 / 드디어 생명도 망각하고 / 흐르는 구름 / 머언 원뢰遠雷 / 두쪽으로 깨뜨려져도 / 소리하지 않는 바위가 되리라." 물리학에서는 한낱 무기물無機物에 불과한 바위가 감정을 지녔다고는 설명하지 않는다. 게다가 그 돌이 꿈을 꾸거나 노래를 했다면 난센스로 여길 것이다. 그러나 시인의 심안心眼은 비록 생명이 깃들지 않는 바위 속에서도 꿈과 노래의 가능성을 찾아볼 수 있는 것이다국어국문학자료사전 「바위」 참조.

400년 전 아이작 뉴튼Isaac Newton이 직접 쓴 책에 '철학자의 돌'을 만드는 레시피가 적혀있다고 2016년 3월 25일 영국 일간 데일리메일이 보도했다. 이 얘기는 뉴턴이 영화 「해리포터」에 나왔던 '마법사의 돌'에 관심이 있었다는 증거이기 때문에 관심을 끌고 있다. '철학자의 돌'이란 전설로 내려오던 젊음과 장수를 누릴 수 있는 불멸의 약으로 17세기 학자들이 꿈꾸던 연구의 종착지라 해도 과언이 아니었다. 뉴턴은 '철학자의 돌'을 만들기 위해 반드시 필요한 철학자의 수은을 만드는 법을 상세히 적어 놓았는데, 당시 철학자들은 이게 일반적으로 볼 수 있는 금속을 여러 갈래로 분해시킨 다음 불멸의 금속을 만들어낸다고 믿었다고 한다톱스타뉴스 2016년 3월 29일자 "400년 전 뉴턴도 연구했던 해리포터의 '마법사의 돌'" 기사 참조. 위대한 물리학자인 뉴턴은 "우주의 진리는 대해大海같이 넓고 깊다. 그러나 나는 바닷가에서 조개껍질이나 줍고 노는 어린 아이에 불과하며, 진리의 바다에는 발 한번 적셔 보지 못했다"라고 말하였다고 한다. 오래전에 영국

케임브리지대학에서 '뉴턴의 사과나무'
를 보며 그의 학문과 삶을 둘러싼 겸
손과 하심下心을 진하게 느낀 일이 기억
난다.

▲ 뉴턴의 사과나무 출처: 네이버지식백과

　오랜만에 생각해 보는 말이 '꿈'이다.
산과 바다는 꿈을 생각하게 한다. 그리
고 꿈을 꾸게 한다. 그 꿈은 소박하나
오래가는 그런 꿈이다. 어느덧 지천명知
天命을 조금 넘긴 나이를 먹었지만 꿈은
여전히 칼 붓세의 '저 산 너머'에 있는

듯 하다. 집 서재에 일봉 서경보 스님1914~1996이 쓴 「知道不惑」이란 글이
있다. 도를 알면 미혹되지 않는다라는 뜻이다. 아직 도를 알지 못했으니
미혹은 「무진기행霧津紀行」의 안개처럼 자욱하기만 하다. 어찌 보면 바다
는 꿈과, 산은 道와 밀접한 관련을 가지고 있는 듯 하다. 산에서는 꿈꾸
지 않고 바다에서는 道를 생각지 않았다.

　불암산에는 바위 다음으로 소나무가 많다. 소나무는 우리 민족에게
매우 특별한 의미를 가지는 나무이다. 화가들은 즐겨 소나무를 그린다.
「소나무 친구들」도서출판 Notebook, 2005. 11이란 책은 소나무를 좋아하는 화가
15명이 그린 소나무 모음집인데, 다양한 형태의, 그리고 다의적多義的인
소나무의 모습을 볼 수 있는 좋은 책으로 기억하고 있다. 저자도 소나무
를 좋아하는 편이다. 그것은 울진 시골에서 자란 탓도 있을 것이다. 어
렸을 때 마을 산에 있는 참솔나무 위에 올라가 그것을 침대삼아 잠을 자
기도 하고그 맛이 참으로 일품이다, 심술궂게도 밭 주변에 있는 그다지 높지 않
는 소나무에 올라가 그 끝을 잡고 몸을 던지면 소나무가 휘어져 밭에 무
사히 착륙하거나 아니면 소나무가 부러져 내동댕이쳐지는 놀이를 하곤
했다. 지금 와 생각하면 참으로 혼날 일이지만 그땐 그렇게 개념 없이,
철없이 놀았다. 아마 그러한 기억들이 시종여일 소나무를 좋아하고 그리

위하게 만든 토양일 것이다. 저자의 고향인 경북 울진은 소나무특히 "울진
소광리" 솔숲을 학계에서는 우리 소나무의 원형으로 중시하고 있다로 유명한 곳이다. 집에
소장하고 있는 소나무 그림 한 점은 소나무가 진달래를 벗삼아 서있는
그림인데, 어릴 적 자주 오르곤 했던 소나무와 많이 닮은 듯하여 구입
하였다. 소박하지만 담졸談拙한 맛이 눈을 즐겁게 한다. 자연의 이미지
중 특히 산을 주제로 추상화 작업을 했던 과묵과 금욕, 고집과 뚝심의
화가 유영국 화백1916~2002도 울진이 고향인데, 고향 울진에서 가져온 소
나무를 정원에 심어두고 매일 그것을 바라봤다고 한다. 유화백은 "산은
내 앞에 있는 것이 아니라 내 안에 있다"는 선문답을 던졌다.

「"내 그림은 주로 '산'이라는 제목이 많은데, 그것은 산이 너무 많은
고장에서 자란 탓일 게다.…무성한 잎과 나뭇가지 사이로 잔디밭에 쏟아
지는 광선은 참 깨끗하고 생기를 주는 듯 아름답다"는 유영국의 발언은
이인범 상명대 교수의 작품 분석과 통한다. "울진의 산과 계곡, 바다의
살아있는 자연체험이라는 사실을 그는 그렇게 고백…근대화 과정에서
격동하며 뒤흔들리지 않을 수 없었던 이 대지와 자연에서 유영국은 짙
푸른 깊이의 녹색을 위로하는 주황의 광휘로 빛나는 삼각형들을 그 근
원적 형상으로 삼아, … 추상을 통해 인간의 존엄성과 자유의 가능성을
평생에 걸쳐 일으켜 세우고 있다." 화가는 오전 8시에 화실로 들어가 오
후 6시에 작업을 마무리하는 '그림노동자'의 삶을 견지했다. 그의 일상을
지켜본 소설가 강석경 씨는 "대패질하듯 그 흔적을 깎아서 '좋은 화가'로
만 남았을 뿐" 그 어떤 장식의 말조차 허락하지 않았다고 했다.」정재숙 문화
전문기자, "'산은 내 안에 있다' 유영국 색면추상을 만나다", 중앙일보 2016년 11월 4일자 칼럼 참조.

참으로 가상한 것은 소나무가 바위를 뚫고 의연하게 자라는 경우를
불암산에서는 허다하게 볼 수 있다는 점이다. 아들에게도 소나무의 불
굴의 의지를 보여주고 초극의 이치를 설명하려 하지만 어찌 인생의 철
리를 전할 수 있겠는가? 우리나라 차문화를 중흥시키고 「동다송」을 지
은 초의선사다산 정약용에게 학문을 배웠고, 추사 김정희와는 동갑내기로 절친히 교류하였음가

일이 있어 한양에 가는 길에
남산을 오르다가 바위를 뚫고
자라나는 소나무를 보고 득도
했다는 이야기가 전해지고 있
다. 추사 김정희의 「세한도歲寒
圖」나 능호관 이인상의 「설송
도雪松圖」도 소나무를 소재로
그린 그림이다. 능호관 이인상

▲ 울진의 소광리 금강송 군락지 출처: 네이버지식백과

의 「설송도」는 척박한 바위 틈에 소나무 두 그루가 우뚝 서 있는 모습
인데, 마음의 눈으로 보아야 그 웅숭깊은 속내를 알 수 있는 듯하다. 그
리고 추사의 「세한도」는 궂으나 좋으나 한결같은 마음으로 스승 추사를
대한 제자우선 이상적를 위해 그린 그림이다. 공자가 말씀하신 "날씨가 추
워진 다음에야 소나무, 잣나무가 시들지 않음을 안다"는 화제畵題를 담아
그 뜻을 전하고 있다. 「세한도」나 「설송도」에 담긴 그 깊은 함의를 되
새겨본다.

학도암 소나무 숲을 오가며 하늘을 가르는 솔잎 소리를 듣고 그 솔향
에 취하여 사는 삶은 참으로 가진 게 없어도 행복한 삶이 아닐 수 없다.
시냇물 졸졸졸 흐르는 계곡 옆 소나무에 기대어 흘러가는 구름과 바람
소리 그리고 새소리를 벗삼아 노니노라면, 말없는 말이 귀없는 귀로, 눈
없는 눈으로 들려오고 보여진다. 세상이 일목요연하게 정리되고 현상이
아닌 본질에 귀의하게 되는 것이다. 이른바 회광반조回光返照: 빛을 돌이켜 거꾸
로 비춘다는 뜻. 불교의 선종(禪宗)에서 언어나 문자에 의존하지 않고 자기 마음속의 영성(靈性)을 직시
하는 것을 의미함가 가능해지는 것이다.

'학도암 가는 길'은 여러 갈래이다. 본래 길이 그러하듯이 발길 닿는
대로 가면 되는 것이다. 내가 즐겨가는 길은 서울 노원구 중계동 '은행
사거리'에서 노원문화예술회관을 거쳐 영신여고를 지나가는 코스이다.
학도암은 불암산이 시작되어 얼마 되지 않은 곳에 자리하고 있다. 이름

▲ 불암산 학도암
절 뒤에 보이는 바위에 마애불이 있다.

그대로 '학이 날아와 논 곳'에 자리하고 있다. 그리 크지 않은 암자인데, 여기에는 조선 하대에 비운의 명성황후가 조성한 '마애불'이 있다. 뒤에 소개하는 자작시에도 나오지만 2006년 당시에는 대나무를 안고 있는 시원한 샘물이 있었으나 2015년 법당을 새로 지으면서 사라져버렸다. 그리고 입구에 서있던 오랜 역사를 간직한 향나무 세 그루 가운데 한 그루도 베어져 버렸다. 불사를 위해서 부득이한 일이라 이해는 가지만 아쉽기 그지 없다. 향나무토막 하나를 주워 서재에다 두고 추억을 더듬을 따름이다. 다만 시에서나마 바람에 이는 대나무, 슬픔에 잠긴 돌거북이, 시원한 감로수 그리고 하늘 향해 합장하던 향나무 세 그루를 느낄 수 있어서 불행 중 다행이다.

마애불은 그다지 크지는 않지만 바위가 아담하고 아름드리 큰 소나무를 좌우로 두르고 있어 보기에 참 좋다. 예전에 서점에 들러 우리나라의 마애불을 다 모아놓은 책을 보았는데, 거기에 학도암의 마애불도 소개되어 있어 참으로 반가웠던 기억이 난다. 마애불에서 바라보면 앞이 탁 트여있어 보기에 좋다. 마애불에 합장하고 몸이 고단할 정도로 절을 하다가 올망졸망 아파트와 빌딩으로 가득찬 사바세계를 바라보노라면 부처님의 애잔한 마음을 조금이나마 느낄 수 있을 것 같다.

1993년에 입적하신 조계종 종정을 지낸 성철 스님이 불자들에게, 또는 일반인들에게 '삼천배'를 꼭 부처님 앞에 올리라고 하신 말씀이 생각난다. 선방에서는 성철 스님의 '삼천배'를 화두話頭로 삼는다고 한다. 화두는 불교에서 참선수행자가 깨달음을 얻기 위하여 참구參究 : 참선하여 진리를 찾음하는 문제이다. 절은 스스로를 겸손하게 하고 스스로를 돌아보게 한다. 절을 많이 하면 할수록 더욱 그러하지 않겠는가. 삼천배 앞에 무

슨 법문이 필요하랴! 삼천배는 부처님을 위한 것
이 아니라 바로 자신을 위한 것이기 때문이다.

▲ 성철 스님
출처: 한국민족문화대백과

'삼천배'에 담긴 깊은 뜻은, 스님의 상좌였던
원택圓澤스님이 쓴 「성철스님 시봉기(I)(II)」김영사,
2011에 자세히 나와 있다. 이 책에는 당대의 선지
식善知識을 성의정심을 다해 모시는 모습, 사제지
간의 아름답고도 엄격한 情, 수행자의 올곧은 자
세 등이 담담하게 담겨져 있어 참으로 즐겁고 편
안한 마음을 가지고 읽을 수 있다. 원택 스님은
회고하기를 "성철 스님은 고집스러웠지만, 매사에 범상치 않았고, 제가
못 가진 수승한 정신세계를 가지고 계셨습니다. 그것을 보지 못했다면
저 역시 다른 행자들처럼 산중생활이 어려웠을 때 벌써 보따리 싸들고
떠났을 거예요"라고 한다세계일보 2016년 4월 19일자 "그 스승에 그 제자 … 끝없는 '깨달음'
을 적다" 기사 참조. 참으로 아름다운 사제동행이다. 자고로 좋은 책은 사람을
참으로 즐겁게 하고 숙연케 하는 법이다.

우리들 법학자들의 학문적 결실인 연구물 또한 그 깊이와 넓이 그리
고 통찰을 많이 담아야 하리라. 저서나 연구논문 등의 질적 성숙을 위해
서는 자기만의 절대시간을 가져야 하고, 연구주제를 화두話頭삼아 끊임없
이 궁구하고 성찰하여야 하리라. 백척간두百尺竿頭에 선 구도자의 자세로
연구에 전념하여야 할 것이다. 여름과 겨울 방학을 스님들이 '하안거夏安
居, 동안거冬安居' 하듯이 자기를 가두고, 자기를 똑바로 보고, 치열하게
본래자기本來自己를 찾는 시간으로 삼아야 할 것이다. 우리에게 숨어있는
불성을 찾아야 할 것이다. 우리들에게는 그러한 능력이 본래 주어져 있
다는 것을 한시라도 잊어서는 안될 것이다. 참고로 성철 스님이 1936년
25세 출가하면서 읊은 출가시出家詩를 보자. "하늘에 넘치는 큰일은 붉은
화톳불에 한 점의 눈송이요 彌天大業紅爐雪 / 바다를 덮는 큰 기틀이라
도 밝은 햇볕에 한 방울 이슬일세 跨海雄基赫日露 / 그 누가 잠깐의 꿈

속 세상에 꿈을 꾸며 살다가 죽어가랴 誰人甘死片詩夢 / 만고의 진리를 향해 초연히 나홀로 걸어가노라 超然獨步萬古眞." 고은 시인1933~은 "이러한 의지가 있었기에 한 시대의 선사가 됐던 것"이라고 극찬했다.

성철스님의 출가시는 칸트가 22세 때, 전능한 청년의 빛나는 정열을 기울여 "나는 이미 진로를 선택했고 이 길을 평생 걸어가기로 결심했다. 나는 나의 진로를 들어설 것이며, 아무도 이 길을 방해하지 못할 것"월레스,「칸트」이라고 다짐한 것과 비슷한 감동을 준다. 그리고 칸트는 가난과 무명無名을 무릅쓰고 거의 15년 동안 '걸작'을 구상하고 집필하고 추고推敲: 글을 지을 때 여러 번 생각하여 고치고 다듬음하는데 몰두했다. 1781년 간신히 「순수이성비판」을 끝냈을 때, 그는 57세였다. 일찍이 이렇게 느리게 성숙한 사람도 없었고, 또 이렇게 철학계를 경악시키고 전복顚覆시킨 책도 없었다. 대문호 괴테도 「파우스트」를 57년1774~1831에 걸쳐 완성했다고 한다. 1831년은 스님의 나이 82세로서 열반을 불과 반년 가량 앞둔 때이다.

성철스님 또한 56세인 1967년에 해인총림의 방장에 취임하고 동안거에 「백일법문百日法門」을 강의하였다. 그리고 65세인 1976년 「한국불교의 법맥」을 출간하여 조계종 법맥을 밝혔고, 1981년 「선문정로禪門正路」를 비롯하여, 1982년 「본지풍광本地風光」, 「돈오입도요문돈」, 1986년 「신심명증도가」, 1987년 「자기를 바로 봅시다」, 「(돈황본) 육조단경」, 1988년 「영원한 자유」, 1992년 「백일법문」, 1993년 「선문정로평석禪門正路評釋」 등의 저술을 남겨한국민족문화대백과 , 선禪을 다시 부활시켰다.

가끔씩은 불암산 중턱의 바위에 앉아 명상에 잠기노라면 바위산의 기가 강하게 느껴진다. 우주의 기는 바위를 통해 전해진다. 그런 점에서 바위산인 불암산은 에너지로 똘똘 뭉쳐져 있는 산인 셈이다. 바위 위에서 명상하노라면 솔잎을 건너가는 바람소리, 바람에 실린 솔잎 떠는 소리, 새소리가 얼마나 청명하게 들리는지 모른다. 나를 잊고 우주와의 일체감을 통해 느끼는 자유로움과 평화로움은 그 무엇과도 비길 수가 없다. 바위 위에서의 명상은 나를 잊게 한다. 나를 여의는 연습이, 시간이 필요하다. 나를 떠나야 나를 만날 수 있다. 세간적이면서도 탈세간해야 하고 초세간해야 하는 이유가 바로 여기에 있다.

이제 학도암 가는 길의 바위와 소나무 그리고 시냇물소리는 둘도 없는 벗이다. 그들과 얘기를 나누고 그들을 보듬어 안고 그들과 함께 걷는다. 그들을 깊이 느끼고 호흡하며 그들과의 합일을 경험한다. 그렇게 학도암에 오르고 그렇게 내려온다. 누군가 '아는 만큼 보인다'라고 했듯이 자연도 마찬가지이다. 아는 만큼 느끼고 아는 만큼 듣고 아는 만큼 나눌 수 있다. 자연은 우리에게 절실하게 나누라고 말하고 있다. 자연그대로의 삶을 살라고 한다.

고려시대 나옹선사懶翁禪師, 1320~1376는 고려의 왕사王師로 부름을 받기 전까지 오대산 상두암象頭庵(또는 북대(北臺) 미륵암이라 함)에서 누더기를 걸치고 숨어 살았다고 전해진다. 나옹선사의 지도력은 적극적인 현실참여, 실천하는 선으로 지혜의 완성을 추구하는 것으로 앉아서 참구하는 수행법을 멀리하고 편력의 도정에서 중생을 만나고 제도한 것으로 알려지고 있다. 나옹화상의 법맥은 조선 태조 이성계의 스승이었던 무학대사가 이었다. 나옹선사의 시 <청산은 나를 보고>를 들어보자.

"청산은 나를 보고 말없이 살라하고 / 창공은 나를 보고 티없이 살라하네 / 사랑도 벗어놓고 미움도 벗어놓고 / 물같이 바람같이 살다가 가라하네 // 청산은 나를 보고 말없이 살라하고 / 창공은 나를 보고 티없이 살라하네 / 성냄도 벗어놓고 탐욕도 벗어놓고 / 물같이 바람같이 살다가 가라하네."

중국 나대경羅大經의 화제시畵題詩도 어떠한 삶을 살아야 하는지에 대한 화두를 던지고 있다. 몇 구절을 소개한다.

"내 집은 깊은 산골에 있다. 매양 봄이 가고 여름이 다가올 무렵이면 푸른 이끼가 뜰에 깔리고 낙화는 길섶에 가득하다. 사립문에는 찾아오는 발자국 소리 없으나 솔 그림자는 길고 짧게 드리우고 새소리 높았다 낮았다 하는데 낮잠을 즐긴다.

이윽고 나는 샘물을 긷고 마른 솔가지를 주워다 차를 달여 마신다. 그리고 조용히 산길을 거닐며 송죽을 어루만지기도 하고 사슴이나 송아지와 더불어 풀숲에서 뒹굴기도 한다. 앉아서 흐르는 시냇물을 구경하고 시냇물에 발을 담그기도 한다.

해가 기울어 지팡이에 기대어 사립문 아래 섰노라면 지는 해는 서산마루에 걸려 노을의 붉고 푸른 색깔이 수만 가지로 변한다. 이때 소를 타고 돌아오는 목동들의 피리소리에 맞춰 휘영청 달이 앞 시내에 돋아오른다"법정, 「홀로 사는 즐거움」, 82쪽 참조.

이제 '학도암 가는 길'은 깊은 적막 속에 잠겼다. 한 줄기 바람만이 솔잎 사이를 스쳐갈 뿐이다. 나를 잊은 밤에 조용히 비가 내리면 산길을 걸으며 사랑을 배운다. 큰바위얼굴 부처바위佛岩를 바라보며 뜨거운 참회懺悔를 깨친다.

▲ 경기도 양주군 회천읍 회암리에 있는 나옹선사 부도 및 석등   출처: 문화재청

04
법에 새긴 마음

법에게 길을 묻다

푸른 산 꼭대기
구름 한 줄기

해는 붉고
바람이 차네

소나무는 지고 피며
천 년을 살아 왔네

바위는 닳고 깎이며
만 년을 견뎌 왔네

누가 있어
법을 묻는가

누가 있어
길을 찾는가

서산에 해 지고
달은 고요한데

지나가는 나그네
웃으며 말이 없네

산사와 나그네

황혼에 단장한　　　나그네
낯붉힌 염주　　　　잠이 든다.
노승 눈매에
모두어 서다.　　　어느덧 떠올린
　　　　　　　　여인의 고운 눈매
새소리 그친　　　　핑글 돌아버린
산사의 서편으로　　동그란 하늘이여
바람이 불어와
촛불마저 꺼지고　　밤을 지나
　　　　　　　　흙더미에 묻힌
한 잎 남은　　　　물레방아의 전설로
가지 끝에　　　　　오늘이 생각난다.

학도암 가는 길

불암산 중턱에 피었네
산수유 스무 한 송이
아침바람에 눈 못 뜨고
소나무에 기대어 떨고 있네
나그네 가던 길 멈추고
합장 올리네

학도암 오르는 길
염불소리 바람을 가르고
세월이 남겨놓은
흉터진 이마 위로
송이송이 땀방울 맺혀
진달래로 피어나고

도토리를 찾아 헤매는
다람쥐를 따라
학도암에 이르면
하늘에 닿을 듯한
향나무 세 그루
학이 되어 날고 있네

절집 한 모퉁이
돌거북이가 토해내는
시리디 시린 감로수 사이로
바람이 불어오면 대잎이 흐느끼고
돌거북이 눈망울에
내가 울고 있네

화강암으로 곱게 빚은 물통이여
이 한 몸 적셔다오

학도암을 떠도는 바람이여
이 한 맘 씻어다오
합장 또 합장

돌이 되신 부처님
돌로 오신 부처님
굽은 소나무 그늘을 의지하여
천년 세월을 굽어 보네
아! 이 사바세계

돌이 되신 부처님
돌로 오신 부처님
여린 연꽃에 앉아
천년세월을 어루만지네
아! 이 내 중생

승천 못한 참나무 이파리
앙상한 가지에 매달려
부처님 전 3천배를 올리니
절집 지붕위로 바람이 불어
처마 끝 풍경
학이 되어 날고 있네

천년 세월이 주저앉은
학도암 솔잎 사이로
아침햇살이 부서지네
아침햇살이 부서지네
나그네 가던 길 멈추고
합장 또 합장 올리네

참고문헌

제1부 | 법철학의 숲길을 걷다

김상용, 「서양법사와 법정책」, 피엔씨미디어, 2014

김상용, 「한국법사와 법정책」, 피엔씨미디어, 2014

구스타브 라드부르흐(정희철 역), 「법학원론」, 양영각, 1982

구스타브 라드부르흐(최종고 역), 「마음의 길」, 종로서적, 1983

구스타브 라드부르흐(최종고 역), 「법학의 정신」, 종로서적, 1989

레오 카츠(금태섭 감수/이주만 역), 『법은 왜 부조리한가』, 와이즈베리, 2011

로렌스 M. 프리드만 저(박남규 역), 『법과 사회』, 법문사, 1984

로렌스 M. 프리드만 저(안경환 역), 『미국법의 역사』, 청림출판, 2006

박은정, 「라드부르흐의 법철학」, 문학과 지성사, 1989

마이클 샌델(이창신 역), 『정의란 무엇인가』, 김영사, 2009

마이클 샌델(김선욱 감수/이목 역), 『마이클 샌델의 하버드 명강의』, 김영사, 2011

마이클 카멘(조한중 역), 「미국 문화에 있어서의 헌법」, 정음사, 1988

마틴 골딩 저(장영민 역), 『법철학』, 1982

민건식 편저, 『형사학의 선구자-12인의 생애와 사상』, 홍문관, 1983

박현모, 「세종처럼-소통과 헌신의 리더십」,미다스북스, 2008

법 정, 「맑고 향기롭게」, 조화로운삶, 2010

송두용, 『한국법제사』, 진명문화사, 1995

서정갑, 『부조화의 정치: 미국의 경험』, 법문사, 1989

석지영, 『법의 재발견』, W미디어, 2011

아르투어 카우프만(김영환 역), 『법철학』, 나남, 2007

이상돈, 『기초법학』, 법문사, 2010

조규창, 『독일법사(상)』, 고려대출판부, 2010

조규창, 『독일법사(하)』, 고려대출판부, 2010

조규창·현승종, 『게르만법』, 박영사, 1988

조찬래, 『서구정치철학강독』, 예진출판, 1995

존 로크 저(이문조·정달현 역), 『자연법론』, 이문출판사, 1988

존 헨리 메리만 저(윤대규 역), 『시민법전통』, 한국신용평가(주), 1990

칼 야스퍼스(황필호 역), 『소크라테스·불타·공자·예수』, 종로서적, 1983

최종고, 『위대한 법사상가들 Ⅰ·Ⅱ·Ⅲ』, 박영사, 1984·1985

최종고, 『법사와 법사상』, 박영사, 1983

최종고, 『사도법관 김홍섭』, 육법사, 1992

한국법철학회, 『현대법철학의 흐름』, 법문사, 1996

한스켈젠 저(심헌법 역), 『켈젠 법이론선집』, 법문사, 1990

황광우, 『철학콘서트』, 웅진 지식하우스, 2006

황산덕, 『법철학강의』, 방문사, 1983

헤겔 저(임석진 역), 『법철학』, 지식산업사, 1989

Alan Hunt, Explorations in Law and Society, Routledge, 1993

Alan Hunt, The Sosiological Movement in Law, Temple University Press, 1978

David Luban, Legal Modernism, The University of Michigan Press, 2000

Dennis Patterson, Philosophy of Law and Legal Theory, 2003

Dennis Lloyd, The Idea of Law, Penguin Books, 1977

Gary Slapper & David Kelly, English Law, Cavendish Publishing Limited, 2000

Harold J. Beran, Law and Revolution, Harvard University Press, 1983

Hendrik Jan van Eikema Hommes, Major Trends in the History of Legal Philosophy,
     North-Holland Publishing Company, 1979

H. L. A. Hart, Essays in Jurisprudence and Philosophy, Clarendon Press, 1983

Hugh Collins, Marxism and Law, Clarendon Press, 1982

John Finnis, Natural Law and Natural Rights, Clarendon Press, 1979

John Rawls, A Theory of Justice, The Belknap Press of Harvard University Press,
     1971

Lawrence M. Friedman, American Law, W·W·Norton & Company, 1984

Niklas Lumann, A Sociological theory of law, Routledge & Kegan Paul, 1985

Pill Harris, An Introduction to Law, Fred B. Rothman & Co, 1984

R. M. Dworkin, The Philosophy of Law, Oxford University Press, 1982

Robert P. George, Natural Law Theory, Clarendon Press, 1992

제2부 | 헌법의 숲길을 걷다

권영성,『헌법학원론』, 법문사, 2010

김재광,『전자투표의 도입에 따른 관련법제 정비방안』, 한국법제연구원, 2004

김학성,『헌법학원론』, 박영사, 2012

김철수,『헌법학신론』, 박영사, 2013

김철수,『헌법개설』, 박영사, 2015

린다 그린하우스(안기순 역),『블랙먼 판사가 되다』, 청림출판, 2005

마이클 카멘(조한중 역),『저절로 돌아가는 기-미계국 문화에 있어서의 헌법』,
　　정음사, 1988

성낙인,『헌법학』, 법문사, 2013

앨버트 앨슐러(최봉철 역),『미국법의 사이비영웅 홈즈 평전』, 청림출판, 2008

윤명선,『인터넷 시대의 헌법학』, 대명출판사, 2010

윤명선,『미국입헌정부론』, 경희대학교출판부, 2008

정재황,『신헌법입문』, 박영사, 2015

정종섭,『헌법학원론』, 박영사, 2015

허　영,『한국헌법론』, 박영사, 2015

허　영,『한국이론과 헌법』, 박영사, 2015

제3부 | 행정법의 숲길을 걷다

김기표,『신행정심판법론』, 한국법제연구원, 2004

김동희,『행정법요론』, 박영사, 2010

김성수,『일반행정법』, 홍문사, 2012

김유환,『현대 행정법강의』, 법문사, 2019

김재광,『전자정부법』, 한국법제연구원, 2010

김재광,『경찰관직무집행법』, 학림, 2011

김재광,『사회갈등시설법론』(제3판), 한국학술정보, 2013

김재광,『국책사업갈등관리법론』, 박영사, 2014

김재광,『행정법담론』, 박영사, 2018

김재광 외,『행정조사기본법 제정방안 연구』, 한국법제연구원, 2005

김재광 외,『재량행위 투명화를 위한 법령정비지침 수립』, 한국법제연구원, 2004

김재광 외,『정책유형별 정보공개기준 개발』, 한국행정연구원, 2005

김재광 외,『행정처분기준 정비방안 연구(Ⅰ)(Ⅱ)』, 한국법제연구원, 2006

김재광,『유비쿼터스정부의 온라인 행정서비스 정비방안』, 한국법제연구원, 2006

김철용,『행정법』, 박영사, 2011

류지태·박종수,『행정법신론』, 박영사, 2011

박균성·김재광,『경찰행정법』(제4판), 박영사, 2019

박균성,『박균성교수의 경세치국론』, 박영사, 2012

박균성,『행정법강의』, 박영사, 2019

박균성,『행정법론(상) (하)』, 박영사, 2019

박윤흔·정형근,『최신행정법강의(상)』, 박영사, 2009

박윤흔·정형근,『최신행정법강의(하)』, 박영사, 2009

박정훈,『행정법연구1 : 행정소송의 구조와 기능』, 박영사, 2010

박정훈,『행정법연구2 : 행정법의 체계와 방법론』, 박영사, 2011

서원우,『전환기의 행정법이론』, 박영사, 1997

유명건,『실무 행정소송법』, 박영사, 1998

이원우,『경제규제법론』, 홍문사, 2012

정남철,『행정구제의 기본원리』, 법문사, 2013

정하중,『행정법개론』, 법문사, 2016

정형근,『행정법』, 피엔씨미디어, 2015

최정일,『행정법Ⅰ』, 박영사, 2009

홍성진,「미국의 행정입법과 규제개혁」, 한국법제연구원, 2009

홍정선,『행정법특강』, 박영사, 2016

홍정선,『행정법원론(상) (하)』, 박영사, 2016

홍준형,『행정법』, 법문사, 2011

제4부 | 민법의 숲길을 걷다

곽윤직·김재형,『민법총칙』, 박영사, 2013

곽윤직·김재형,『물권법』, 박영사, 2015

곽윤직,『채권총론』, 박영사, 2013

곽윤직,『채권각론』, 박영사, 2012

김상용·김주수,『친족상속법』, 법문사, 2013

김준호,「민법강의」, 법문사, 2016

송덕수,「민법총칙」, 박영사, 2015

송덕수,『신민법강의』, 박영사, 2015

안이준,『고 김증한 교수 유고집 한국법학의 증언』, 교육과학사, 1989

알랭 쉬피오(박제성·배영란 역),「법률적 인간의 출현-법의 인류학적 기능에
    관한 시론」, 글항아리, 2015

양창수,『민법입문』, 박영사, 2015

양창수·김재형,『민법 I : 계약법』, 박영사, 2013

윤진수,「민법논고 Ⅶ」, 박영사, 2015

이은영,『민법 I 』, 박영사, 2007

이은영,『민법 Ⅱ 』, 박영사, 2007

정종휴, "한국민법전의 제정과정,"「민법학논총」, 박영사, 1985

지원림,「민법강의」, 홍문사, 2015

현승종,『로마법』, 일조각, 1989

제5부 | 형법의 숲길을 걷다

김기춘,『조선시대형전』, 삼영사, 1990

김일수·서보학,『새로 쓴 형법총론』, 박영사, 2014

김일수·서보학,『새로 쓴 형법각론』, 박영사, 2015

김재광,『미국의 사형제도에 관한 연구』, 경희대학교 대학원, 1993. 2

명형식·정갑동,『한국형정사』, 1983

민건식 편저,『형사학의 선구자-12인의 생애와 사상』, 홍문관, 1983

박상기, 『독일형법사』, 율곡출판사, 1993

베카리아 저(김봉도 역), 『범죄와 형벌』, 박문각, 1995

이은애·김재광, 『유럽 10개국 성매매 관련법제 비교연구, 한국법제연구원, 2006

이재상, 『형법총론』, 박영사, 2013

이재상, 『형법각론』, 박영사, 2013

이재상, 『형사소송법』, 박영사, 2013

정영일, 『형법총론』, 박영사, 2010

정영일, 『형법각론』, 박영사, 2011

조 국, 『절제의 형법학』, 박영사, 2015

제6부 | 법학의 뒤안길을 걷다

⟨원문 출처⟩

김재광, "황진이에게 법전 읽히기" 「법제」(제588호), 법제처, 2006. 12, 144~147쪽

김재광, "나의 차살이와 차독서기" 「법령정보」, 한국법제연구원, 2007. 5, 52~58쪽

김재광, "학도암 가는 길" 「법령정보」, 한국법제연구원, 2006. 8, 57~62쪽

⟨일러두기⟩

본문에 실린 글은 위의 원문을 수정·보완한 것임을 밝힌다.

저자 약력

김재광

경희대학교 및 동 대학원 졸업(법학박사 – 행정법 전공)
서울대학교 행정대학원 정보통신방송정책과정 이수
서울대학교 법학연구소 객원연구원 역임
경희대학교 법과대학 · 법과대학원, 숙명여대 법과대학 강사 역임
국무총리 산하 한국법제연구원 연구위원 역임
경찰청 성과평가위원회 위원 역임
경찰청 새경찰추진자문위원회 위원 역임
충남경찰청 경찰개혁자문위원회 위원장 역임
법무부 범죄피해자보호위원회 위원 역임
식약처 식품위생심의위원회 위원 역임
국무총리 소속 포항지진상조사위원회 자문위원 역임
충청남도행정심판위원회 위원 역임
한국법제연구원 연구자문위원 역임
한국사이버안보법정책학회 회장 역임
입법이론실무학회 회장 역임
한국법학교수회 사무총장, 부회장 역임
현 선문대학교 인문사회대학 학장 및 법 · 경찰학과 교수
　　중앙행정심판위원회 비상임위원
　　중앙토지수용위원회 비상임위원
　　충남교육청행정심판위원회 위원
　　국립경찰대학교 발전자문협의회 위원
　　경찰수사연수원 발전자문위원회 위원
　　한국공법학회 차기회장(제43대 회장)

[주요 저서]

전자정부법, 한국법제연구원, 2010 / 경찰관직무집행법, 학림, 2012 / 사회갈등시설법론
(제3판), 한국학술정보, 2013 / 관광법규론(제2판)(공저), 학림, 2013 / 국책사업갈등관
리법론, 박영사, 2014 / 행정법담론(중판), 박영사, 2019 / 민간경비업법(제2판)(공저),
박영사, 2022 / 사이버안보와 법(공저), 박영사, 2021 / 경찰행정법입문(제7판)(공저),
박영사, 2023 / 경찰행정법(제6판)(공저), 박영사, 2023 등

제3판
법학산책

초판발행	2016년 8월 25일
제3판발행	2023년 2월 25일
지은이	김재광
펴낸이	안종만 · 안상준
편 집	김선민
기획/마케팅	정연환
표지디자인	우윤희
제 작	우인도 · 고철민 · 조영환
펴낸곳	(주) **박영사**
	서울특별시 금천구 가산디지털2로 53, 210호(가산동, 한라시그마밸리)
	등록 1959. 3. 11. 제300-1959-1호(倫)
전 화	02)733-6771
f a x	02)736-4818
e-mail	pys@pybook.co.kr
homepage	www.pybook.co.kr
ISBN	979-11-303-4431-7 93360

copyright©김재광, 2023, Printed in Korea

정 가   25,000원